U0492968

"十三五"国家重点出版物出版规划项目

知识产权经典译丛（第5辑）

国家知识产权局专利局复审和无效审理部◎组织编译

国际知识产权仲裁

［英］特雷弗·库克（Trevor Cook）
［智］亚历山德罗·加西亚（Alejandro I. Garcia）◎著
王傲寒　许晓昕◎译

知识产权出版社
全国百佳图书出版单位
——北京——

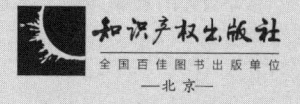

© 2010 Kluwer Law International BV, The Netherlands

This is a translation of International Intellectual Property Arbitration by Trevor Cook and Alejandro Garcia, published and sold by Intellectual Property Publishing House Co., Ltd. by permission of Kluwer Law International, Alphen aan den Rijn, The Netherlands, the owner of all rights to publish and sell same.

经《国际知识产权仲裁》（特雷弗·库克和亚历山德罗·加西亚著）版权所有者威科法律国际集团授权，其中文译本由知识产权出版社出版和发行。

All rights reserved. No part of this publication may be reproduced, stored in a retrieval system, or transmitted in any form or by any means, electronic, mechanical, photocopying, recording, or otherwise, without written permission from the publisher.

图书在版编目（CIP）数据

国际知识产权仲裁/（英）特雷弗·库克（Trevor Cook），（智）亚历山德罗·加西亚（Alejandro I. Garcia）著；王傲寒，许晓昕译. —北京：知识产权出版社，2020.3
书名原文：International Intellectual Property Arbitration
ISBN 978-7-5130-6615-0

Ⅰ.①国… Ⅱ.①特… ②亚… ③王… ④许… Ⅲ.①国际法—知识产权法—仲裁裁决 Ⅳ.①D997.1

中国版本图书馆 CIP 数据核字（2019）第 269043 号

内容提要

本书内容涵盖了仲裁作为知识产权争端解决方式的优点和局限；不同的适用法律下知识产权仲裁的法律和监管框架；知识产权仲裁协议；仲裁庭的设立和组成、仲裁程序、在作出和撤销知识产权仲裁时取证以及仲裁裁决的执行、知识产权争端调解。本书可作为系统学习国际知识产权仲裁的理论教材。

责任编辑：卢海鹰　王玉茂	责任校对：王　岩
封面设计：博华创意	责任印制：刘译文

知识产权经典译丛
国家知识产权局专利局复审和无效审理部组织编译

国际知识产权仲裁

［英］特雷弗·库克（Trevor Cook）
［智］亚历山德罗·加西亚（Alejandro I. Garcia） 著
王傲寒　许晓昕　译

出版发行：知识产权出版社有限责任公司	网　址：http://www.ipph.cn
社　址：北京市海淀区气象路50号院	邮　编：100081
责编电话：010-82000860 转 8541	责编邮箱：wangyumao@cnipr.com
发行电话：010-82000860 转 8101/8102	发行传真：010-82000893/82005070/82000270
印　刷：三河市国英印务有限公司	经　销：各大网上书店、新华书店及相关专业书店
开　本：720mm×1000mm　1/16	印　张：26
版　次：2020年3月第1版	印　次：2020年3月第1次印刷
字　数：500千字	定　价：138.00元
ISBN 978-7-5130-6615-0	
京权图字：01-2019-7516	

出版权专有　侵权必究
如有印装质量问题，本社负责调换。

《知识产权经典译丛》
编审委员会

主　任　申长雨

副主任　贺　化

编　审　葛　树　　诸敏刚

编　委　（按姓名笔画为序）

　　　　　马　昊　　王润贵　　卢海鹰　　朱仁秀

　　　　　任晓兰　　刘　铭　　汤腊冬　　李　越

　　　　　李亚林　　杨克非　　高胜华　　董　琤

　　　　　温丽萍　　樊晓东

总　序

当今世界，经济全球化不断深入，知识经济方兴未艾，创新已然成为引领经济发展和推动社会进步的重要力量，发挥着越来越关键的作用。知识产权作为激励创新的基本保障，发展的重要资源和竞争力的核心要素，受到各方越来越多的重视。

现代知识产权制度发端于西方，迄今已有几百年的历史。在这几百年的发展历程中，西方不仅构筑了坚实的理论基础，也积累了丰富的实践经验。与国外相比，知识产权制度在我国则起步较晚，直到改革开放以后才得以正式建立。尽管过去三十多年，我国知识产权事业取得了举世公认的巨大成就，已成为一个名副其实的知识产权大国。但必须清醒地看到，无论是在知识产权理论构建上，还是在实践探索上，我们与发达国家相比都存在不小的差距，需要我们为之继续付出不懈的努力和探索。

长期以来，党中央、国务院高度重视知识产权工作，特别是十八大以来，更是将知识产权工作提到了前所未有的高度，作出了一系列重大部署，确立了全新的发展目标。强调要让知识产权制度成为激励创新的基本保障，要深入实施知识产权战略，加强知识产权运用和保护，加快建设知识产权强国。结合近年来的实践和探索，我们也凝练提出了"中国特色、世界水平"的知识产权强国建设目标定位，明确了"点线面结合、局省市联动、国内外统筹"的知识产权强国建设总体思路，奋力开启了知识产权强国建设的新征程。当然，我们也深刻地认识到，建设知识产权强国对我们而言不是一件简单的事情，它既是一个理论创新，也是一个实践创新，需要秉持开放态度，积极借鉴国外成功经验和做法，实现自身更好更快的发展。

自 2011 年起，国家知识产权局专利复审委员会*携手知识产权出版社，每年有计划地从国外遴选一批知识产权经典著作，组织翻译出版了《知识产权经典译丛》。这些译著中既有涉及知识产权工作者所关注和研究的法律和理论问题，也有各个国家知识产权方面的实践经验总结，包括知识产权案

---

* 编者说明：根据 2018 年 11 月国家知识产权局机构改革方案，专利复审委员会更名为专利局复审和无效审理部。

件的经典判例等，具有很高的参考价值。这项工作的开展，为我们学习借鉴各国知识产权的经验做法，了解知识产权的发展历程，提供了有力支撑，受到了业界的广泛好评。如今，我们进入了建设知识产权强国新的发展阶段，这一工作的现实意义更加凸显。衷心希望专利复审委员会和知识产权出版社强强合作，各展所长，继续把这项工作做下去，并争取做得越来越好，使知识产权经典著作的翻译更加全面、更加深入、更加系统，也更有针对性、时效性和可借鉴性，促进我国的知识产权理论研究与实践探索，为知识产权强国建设作出新的更大的贡献。

当然，在翻译介绍国外知识产权经典著作的同时，也希望能够将我们国家在知识产权领域的理论研究成果和实践探索经验及时翻译推介出去，促进双向交流，努力为世界知识产权制度的发展与进步作出我们的贡献，让世界知识产权领域有越来越多的中国声音，这也是我们建设知识产权强国一个题中应有之意。

2015 年 11 月

作者简介

特雷弗·库克（Trevor Cook）

纽约州法律顾问，英国、威尔士律师，南安普顿大学化学学士。

库克先生是英国知识产权法律界中比较知名的人物之一，已在这一领域工作超过 35 年。他的主要专注领域是跨国知识产权诉讼，并积极参与生命科学领域，特别是在欧洲和亚洲的专利诉讼案件。

库克先生先后于国际顶尖事务所英国 Bird & Bird LLP 和美国 Wilmer & Hale LLP 任合伙人。多年来，他一直担任国际知识产权保护协会（AIPPI）英国分会主席、英国版权理事会理事以及知识产权研究所理事会成员，同时他还担任世界知识产权组织（WIPO）仲裁员。库克先生职业生涯中参与创作的文章和专著包括：《英国专利律师协会（CIPA）专利法指南》（第 7 版）、《欧盟知识产权法》(2010，牛津大学出版社)、《现代专利法》（第 3 版，2014 联合作者）以及担任《世界版权法》（2015）和《商业秘密保护：全球指南》（2016）的编辑。

他曾连续七年获得钱伯斯英国"专利律师"称号，并被评为生命科学领域知识产权和专利诉讼唯一的"明星个人"。

亚历山德罗·加西亚（Alejandro I. Garcia）

华盛顿州执业律师，英国、威尔士律师，智利大学法学学士、哈佛大学法学硕士。

加西亚先生是美国顶尖事务所 Winston & Strawn LLP 伦敦办事处的律师，专注于国际商事仲裁和投资条约仲裁。加西亚先生作为律师参与了一系列高价值的国际机构仲裁和主要仲裁机构国际商会（ICC）、伦敦国际仲裁庭（LCIA）、斯德哥尔摩商会（SCC）、国际投资争议解决中心（ICSID）以及世界知识产权组织（WIPO）仲裁和调解中心规则下的临时仲裁，他参与的案例仲裁地包括欧洲、亚洲和美洲的司法管辖区。

加入 Winston & Strawn LLP 之前，加西亚先生先后在英国、美国华盛顿特区和智利圣地亚哥的大型律师事务所工作，并曾在瑞士日内瓦 WIPO 仲裁和调解中心担任仲裁员。加西亚先生是 LCIA 用户委员会、西班牙仲裁俱乐部和拉丁美洲仲裁协会的成员，同时还是 WIPO 域名争议专家组成员。

2015 年，加西亚先生被汤森路透伦敦律师协会评为"超级律师"，并在法律媒体集团的 2015 年和 2016 年新星指南中被列为商业仲裁领域的"新星"。

【原著编者按】

系列丛书中的仲裁
第二卷

丛书编辑：
露西·里德（Lucy Reed）
亚历山大·雅诺斯（Alexander Yanos）

关于国际商事仲裁，现在有许多优秀的资料来源，涉及仲裁的一般程序和实践做法以及与具体仲裁机构和规则有关的问题。在商业纠纷经常诉诸国际仲裁的商业领域，也有许多优秀的素材来源，仅举几个例子：建筑、体育、知识产权、能源、保险、证券。

威科国际法律出版社（Kluwer Law International）在本丛书中逐个按领域介绍仲裁的目的，是将以上这两种类型的资源整合为独立指南，以供繁忙的企业内部律师和交易从业人员在面对专业仲裁时使用。

我们很高兴推出特雷弗·库克（Trevor Cook）和亚历山德罗·加西亚（Alejandro I. Garcia）的《国际知识产权仲裁法》系列的第二部分。

露西·里德和亚历山大·雅诺斯
Freshfields Bruckhaus Deringer
纽约，2010 年 10 月

缩略词表

AAA 美国仲裁协会（American Arbitration Association）

AAA/ICDR AAA 争议解决国际中心（AAA's International Centre for Dispute Resolution）

ADR 替代性争议解决（Alternative Dispute Resolution）

BBMC 布鲁塞尔调解中心（Brussels Business Mediation Centre）

CEDR 有效争议解决中心（Centre for Effective Dispute Resolution）

CEPANI 比利时调解和仲裁中心（Belgian Centre for Mediation and Arbitration）

CIETAC 中国国际经济贸易仲裁委员会（China International Economic and Trade Arbitration Commission）

CMAP 巴黎调解和仲裁中心（Centre de Médiation et d'Arbitrage de Paris）

DIS 德国仲裁协会（German Arbitration Institution）

EPC 欧洲专利公约（European Patent Convention）

EPO 欧洲专利局（European Patent Office）

HKIAC 香港国际仲裁中心（Hong Kong International Arbitration Centre）

IBA 国际律师协会（International Bar Association）

IBA 证据规则（IBA Rules on Evidence） IBA 关于国际仲裁中取证的规定（IBA Rules on the Taking of Evidence in International Arbitration, 2010）

ICC 国际商会（International Chamber of Commerce）

ICSID 国际投资争议解决中心（International Centre for Settlement of Investment Disputes）

IIAs 国际投资协定（International Investment Agreements）

IMI 国际调解组织（International Mediation Institute）

IP 知识产权（Intellectual Property）

IPRs 知识产权（Intellectual Property Rights）

JAMS 司法仲裁和调解服务（Judicial Arbitration and Mediation Services）

LCIA 伦敦国际仲裁院（London Court of International Arbitration）

Model Law 联合国国际贸易法委员会国际商事仲裁示范法（UNCITRAL Model Law, 1985）

NAFTA　北美自由贸易协定（North American Free Trade Agreement）

《纽约公约》（New York Convention）　承认及执行外国仲裁裁决公约（Convention on the Recognition and Enforcement of Foreign Arbitral Awards，1958）

PCT　《专利合作条约》（Patent Cooperation Treaty）

《罗马公约》（Rome Convention）关于合同义务法律适用的罗马公约（Rome Convention on the Law Applicable to Contractual Obligations，1980）

SCC　斯德哥尔摩商会（Stockholm Chamber of Commerce）

SIAC　新加坡国际仲裁中心（Singapore International Arbitration Centre）

瑞士规则（Swiss Rules）　瑞士商会仲裁规则（Rules of Arbitration of the Swiss Chambers of Commerce，2006）

UNCITRAL　联合国国际贸易法委员会（United Nations Commission on International Trade Law）

UNCITRAL 规则（UNCITRAL Rules）　UNCITRAL 仲裁规则（UNCITRAL Arbitration Rules，1976）

WIPO　世界知识产权组织（World Intellectual Property Organization）

WIPO 中心（WIPO Center）　WIPO 仲裁和调解中心（WIPO Arbitration and Mediation Center）

WTO　世界贸易组织（World Trade Organization）

序　言

我们相信，本书是第一本专门研究知识产权仲裁，特别是国际知识产权仲裁的英语书籍。我们希望，它将能够消除围绕这一主题的某些神秘感，并有助于弥合法律中两种不同而又有些晦涩难懂的专业之间的差距——一种是知识产权律师，另一种是国际仲裁从业人员。我们还希望，本书将有助于仲裁发展为解决知识产权争议的一种方式，尤其是在跨司法管辖的基础上。

感谢 Bird & Bird LLP 的同事们帮助我们完成了这本书。在此特别要感谢 Jane Player，她和 Claire Morel de Westgaver（也是本书第 9 章的作者之一）一起撰写了主题为知识产权争议调解的第 11 章。我们还要感谢 WIPO 仲裁与调解中心的 Ignacio de Castro，他鼓励我们进行这项工作，同时感谢 Freshfields 的 Lucy Reed 作为本系列丛书的编辑。我们还要感谢 Ignacio 在 WIPO 仲裁与调解中心的同事，特别是 Sarah Theurich，提供了匿名案例摘要来协助我们。

然而，本书中的错误和遗漏都归咎于我们自己，非常感谢读者能在 trevor. cook@ twobirds. com 上告诉我们这些错误和遗漏或者书中的其他缺点。

特雷弗·库克
亚历山德罗·加西亚
2010 年 6 月 11 日，伦敦

作者说明

在我们把这本书的手稿交给我们的出版商 Kluwer Law International 之后，国际仲裁领域有了一些进展。2010年6月25日，联合国贸易法委员会（UNCITRAL）通过了"贸易法委员会（UNCITRAL）仲裁规则"的修订版，并于2010年8月15日生效。

本书中对"UNCITRAL仲裁规则"的所有引用都涉及该规则的1976年版本。此外，新加坡国际仲裁中心（SAIC）发布了第4版仲裁规则，自2010年7月1日起生效。而本书中对"SIAC规则"的所有引用都涉及该规则的第3版（2007年）。

作者

译者说明

本书中对 WIPO 仲裁规则、WIPO 快速仲裁规则以及 WIPO 调解规则的所有引用均为 2002 年版本。而 WIPO 仲裁规则及 WIPO 快速仲裁规则的目前版本均为 2014 年 6 月 1 日生效的修订版；WIPO 调解规则的目前版本为 2016 年 1 月 1 日生效的修订版。

目　　录

第1章　绪　　论 ··· 1
　1. 本书结构和范围 ·· 1
　2. 本书中未关注的知识产权争议解决领域 ······························· 2
　　2.1　域名争议 ··· 2
　　2.2　专家裁决 ··· 2
　　2.3　IIA 争议 ·· 3

第2章　知识产权及相关协议以及由知识产权或所述协议引起的争议 ········ 4
　1. 概　　述 ·· 4
　　1.1　何为知识产权? ·· 4
　　1.2　注册的知识产权 ·· 6
　　1.3　知识产权的国际性 ··· 7
　　1.4　与知识产权相关的协定 ··· 9
　2. 知识产权的具体类型及相关争议 ·· 10
　　2.1　专　　利 ··· 10
　　2.2　版权及邻接权 ··· 15
　　2.3　商　　标 ··· 16
　　2.4　外观设计 ··· 16
　　2.5　保密信息 ··· 17

第3章　知识产权争端国际仲裁的优势和局限性 ······························· 19
　1. 概　　述 ·· 19
　2. 国际仲裁的主要特点 ·· 19
　　2.1　仲裁裁决在世界上的大多数国家都易于得到执行 ············· 19
　　2.2　国际裁决和当事人意思自治 ······································· 22
　　2.3　国际仲裁裁决为终局裁决 ·· 32
　　2.4　仲裁可能比诉讼更便宜快捷 ······································· 34

— 1 —

  2.5 保密性 ··· 39
 3. 知识产权争议是用仲裁还是诉讼？···································· 40

第4章 知识产权争议的可仲裁性 ·· 42
 1. 知识产权争议可仲裁性的问题 ·· 42
  1.1 介 绍 ··· 42
  1.2 为什么知识产权争议的仲裁会出现问题 ······················· 43
  1.3 与知识产权争议相关的不可仲裁性问题的发生率和范围 ······· 45
 2. 解决国际知识产权争议的可仲裁性问题 ···························· 46
  2.1 在仲裁庭提出不可仲裁性异议 ······································ 46
  2.2 在诉讼前同时提出不可仲裁异议 ···································· 49
  2.3 撤销决定的不可仲裁性 ·· 50
  2.4 对裁决承认和执行提出异议的不可仲裁性 ······················· 51
  2.5 适用法律未对仲裁的具体解决方式进行规定时公共政策异议的处理 ······ 53
 3. 关于公共政策的争论 ··· 53
  3.1 支持不可仲裁性的潜在公共政策论 ································ 53
  3.2 用公共政策论反对知识产权可仲裁性的两个关键反证 ······· 56

第5章 知识产权仲裁的法律和监管框架 ······································ 67
 1. 概 述 ·· 67
 2. 仲裁本身的监管框架 ··· 67
  2.1 当事人协议、仲裁机构规则以及仲裁地法 ······················· 67
  2.2 仲裁地以及仲裁地法 ·· 68
  2.3 当事人未对仲裁地作出选择 ··· 72
 3. 与实体问题相关的监管框架 ··· 74
  3.1 监管框架的重要性及其他问题 ······································ 74
  3.2 涉案合同产生问题的法律适用 ······································ 75
 4. 仲裁协议的适用法律 ··· 90
  4.1 不同的适用法律 ·· 90
  4.2 仲裁条款的存在和有效性问题的法律适用 ······················· 91
  4.3 有效性原则 ··· 94

第6章 仲裁协议 ·· 96
 1. 概 述 ·· 96
 2. 国际仲裁协议的框架 ··· 97
  2.1 介 绍 ··· 97

  2.2 基于《纽约公约》的仲裁协议 ……………………………………… 97
  2.3 基于国家法的仲裁协议 …………………………………………… 99
  2.4 独立原则 …………………………………………………………… 104
 3. 仲裁协议：选择和撰写 ………………………………………………… 105
  3.1 介 绍 …………………………………………………………… 105
  3.2 哪种条款? …………………………………………………………… 106
  3.3 临时仲裁还是机构仲裁? ………………………………………… 108
  3.4 仲裁条款的范围 …………………………………………………… 111
  3.5 选择仲裁地 ………………………………………………………… 113
  3.6 选择适用的实体法 ………………………………………………… 114
  3.7 仲裁员问题 ………………………………………………………… 115
  3.8 语 言 …………………………………………………………… 117
  3.9 程序组合 …………………………………………………………… 117
  3.10 优化机构规则 …………………………………………………… 117
  3.11 多方当事人问题 ………………………………………………… 118
  3.12 与知识产权争议仲裁条款相关的具体问题 …………………… 119

第7章 仲裁庭 ……………………………………………………………… 124
 1. 仲裁庭的设立 …………………………………………………………… 124
  1.1 仲裁中最重要的阶段之一 ………………………………………… 124
  1.2 仲裁员的人数 ……………………………………………………… 124
  1.3 1名还是3名仲裁员 ………………………………………………… 125
  1.4 指定方法 …………………………………………………………… 126
 2. 谁能成为仲裁员 ………………………………………………………… 132
  2.1 自然人 ……………………………………………………………… 132
  2.2 能 力 …………………………………………………………… 132
  2.3 法律资格 …………………………………………………………… 132
  2.4 国 籍 …………………………………………………………… 132
  2.5 公 正 …………………………………………………………… 133
  2.6 当事人的要求 ……………………………………………………… 133
 3. 仲裁员的独立性和公正性 ……………………………………………… 134
  3.1 国际仲裁的基本原则 ……………………………………………… 134
  3.2 独立和/或公正? …………………………………………………… 134
  3.3 证明仲裁员不合格的标准 ………………………………………… 136

3.4　披露义务 ………………………………………………… 136
4. 对仲裁员提出的异议 ………………………………………… 138
　　4.1　介　　绍 ………………………………………………… 138
5. 仲裁员的除名 ………………………………………………… 141
6. 仲裁员的更换 ………………………………………………… 142
　　6.1　程　　序 ………………………………………………… 142
　　6.2　指定替换仲裁员的后果 ………………………………… 143
7. 缺员仲裁庭 …………………………………………………… 143
8. 仲裁员的报酬和仲裁庭的费用 ……………………………… 145
　　8.1　仲裁员有获得报酬的权利 ……………………………… 145
　　8.2　取消费 …………………………………………………… 146
　　8.3　仲裁庭的费用 …………………………………………… 147
　　8.4　保证金 …………………………………………………… 147
9. 仲裁员的义务 ………………………………………………… 147
10. 仲裁员应承担的责任和免责 ……………………………… 149
11. 仲裁庭的管辖权以及自裁管辖原则 ……………………… 150
　　11.1　介　　绍 ……………………………………………… 150
　　11.2　自裁管辖原则 ………………………………………… 151
　　11.3　仲裁庭对管辖权异议的解决 ………………………… 152

第8章　仲裁程序的组织实施以及取证 …………………… 154
1. 概　　述 ……………………………………………………… 154
2. 仲裁程序的一般组织方法 …………………………………… 154
　　2.1　介　　绍 ………………………………………………… 154
　　2.2　程序的时间轴和架构 …………………………………… 156
　　2.3　分步仲裁程序 …………………………………………… 157
　　2.4　书面陈述的构成 ………………………………………… 157
　　2.5　证据的准备和提交 ……………………………………… 159
　　2.6　程序语言的确定 ………………………………………… 160
　　2.7　保密性 …………………………………………………… 160
　　2.8　对涉案知识产权的范围和解释作出的部分裁决 ……… 161
　　2.9　备用仲裁庭的设立 ……………………………………… 161
　　2.10　费用裁决 ……………………………………………… 161
　　2.11　保证金和预付款 ……………………………………… 162

2.12　仲裁庭秘书的指定 …………………………………………… 162
　　2.13　在一般程序的组织中还可能出现的其他问题 …………… 162
3. 证据听证会的组织 ……………………………………………………… 163
　　3.1　开场陈述和结案陈词 ………………………………………… 163
　　3.2　仲裁庭以及听证会的时间分配 ……………………………… 163
　　3.3　听证会的文件 ………………………………………………… 164
　　3.4　听证会内容的记录 …………………………………………… 164
　　3.5　事实证人和专家的询问 ……………………………………… 165
　　3.6　对提问的异议 ………………………………………………… 165
　　3.7　在其他证人或专家出席的询问中证人或专家的出席 …… 165
　　3.8　能否通过视频方式对证人和专家进行询问 ……………… 166
　　3.9　证人和专家是宣誓后进行询问还是不经宣誓而直接作证 … 166
　　3.10　交叉询问时证据的使用 …………………………………… 167
　　3.11　翻　　译 ……………………………………………………… 167
　　3.12　听证会的地点 ………………………………………………… 167
　　3.13　仲裁庭的取消政策 …………………………………………… 167
　　3.14　发布对程序时间表进行规划的程序性指令 ……………… 167
4. 费用控制措施 …………………………………………………………… 167
5. 程序的进行及取证 ……………………………………………………… 168
　　5.1　介　　绍 ……………………………………………………… 168
　　5.2　国际仲裁主流做法中程序的进行 …………………………… 169
6. 缺席程序 ………………………………………………………………… 188
7. 快速仲裁 ………………………………………………………………… 190
8. 与程序相关的其他问题 ………………………………………………… 192
　　8.1　代理人 ………………………………………………………… 192
　　8.2　相同程序的合并、并案审理以及第三方当事人参与 …… 192
9. 临时救济 ………………………………………………………………… 193
　　9.1　介　　绍 ……………………………………………………… 193
　　9.2　仲裁庭作出的临时救济 ……………………………………… 194
　　9.3　国家法院为支持仲裁而作出的临时措施 ………………… 199

第9章　仲裁程序的保密 ……………………………………………… 201
1. 概　　述 ………………………………………………………………… 201
2. 保密仲裁：防止信息向第三方披露 …………………………………… 202

2.1　只有特定仲裁是非公开且保密的 ································ 202
　　2.2　当事人为保密性提供的明示协议 ······························ 203
　　2.3　依照机构规则的保密性 ·· 203
　　2.4　基于国家法的保密性 ·· 208
　　2.5　保密仲裁中的实际操作性问题 ································ 216
　　2.6　非保密仲裁中对保密信息的保护 ······························ 219
　　2.7　保密性义务的限制 ·· 219
　3.　保护保密信息不向对方当事人公开 ································ 226
　　3.1　介　　绍 ·· 226
　　3.2　在仲裁当事人之间对信息进行保护的框架 ···················· 226
　　3.3　保护保密信息不向对方当事人公开的具体措施 ················ 229
　4.　对保密性义务以及保护性措施的违背和执行 ······················ 232
　　4.1　违约分析中的相关因素 ·· 232
　　4.2　追究违反保密义务的管辖权和保护措施 ························ 234
　　4.3　临时救济 ·· 234
　　4.4　长期救济 ·· 234
　　4.5　其他可能的救济 ··· 236

第10章　仲裁裁决的作出、撤销、承认和执行 ························ 237
　1.　介　　绍 ·· 237
　2.　国际仲裁裁决 ··· 238
　　2.1　裁决的类型 ··· 238
　　2.2　决策过程 ·· 241
　　2.3　裁决的正式格式 ··· 244
　　2.4　裁决中的救济 ·· 247
　　2.5　费用裁决 ·· 254
　　2.6　作出裁决的时间限制 ··· 257
　　2.7　由仲裁机构对裁决进行审查 ···································· 258
　　2.8　向当事人通知裁决 ··· 258
　　2.9　仲裁裁决的效力 ··· 259
　3.　仲裁裁决的撤销和废除 ·· 263
　　3.1　介　　绍 ·· 263
　　3.2　上诉机制：对决定理由进行再审 ······························· 264
　　3.3　国际仲裁裁决的撤销或废除 ···································· 264

4. 仲裁裁决的承认和执行 ·· 270
  4.1 介　　绍 ··· 270
  4.2 依照《纽约公约》承认和执行外国裁决 ·············· 271
5. 与作出可能强制执行做某事或不做某事的裁决相关的问题 ··· 279
  5.1 介　　绍 ··· 279
  5.2 英美法国家和日耳曼大陆法国家的强制性措施 ········· 280
  5.3 基于法国的大陆法国家的强制措施 ······················ 281
  5.4 不同法律体系共存时的潜在问题 ························ 282
  5.5 仲裁庭保留管辖权 ·· 285

第 11 章　知识产权调解 ·· 287

1. 概　　述 ··· 287
2. 共　　性 ··· 287
  2.1 替代性争议解决方式（ADR） ·························· 287
  2.2 调解的主要特点 ·· 290
  2.3 调解的程序 ··· 294
3. 调解规定和规则 ··· 303
  3.1 调解规定 ·· 303
  3.2 调解规则 ·· 304
4. 法律框架 ··· 305
  4.1 ADR 自动升级条款 ······································· 305
  4.2 调解协议 ·· 307
  4.3 和解协议 ·· 309
5. 用调解来解决知识产权争议 ···································· 312
  5.1 用调解来解决知识产权争议的优势 ···················· 313
  5.2 特别适合调解的情况 ····································· 318
  5.3 调解的局限性 ··· 320
6. 调解员 ·· 321
  6.1 选择调解员需要考虑的因素 ····························· 322
  6.2 质量标准和培训 ·· 325
7. 调解用于辅助仲裁程序 ··· 327
  7.1 在适当的时间调解 ······································· 327
  7.2 调解员和仲裁员的角色是否可以互换？ ··············· 329
  7.3 合意裁决和仲裁的终止 ·································· 330

— 7 —

  7.4 时效期限 ·· 331
附　录 ·· 332
  附录1 《承认及执行外国仲裁裁决公约》（1958年《纽约公约》）······ 332
  附录2 WIPO仲裁规则（2002） ··· 336
  附录3 WIPO快速仲裁规则（2002） ··································· 356
  附录4 WIPO调解规则（2002） ··· 373
索　引 ·· 378

第 1 章
绪　　论

1. 本书结构和范围

作为本书的主要内容，知识产权仲裁是一个很新的概念。本书着眼点不仅在于国际知识产权仲裁，也同样着眼于我们常说的在世界上大多数国家[1]中基于国内的知识产权争议仲裁，因此希望本书在这些方面也能体现价值。本书的主要对象是在国际知识产权仲裁方面寻求建议或有意愿参与国际知识产权仲裁的知识产权从业者。同时也希望能以知识产权从业者的视角为不熟悉知识产权的仲裁专家提供一些见解，为知识产权专家提供仲裁相关内容。

接下来，本书将略述一些本书未能全面覆盖的领域，如第 2 章中作为背景情况简述了知识产权（IPRs）的属性以及与其相关的或基于与其相关的约定引发的争议。

第 3 章探讨了作为一种知识产权争议解决方式，仲裁的优势和局限性。此外，仲裁在知识产权争议上特殊的适格局限性，使人们常常表现出对知识产权仲裁的忧虑，这一点将在第 4 章中详细讨论。

下面几章主要聚焦于知识产权仲裁的实用性。第 5 章探讨了知识产权仲裁的法律法规框架，即不同的法律在其不同方面的施行。第 6 章主要内容是仲裁协定，第 7 章为仲裁庭的建立、职能和权力。第 8 章涉及仲裁程序的组成和实施以及取证，第 9 章探讨了对于知识产权特别重要的特殊行为，即保密性。第 10 章涉及仲裁裁决的作出、撤销、认定和执行。

---

[1] 美国是一个例外，特别在专利方面，这体现在 1982 年的美国专利法第 294 条中，其明确批准了对专利有效性和/或侵权争议的仲裁。基于此，AAA 发布了专利争端解决的补充规定，与商业仲裁规定和调解程序结合使用。

本书还包括第 11 章，其探讨了知识产权争议的调解，因其作为仲裁的补充手段已经成为此类争议解决手段中越来越重要的一部分。

2. 本书中未关注的知识产权争议解决领域

2.1 域名争议

本书预期涉及而未涉及的一个领域是域名争议，该争议的解决通过一种低成本的"非仲裁"模式，出具的裁决是公开的，这一点与大部分仲裁裁决不同。省略这一部分内容基于两个原因。

其一是实际操作性，因为相较于国际知识产权争议，其并没有公开发布的案例法，而大量关于域名的决定由不同的域名争议解决组织（其中最大的是 WIPO）在各自的程序下作出，因此在已经存在聚焦于该问题的大量实体工作的情况下，对该议题的任何解读都有可能与本书的其他方面产生矛盾。❷

其二源于域名实际并不属于 IPRs，尽管对该问题存在一些争议，如"引起混淆的近似性"和"诚信"问题在商标法中也涉及，尽管公布决定本意在于将域名争议解决组织建立在独立的法律与实务基础之上。❸ 诚然，传统的知识产权法律类型，如商标法和反不正当竞争法也适用于域名持有者，尽管在实践中仅适用于争议解决体系中无法解决的对象。域名可以具有契约属性并反映在域名管理者和每一个域名注册者之间的合同条款中，因此该争议应呈交相关争议解决程序。

2.2 专家裁决

本书中有一未单独进行讨论的议题是专家裁决❹，通常请求独立的第三方针对一合同中的具体内容作出受契约约束的决定。虽然该程序作出的决定如同仲裁裁决一般是有约束力的，为大多数司法机构所承认，但其又与仲裁稍有区别，尽管在实践中往往难以区分两者，且根据不同的司法机构，区分标准也并不相同。❺ 虽然

---

❷ 例如，T. Bettinger. Domain Name Law and Practice – An International Handbook [M]. Oxford：Oxford University Press，2005.

❸ 参见精选 UDRP 问题的 WIPO 专家组观点中的 WIPO Overview 案例 [EB/OL]. (2010 – 06 – 11) www. wipo. int/amc/en/domains/search/overview/index. html.

❹ 在美国法律中相似的概念称为"评估"（appraisal），德国法律中为"schiedsgutachten"，荷兰法律中为"bindend advies"。

❺ 在英国法律中有很大的区分，体现在合同条款明确规定的专家应"表现为专家而非仲裁员"，这是为了试图绕过英国法庭的司法监督而实施的一种惯例。

与仲裁在很多方面很相似，但是专家裁决的结果通常不受与仲裁决定相关法律的约束，因此其不能依据《承认及执行外国仲裁裁决公约》（以下简称《纽约公约》）强制执行。不过就其属性而言，这并非关系重大，因为专家裁决往往针对的是合同中的一个具体的、已决定的领域，比如在何处定价，建立了专家裁决机制的合同应当内嵌地提供在合同整体框架内实施该裁决的方法。

尽管专家裁决通常用于如定价相关的内容，以及在 IP 领域局限于如专利许可费审计方面的应用，即裁决 IP 许可的许可费的计算是否正确，其涉及的 IP 内容比乍想起来的更多。[6] 例如，关于多种不同技术标准许可的专利池的规定，为了得出对专利池中每个成员都公平的专利许可费，该费用是以 IP 对整个专利池的贡献程度、相互许可还是许可第三方来进行计算划分的，根据池中专利对标准的"必要性"而作出裁决，因为在不侵犯专利权的情况下标准将无法实施。这些由独立的专利专家作出的重要裁决，不亚于对专利权保护范围的专家裁决。[7]

2.3　IIA 争议

另一正在发展的 IP 相关国际仲裁领域是基于国际投资协定（IIAs）[8] 的争议，这一内容本书并未涉及。这种类型的争议双方并不是私人主体，按照 IIAs 条款规定，该争议的双方是私人主体和主权国家。虽然这种争议也是通过仲裁进行解决（通常基于国际投资争议解决中心（ICSID）的规定），但是由于其不涉及 IP 争议中双方当事人均为私人主体所引起的诉讼或仲裁，因此在本书中未作论述。相反，IIAs 争议旨在解决对被告国剥夺争议 IPR 的指控，或排除其使用权（在商标案件中使商标失效），或进行强制许可，在这种情况下，IIAs 会以不受征用的投资的形式明确列出这些 IPRs。虽然在这种争议中还没有作出任何裁决，但已知发起的有 6 个此类案件，其中 4 个基于《北美自由贸易协定》（NAFTA），当然也许还有别的[9]。

---

[6]　J. Kendall etal. Expert Determination ［M］. 4 版. London：Sweet and Maxwell，2008. 其导论中提到专家裁决在专利特许费方面的前景，评论道"除了许可协议，以及域名争议……专家裁决在 IP 争端中较为少见。"

[7]　参见"AVC 专利投资组合许可说明"的例子，MPEGLA 出版（www. mpegla. com/main/programs/avc/Documents/avcweb. ppt）2010 年 6 月 11 日，以及 W – CDMA 专利许可项目问答，在（www. 3glicensing. com/articals/faq. pdf）2010 年 6 月 11 日。后者的 Q6 详述了两步程序，涉及评估专家组和专利律师，使得裁决是基于专利对许可项目是否重要而作出的。

[8]　该表述在此包括双边投资协定（BITs）、自由贸易协定（FTAs）、区域贸易协定（RTAs）（如 NAFTA）及类似规定。

[9]　参见"通过国际投资协定保护知识产权的具体争议焦点"，Transnational Dispute Management 6，第 2 期（2009 年 8 月），其包括大量文件可提供对这一议题的详尽回顾。

第 2 章
知识产权及相关协议以及由
知识产权或所述协议引起的争议

1. 概 述

1.1 何为知识产权?

"知识产权"(IP)是一个相对较为年轻的表达方式❶,它简明扼要地描述了许多具有不同源头、在实务中有时部分重合的不同法律权利(知识产权或IPRs),使拥有者能够用不同的方式来保护这些不同的无形权利,如创意和发明、创新的表达方式和数据,以及名称和商业信誉。大多数,但非全部的这些知识产权具有一定的特征而显示出财产权的特点,比如只要创设一个市场并确立可能的金融支持,它们就可以被买卖或许可。大多数的知识产权具有一个确定的范围,但其有效期根据具体知识产权的属性而不同。不同的国家用不同的方式保护不同类型的知识产权,尽管从19世纪末开始签订的各个国际条约使各国的做法渐渐统一起来,不过首次签订的条约是《伯尔尼公约》和《巴黎公约》❷。对于世界

---

❶ 较为老式的表述"工业产权"通常将版权(及其相关权利)排除在外,因此其包括专利、商标和外观设计。

❷ 《伯尔尼公约》涉及版权,《巴黎公约》涉及专利、商标和外观设计。这些内容经过了数次修订,同时其他国际条约或基于更早的国际条约也成为对其他类型知识产权保护的一部分。大多数协定是由世界知识产权组织(WIPO)管理。不过这些早期条约的重要性更少地体现在IP保护的实体规范上,这些条约在某种程度上,更多的是让外国人更容易地在本国获得知识产权保护并加以限制,并在很多情况下消除本国法律中外国人和本国人在本国维持知识产权方面的差别。近年来,由WIPO执行的知识产权条约更多地侧重于如何通过仅提交一份初始IPR注册申请在多个司法体系中更简便地获得注册知识产权,即该申请在多国有效——即专利合作条约、商标的马德里体系和外观设计海牙体系。

第 2 章 知识产权及相关协议以及由知识产权或所述协议引起的争议

贸易组织（WTO）的成员来说，在遵照 1994 年 TRIPS 的情况下，应遵守大部分国际条约以及为这些权利设定最低标准。❸

基于此，TRIPS 将"知识产权"定义为其提到的所有类别的权利，即（按其论述顺序）（涉及表演者、唱片和广播相关权利）版权、商标、地理标志、工业设计、专利（包括不在专利保护范围内的植物多样性权利）、集成电路布图设计以及不正当竞争（包括保护秘密信息，以及为支持药物和农药审批授权提交的监管数据）。不过列出的这些类别是非穷举的，许多国家将TRIPS 未在知识产权中列出的其他相关权利也纳入其国家法的保护范围。❹ 在 TRIPS 中经常影响到而未提到的另一知识产权为"工业设计"，它的许多特征与专利相同，但通常具有较短的有效期限和相较于专利更多的保护限制。❺ 在实际工作中最常遇到的知识产权形式就是专利、商标、版权和设计❻，在下文中将对它们一一进行详细介绍，此外还有秘密信息，虽然 TRIPS 将其认定为知识产权带来了一些独有的问题，但与同样被 TRIPS 纳入的不正当竞争相同，秘密信息也缺少作为产权的一些特征。

知识产权是一种消极权利，它只能为其拥有者提供禁止他人某些行动的权利：它不能使其拥有者获得行获权之事的积极权利。不同于契约权利，知识产权的价值在于，只要在其存在的特定国家中，它对所有个人和组织（除了某些情况下对国家）都有效。

---

❸ TRIPS 是《与贸易有关的知识产权协定》（Trade Related Aspects of Intellectual Property Rights）的简称。跟其他由 WIPO 管理的知识产权的国际条约不同，TRIPS 是由世界贸易组织（WTO）管理，WTO 由此通过其争议解决程序相应地提供了一种机制，确定成员之间关于其国内法律一致性的争议，并履行其在 TRIPS 下的义务，并且通过其管理的其他贸易条约，确定了通过不利关税针对不履行义务成员的报复范围。

❹ "相关权利"或"邻近权利"这一表述涵盖了与版权相似的权利性质，但对作者而言并不要求原创性的权利。TRIPS 所指的确切相关权利是表演权、录音权和广播权。这些相关权利如英国和美国的普通法体系中包含在宽泛的"版权"中，而在如法国和德国的民法体系中"版权"一词与 TRIPS 中相同，都具有严格的定义。另一个在世界上仅存于欧盟（EU）的相似权利被称为特别权，其在第 96/9EC 号指令中确立，是对以系统和方法论进行设置的素材收集的数据库的保护。《伯尔尼公约》（尽管只有这个被排除在 TRIPS 的范围外）也规定了赋予作者的版权在作品中具有"精神权利"，也就是署名权（将作品署上作者名字的权利）和保护作品完整权（修改作品的权利）。一些国家还为版权赋予了更多的精神权利。虽然在世界范围对精神权利的做法并不统一，但一般来说，它不像版权，不能分配，尽管在某些司法体系中，主要是习惯法体系中，如英国，允许放弃这种权利。

❺ 这些权利在不同的司法体系下惯有不同的名称，如短期专利、小专利或创新专利。欧盟的大多数国家（但不包括英国）对实用新型提供保护，但它们在国际上，甚至在欧盟内部都没有统一。

❻ WIPO 仲裁和调解中心，作为唯一专注于知识产权的国际仲裁机构，在 www.wipo.int/amc/en/center/caseload.html 公开了案件概要，显示了其所管理的案件，其中 44% 在专利领域，9% 涉及商标，7% 版权。其中未给出外观设计和秘密信息的案件数据。

一种行为如果落入知识产权的保护范围又未能取得知识产权拥有者的授权，这种行为通常称之为对该权利的侵犯，并且在大部分的司法体系中被视为民事侵权行为，对权利的拥有者以及在某些情况下得到某种形式授权的第三人来说，可以就这种行为提起民事诉讼。许多司法体系也将某些类型的知识产权侵权行为视为犯罪，TRIPS 第 61 条中也规定对于版权和商标进行商业规模的侵权（"盗版"和"伪造"）作犯罪处理。作为因某一侵犯知识产权的行为而被提起诉讼的被告方，通常有两种普遍的抗辩策略。第一种，被告会辩称其作为并未落入涉案知识产权的保护范围，或者得益于特别的辩词，即使看上去侵权，但其并未落入涉案知识产权的保护范围。第二种，此被告可以辩称该争议中的知识产权无效，或者在某些情况下，进一步抗辩称对方不享有该知识产权。

1.2 注册的知识产权

大多数知识产权如需维持，必须先注册登记，注册程序包括向国家权力机关提交申请表，比如专利局，其对知识产权登记具有特别司法权。一般由该权力机关审核其是否符合法律规定，当然也可能（通常是对专利而言）进行实质性审查，进行"粗筛"来保证明显无效的知识产权不被注册。对大多数的司法程序而言，目前注册程序本身已经相当公开和透明❼，以便在程序中详细审查，一旦该知识产权被注册，那么其详细信息将对全世界公开，从而满足其注册的通知义务。不过登记程序并不能决定该知识产权的有效性，常常意味着该登记的知识产权的有效性能够被挑战，虽然有时候是基于有限的理由。

因为注册是由国家进行的行为，并且提供知识产权的注册公告以获得保护，所以对涉诉知识产权有效性的成功挑战的通常后果是涉案知识产权被撤销登记。这种行为导致了对于该知识产权可仲裁性的特别关注，这一议题将在第 4 章进行详细讨论。第 4 章将介绍的主要议题是，尽管仲裁裁决的司法效力仅限于当事人，对物权无影响，对注册无效的决定仅对参与仲裁的当事人有效，而该争议的知识产权，除非司法中另有规定，仍对其余所有人具有充分的效力。

争议知识产权是否获得登记决定了该知识产权用于禁止第三方从事特定活动的范围。如果登记是必须的（如专利），那么与公开的记录和当地法律相关的知识产权的延伸和范围给予了其拥有者在该知识产权上真正的垄断权，在此情况下，任何人都没有资格实施该权利保护范围内的行为，即便对此完全一无

---

❼ 尽管如下所述，专利申请在首次请求的优先权日后 18 个月并不总是能公开。

所知的人，而且其行为并未受到该知识产权的启发，或者是正当合理的自行使用。如果登记是非必须的（如版权），那么仅当受争议知识产权保护的利益受到剥夺时该保护才有效，在这种情况下所有侵权行为都与所谓的侵权者和权利保护实体之间存在因果关系。

有时，未注册的知识产权可以围绕注册的知识产权提供一种模糊的保护，或者是相互交叉的保护。这种情况在商标和外观设计案件中很常见，通常未注册的知识产权与注册的知识产权同时存在。

1.3 知识产权的国际性

知识产权具有本地的，或者是区域的、属地的效力，因此在不同的司法管辖下可以存在相似的知识产权。结果就是，无需经过登记手续就能够自动存在的知识产权，比如版权，在WTO所有成员（或者对于《伯尔尼公约》的成员国）司法管辖范围内自动有效，但对于要求进行登记的知识产权而言，比如专利，仅能在其作出登记的司法管辖范围内有效。因此，在每个有限的地域范围内均有可能存在相同的知识产权。

在某些情况下，知识产权存在于某一区域内，也存在于某个国家。最典型的例子就是欧盟，欧盟体系允许欧盟商标和欧盟外观设计的登记，这种登记在整个欧盟范围内具有统一效力，并且这种效力不会在成员国之间被割裂（除许可以外），而且一个欧盟成员国强制实施的行为对整个欧盟均有效。欧盟成员国通过基于仅有国家效力的国内标准为商标和外观设计提供登记，欧盟知识产权（早期被称为"共同体"知识产权）与基于国家体系授权的知识产权同时存在于整个欧盟范围内，尽管涉及这些权利的国内法本身仅根据欧盟法文本进行一定程度的调整。结果在欧盟内部，一些形式的知识产权可并行存在于同一国家的司法管辖中。

在实践中，相同知识产权存在于多个司法管辖造成了不断增加的与之相关的争议，从诉讼角度看，对这些知识产权争议的解决，是知识产权地域性带来的重要后果。大部分是由于国家审判体系不能够在国际标准下解决这些争议，这种不可能性正是这种权利的地域性造成的。由于大多数法院仅能承担本地存在的知识产权的司法管辖，这意味着要凭借诉讼途径解决这种类型权利的争议，将会涉及多个法院。大多数法院并不情愿承担对外国知识产权争议的司法管辖，并且仅在极有限的情况下这么做，而结果是如果当事人决定对大多数类型的知识产权国际争议提起诉讼，这些当事人必须在多个法庭、多个司法管辖区提起诉讼❽。仲裁提供了一种具有吸引力的替代解决方案，它能使所有这些争议在一个程序中得到解决，这部分内容将在第 3 章中介绍。

知识产权的地域性也反映了在根据知识产权存在的区域，不同地域的法律用于相同的知识产权，这造成的结果是在不同地域发生的潜在侵权行为（正如大多数情况）需适用多个不同的知识产权法律❾。尽管对知识产权进行治理的国际公约已呈网络式覆盖，这些法律之间仍存在实质性差异，同时对于治理大多数形式知识产权的实体法而言，依 TRIPS 进行协调的程度很有限。即使法律在区域程度上已经达到一定程度的协调，比如基于下文将要介绍的《欧洲专利公约》（EPC），也有可能在细节上存在重大差异。在此，即便起码在涉及专利有效性上具有完全相同的重要法条（black letter law），不同的法庭、不同的司法传统以及在不同程序框架下的工作也会用不同的方式适用相同的法条，从而造成可能不同的结果。这对仲裁而言则不是障碍。如第 5 章将要讨论的，通常作为国际仲裁惯例，国际知识产权仲裁不仅涉及仲裁协议本身和仲裁地的法律，还涉及争议实质内容所适用的法律，换句话说，就是争议实体涉及的法条，即确定侵权和/或争议知识产权有效性的法条❿。

---

❽ 即使在欧盟内部，虽然国内法院在整个欧盟范围内对欧盟知识产权和欧盟其他地方存在的未注册知识产权拥有管辖权，但其通常不具备对存在于欧盟其他地方的注册国家权利的司法管辖权，这将在第 3 章脚注 7 进行讨论。在欧盟范围外，作为不同国家法院的特别案例的讨论，一般考虑的是第 3 章脚注 67 中涉及的司法管辖问题。

❾ 处理知识产权侵权通常接受的做法是采用保护地国内法原则，即适用被侵权的知识产权所在国，也就是寻求保护的国家的法律。然而，国际知识产权法中对此唯一表述的依据是在版权方面，参见《伯尔尼公约》第 5（2）条："保护的范围，以及作者为保护其权利采取的救济手段，应当完全由请求保护所在地的国内法律管辖"，虽然"所在地"一词产生了潜在的歧义。尽管如此，欧盟第 864/2007 号条例（"罗马Ⅱ号"条例）中第 26 将"保护地国内法"途径（该规定在欧盟范围内具有强制性）定义为"公认的原则"，尽管对于例如涉及版权的第一所有权问题是否应改为适用"来源国法"，仍然存在一些讨论。参见 Paul Torremans. Authorship, Ownership of Rights and Works Created by Employee: Which Law Applies, EIPR（2005）：220.；Marie Van Eechoud. Choice of Law in Copyright and Related Rights: Alternatives to the Lex Protectionis（The Hague: Kluwer Law International, 2003）. 美国法学会和欧洲马克斯普朗克知识产权冲突法律研究组分别在"Intellectual Property: Principles Governing Jurisdiction, Choice of Law, and Judgments in Transnational Disputes（2008）"和"Principles on Conflict of Laws in Intellectual Property（2nd Preliminary Draft – 6 Jun. 2009）"中就制定适用法律的统一规则提出了建议。前者提出了一些原则，如适用于初始所有权的法律，这在某种程度上会偏离属地原则。但是，这两套原则都没有明确涉及何种法律适用于共同侵犯知识产权，其中一方要为另一方直接造成的损害承担责任，而且这已成为越来越重要的国际化问题，正如 Graeme Dinwoodie 等人在 The Law Applicable to Secondary Liability in Intellectual Property Cases（International Law and Politics 42（2010）：201）中所讨论的。

❿ 因此，任何国际仲裁中都可能至少有三项法律存在争议，这一事实仅在 WIPO 仲裁规则第 59 条的标题中得到体现，即"适用于争议实体，仲裁和仲裁协议的法律"。

第2章 知识产权及相关协议以及由知识产权或所述协议引起的争议

1.4 与知识产权相关的协定

虽然仲裁是可行的，而且也规律性地出现，但对于没有进行事先在合同中约定对其可能出现的知识产权侵权争议提出仲裁解决的当事人而言，这种提交仲裁协议的方式并不是——至少在国际环境下不是——使知识产权成为仲裁主体的最普遍的方式❶。最普遍的做法是当知识产权争议出现时，依照涉及该知识产权的已有协议中，使知识产权争议成为仲裁主题。这种协议和基于这些协议可能出现的知识产权争议相关的实例将在下文与特定种类的知识产权一同进行讨论。这种协议通常要么与知识产权的创造相关，要么与知识产权的开发应用相关，或者两者皆相关。

与知识产权产生相关的协议范围可从简单的分包关系到复杂的研究与开发的协作关系❷。关于知识产权第一所有者的法律适用可能导致对所有权的不确定性，或者所有权不能反映潜在的商业现状，因此而产生争议，或者也可能由于涉及知识产权的第一所有者以及不同类型知识产权的法律在各个国家不同而产生争议❸。

与知识产权开发应用相关的协议具有相当宽泛的不同形式，很大程度在于争议知识产权的属性，但通常涉及某种形式的许可，这就为争议的产生创造了潜在的空间，比如某种特定行为是否落入许可范围内，这常常需要对许可知识产权本身的范围以及根据该许可进行的活动的性质进行分析。

有时我们也会遇到与知识产权所有权和开发均相关的协议。因此，确立一个与知识产权所有权相关的协议并不一定能决定这种约定，大部分的这种协议都要进一步确定所得知识产权的所有者使用该知识产权能做什么不能做什么，以及当给非拥有者授权时能够进行怎样的许可。

---

❶ 例如，关于在几个司法管辖区内存在的几项平行专利是否有效，并且受到在所有这些辖区中出售的特定设备的侵权。这样一份协议可能构成多重管辖权诉讼达成和解的一部分，至于各方无法解决的还存在争议的方面，作为该和解协议的一部分，他们同意在一次仲裁中予以解决。

❷ 如果没有这样的协议，就会给任何协作产生的知识产权的所有权带来纠纷。这可能是学术界的一个特殊问题。学术界以外，当在非正式且没有充分记录的基础上雇用顾问而不是正式雇员开展这样的协作时常常出现问题，因为从表面看，任何由此产生的知识产权的第一所有权归属于他们。

❸ 例如，即使在欧洲内部，即使在雇主和雇员之间，对于专利的第一所有权，也没有统一的判定方式。正如欧洲专利局（EPO）遵照《欧洲专利公约》（EPC）所采用的方式，这些方式都依据适用本国法律的国家法院在本区域的权限。共有的知识产权问题尤为严重，因为共同拥有者的权利和受到的限制因管辖权而异，并且与所拥有的知识产权本身相关，因此与美国相比，在欧洲的大部分地区，未经另一方的同意，一名专利共有人无法转让或许可（或者甚至分包）其共同拥有的专利，这可能严重限制更积极的共同所有人对所持有发明的商业利用。

— 9 —

2. 知识产权的具体类型及相关争议

2.1 专　利

2.1.1 简　介

TRIPS 要求有效专利是"任何包括产品或方法的发明创造，在其所属的所有技术领域都是新的、具备创造性，并且能被工业应用。"[⓮] 专利体系背后体现的思想是发明者和该发明者在所属地公开其发明的所有细节并且包括如何实施的说明之间的"交易"。以一段时间后他人能够自由使用该发明创造来换取这段时间内发明者在所属地对该发明创造的垄断权利。

假设在其生效国有效的授权专利，该专利的拥有者，在保护自己的专利权时，可禁止第三方制造、销售或使用落入其"权利要求"保护范围内的产品或方法（或进口用该方法制造的产品），无论该第三方是否是在对该专利不知情的情况下基于自身能力而得到的设计或研究成果。授权专利中权利要求的详细形式及其定义的专利权人独占权的范围[⓯]，常常成为专利权人和授权专利的专利局之间磋商的对象，同时结合专利说明书中披露的范围和实质以及现有技术在专利说明书中的披露和其他专利局作出的现有技术检索报告中的披露。不过，专利局的审查只能是某种"粗筛"，拥有一项授权专利并不能保证其有效性，因为该授权专利会一直对第三方的攻击保持公开。[⓰] 这样一来，对大多数司法体系而言，在专利侵权诉讼中有效性可作为反诉而纳入议题，但在某些（两个重要的例子是德国和中国）司法体系中，这两者在不同的法庭进行审

⓮ 这段看似简单的描述包含了许多概念，这些概念主题在不同的司法管辖区有着不同的解释，而如何解释构成了许多专利诉讼的基础。在某些司法管辖区，"发明"或"技术"这样的词语被解释为商业方法不具备可专利性。另一个存在不同解释的例子是"新"这个词，其含义尤其取决于确定本发明必须被证明是新的，取决于确定什么被包括在"现有技术"范围内，因此许多司法管辖区过去常常适用相对的或本地的新颖性标准，然而大多数现在要求"绝对"的新颖性，这种新颖性的标准中，世界上任何地方、任意类型的公开都可以成为现有技术的一部分。不同的司法管辖区在处理短时间间隔内先后提交的两份申请之间的冲突时也有不同的处理方式（两份申请中的任何一份都不会在另一份提交之前公布），但涵盖了大量的相同发明。

⓯ 在判定侵权时，许多法律系统在解释权利要求方面允许一定的自由度。在美国，这种自由度被称为"等同原则"，但是它将权利要求保护范围扩大到字面意思范围之外的潜在可能性受到了"禁止反悔原则"的限制，即不得再重新要求对审查过程中放弃的权利要求范围给予保护。

⓰ 这可能是因为专利局对检索报告中披露的现有技术采取了错误的观点，或者可能是依据未在检索报告中检索到的现有技术公开内容，例如因为它们可能已经公开在不知名的期刊，或者被在先使用或口头披露过，这些披露仅为特定技术领域中的某些人所知。

第 2 章　知识产权及相关协议以及由知识产权或所述协议引起的争议

判。这些攻击有时不需使授权专利全部无效就能成功——可能仅有某些权利要求被无效，但已经足以使被告辩称其并未侵犯任何有效权利要求。

专利权属于国家权利，一般只能由在所在地生效的国家的相关机关授权，并且只能被该国的法院执行。❶然而，基于《专利合作条约》（PCT）由世界知识产权组织（WIPO）管理的国际申请程序，能使大多数专利申请程序的早期阶段集中为单一程序，这种方式已经被广泛应用，以至于在申请阶段就可形成有效保护基础的轮廓。为获得一项专利，需要提交专利申请，通常是向发明人工作地所在国的专利局提出。❽这种申请应当包括详细描述该发明创造、对所属领域技术人员解释如何实施该发明创造的说明书，有时可能需要包括权利要求。首次提出申请的日期决定了其说明书内容的"优先日期"，它的重要性在于在这个日期或其后公开的材料不能作为在先技术以最初申请提出的权利要求缺乏新颖性或是显而易见为由来挑战该权利要求的有效性。一年以内基于该首次申请在其他国家提出的进一步申请可以该首次申请作为"优先权"，从而能够作为对抗在其他司法体系下授权专利的在后优先权并延伸保护期。作为替代，在该国提交一个 PCT 申请同样能够在 PCT 的其他成员国中有相同效力（同时并不像许多巴黎公约或 TRIPS 的成员那样几乎包括了所有情愿谋求专利的主要司法体系）。在 PCT 体系中，在准备针对专利性出具检索报告和初审报告后，专利申请和检索报告就公开了，除非在最早的优先权日后 18 个月内该专利申请被撤回。如果不适用 PCT 体系，那么这些步骤将在谋求专利的各个国家内单独进行，并且也通常需要在 18 个月这个时间点公布该申请。最早优先权日后的 30 个月，PCT 申请进入"国家阶段"，这意味着申请人必须向每个想得到授权专利的国家进一步缴费，并开始与相关国家（或地区）专利局的审查员交涉，从而获得具有国家效力且保护范围有效的授权专利。

TRIPS 要求，基于专利申请的提交日，❾专利保护期不少于 20 年（以专利维持费的缴纳为准），尽管从申请到授权的时间会"吃掉"一些专利保护期。一些国家应对的方法是，在授权后，允许对申请后、授权前从事的落入最终授权权利要求范围内的活动提出损失索赔，而一些国家是提供专利期限延长以补

---

❶ 正如下文所讨论的，涵盖欧盟国家和欧洲一些其他国家的《欧洲专利公约》（EPC）是一个例外，因为它提供了"一个授予一揽子国家专利"的单一程序，但是这些专利仍然只能在本国有效。

❽ 在某些司法管辖区，出于国家安全的原因，这是强制性的。

❾ 美国过去曾有从授权日起计算 17 年的专利有效期，至今还有一些依然有效的美国专利从这种方法中受益。

偿在专利授权中或商业化过程中遭受的某种类型的延误。[20]

综上可知,专利是仅在其被授权的国家内有效的权利,且在大多数国家只有国家专利局才能授予这种权利。在欧洲,各个成员国的国家实体专利法在某种程度上并不统一,因此,EPC 提出了一种机制,通过"国家专利捆绑"来保证在欧洲专利局(EPO)提出的一件申请,或者提出在 EPO 进入国家阶段的 PCT 申请后能够以 EPO 的统一审查程序得到响应。虽然所有的欧盟成员国都是 EPC 成员,但欧洲许多其他国家也是 EPC 成员,[21] 而欧盟和 EPC 之间并没有关系,EPC 仅是一个签署于 1973 年、修订于 2000 年的、完全独立的国际公约。而且,在每个 EPC 成员国的专利局都可在国内起诉专利申请,许多成员国还提供了对实用新型的发明创造进行保护的选择。尽管 EPO 保留了一些对专利的司法管辖区,但一旦通过 EPO 途径得到授权,被诉专利就可被国家法院强制执行、在国家法院被挑战其有效性,这与其在国家专利局得到授权后是一样的。同样,在授权后的 9 个月内,[22] 第三方也可统一在 EPO 对其有效性进行挑战,而专利权人可在有效期内的任何时间统一到 EPO 请求限缩权利要求的保护范围(通常是为了排除在诉讼期间未考虑的在先技术的引用)。

2.1.2 专利许可中的争议

有无数种动机可促成谈判和授权专利的许可。例如,大多数涉及技术的转换,某专利权人可能缺少资源使其专利能延伸到所有的司法体系中;研究用于某种商业类型的技术可能在专利权人没有商业企图的其他领域有所应用,或者某公司的既定产品需要获得许可来使其改善并提高已有技术。也可能因不涉及技术转换的原因提出许可,例如为了保障自由实施,或根据许多国家法律规定对专利技术强迫性地强制许可。因技术原因提出的许可通常也包含"技术诀窍"因素,这些技术诀窍本身也可依保密信息法律而得到保护。

专利许可是一种通常反映在协议中的许可,是专利所有者许可不能做所有

---

[20] 大多数主要的司法管辖区规定药品和某些其他受管制产品通常有 5 年的专利延长期,因为获得批准销售此类产品所需的时间缩短了专利的有效期限。

[21] 即阿尔巴尼亚、克罗地亚、前南斯拉夫马其顿共和国、冰岛、摩纳哥、挪威、塞尔维亚(自 2010 年 10 月起)、瑞士(包括列支敦士登在内)和土耳其。除这些国家外,波黑也承认欧洲专利局授权的专利。

[22] 这类异议如果成功,将导致通过 EPO 途径授权的有效专利在所有国家管辖区内被撤销,但是异议程序在某些辖区可能需要花费比法院程序更长的时间才能达成最终解决,尽管此类程序将仅具有国家效力。不同的司法管辖区以不同的方式处理 EPO 异议程序与国家程序的相互作用。在德国,侵权法院不能判定专利的有效性,但 EPO 异议程序正在进行的过程中,通过 EPO 途径授予的专利有效性不能在国家法院判定时,法院只会在其认为此类异议程序可能成功的情况下继续侵权诉讼。

在英国,可以将侵权行为和有效性诉讼快速提交审判,如果能使涉案专利的商业确定性得到更快的保障,法院通常就不会在法律程序中对 EPO 授予的专利在英国的有效性提出质疑。

第 2 章　知识产权及相关协议以及由知识产权或所述协议引起的争议

者所禁止之事的他人；也就是一种能做受专利本身属性所限之事的权利。专利许可能够允许被许可人具备所有或者某些特定的权利，但通常也对当事方施加各种在竞争法制约下的条件和义务。专利许可可能涉及一个或多个使用地域和领域，授予或不授予技术转让的权利，以及是否独占（仅被许可方自己能够实施，即使许可方都被排除在外）、是否排他（许可方不可进一步授权许可，这样只有被许可方和许可方可实施）或非独占（许可方自己能够实施并能够向他人进一步非独占授权）。

专利许可的许多方面都会引起争议，这样就有了仲裁确定的空间。以下简述三个方面——许可权利的定义、许可产品的定义以及许可费——每个方面都会引起争议，可以从公开报道的诉讼中得到这些争议的大多数细节，但借助仲裁也可以解决上述争议——其中之一是仲裁的主题，而且从当事人作出的公开声明中可获得某些特定细节。

对于明确界定的许可知识产权，尽管对于未登记知识产权，如技术诀窍，其范围被明确许可，说明书仍会出现潜在的问题，被许可专利的认定同样会产生问题，特别是还未获得授权的专利，因其内在的不确定性，其最终在确定的司法程序中获得的权利要求（如果有的话）的界定范围是无法被准确预知的，而该范围将被许可覆盖。[23] 在 Beecham 诉 Bristol Laboratories 案中[24]，被许可方 Bristol 未能成功主张其从 Beecham 得到许可的专利和技术诀窍，如 Beecham 预计的那样肯定能从半合成盘尼西林扩展到确定的、具有重要商业价值的盘尼西林，而是在协议签订时仍未真正得到或进行检验。在 Eli Lilly 诉 Novo Nordisk 案中[25]，英国法院表示根据英国法律矫正了一个专利许可，该许可是关于人生长荷尔蒙的再合成蛋白质，其中所涉专利申请被放弃了，因此法院不得不确定

---

[23] 另一个例子是，如果被许可的专利权范围是在未决的专利申请中定义的，而这些申请之后授权的权利要求存在明显不同的保护范围，那么问题就产生了。参见案例 *Oxonica Energy Limited v. Neuftec Limited* [2009] EWCA 668.

[24] Beecham Group Ldt v. Bristol Laboratories International SA [1978] RPC 521.

[25] 礼来诉诺和诺德案（*Eli Lilly & Co. v. Novo Nordisk*（未报道，Jacob J，Patents Court 20 May 1999）），已签署的许可是为了避免与单独开发的技术有关的专利权可能发生的冲突。当看到诺和诺德公开的欧洲专利申请涵盖了自己之后使用的工艺流程，礼来马上就寻求诺和诺德美国的权利许可。礼来并不知道诺和诺德美国专利权的确切范围。在一个复杂的专利申请程序中，诺和诺德错误地在许可中列出了一项最近放弃的美国申请，其中涵盖了礼来当时正在做的事情，但未能在一个新的申请中识别并替换它，这却是诺和诺德在美国现存的唯一一个。然而，这个新的申请还涵盖了一个进一步的工艺流程，当时尚未但随后被礼来使用。虽然已经同意许可证应该得到纠正，但是问题在于是否有共同的意图给予礼来许可工艺流程而不是当事方集中谈判。法院认为，尽管双方的重点都放在旧的工艺流程上，但这不意味着许可证仅限于此，因此将许可证纠正为包括新的申请和根据该申请授予的专利，而对许可主体的工艺流程的范围没有任何限制。

在同族专利申请中的授权专利来替代该专利，以及许可的范围是否应当受制于同时存在的限制。

即使许可知识产权认定清楚，除非专利许可也包括对许可产品的界定，争议还是会因产品是否落入许可知识产权的范围内而起，这就会引发对专利侵权相关法律适用的分析。此类争议的一个例子是 Celltech 和 Medimmune 之间的诉讼，焦点在于后者在其单抗药物产品中使用的单株抗体是否落入许可所涉及专利的任何同族专利的范围内。这个问题体现在英国法院经手的三件诉讼[26]，法院依照在英国法律许可范围内的专属管辖条款审理上述诉讼。其中两件涉及两项不同的美国专利（因为美国是该产品的主要市场），另一个涉及德国专利（因为该产品是在德国制造的）。英国法院在对前两项美国专利的诉讼中适用了美国专利法，而对另一个适用了德国法律。专利权人在所有的诉讼中都胜诉了，这样一来，就需要支付每个许可的许可费了。

不过，被许可产品本身的定义也可能引起问题。1985 年，在 Amgen 和 Johnson & Johnson 之间基于前者将重组蛋白促红素的医药产品许可给后者的许可争议中，被许可产品本身的定义就成为该争议的主体。Johnson & Johnson 辩称，Amgen 的第二代促红素类似物落入了现有专利许可的范围内，在该许可中，时为创业公司的 Amgen 就将促红素和其他遍及世界的特定蛋白质独占许可给了 Johnson & Johnson 子公司。在 1998 年作出的仲裁裁决中，支持授权 Amgen 可采用被许可产品中较窄的结构，尽管被许可专利的权利要求宽到能够覆盖第二代产品，同时许可中的一个条款给双方都提供了使用对方改进的权利，[27] 从而赋予了 Amgen 对全球第二代产品的独占权利。

许多争议与错误计算和错误报告导致的错交了专利许可费有关，这些争议常常是通过与这些情况相关的专利许可条款中的专家裁决条款解决的[28]，但是其他与许可费缴纳相关的争议又涉及对许可的组成和解释，许可中缺乏仲裁条款有时会引起诉讼。这些争议所包括的内容有诸如许可费的计算基础（特别是不以被许可产品的营业额为标准的情况下）[29]，或者为了对产品进行开发或

---

[26] Celltech (Adair's) US Patent [2004] FSR 3 (CA), Celltech R&D V. Medimmune [2004] EWHC 1124 (Pat) 案以及 Celltech R&D V. Medimmune [2005] FSR 21 案。

[27] 确定专利许可双方所开发的新技术是否落入专利许可中常见的一种改进条款的范围，另一方自动取得这种改进的许可，也成为一个丰富的诉讼来源，例如苏格兰的 Buchanan 诉 Alba Diagnostics 公司案 [2004] UKHL 5。

[28] 这些通常会包括任命一名专家会计师作出此类决定。

[29] 在 BTG International 诉 Acambis [2003] EWHC 285 案中，涉及一项专利转让，以收购实体的总营业额计算专利使用费。

第2章　知识产权及相关协议以及由知识产权或所述协议引起的争议

商业化，经常需要来自多个不同专利权人的许可，在这些许可中有时会出现"反许可费叠加"条款，基于该条款，在一个或多个这种许可下，许可费可根据预先确定的公式降低，从而保证许可费总数不会超过被许可人可接受的范围。[30]

2.2　版权及邻接权

版权，尽管最初是用来保护传统文学、音乐和艺术作品的，在实践中也用于避免对原创作品的复制，包括如计算机程序的整体功能性产品。版权并不需要登记，同样，在《伯尔尼公约》中也确实规定这种权利的存在不依赖于正式手续，[31] 当其出现时版权就自动产生了。因此，只要版权作品被创造出来，在世界的不同司法体系下，就会存在各自独立的相同版权。《伯尔尼公约》规定了版权的最低期限为作者死亡后的 50 年，不过在实践中，许多司法体系，包括美国和欧盟，都为版权提供了作者死亡后 70 年的期限。

许多不同类型的行为都能单独地构成对版权的侵犯，也就是复制（例如复印）、公开传播该作品（包括广播和公开表演）以及分发或出租该作品的实体复制品。复制并不一定导致侵犯版权，由复制导致的侵权侵犯的必须是版权作品的表达，而不是基于该版权作品的想法或观点。目前许多特定的辩护使用的都是"合理使用"（fair dealing，与美国的"fair use"相同，其范围是由法院确定的）。版权存在的最低要求仅仅是该作品必须原创，而在版权争议中，对被诉版权的存在性的争议很少见的，谁享有权利并实施该权利才会引起比登记知识产权更多的争议，特别是在不同司法体系下需通过不同途径解决雇员在被雇用过程中所产生版权的第一拥有权的问题。

对很多不同类型版权作品（以及相关权利的特定类型）的开发促进了收费协会的活动，这些收费协会的运营是基于授权协议的网络，大量版权拥有者将其特定权利交给协会进行管理，而协会提供"一站式"服务，将这些版权

---

[30] 正如 Cambridge Antibody Technology 诉 Abbott Biotechnology 案中 [2004] EWHC 2974 所述，被许可人未能成功申辩其有权依据此条款向许可方专利权人支付较低的许可费，即通过将它支付的其他一些专利技术的专利使用费，这些技术被用于商业上制造产品，包括在"支付给第三方的专利使用费……为了实施许可或实施专利权利要求中的技术"，并且该许可允许费用减少。获得许可的专利对于所涉及产品的原始开发至关重要，但被许可人试图争辩的专利技术属于与产品商业化生产中使用的"下游"技术相关的专利许可费叠加条款。

[31] 虽然与《伯尔尼公约》不同的是要求版权注册后才有效，但版权可以在美国注册，美国在版权诉讼中提供某些优势，例如法定损害赔偿。

— 15 —

作品的有限非独占许可权授予给用户。由于历史原因，收费协会的活动倾向于仅限于一定的地域范围内，很多协会在相互之间也有协议从而保证在其他司法体系下也能提供许可。

2.3 商　　标

商标是一个词、标志或其他与众不同的标志，用于将特定产品或服务区别于普通相似的、通常有竞争关系的商品或服务。虽然在大多数司法体系中的不正当竞争法（TRIPS 中规定的一种形式的知识产权）中允许对未注册商标进行保护，使第三方不能未授权使用该商标，但是 TRIPS 中也规定了注册商标的范围，并提供了诸多的优势。这种依维持费的缴纳而存在的注册，能够在商标的使用期内一直延续，并拥有对抗第三方未授权使用该标志或相似标志的强制执行性的优势[32]，能够随时使用客户扣押条款来对付假冒产品，以及对抗在后申请时能够更方便地维护在先权利。商标注册的有效性能被"绝对"理由攻击，比如缺乏显著特征，或者依"相对"理由，该标志与正在使用的在先标志过于近似。

通常的情形是，两个不同的商标所有者对其在商业中使用相同或相似的商标作出承诺，承诺不在各自的核心市场进行竞争，但当它们的领域产生部分重叠时，商标所有者将会期望就其共存问题达成正式协议，同时规定各自对商标的使用。这种限定协议，或者说共存协议，常常成为解决现有争议的一部分，也会引起争议，特别是从商业角度长远考虑，这种争议有时会闹上公堂，但同时也是仲裁的合适对象。[33]

2.4 外观设计

TRIPS 规定了成员要保护工业设计，其通常意味着一个产品的整体或部分的外观，并且这种设计是新的、原创的。虽然 TRIPS 没有规定需要通过注册获得该权利，但大多数的司法管辖区提供了对工业设计的注册系统[34]。不过，外观设计的保护在国际上是知识产权类型中协调度最小的，而且，除了注册，外

---

[32] 未注册的商标权利可以根据国内不正当竞争法律（或英国和爱尔兰的"仿冒"）得到主张，但这些权利的范围各不相同，与基于注册商标的行为不同，通常需要商誉或未注册商标的声誉。

[33] 例如，参见音乐公司 Apple Corps 和计算机公司 Apple Computer 之间的纠纷，关于它们之间 1981 年最初订立的与 Apple 商标相关的协议，因为这两个领域的活动重合在一起，参见 Apple Corps 诉 Apple Computer [2006] EWHC 996 案中的描述。

[34] 在美国，这些注册被称为"外观设计专利"。

第2章　知识产权及相关协议以及由知识产权或所述协议引起的争议

观设计也受到其他方法的保护。因此，一些司法体系借助于非注册外观设计系统❸，其他司法体系利用其他类型的非注册知识产权，即版权和不正当竞争来对外观设计进行保护。一般来说，鉴于注册外观设计能够在不考虑这种设计的初衷的情况下用于对抗相同或相似的制品，其他的非注册、可用于保护外观设计的权利仅在对抗源自受保护设计的相同或相似的产品时才有效。

2.5　保密信息

TRIPS 第 39（2）条要求成员应负有义务提供途径从而保护保密信息❸，在未与实际控制该保密信息的个人或公司达成一致的情况下，"以有悖于商业诚信的方式"被他人披露、获取或使用❸。这种义务在不同的法律系统中体现为许多不同的方式。这种做法在欧盟内部并未达成一致，比如英国现在违反信用法，不过大多数其他欧盟成员国跟 TRIPS 的处理方式一样，都将其视为不正当竞争法的一部分。

英国保密信息法建立在法律需要之上，其要求需要得到保护的保密信息应当具有保密的必要特征，该保密信息应当在最初披露时随之赋予了该信息被保密的义务（或保密信息被不正当获取），同时对该信息的披露违背了上述义务并对最初披露该保密信息的人产生损害。落入不知情第三方之手的这种信息也受到保护。这与美国商业秘密保护法中所提供的保护具有许多相似之处，不过英国的法律是在国家层面上，而不是在联邦层面上执行的。❸

---

❸ 在欧盟的情况就是，不仅为注册的外观设计（长达 25 年的时间）提供统一保护，而且为未注册的外观设计提供统一的保护（虽然只有 3 年的时间）。此外，外观设计在欧盟内的国家层面受到保护，虽然各国的外观设计注册法已经统一，但各国国家层面对外观设计的保护没得到统一，结果是未注册的外观设计也受到一些欧盟成员国的不正当竞争法、版权法的保护，或者像英国一样，拥有自己国家的未注册外观设计法律，该法律授予与欧盟未注册外观设计制度不同的权利范围和更长的权利期限。

❸ TRIPS 中要求信息："（一）属于秘密，即作为一个整体或就其各部分的精确排列和组合而言，该信息尚不为通常处理所涉信息范围内的人所普遍知道，或不易被他们获得；（二）因属于秘密而具有商业价值；并且（三）由该信息的合法控制人，在此种情况下采取合理的步骤以保持其秘密性质。"

❸ TRIPS 的脚注指出："就本条款而言，'违反诚实商业行为的方式'应至少是指违反合同、违反保密和诱导违反的行为，包括通过第三方取得未披露的信息，而该第三方知道或因严重疏忽未能知道未披露信息的取得涉及此类行为。"

❸ 在美国侵权法重述第 757 条中，在"泄露或使用他人商业秘密的责任"标题下规定："一人在未得到授权的情况下公开或使用另一人的商业秘密，在以下情况对另一人承担责任：（一）他是以不正当手段发现秘密，或者（二）他的公开或使用构成其他人向他公开秘密的违反保密，或者（三）他从第三人处得知秘密，并注意到这事实上是一个秘密，而且第三人是以不正当手段公开该秘密，或者第三人公开该秘密违反了他对另一方的义务，或者（四）他知悉秘密并知道这实际是一个秘密，并且秘密是因过错公开给他的。"

— 17 —

虽然根据 TRIPS 的内容，保密信息和/或商业秘密被视为知识产权的一种，但主要由于其令人困惑的历史背景和法律基础，英国和美国的法律体系并不乐于将它与其他形式的知识产权那样视作某种形式的财产。[39] 在这种情况下，结合某些司法体系将不当使用保密信息作为不正当竞争来处理的事实，意味着从法律适用角度来看，虽然保密信息常常作为专利许可的组成部分以技术诀窍的方式被许可，但像对待大多数其他知识产权那样处理保密信息并不是必需的。[40]

未能成功保存秘密而造成的权利丧失会导致保密信息法对商业信息提供的保护丧失殆尽。唯一能做的只有万全的预防措施以防止秘密泄露变成公开知识。具体的操作方式要具体问题具体分析，但最重要的是必须确保雇员或知晓该秘密的其他人受到合同的约束来使其保守秘密，这种约束是强制性的，必要时可通过诉讼执行。

虽然商业秘密的保守存在固有的内在问题，但特定形式的秘密，比如技术进程中的某些具体操作，这些技术的使用在生产得到的成品上无法检测得到，那么这种形式的秘密还是适于通过商业秘密保护法而不是专利进行保护。进一步地，拥有保密信息对一项专利的应用或在专利公开前对应用的整合工作同样重要。然而，对商业秘密进行保护并不能阻止第三方开展它们自己的研究工作并且独立发现该商业秘密，也不能阻止他人独立地得到这些秘密后将其公开发表，甚至申请专利。[41]

---

[39] 关于美国的情况，请参阅 Mark Lemley. The Surprising Virtues of Treating Trade Secrets as IP Rights – John M. Olin Program in Law and Economics Stanford Law School Working Paper No. 358 June 2008 – SSRN id 1155167，该文章中注意到"法院、律师、学者和论文作者争论商业秘密是否是合同、侵权、财产甚至刑法的产物"。

[40] 例如参见第 5 章 3.2.2.3 节讨论的罗马 II 号公约中，其中第 6 条采用特殊规则适用于因不正当竞争行为而产生的非合同义务，并且依据第 8 条不同于适用知识产权的强制性规则。

[41] 尽管许多国家的专利法允许已经秘密使用别人独立专利的工艺流程的人继续在同一国家使用同一流程，但这种许可通常不会延伸到其在另一个国家的转让专利，或者其落入第三方专利权利要求保护范围内的使用。

第3章
知识产权争端国际仲裁的优势和局限性

1. 概　　述

国际仲裁，本质上由争议双方达成共识的争议解决机制构成，该机制凭借当事人之间的仲裁协议（这些当事人通常来自不同的国家）来约束双方遵守由第三方（仲裁庭）根据双方之间的争议而作出的"决定"。这种争议解决机制是不是就比由争议主体构成的诉讼更好呢？事实是，最准确——但令人失望——的答案是要视个案的具体情况而定。许多时候，事实上，对国际仲裁相同特征得到的评价毁誉参半。

所以，我们是在考虑国际仲裁解决知识产权争议中的潜在优势和负面结果的同时来分析这种原则的主要特点，而不是分别列出其潜在优势和短板。

2. 国际仲裁的主要特点

2.1　仲裁裁决在世界上的大多数国家都易于得到执行

世界上还没有关于外国判决在不同司法体系下的执行的协定。[1] 由海牙国际私法会议倡议的民商事外国判决的承认与执行公约草案旨在全球范围内能够更便捷地对外国判决进行承认与执行。然而这个倡议最终失败了[2]，因此海牙

---

[1] 参见 G. Born. International Commercial Arbitration [M]. 2 版. Hague：Kluwer Law International，2001：8.

[2] 参见 J. Fawcett, J. Carruthers, Cheshire, North & Fawcett. Private International Law [M]. 14 版. London：Oxford University Press, 2010：593.

会议将其努力的方向转向了野心更小的——2005年判决法院选择公约。这样，如果一个基于2005年公约对法院进行选择的协议有效的话，由所选法院作出的判决将得到其他公约成员国的承认和执行。虽然该公约提出后收到了较好的前期反馈❸，但是其与知识产权争议相关的适用范围局限性很大。❹

只有在区域层面上，某些多司法体系协定才能处理外国判决的承认和执行。第44/2001号欧盟理事会规定（"布鲁塞尔 I"规定）和卢加诺公约（Lugano Convention）都是世界上最重要的、可便捷承认和执行由欧盟成员国、欧洲经济区（EEA）的其他国家和瑞士所作判决的国际工具❺。不过，能使外国判决方便地得到承认的双边协议仍很欠缺。❻

其实，在大多数情况下，外国判决要想获得承认和执行仅取决于各国内法院对各迥然不同的法条的自由裁量。例如，某些国家要求只有签订了互惠条款才承认外国判决；其他国家用本国的司法概念来进行判断（其中，在使用以法国民法为基础的国家要求尤为严格），而对大多数国家而言，仅当其国内公共政策得到满足时才承认和执行这种判决。因此，各国内法院可能对外国判决进行彻底的详细审查，其中包括对其优缺点的评估。

对于知识产权，在国内公共政策下，进行高级别的详细审查和作出对例外的特别适用，最有可能的情况是，难以承认和执行对知识产权作出的外国判决（几乎不可能）。❼

---

❸ 美国和欧洲共同体分别于2009年1月19日和2009年4月1日签署了该公约。墨西哥于2007年9月26日加入了该公约。

❹ 公约第2.2条规定，它不适用于涉及以下方面的争议：n）版权及其相关权以外的知识产权的有效性；o）侵犯版权及其相关权以外的知识产权，除非违反合同双方之间有关这些权利的合同或因违反合同而被提起侵权诉讼的除外。

❺ 同样在区域水平上，南方共同市场（NERCOSUR/MERCOSUL）国家（阿根廷、巴西、巴拉圭和乌拉圭）于1992年商定了一项议定书，以加快判决和仲裁裁决的承认及执行。

❻ 参见 A. Redfern & M. Hunter. Law and Practice of International Commercial Arbitration［M］. 4版. London：Sweet and Maxwell，2004：27.

❼ 即使在布鲁塞尔 I 号规定的管辖范围内，知识产权也会受到特殊对待。由此，该规定第22（4）条规定了法院对一类已注册知识产权的专属管辖权，这类知识产权涉及"需交存或注册的专利、商标、外观设计或其他类似权利的有效性"的法律程序。这一规定在 C–4/03 Gesselschaft fur Antriebstechnik mbH & Co KG（GAT）诉 Lamellenund Kupplungsbau Beteiligungs KG（LuK）案（ECJ，2006年7月13日）中被解释为关于"与专利有效性或注册有关的所有程序，不论该问题是否由一次审查或异议抗辩意见的形式提出"，其后已反映在卢加诺公约第22（4）条的修订文本中，例如该规定的管辖权规则通常会允许，通过在另一个欧盟成员国的法院对专利的有效性发起程序性挑战，从而避免专利侵权行为。另可参见 C–539/03 Roche Nederland BV and Other 诉 Drs Primus and Goldenberg（ECJ 13 Jul. 2006）案，采用对规定第6（1）条的狭义解释，在欧洲专利侵权诉讼程序中处理针对多重被告的相关诉讼。正如在第5章第3.2.2.3节讨论的充足理由，布鲁塞尔 I 号规定第22（4）条不影响仲裁程序。

第3章 知识产权争端国际仲裁的优势和局限性

与以上情况正相反,对于外国仲裁裁定的承认和执行在历史上有更高的接受度。早在19世纪20年代,《日内瓦公约》(1927年)就规定了——虽然受到一些局限——对外国仲裁裁定进行国际性承认和执行[8]。1985年《外国仲裁裁决的承认和执行公约》(《纽约公约》)克服了《日内瓦公约》的局限[9],让外国仲裁裁决的承认和执行更加简便了。

基于《纽约公约》,缔约国只有在非常严苛的条件下才能拒绝对外国仲裁裁决的承认和执行[10]。而且,缔约国的法院必须用相同的司法程序执行仲裁裁决[11]。截至2010年,已有144个国家加入或批准了《纽约公约》,这使得该国际公约成为世界上最广为接受的国际商事立法文件。[12]

尽管如此,仍有一些评论认为,实际上,根据《纽约公约》,一个裁决的执行最终是依靠执行地的法院——这会存在对公约的错误解释,或者甚至不胜任、有偏颇或者腐败——所以这个程序也并不完全毫无瑕疵。[13]

虽然在某些情况下这种论断可能是对的,但是国内法院通常会基于《纽约公约》拒绝仅对整体适格的国际仲裁裁决的一小部分进行承认和执行。[14] 而且,人们的确曾经推测10%的承认和执行申请将基于《纽约公约》被驳回。[15] 但总体上看,考虑到国际仲裁裁决中的大部分都得到了自愿遵守,被驳回的数

---

[8] 尽管如此,正如L J Mustill所指出的那样,《日内瓦公约》"……取得了重要成果,但在多个管辖区仍然存在形式上的障碍,要求裁决应是'终裁',其明显要求双重许可;而且更不幸的是,它的强制执行权仅适用于在公约缔约国内作出的仲裁裁决。"见 M. Mustill. Arbitration:History and Background [J]. Journal of International Arbitration,1989,6(2):49.

[9] 特别是所谓的"双重许可要求",即当申请承认和执行裁决时,除了需要裁决作出国取得许可证明,还需要向程序发生地所在国法院申请的协议执行和承认的许可。

[10] 公约第V条。

[11] 公约第II.3条。

[12] 1989年,L J Mustill在文章(M. Mustill. Arbitration:History and Background [J]. Journal of International Arbitration,1989,6(2):49)陈述:"《纽约公约》是当前仲裁领域最成功的国际法律文书,也可以说是整个商业法历史上最有效的国际立法实例。"

[13] 质疑《纽约公约》的效力,参见 M. Mangan. With the Globalisation of Arbitral Disputes, Is It Time for a New Convention?[J]. International Arbitration Law Review,2008:133. 以及 C. N. Brower, C. H. Brower & J. Sharpe. The Coming Crisis in the Global Adjudication System [J]. Arbitration International,2003,19(4):418. 中的例子。

[14] "不幸的少数",如van den Berg教授在其文章(A. J. van den Berg. Refusals of Enforcement under the New York Convention of 1958:The Unfortunate Few [J]. The ICC International Court of Arbitration Bulletin, Special Supplement,1999:75-94.)中所称。

[15] 参见 A. J. van den Berg. Why Are Some Awards Not Enforceable?[J]. ICCA Congress Series,2005,12:291-326.

量只是其中很小的一部分（据说，9/10 的裁决都得到了自愿遵守）。[16]

这样高的自愿遵守比例放在世界范围内依《纽约公约》进行仲裁裁决的承认和执行上，感觉就一目了然了。[17] 因此，可能对《纽约公约》的评估应当在裁决被自愿遵守的层面上进行，而不是基于被无效挑战的裁决的数量。鉴于此，可以说《纽约公约》取得了巨大的成功。

这意味着大量仲裁裁决都让当事人满意且自愿遵守。如果不遵守，国内法院在大多数情况下会承认并执行外国仲裁裁决。根据目前知识产权在全球的开发形势，如果能够获得在世界范围内得到承认和执行的裁决，这对知识产权拥有者而言将是极大的优势。基于以上论述，国际仲裁很显然比诉讼拥有更大的优势。

2.2 国际裁决和当事人意思自治

国际仲裁创建了一种基于当事人意思自治原则的争议解决机制，这表现在不同的方面。第一，当事人可以在通过"中立"程序解决其争议上达成一致。第二，如果当事人认为合适，可以选择个人对争议进行解决。第三，是当事人签订的约定而不是民法程序中的国家规定对整个程序的实施进行指导。第四，由于国际仲裁的合同属性，仲裁庭不具有某些通常属于国内法院的权力，仲裁裁决的效力也比法院判决的效力更小。

2.2.1 当事人意思自治和中立程序

国际仲裁发展的一个重要部分建立在一种负面前提上：争议方不愿意在对方当事人所在地的司法机关进行诉讼。[18]

---

[16] 1963 年，国际商会（ICC）秘书长估计 9/10 的 ICC 仲裁裁决能得到自愿遵守。（参见 F. Eisemann. Arbitrations under the International Chamber of Commerce Rules [J]. International Comparative Law Quarterly, 1963（14）：734 – 735.）多年来，仲裁界通常认为这个数字总体上是对自愿遵守国际仲裁裁决的准确估计。根据这一估计，认为在 1996 年 98% 的国际仲裁裁决得到了自愿遵守或国内法院的成功执行，参见 Michael Kerr 爵士的 The Keating Lecture（29 Oct. 1996）题目为：Concord and Conflict in International Arbitration。2008 年，伦敦大学玛丽女王学院国际仲裁学院的一项研究似乎证实了自愿遵守的比例估计达 90% 的准确性，研究报告称："在调研中，企业法律顾问报告说，超过 90% 的仲裁裁决得到了非胜诉方的（自愿）承认。"（L. Mistelis, C. Baltag. International Arbitration：Corporate Attitudes and Practices 2008 [EB/OL]. [2010 – 06 – 11]. www.pwc.co.uk/pdf/PwC_International_Arbitration_2008.pdf.）

[17] 参见 G. Born. International Commercial Arbitration [M]. 2 版. Hague：Kluwer Law International, 2001：8.（"仲裁裁决的可执行性易于理解，这有助于相当程度上的实质自愿遵守仲裁裁决，尽管很少有经验数据与这种遵守适用于司法判决的情况相比较。"）

[18] 事实上，一些作者认为中立性是国际仲裁的主要优势之一。参见 A. Redfern, M. Hunter. Law and Practice of International Commercial Arbitration [M]. 4 版. London：Sweet and Maxwell, 2004：26.

第3章 知识产权争端国际仲裁的优势和局限性

这很容易让人理解。一些技术性原因导致了这种态度,比如,一方当事人可能希望避开与不熟悉的司法体系打交道,要聘请新的律师、要将争议合同和相关文件翻译成另一种语言,还要出差,并且在另一个国家寻找证人和物证。❶

还要考虑另一个更主观的原因。当事人会察觉到国内法院一般对外国诉讼都不太友好。这样争议方很可能确信对方当事人对法院施加了"特殊"影响——对方当事人在其本国管辖范围内具有相对更高的重要性,甚至司法腐败——让国内法院不可能公平地解决争议。❷

在大多数请求下,对外国争议方存在偏见的主要感觉仅仅基于传闻。虽然如此,美国专利的数据似乎印证了特别是在陪审团审判时针对外国诉讼方的偏见❷。Kimberly A. Moore 法官在其 2003 年的一篇文章中分析了"所有在 1999~2000 年内结案的专利案件"的胜诉案件(6861 个专利案中有 4247 个)数据❷。基于此,Moore 法官声明:

有效数据证实,美国的法院,特别是美国的陪审团,表现出排外的偏见。陪审团审判中胜诉的国内和外国当事人的显著差异证明了这个重大的发现。对方当事人是外国人时,本国当事人在所有陪审团审判中的胜诉率为 64%;而外国当事人仅赢得了剩下的 36%。不过,当法官裁决时,外国和本国当事人的胜诉率就没有明显差异了。后面的这个发现不仅让我们可以分辨专利诉讼中偏见的来源,还能使外国当事人胜诉率低不归因于对实体作出的无权威性的判决,因此这个发现很重要。如果在专利案件中,外国人莫名其妙地有大量比本

---

❶ 在这方面,有人说:"一方的'本国法院'将是另一方的外国法院。"这里"外国"的意思是,一方面,它不仅有自己的法律程序,该程序可能适合或者可能不适合国际纠纷的审判,另一方面,它将有自己的语言——这可能是或者可能不是合同语言——还有自己的法官和律师团。一份不含仲裁协议的国际合同的缔约方很可能发现,如果出现纠纷,它将有义务在外国法院开始诉讼程序,雇用那些并不熟悉其业务的律师,并且要着手一项费时而昂贵的任务,即将合同、当事人之间的往来函件与其他有关文件翻译成法院所在国家的语言。(参见 A. Redfern, M. Hunter. Law and Practice of International Commercial Arbitration [M]. 4 版. London:Sweet and Maxwell,2004:26.)

❷ 在这方面,一位主要评论员表示:"国际仲裁通常被视为在来自不同国家的各方之间的纠纷中确保一位真正中立的决策者。国际纠纷不可避免地涉及在其中一方所在国法院应讼的风险,由于某些其他原因,法院可能是带有偏向性的、狭隘的或不具吸引力的。此外,很不幸的是,工业化国家的数量不足,而地方法院系统完全没有能力、经验、资源和公正的传统来令人满意地解决大量国际商业纠纷。"(参见 G. Born. International Commercial Arbitration [M]. 2 版. Hague:Kluwer Law International,2001:7.)

❷ 美国可能是世界上唯一一个专利纠纷总量大到足以得出可靠统计结论的国家。

❷ K. Moore. Xenophobia in American Courts [J]. Northwestern University Law Review,2003,97:1504.

国当事人多得多的站不住脚的事实,应当向法官和陪审团表明这种差异。❷

我们不可能有意识地假设在美国专利诉讼中针对外国诉讼方的偏见只是存在于陪审团审判中的一种现象。但是作为结果,在知识产权争议中,有太多的主观和客观原因使大家更倾向于这样一种法庭——为解决争议,任何一方都不能在感觉上或者实质上享受所在地管辖所带来的优势。❷ 国际仲裁就能提供这种"法庭",❷ 仲裁当事人能选择不与任何一方当事人国籍相同的仲裁人。当事人可以选择中立法来解决争议(也就是对双方当事人都无司法管辖的法律),也可以在争议发生地司法管辖范围以外的地点达成一致。❷

在知识产权背景下,在争议解决的中立机制上达成一致能提供特别的好处。比如,许多知识产权协议的当事人来自不同的国家,这些国家之间存在巨大的经济差异。知识产权许可行为很清楚地反映了这些差异:发达国家是技术的生产者,而发展中国家是技术的接收者。在这种情况下,来自发达国家的许可方显然不会倾向于在发展中国家的被许可方的司法管辖地进行诉讼——许可方可能会有司法不公甚至无法胜任复杂的知识产权争议的感觉。另一方面,被许可方可能会认为同意在许可方的司法管辖地进行诉讼将导致协议过分单向化。然而,国际仲裁能够为这些担忧提供可行的回应。

综上可见,国际仲裁涉及的"中立"程序提供了诉讼无法企及的可能性。在这方面,国际仲裁显然比诉讼具有更大的优势。

2.2.2 对决定方选择的意思自治

在国际仲裁中,当事人自治还体现在选择能够解决争议的仲裁人的可能性。这赋予了当事人实实在在的权利来选择有资质的、有经验的专家做决定。

---

❷ K. Moore. Xenophobia in America Courts [J]. Northwestern University Law Review, 2003, 97: 1504.

❷ 例如,关于技术问题的争端,有人说:"与其他的国际商业争端一样,国际技术争端解决发展的推动力一直是回避法院。在任何国际争端中,双方最大的关切之一是外国法院体系实质和程序上的公正性。争端各方通常倾向于接受一个中立法庭,以避免外国法律雷区的不确定性以及外国法院的偏向性风险。"(参见 G. Benton, R. Rogers. The Arbitration of International Technology – Disputes under the English Arbitration Act 1996 [J]. Arbitration International, 1997, 13 (4): 361 – 362.)

❷ 尽管如此,一位经验丰富的评论员在这方面提出了一个警告:"国际仲裁为各方提供理论上称职而令当事人满意的决策者,它原则上独立于任何一方或任何的国家或国际机构。但是,私人仲裁员却能够与一方(或其律师)建立财务、个人或职业关系。在一些观察家看来,这甚至比地方法院的偏袒或狭隘有导致不公的更大风险。"(参见 G. Born. International Commercial Arbitration [M]. 2 版. Hague: Kluwer Law International, 2001: 7.)

❷ 理论上,当事双方也可以通过将争端提交第三国法院(法院选择条款)和"中立"法律(法律选择条款)来确保法院的中立性。现实中,这样的解决方案可能不令人满意,不仅因为一些国家法院不会受理它们缺乏联系的案件,而且由此可能带来执法问题。

第3章 知识产权争端国际仲裁的优势和局限性

在知识产权争议中，国际仲裁的这个特点有重要意义，因为当事人都可以指定特定领域的专家，包括拥有特别技术背景的个人和知识产权专家。而且，当事人指定的仲裁员可以不是律师。这样做的结果是，根据当事人的选择，根据高难度争议解决的需要，仲裁员自己能够进行独立的实际调查和判定。[27]

相反，在大多数的司法体系中，在处理涉及复杂技术事实的争议时，调查人员往往欠缺专业知识。确实，考虑到进行司法学习的时间，民法体系国家的法官几乎不具备科学背景；因此他们通常依靠证据来进行事实调查。而且，在美国，专利纠纷往往通过陪审团审判解决，而陪审员是否具备涉案技术的经验或认知也是高度不确定的。[28]

至于判决程序，并不是所有的国家都有专门从事知识产权法或具有相关领域经验的法官，尽管对这种能力的发展已成为趋势[29]；因此，对一些国内法院，在解决相关问题上也表现出一些问题。[30]

因此，国际仲裁克服了许多司法体系在解决有难度的知识产权争议时遇到的技术和司法短板，从而提供了一种行之有效的解决方法。

也有人说，必须意识到仲裁提供的巨大自由度也会带来一些风险。不当选择仲裁员会引起许多问题，包括不能尽快引导程序进行（特别是当一方当事人企图妨害或拖慢仲裁程序时），过度运用司法管辖（超出请求范围），以及与裁决可执行性有关的一些问题（比如正当程序缺陷）。[31] 由于仲裁的终裁原则（不上诉），对特定案件而言，因仲裁员经验或专业欠缺而导致的问题是不可逆转的。

所以，仲裁最重要的步骤之一就是选择正确的人选来解决争议。仲裁，好比是找裁缝定制西服。如果这个裁缝很有经验和技巧，做出来的西服也就十分

---

[27] 参见 P. Nutzi. Intellectual Property Arbitration [J]. European Intellectual Property Review, 1997 (4): 4.

[28] 参见 J. Martin. Arbitrating in the Alps Rather than Litigating in Los Angeles: The Advantages of International Intellectual Property – Specific Alternative Dispute Resolution [J]. Stanford Law Review, 1997 (49): 917.

[29] 通过详细审查85个司法管辖区的情况，其中约半数在其法院系统中至少有某种程度的知识产权专门化。参见 International Survey of Specialised Intellectual Property Courts and Tribunals, IBA 2006.

[30] 有人指出，国际仲裁也将创造机会，以避免腐败或"不发达"的法律制度（参见 P. McConnaughay. ADR of Intellectual Property Disputes, 2002 SOFTIC SYMPOSIUM 1 (15 Nov. 2002), 5 (www.softic.or.jp/symposium/open_materials/11th/en/PMcCon.pdf), 10 Jun. 2010.）。虽然这种说法在某些情况下是正确的，但当事双方应知道，在寻求裁决的执行时，总不能完全避免某些司法管辖区法院的干预。

[31] 应当指出的是，由于仲裁不构成解决争端的"默认制度"（这是在国家法院提起诉讼），只要有一次不令人满意的经历可以阻止当事一方在今后的争端中选择仲裁。

合身。然而，如果这个裁缝的经验和技巧不够，做出的东西可能还不如成衣西服（也就是诉讼）。

综上，如果指定了够格的仲裁员，对知识产权争议的国际仲裁将提供大多数诉讼无法比拟的益处。

2.2.3 程序的灵活性

国际仲裁当事人自治所表现出的另一个方面与程序的实施有关。由于当事人对仲裁的程序性框架的设计拥有自由度——这在诉讼中是不可能的——所以常认为仲裁包含"灵活的"争议解决机制。更进一步，当事人双方在整个过程中由于有合作的需要，因此也能增加和解的概率。尽管如此，如下文所述，国际仲裁的共识和灵活属性也引起了一些担忧。

2.2.3.1 程序的实施

就程序性事务而言，国际仲裁的基本规则是，当事人可就程序的实施自由达成协议。[32] 基于此，国际仲裁中不适用任何程序性规定的国家规范——即使仲裁地对诉讼进行规范的程序性规定也不适用。[33]

鉴于当事人有选择遵守他们认为合适的程序的自由，仲裁主导机构的仲裁条款确实包括了一个比大多数民事司法程序的规定更为简单的规定目录。比如，伦敦国际仲裁院规定包括32条；国际商会仲裁规定有35条；美国仲裁协会的国际仲裁规定有37条。而 WIPO 仲裁规定由于其侧重于知识产权的特殊性，在程序的实施上提供了更多的指南性规定，因而有78条之多。[34]

在实践中，仲裁的实施性框架通常是在成立仲裁庭后确立的。在这个阶段，仲裁庭一般会要求当事人就适当的时间表和程序性细节达成一致。随后，仲裁庭在考虑了当事人的协议（如果有的话）的情况下，会制定出程序指令，其中规定了程序的结构，包括截止日期、预计答辩轮次、公开规则、证据的适当规则等等。[35] 大多数时候，仲裁庭会到一个特定的阶段再确定程序如何实

---

[32] 参见 G. Born. International Commercial Arbitration [M]. 2版. Hague：Kluwer Law International, 2001：7-8. ("……与国内法院的诉讼相比，仲裁在程序上往往不那么正式和僵化。因此，当事双方有更大的自由来就中立和适当的程序规则达成一致，制定切实可行的时间表，选择技术专家和中立的决策者，让企业管理层参与争议解决等。")

[33] 事实上，在国际仲裁实践中，显然，当事人通过选择仲裁地法来规管其仲裁程序，使适用仲裁地的仲裁规定——而不是仲裁地关于民事诉讼的规定。情况就是如此，除非当事双方同意适用此类的诉讼规则。然而，这种选择不会被推荐，因为它将破坏仲裁作为一种争端解决的定制机制的初衷，而且事实上许多法律条款可能是行不通的（例如和上诉等相关的规则）。

[34] WIPO 仲裁规则最初于1994年起草，于2002年略有修订。

[35] 第8章更详细地介绍了第一程序规则的可能内容。

施，在此之后再召开对仲裁的下一阶段进行讨论的程序听证会。[36]

2.2.3.2 对争议解决设计特殊机制的可能性

由于国际仲裁提供的灵活性，涉及知识产权协议的当事人能够设计体现其特殊需要的争议解决机制。举例来说，许多涉及知识产权的协议，比如许可合同和合作协议，会在协议双方之间形成长期关系。而当事人在这些协议的有效期限内会遇到各种各样的困难。在这些情况下——像在医药和 IT／外包领域——当事人往往不想因争议的到来而终止他们的协议。相反，他们还会愿意向对方寻求有效和持续的合作。而诉讼中一刀切的途径和高度对抗性设定对达成上述目的没有任何帮助。

更何况，仲裁能提供满足当事人需要的替代性方案。比如，当事人可能会同意建立一个备用仲裁庭，以对整个协议有效期内可能产生的争议进行解决。在这种情况下，当事人将有机会在一个能充分了解他们争议的仲裁庭出庭，并更有希望在很短的时间范围内解决问题。[37]

当然，这种解决方式是采纳了世界知识产权组织（WIPO）对因商标共存协议而起的争议进行仲裁的方法。在这种情况下，建立仲裁庭后，仲裁当事人会商定签订一个新协议，并允许仲裁庭保留管辖权，以对今后当事人履行义务的情况进行监控。在此之后，当事人可对备用仲裁庭主张新的争议诉求。[38]

2.2.3.3 解决动机

此外，当事人寻求商议并在仲裁的程序性步骤上达成一致的努力也会增加仲裁解决的可能性。正如一位经验丰富的评论员所说：

仲裁条款、可行的仲裁程序以及有经验的仲裁庭的存在将为仲裁解决或友好调解提供动机。仲裁庭上所需的合作因素，以及对程序框架进行的审议在某种程度上会促进一种达成共识的气氛。事实上，当事人有时会愿意调解（而不是加以强制性仲裁）或者经审慎的努力后用基于公平合理性原则（而不是

---

[36] 在这方面，有人说："然而，在大多数情况下，经验往往表明，最好只有到了某一阶段（例如，交换证人证词）再制定程序，然后再举行一次程序性会议（或审前审查），以确定需要进一步采取哪些步骤，以确保听证会能够尽量公平和快速地进行。"（参见 A. Redfern, M. Hunter. Law and Practice of International Commercial Arbitration [M]. 4 版. London：Sweet and Maxwell, 2004：85 - 86.）

[37] 参见 B. Niblett. The Arbitration of Intellectual Property Disputes [J]. The American Review of International Arbitration, 1994, 5 (2): 118. （认为仲裁可以提供一种通过诉讼无法实现的连续性。）

[38] 20 世纪 80 年代的 IBM 诉富士通 AAA 的仲裁中，双方同意了类似的解决方案。关于该案的评论，参见 R. Mnookin. Creating Value through Process Design [J]. Journal of International Arbitration, 1994, 11 (1): 125 - 132.

基于对法律的严格遵照）的仲裁来促进仲裁解决。❸

更进一步，一些从业者建议国际仲裁员可以鼓励并帮助当事人对其争议进行解决。❹ 其中一个例子是，某个涉及医药许可终止的 WIPO 仲裁案件，仲裁员在证据听证会的第二天结束时询问当事人是否愿意在非强制的基础上听取仲裁员对该案的评估。双方的 CEO 都在听证会现场，也都同意听取仲裁员的评估。仲裁员的观点是，提出终止要求的一方并不拥有终止许可的权利。尽管如此，由于回应需要使用对方的技术和诀窍，因此双方当事人解决了争议并签订了新的许可协议。❺

在当事人自愿的情况下，仲裁员应当扮演积极角色来促进仲裁解决。当然，仲裁员不能强迫当事人解决争议。必须记住，仲裁员不像调解员，没有选择争议的权利，因此，当事人会感觉是被迫遵守仲裁庭的建议。在这种情况下，仲裁员和当事人都应意识到在推动解决和把解决强加给争议方之间是存在分界线的。

2.2.4 鉴于仲裁的合同属性，其缺少诉讼的一些特征

鉴于国际仲裁的合同属性，仲裁庭——以及适用的管理机构——缺少国家法院所拥有的某些权力。基于相同的原因，仲裁裁决的效力相比法院判决具有一些局限性。❻

2.2.4.1 仲裁员缺少执法权

在大多数的司法管辖中，仲裁权并没有强迫仲裁当事人做什么或者禁止他们做什么的强制权（执法权）。如果一方当事人没有遵照仲裁指令，仲裁庭也不能对违反要求的仲裁方施加强制性制裁。

话虽如此，出于很多原因，国际仲裁也不是"毫无武装"的。首先，在

---

❸ G. Born. International Commercial Arbitration [M]. 2 版. Hague：Kluwer Law International，2001：9. 尽管如此，同一作者在仲裁的这一特征方面还加上了一句告诫："另一方面，如果双方关系不可挽回地发生了变化，双方在进行仲裁时需要某种程度的合作，这会极大地允许当事人的不当行为阻碍争端解决。"

❹ 支持这种立场，请参阅例子如 H. Raeschke - Kessler. The Arbitrator as Settlement Facilitator [J]. Arbitration International，2005，21（4）：523 - 536 以及 D. Plant. The Arbitrator as Settlement Facilitator [J]. Journal of International Arbitration，2000，7（1）：143 - 146. 此外，在这方面，值得注意的是，迄今为止，在 WIPO 的仲裁中，有 58% 的案件已得到解决。请参阅 WIPO 仲裁和调解中心的案例网页 www.wipo.int mc/en/center/caseload. 关于在 WIPO 案件中的和解，另见 WIPO 仲裁和调解中心，引自 Les Nouvelles，Update on the WIPO Arbitration and Mediation Center's Experience in the Resolution of Intellectual Property Disputes [J]. Journal of the Licensing Executives Society International，2009：49 - 54.

❺ 这种做法不构成国际仲裁的规范，有些从业者可能不喜欢看到一名仲裁员积极参与促进案件的解决。然而，只要仲裁员既不强迫当事双方和解，也不损害仲裁程序的公正性，原则上就不应拒绝这种做法。

❻ 仲裁的这些特征将在本书中，特别是第 8 章和第 10 章进行更详细的分析。

第3章 知识产权争端国际仲裁的优势和局限性

很多国家，当事人能够在仲裁程序的辅助下提出司法协助请求，执行或保障仲裁指令，包括与证据提供、禁令和中期救济相关的措施。⓭

其次，在一些国家，法律规定了对不遵守仲裁庭指令的当事人进行制裁。比如，1996年英国仲裁法的第41（6）条规定"如权利请求方未能遵守仲裁庭关于费用担保的最后命令，仲裁庭可以判决解除其权利"。

最后，一些制度性规定也对当事人不合作的后果进行了规定。例如，WIPO仲裁规则第56（d）条（译者注：2014年6月1日生效的第58（d）条）规定了：

（d）当事人无正当理由不遵守本规则的规定或要求或者仲裁庭发出的指令的，仲裁庭可以据此作出其认为适当的推断。

而且，国际律师协会国际仲裁取证规则⓮——其体现的是国际仲裁标准实践操作——规定如一方当事人不遵守提供一般性证据和文件的规定，仲裁庭可以推断这些证据不利于不服从规定方的利益。⓯

这些国家法律法规对于知识产权争议特别有帮助，在知识产权争议中，当事人可能需要强制执行措施以及对需要某种程度披露的侵权或破坏活动的存在进行充分证明。尽管如此，如果一方当事人预计需要紧急执行强制措施或者远程获取该案需要披露的内容，可能国际仲裁并不是最好的选择。

2.2.4.2 缺少对第三方的权力

此外，由于仲裁的合同属性，仲裁庭缺少在程序中对抗第三方的权力。这样一来，仲裁员不能对第三方的行为进行约束，即使仲裁庭可能具有依适用法律发出传票的权力。⓰ 如果第三方不自愿遵守仲裁庭的规则，申请方只能通过

⓭ 就临时保护措施提供司法援助，参见例如联合国国际商事仲裁示范法（UNCITRAL示范法）第9条和1996年英国仲裁法第44条。就涉及第三方的证据提供司法协助，请参阅例子1996年英国仲裁法第43条，美国联邦仲裁法第7条和瑞士国际私法第184（2）条。

⓮ 必须指出，国际律师协会（IBA）国际仲裁取证规则（以下简称"IBA证据规则"）原则上需要当事双方同意才能适用。

⓯ IBA取证规则第9（5）条和第9（6）条。关于国际仲裁惯例（主要是指伊朗-美国索赔庭作出的决定）的评注由于缺乏证据而产生的不利推论，参见 J. Sharpe. Drawing Adverse Inferences from the Non-production of Evidence [J]. Arbitration International，2006，22（4）549-571.

⓰ 例如，1996年英国仲裁法第43.1条规定："仲裁程序的一方当事人可以采用如同诉讼中使用的法院程序，以保证证人出席开庭，以便其可以提供口头证言或文书或其他重要证据。"美国联邦仲裁法第7条的第一句规定："不论是否依照本法案所指定的仲裁员全体或大多数，都可以用书面传唤任何人出席作证，并且可以命令提出被认为是案件实质证据的簿册、记录、证件或者文件。"此外，联合国国际商事仲裁示范法第27条规定："仲裁庭或当事一方在仲裁庭同意之下，可以请求本国之管辖法院协助获取证据。法院可以在其权限范围内并按照其获取证据的规则执行上述请求。"遵循示范法的大多数仲裁法都有类似的规定，例如瑞士国际私法的第184（2）条，新加坡国际仲裁法的第13条，西班牙仲裁法（2003）第33条以及智利国际仲裁（2004）的第27条。

管辖的国内法院以保障第三方对规则的遵守。

相似地，在大多数司法管辖中，仲裁庭不具有命令联合诉讼方和第三方加入仲裁程序中的权力——除非第三方同意加入。而且，在大多数案例中，仲裁员也不具备命令并行的仲裁程序合并的权力，即使该并行仲裁涉及相同的当事人。[17]

如果联合诉讼方和合并的强制执行构成一个争议的关键，而且国际仲裁的其他优势都不能抵消这种需要，那么当事人应当选择在国内法院进行诉讼。

2.2.4.3 仲裁裁决不具备判例价值以及仲裁的当事人内部效力

不像英美法系国家的判决，仲裁裁决不具备判例价值。仲裁的这个特点来源于其合同属性以及多数仲裁裁决的保密性——后者是根据当事人达成的共识或者根据适用法律的规定。[18]

而且，如果当事人想要获得判例，比如能够重复使用的案例，考虑到实在渺茫的概率，他最好还是到英美法系管辖权中进行诉讼。[19] 更进一步，为了如对潜在的知识产权侵权者产生威慑效应，当事人想要获得公开决定，对这些案例而言国际仲裁也不是合适的选择。

2.2.5 源于国际仲裁合同属性的一些可能问题

2.2.5.1 缺少详细的程序性框架造成的问题

在谈到国际仲裁时，在争议发生的紧急情况之前缺少详细的程序性框架有时被视为一种潜在问题。难以对付的当事人可能会具备破坏整个程序完整性的能力，或者在程序性问题上造成旷日持久的争议，与这种当事人打交道有可能让这种忧虑更加激化。[20] 的确，这种不合作行为也许对争议的解决造成拖累，并且增加当事人的开支。尽管在一些案例中，这些问题可能是合法的，我们也不能夸大这些问题，因为大多数有经验的国际仲裁员已经为处理程序性问题做好了充分的准备。毫无疑问，仲裁庭有能力随着争议解决的推进而制定适当的程序框架。

---

[17] 然而，正如第8章其他部分所讨论的那样，当事双方可以通过实际的方式解决竞合和合并问题，包括在同时进行的仲裁案件中指定相同的仲裁员。

[18] 参见 B. Niblett. The Arbitration of Intellectual Property Disputes [J]. The American Review of International Arbitration, 1994, 5 (2): 118. (称赞国际仲裁裁决没有什么先例价值，这是由于当事双方会避免在法律原则尚未充分发展的领域出现不充分先例的深远后果。)

[19] 正如第4章其他部分所解释的那样，国际仲裁的这一特点对于解决知识产权纠纷的可仲裁性的某些可能问题至关重要。

[20] 参见 G. Born. International Commercial Arbitration [M]. 2版. Hague: Kluwer Law International, 2001: 8-9.

第 3 章　知识产权争端国际仲裁的优势和局限性

进一步地，在一些方面，国际仲裁实践妥善地解决了这些问题。㉛ 比如，涉及证据，国际律师协会国际仲裁取证规则（2010 年修订版）中对文件披露及证人证言的提交等问题进行了规定。当事人和仲裁庭通常会商议直接使用国际律师协会规则（IBA Rules）——或使用其中的某些具体条款。

2.2.5.2　仲裁员进行"所罗门王的审判"㉜

另外，一部分由于仲裁程序执行过程中当事人协议的重要性，缺少预先确定的详细的程序性框架并且仲裁员无强制权，某些人会认为仲裁庭有进行"所罗门王的审判"的倾向。这种行为最终会损害所有当事人的利益。虽然我们认为仲裁庭一般不会是"所罗门王的审判"，但必须承认这种看法也不是全无道理，特别涉及仲裁的某些特别方面时。

根据这些作者的经验，要想准确回答仲裁庭是否会像"所罗门王将小孩子一分为二"这个问题，需把程序进程中作出的裁决和指令分别开来。

对于裁决，应当注意到的是，当救济要求仅能被全部同意或全部驳回的情况下，比如强制履行的情况，仲裁员不可能作出折中决定。对禁令而言也是相同的，虽然禁令的效力受到诸如适用范围和地域等所限。当然，仍然可以主张在损害赔偿中，仲裁员能够很轻易地通过将损害确定为申请方提出的请求值范围的中间值来"把孩子一分为二"。但是，在美国对损害赔偿的数据进行分析的实证研究似乎证实在大多数案件中，仲裁庭对请求提出方提出的损害救济要么接受，要么驳回。㉝

不过，在程序进行中，仲裁员一般不会作出明确不利于当事人的措施，比

㉛ 从不同的立场来看，有人建议，由于当时双方可获得的各种可能的救济和措施多种多样，国内民事诉讼规则将更加"灵活"。这种立场在某种程度上是错误的，因为大多数情况下，当事人可以要求仲裁庭下令采取任何国家法院有权授予的措施。事实上这些措施没有在一部详细法典中规定，这并不意味着仲裁庭不能批准。

㉜ 译者注：原文为"split the baby"，即将孩子一分为二，源自关于所罗门王的审判传说，两位妇女带着一个孩子来请所罗门王裁决。她俩都宣称自己才是亲生母亲。所罗门王说："那你们就撕开婴儿一人一半吧。"在争抢中的一位妇女终于首先松开了手。另一位妇女非常高兴，抱着孩子感谢所罗门，但他说："你才是骗子。"侍卫和群众不解，所罗门才说："真正的母亲不会舍得伤害自己的孩子，所以尽管知道会失去孩子，仍然先松手。"众人这才恍然大悟，纷纷叹服所罗门王的智慧。在此，作者想要表达的意思是仲裁实际上获得的结果会同时损害双方当事人的利益。

㉝ 其中一项研究分析了 1995~2000 年在美国仲裁协会（AAA）主持下作出的 54 项损害赔偿裁决。这项研究发现，大多数裁决的结果都是彻底的"赢"或"输"（约占 66%）。剩下的 34% 案件结果广泛分布，赔偿的金额占索赔额的 10% 至 90%。（S. Keer, R. Naimark. Arbitrators Do Not "Split-the-Baby" Empirical Evidence from International Business Arbitration ［J］. Journal of International Arbitration, 2001, 18（5）: 574.）同一篇文章引用了以前对 AAA 仲裁裁决的一项研究，发现在该研究中分析的 4479 个案例中，约有 42% 的案件被裁定其原始索赔额的 0~20%，30% 被裁定其原始索赔额的 81%~100%。（S. Keer 和 R. Naimark，出处同上。）

如因为错过了程序上的最后期限而拒绝对要求披露或禁止当事人进行某项活动。这样做是有许多原因的。

通常，仲裁员只有在处理案件的过程当中才能逐渐完全了解争议的所有细节。确实，只有在了解了案件的所有要素后才能作出裁决。其实这与诉讼实践并无太大差异。只不过，仲裁员要面对一些法官不会面对的问题。仲裁员对案件有完整和详细的了解之前，他们会认为使一方当事人的某种权利失效（比如禁止其获取另一方当事人所有的文件）会给整个程序带来一些问题，而这些问题有可能最后影响裁决的有效性或可执行性，这也使得仲裁庭避免对一方当事人执行"严厉的"排除性措施。跟诉讼不同，由于仲裁的终局性，仲裁庭的指令一般是不可诉的，所以这些指令有可能给当事人的权利造成无法补救的损失。

相反的是，如果法官认定案件由于超过诉讼有效或形式缺陷而应被驳回，这位法官不仅有能力这样做，在大多数情况下，他或她还必须这样做。对这样的决定，当事人通常有机会进行上诉。

因此，从这个方面说，仲裁员并不一定会"把孩子一分为二"了，但是他们确实不像法官那样严苛，特别在程序的处理上。

虽然以上这些问题并不构成仲裁的重大缺陷，但是想通过仲裁达成协议的当事人应当充分考虑这些问题。如果认为他们还是愿意提前获得一个详细的程序性框架，并且有一个随时都能严格执行正式规定的决策者，那么他们应该考虑选择诉讼。

2.3 国际仲裁裁决为终局裁决

终局原则意味着仲裁裁决一般不受到国内法院上诉或实体复核的约束。如果其后续还允许对实体进行司法复核的话，将会破坏当事人避免将争议呈至国内法院并免于事后司法审查的初衷。

目前对仲裁终局的广泛接受度反映了当事人意思自治相对于国家对仲裁程序发展的干涉意图的胜利。多年来，在许多司法管辖区，国内法院意图通过扩大国家对争议解决机制的权力范围而干预仲裁程序。不过在最近的50年中，许多国家都由干涉主义偏向了对仲裁程序的支持。据此，无上诉也被认为是现代仲裁法律和实践取得进步的表现。

尽管如此，一些知识产权从业者认为国际仲裁的这一特点相对于诉讼具有一个缺陷。他们似乎认为与知识产权有关的争议——对很多公司来说，是他们最重要的财产——不应该选择单审制程序来解决。这是因为，对一些公司来说，将其"家传之宝"置于不能上诉复审的境地实在太冒险了。

第3章 知识产权争端国际仲裁的优势和局限性

虽然我们完全能够理解知识产权对现代经济的重要性，但对上面这种否定意愿我们不能苟同，因为这种否定在某种程度上反映了对国际仲裁的一种误解。这种否定源自于一种猜测，猜测在仲裁庭解决争议与在给定管辖权的一审法院进行诉讼类似，因此也就认为采用的是与诉讼相同的机制。

因此，从"诉讼理念"出发，由于上诉复审的极度重要性，缺少提出上诉的可能性将造成极为严重的后果。例如，如果无法对美国地方法院在一个知识产权案件中作出的不利决定提起上诉，对大多数情况而言后果不堪设想。特别是对于美国的知识产权案件，上诉的争议方将面临与一审大相径庭的情况。他们并不参加通常所要进行的陪审团审判，而是将争议解决方案提交给具备专利专长的专门法官，该法官通常具有自然科学背景。

有时，类似的情况也发生在大陆法系司法管辖区，其中上诉（以及撤销原判请求）的存在反映了"司法职业"系统的等级血统。通常经验相对欠缺的法官在一审法庭判案。相反，拥有大量司法经验的法官在解决上诉案件。当然，大部分情况下，对于一审判决不提交上诉的情况则不在考虑范围内。并且，在上述程序中的败诉方通常会向最高法院提交撤销原判请求，将该案件的最终决定权置于一个国家中最具经验的法官的手中。

这样的结果是，对于大多数案件，上诉的提出对司法判决的质量控制提出了额外的要求，这是司法实践中重要且必要的一环，也是知识产权从业者所了解的。

然而，这一整套推理对于国际仲裁都不适用，因为其与诉讼的设置完全不同。如果当事人对于仲裁裁决的质量有所担忧，他们完全可以通过指定有经验有能力的事实调查者和决策者来化解这种担忧。

甚至，对重大案件，当事人可以商定采用三人仲裁庭，这在某种程度上，其工作类似大陆法系国家的上诉庭（既审事实问题，也审法律问题）。

而且，关于"家传之宝"的观点也是基于对涉及注册知识产权的无效性的仲裁裁决的不了解而作出的。仲裁裁决仅约束争议当事人，也就是说仅具有当事人内部效力。除在某些国家法律中出现的明文规定外[51]，仲裁庭不能用绝对权（erga omes）效力无效所谓的知识产权。这一点完全能够驱散对声称权利的无效所带来的担忧。也恰恰因为此，仲裁也是比司法程序更安全的程序，其能保护涉案知识产权不受到无效性挑战的影响。

尽管如此，如果当事人在了解了国际仲裁的例行方法和影响以后仍然选择需要上诉复审，那么他们确实可以上诉。首先，在一小部分的司法管辖区，当

---

[51] 就像瑞士（所有种类的知识产权）和比利时（专利）。

事人可以商议对裁决的实体内容进行司法复审。需要注意的是，是否能这么做完全取决于相关的程序法（仲裁地法）以及各国在这一点上的立场。例如，约定进行司法复审在新西兰、瑞士和英国是可以的⑮。然而在美国的联邦层面，最高法院于 2008 年驳回了当事人通过取消权利而选择司法复审的自主权。⑯

不过，一般不推荐对仲裁决定进行司法复审，这是因为当事人不仅要承担丧失所有国际仲裁的主要优势的风险，还要承担受诉讼短板约束的风险。比如，当事人同意（明示或暗示）受保密义务约束，或当准据法将这一义务施加于争议方时，上诉将严重损害仲裁程序的保密性。

此外，诉诸上诉程序将延长程序的时间，同时极大地增加当事人的支出。这并不是一个小问题，因为国际仲裁本身就比较昂贵且一般不是特别快捷。事实就是，司法复审的实施带来的实际问题会进一步增加整个案件的复杂性和当事人支出，并且拖慢——甚至妨害——争议的解决。比如，在英美法系国家，上诉庭并没有查明事实的权力，因此他们在必要时会将案件发回仲裁庭对事实问题进行重审。然而意外事件的发生，会导致仲裁庭无法作出决定而使当事人陷入僵局。

最后，上诉使仲裁裁决以及当事人的约定受制于事后司法审查，而这恰恰是终局原则期望避免的。因此，将仲裁和司法复审结合起来会让当事人两边不讨好，相应地，如果上诉那么重要的话，当事人最好还是选择诉诸法庭。

作为司法上诉的一个替代方案，当事人可以就仲裁复审达成一致，例如，在仲裁协议中约定"上诉"委员会。⑰这种方法虽然巧妙，但是尤其需要对仲裁条款进行设计，因此也不推荐大多数案件使用，这是由于这也会造成许多操作性障碍（例如难以在特定领域中找到备用仲裁员，或者对各仲裁庭的管辖权的划分问题，等等）使这种选择难以实行。

与其选择进行司法复审或者成立"上诉"委员会，不如选择充分胜任的仲裁庭，其能提供最好的办法来克服人们所能想到的关于终局性的所有短板。

2.4　仲裁可能比诉讼更便宜快捷

人们常说仲裁比诉讼更便宜也更快捷。这种断言对国内仲裁而言可能是正

---

⑮ 参见 W. Park. Irony in Intellectual Property Arbitration ［J］. Arbitration International, 2003, 19（4）: 453.

⑯ 参见 Hall Street Associates, LLC 诉 Mattel, Inc. 552 案, U.S., 128 S. Ct. 1396 (2008).

⑰ 正如本书的一位作者以仲裁员身份参加的一次 WIPO 仲裁中的情况。

确的，但在某些情况下，正如下文将要讨论的，国际仲裁跟法院诉讼相比既不便宜也不快捷。

2.4.1 仲裁程序的期限

首先，应当注意国际仲裁涉及很多在诉讼中没有的步骤。比如，当事人必须（以及应当）花费大量的时间鉴别和指定仲裁员。很遗憾，对于 IP 案件，寻找具备足够技术专长和仲裁经验的候选人是一项吃力而漫长的工程。对最抢手的候选人进行重复指定还会放大这一工程，因为该候选人会因冲突而无法接受某个案件。[58]

其次，当事人要在顾及仲裁员紧张的时间安排以及客户和律师的时间限制下，就不同的程序步骤达成一致。特别是，这样使证据听证会的日期难以确定，而可能拖慢对争议的解决。

无论如何，要注意在理论上不可能回答国际仲裁是否比诉讼快这个问题。一个仲裁程序的期限很大程度上取决于争议的具体情况（包括，例如，相关仲裁协议的特点，以及适用的机构法规（如快速程序））以及当事人的表现。如果当事人合作且提出了实际且快捷的时间表，那么争议将会得到快速解决，比如，一年以内。然而，如果当事人在激烈的斗争中纠缠不清，其中的每一个小问题都引起仲裁庭需要介入解决的争议，那么程序将持续数年。

进一步说，这个问题主要取决于对比的基础，是跟国内诉讼还是跨境诉讼比较。在前者的情况下，国内诉讼可能偶尔会比国际仲裁更快。比如在一些国家，法院能在一年之内审结一个知识产权争议的一审案件。但在大多数国家，知识产权诉讼倾向于冗长。在一些司法管辖中，一审审结一件知识产权争议耗时达四五年。[59]

然而对许多案件而言，国际仲裁的替代方案不是国内诉讼而是国际诉讼或者跨境诉讼。这会涉及在多个国家的并行程序、司法管辖争议、未决诉讼问题

---

[58] 参见 S. Walker, A. I. Garcia. Highly – Specialised International Arbitration – How Many Arbitrators are Really at Large? [J]. Transnational Dispute Management, 2008, 5 (4) (www. transnational – dispute – management. com/), 10 Jun. 2010.

[59] 正如一位主要评论家所解释的那样："仲裁通常被称赞为是一种快速、廉价的争端解决方式。有时候情况可能是这样，但国际仲裁也经常被批评为既缓慢又昂贵。安排听证日程的困难（不同国家忙碌的仲裁员、律师和客户）、需要就各种程序步骤达成一致以及其他的因素，往往使国际仲裁的速度非常缓慢。尽管如此，国家法院的诉讼程序通常也很缓慢，而且上诉（以及可能的重判）的存在导致了仲裁中通常不会遇到的额外延误。"（G. Born. International Commercial Arbitration [M]. 2 版. Hague: Kluwer Law International, 2001: 9 – 10.）

以及在不同地区对外国判决的执行。⑩ 一般而言,由于司法分级和各国法院的不同期限要求,用国际诉讼的方式解决争议通常需要比通过国际仲裁的方式解决争议花费更多时间(和费用)。⑪

总之,对于特定案件,仅仅考虑到比诉讼更快就选择国际仲裁是不明智的——特别是国际仲裁的替代方案还包括在单一国家进行国内诉讼和执行。再次强调,一切都取决于每个案件的具体情况,以及对比的基础。

2.4.2 费 用

正如仲裁程序的时限,要想精确对比国际仲裁和诉讼的费用理论上几乎是不可能的。当然,仲裁相关的一些费用在诉讼中是没有的。例如,仲裁时,除了其他费用以外,当事人需要支付:(a)决策者的费用和支出;(b)适用执行机构的费用(该支出可能巨大,特别当机构以从价计征方式计算时);以及(c)听证室、翻译服务等费用。

而且,当事人的表现在仲裁中一般比在诉讼中对程序的费用产生更大的影响。这是由于通常仲裁员是以在该案件上花费的时间来计费的,如果当事人要求仲裁庭对极小的问题也不断进行干预,那么费用将会很可观。⑫

尽管如此,国际仲裁的某些特性也可能使其比诉讼便宜,特别是跟英美法系司法管辖的诉讼相比⑬(尤其是美国⑭)。首先,国际仲裁通常规定了限定范围的文件披露。例如,国际律师协会国际商事仲裁取证规则(IBA)工作组曾

---

⑩ 参见 G. Born. International Commercial Arbitration [M]. Hague: Kluwer Law International, 2009: 85 – 86.

⑪ 例如,在法国解决一起专利纠纷一审通常需要 18 ~ 24 个月的时间,上诉还需要 18 ~ 24 个月。在德国,平均而言,一审解决一起专利纠纷需要大约 12 个月,而上诉的时间在 15 ~ 24 个月。在日本,专利纠纷的一审平均持续 14 个月,上诉时间长达 9 个月。在英国,平均而言,在一起专利纠纷中,一审持续 12 个月,上诉的持续时间与一审基本相同。在美国,一起专利纠纷获得一审判决的时间需要 24 个月,而上诉需要 12 个月或者更长时间。(I. de Castro, S. Theurich. Efficient Alternative Dispute Resolution (ADR) for Intellectual Property Disputes [M] // Handbook of European Intellectual Property Management, ed. A. Jolly & J. Philpott, London: Kogan Page Ltd, 2009: 479 – 485.)

⑫ 也就是说,根据 2003 年和 2004 年国际商会(ICC)通过最终裁决解决的案件统计数据,仲裁员的酬金和开支占仲裁总费用的 16%,而 ICC 的行政费用占 2%。因此,看起来仲裁的大部分费用是来自当事双方发起仲裁的行为。

⑬ 参见 G. Born. International Commercial Arbitration [M]. 2 版. Hague: Kluwer Law International, 2001: 9.

⑭ 例如,在宝丽来和伊士曼柯达公司(Polaroid and Eastman Kodak)的专利诉讼中,双方综合的律师费总计为 2 亿美元。参见 J. Martin. Arbitrating in the Alps Rather than Litigating in Los Angeles: The Advantages of International Intellectual Property – Specific Alternative Dispute Resolution [J]. Stanford Law Review, 1997 (49): 917.

经专门指出，对于大多数案件，美国和英国方式的披露并不适合国际仲裁。⑥

其次，国际仲裁的听证会通常比英美法系管辖中的更短（因此也更便宜）。经常，对于复杂的知识产权案件，仲裁的证据听证会可能持续约一周。相反，"普通"的知识产权案件在英国或美国，庭审极有可能持续更长的时间。仲裁听证会相对较短的主要原因在于与英美法系司法管辖中的诉讼相比，国际仲裁的询问调查范围更窄。的确，通常针对来自证人书面证言的十分具体的问题对证人进行询问。

另外，国际仲裁可能比在单独一个大陆法系司法管辖中的诉讼更贵。特别是在大陆法系国家，听证会十分简短，文件披露也通常比国际仲裁实践中一般允许的范围更窄。尽管如此，如果一个给定案件除了国际仲裁以外的替代方案是在多个大陆法系国家进行跨境诉讼，那么国际仲裁似乎也是最经济的选择。

总之，虽然国际仲裁是否比诉讼更贵需要依个案而定，但是国际仲裁很显然，其本身并不是一种便宜的争议解决方式。⑥

2.4.3　跨司法管辖的知识产权案件

在这种情况下，仲裁特别有吸引力（在上文中已经间接讨论过），并且可能为相关当事人节省大量的时间和金钱：解决跨司法管辖的或全球性知识产权争议。⑥ 在法院诉讼中，在单一法庭被某些司法管辖驳回之前将跨司法管辖的案件"合并"到一个单一程序中——以及，如果接受的话，将面对严重的执行困难⑥——与此相反，仲裁能为多国碎片式知识产权诉讼中的普遍问题提供

---

⑥ IBA. Commentary on the New IBA Rules of Evidence in International Commercial Arbitration [J]. Business Law International, 2000（2）：20.

⑥ 如第8章中所述，当事双方可以采用某些技巧来控制仲裁的成本。此外，2007年ICC仲裁委员会发布了一份题为"控制仲裁时间和成本的技巧"（Techniques for Controlling Time and Costs in Arbitration）的报告（ICC第843号文件），为此提供了有益的指导。

⑥ 在这方面，有人说："经过认真起草的仲裁条款可依据大多数国家法院受国际条约约束来执行的协议，通常允许在一个法庭解决双方当事方的争端。这减少了不同国家法院多次司法程序的费用和不确定性"。（G. Born. International Commercial Arbitration [M]. 2版. Hague：Kluwer Law International, 2001：7.）

⑥ 由于美国联邦巡回上诉法院（CAFC）在2007年2月1日对Voda诉Cordis（Fed. Cir. App. No. 05 – 1238）的裁决结果，似乎在美国"合并"专利纠纷几乎是不可能的。此案的相关背景信息可参见 M. Elmer, A. I. Garcia. Are U. S. Courts Going Global on Voda v. Cordis? [J]. IPL Newsletter（2006）：4 – 11. 相比之下，在版权领域，美国法院已接受了合并外国索赔，例如 Boosey & Hawkes Music Publishers 公司诉 Walt Disney Co., 145 F. 3d 481, 491 – 492（2d. Cir. 1998），法院允许原告基于违反美国版权法和其他18个国家的法律为由，在纽约地区法院起诉一系列美国公司。在 Lucasfilms 诉 Ainsworth [2009] EWCA 1328 案中，英国上诉法院在判决中引用了 Voda 诉 Cordis 的判决，认为侵犯美国版权的指控不在英国法院的受理范围，尽管由于布鲁塞尔 I 号法规，英国法院确实对其他欧盟管辖区侵犯版权的指控拥有管辖权。一些年来，荷兰法院似乎为知识产权权利人提供了在欧盟"合并"知识

适当的解决方案。鉴于知识产权的地域性，希望在全球范围内行使她或他的权利的知识产权持有者，不得不在几乎所有不法行为发生地的司法管辖区内发起司法程序。

如果争议方开始讨论仲裁协议了，那么他们就会准备好用单一程序解决多司法管辖争议，来大幅降低用于解决争议的费用和时间，同时获得一份可能在世界上大多数国家都可执行的裁决。当然，实际上这种做法对许多案件而言是不可能的，要么因为争议当事人不想受仲裁协议的约束，要么因为他们不愿在争议出现的紧急情况下达成协议。

然而多年来，将仲裁条款插入存在于不同国家的相同知识产权的协议中已经成为一种常规做法，这使得所有的知识产权争议都可在单一仲裁程序中解决。举个例子，早在20世纪60年代，Pilkingtong PLC，一家持有浮法玻璃工艺专利的英国公司，想要在全球开发其知识产权，但它缺少资源来自己开发或是在产品供不应求的国家打击潜在的侵权行为。作为解决方案，Pilkingtong 决定采取一项针对不同许可方的全球许可计划，并将所有潜在争议提交仲裁——因此"合并"解决了日后所有争议。⑩

一些特殊行业领域广泛地使用国际仲裁来解决全球性争议。知识产权持有者经常签订全球许可或交叉许可协议，从而允许不同的实体满足特定的工业标准，例如 JPGE 图形压缩标准、MP3 声音压缩标准以及 GSM 和 WCDMA 移动通信标准。作为行业标准的核心，许可方案通常预设知识产权持有者会同意第三方对其知识产权进行使用，前提是第三方愿意接受基于 FRAND（公平、合理

产权争端的可能性。根据荷兰最高法院 1989 年在 Lincoln 诉 Interlas 案（Hoge Raad, 24 Nov. 1989, NJ 1992, 404）的判决，荷兰法院在许多知识产权侵权案件中批准了泛欧洲的救济，包括禁令救济。尽管如此，2006 年 7 月 13 日，在 Roche Nederland 诉 Primus 公司案 No. C - 539/03 和 Gesellschaft fur Antriebstechnik mbH & Co. KG 诉 Lamellen und Kupplungsbau Beteiligungs KG（GAT 诉 LuK）案 Case No. C - 4/03 中，欧州法院驳回了荷兰法院对"布鲁塞尔 I 号法规"的解释，结束了专利侵权诉讼的这种做法，然而这些案件中的推理并不妨碍诉讼当事人获得有关未注册的知识产权，如版权的泛欧洲救济。同样也没有阻止荷兰法院声称就侵犯欧盟以外（以及欧洲经济区的其他国家和瑞士）任何类型的知识产权给予救济，尽管这种救济很难对不在荷兰的被告进行执行。关于美国和欧盟对合并方法的一般性评论，参见 K. Begley. Multinational Patent Enforcement：What the "Parochial" United States Can Learn from Past and Present European Initiatives［J］. Cornell International Law Journal，2007（40）：521 - 570. 关于美国联邦上诉巡回法院（CAFC）在 Voda 案和欧洲法院（ECJ）在 Roche and GAT 案中方法的评论，可参见 Rochelle C. Dreyfuss. Resolving Patent Disputes in a Global Economy（New York University School of Law Public Law & Legal Theory Research Paper Series）Working Paper No. 08 - 48 Law & Economics Research Paper Series Working Paper No. 08 - 48［EB/OL］.［2010 - 06 - 11］. http：//ssrn. com/abstract 1226562.

⑩ 参见 D. Perkins. The Role of Alternative Dispute Resolution in Patent Disputes, 5（2002）（文章未公开发表，由作者存档）.

和非歧视性标准）原则的许可。在一些情况下，关于与这种许可的授权相关的争议受到仲裁协议的约束。例如，对于通信标准，开放移动联盟（OMA）（业界领先的标准组织）的成员协议规定，成员之间的争议——由于涉及的国际专利组合有可能是全球性的——通过仲裁根据 LCIA 的规定解决。[70]

即使在非合同领域，不同国家的知识产权侵权诉讼当事人将其争议提交单一的仲裁程序进行解决也越来越普遍，不仅为了节省时间和支出，而且为了获得对其知识产权和市场地位的确定性。WIPO 仲裁和调解中心于 2001 年执行过这样一个仲裁案件，其中涉及一家以北美为基地的软件开发商（申请方）和一家亚洲硬件制造商（被申请方）。申请方在美国和加拿大为软件注册了商标。被申请方在亚洲的数个国家为电脑硬件注册了几乎相同的商标。在司法程序中，双方当事人都禁止对方在其拥有在先使用权的司法管辖区内注册或使用其几乎相同的商标。为了解决它们的跨司法管辖争议，并使其各自的商标能更便利地在世界范围内使用和注册，双方当事人签订了包含 WIPO 仲裁条款的共存协议。当申请方试图在亚洲一个国家注册其商标时，当地商标局以与被申请方所持有的在先注册商标有混淆风险而将申请方的申请驳回。因此，申请方要求对方当事人同意以任何方式保证其商标能在亚洲国家注册。被申请方拒绝了，于是申请方发起了仲裁程序。在仲裁程序执行过程中，双方当事人解决了该争议。他们的和解体现在一份临时裁决中，其中被申请方授权了申请方在争议中涉及的亚洲国家使用相关商标的许可。

另一个例子是本书的另一位作者作为仲裁员亲历的案件，一家北美公司和一位亚洲发明人卷入了一桩重大专利侵权争议，其中涉及十几个国家的诉讼程序。虽然当事人已经结束了他们所有的诉讼程序，但他们仍对一些涉案专利的某些问题存在分析。双方当事人同意就他们之间悬而未决的问题，发明人有权基于 WIPO 仲裁规定继续追究。这样，发明人的确提起了仲裁程序，就在提起仲裁的 14 个月后，仲裁庭就作出了涉及数个司法管辖区的专利裁决，解决了双方当事人的全球性争议。

2.5 保密性

许多知识产权争议都涉及商业秘密、技术诀窍和保密信息，如果这些内容公开披露的话将完全丧失价值。基于仲裁的保密性前提，可以认为仲裁优于诉讼，因其保证了对信息披露和获取的有效控制。确实，保密性通常被认为是选

---

[70] 参见 OMA 申请表（2007 版）附表的第九段，获得网址：www.openmobilealliance.org/document/OMA‐Reference‐2007‐0002R01.pdf, 11 Jun. 2010.

择仲裁的主要原因之一。[71]

但是，假设仲裁本身就是保密的并不一定安全。[72] 一个给定的仲裁程序是否保密取决于当事人双方的协议，以及没有协议时相关法律的规定（通常是仲裁地法）。当事人要将保密性或以明文规定的方式或以引用方式加入其仲裁协议——对后者而言，是当其就机构仲裁规则规定的保密性达成一致时。主要仲裁机构的规定对于保密性也有不同做法。比如，鉴于其聚焦于知识产权的特点，WIPO 仲裁规定包含了一个保证仲裁、听证和公开材料中存在的保密性的条款的穷举列表[73]。而 CIETAC 的仲裁规定[74]、德国仲裁协会（DIS）、LCIA 规定[75]以及瑞士商会[76]都对当事人强加了具有影响力的保密性义务。相反，AAA/ICDR、ICC、SCC 以及新加坡仲裁机构都未给当事人强加在程序中的保密义务。[77]

当没有明文或默示协议时，制约程序的法律将确定仲裁当事人是否受到关于保密性的法律默示义务的约束。正如我们将在本书第9章谈到的，国内法在这个方面做法各不相同。比如，在澳大利亚[78]、瑞典和美国，法院认为仲裁并不能对保密性产生默示义务。另外，在英国[79]和法国[80]，法院认为仲裁已经将保密性的明示义务加到程序中的当事人身上了。

3. 知识产权争议是用仲裁还是诉讼？

在分析了国际仲裁的主要特点以后，可得出的结论是，对于知识产权争议的仲裁和诉讼哪个更好这个问题没有定论。这只能取决于个案的具体情况以及当事人的需要和预期。当事人应当权衡评估国际仲裁的好处是否超过其局限性。

一般来说，如果当事人的当务之急包括以下所有或部分情况，那么可以说

---

[71] A. Redfern, M. Hunter. Law and Practice of International Commercial Arbitration [M]. 4版. London: Sweet and Maxwell, 2004: 32.

[72] 正如第9章所解释的那样，在全球范围内，各国法律对仲裁产生的保密责任的立场有所不同。

[73] 第73~76条。

[74] 第33条。

[75] 第30条。

[76] 第43条。

[77] 只有 ICC 规则第20（7）条规定，仲裁庭将采取措施保护商业秘密和保密信息。

[78] Esso Australia Resources Ltd and Others 诉 Plowman and Others 案（1995）183 CLR 10。

[79] 参见案例 Dolling - Baker 诉 Merrett 案 [1990] 1 W. L. R. 1205。

[80] 参见 Aita 诉 Ojjeh 案（巴黎上诉法院，18 Feb. 1986）。

该当事人可能愿意选择国际仲裁：国际执行、中立性、专家决策、灵活性、无司法干预以及保密性（当明示或暗示时）。而且，如果当事人想在单一的"法庭"上解决全球性或跨司法管辖知识产权争议，那么国际仲裁将在费用和程序时限上拥有重要的优势。

相反，除了其他情况以外，当事人的当务之急为以下情况时一般会愿意求助于诉讼：提前知晓详细的程序性框架，以及拥有对实体进行司法复审的追索权。

第4章
知识产权争议的可仲裁性

1. 知识产权争议可仲裁性的问题

1.1 介 绍

主要仲裁机构[1]的档案和一些实证调查[2]表明,当事人通过国际仲裁解决了大量的知识产权争议。在这种背景下,人们可以假设对当事人是否能够将知识产权争议提起仲裁进行讨论——属于"客观的可仲裁性"[3] 的问题——是毫无实际意义的。对于下文将要解释的不同原因,其并不包括对所有情况的完美假定。实际上,日益增加的知识产权争议是通过国际仲裁方式解决的,证明只有一小部分案件的当事人遭遇到可仲裁性的问题。

然而令人惊讶的是,知识产权从业者有时似乎认为知识产权争议仲裁会带来客观的可仲裁性问题。乍一看来,面对日益增加的知识产权仲裁很难让人理解

---

[1] 例如,截至2010年初,WIPO中心已经处理了110多起知识产权仲裁。2007年,美国仲裁协会(AAA)受理了375起知识产权案件。国际商会(ICC)估计,其处理的年度案件中有10%涉及知识产权纠纷。

[2] 例如,2008年由伦敦大学玛丽女王国际仲裁学院进行的一项涉及大量企业用户的调查发现,受访企业参与的仲裁案中有6%涉及知识产权纠纷。根据这项研究,就发生率而言,知识产权纠纷是提交国际仲裁的第五大常见纠纷类型,落后于涉及一般商业交易(38%)、建筑(14%)、航运(11%)和合资协议(9%),领先于保险纠纷(5%)。(L. Mistelis, C. Baltag. International Arbitration: Corporate Attitudes and Practices 2008 [R/OL]. [2010 – 06 – 11]. http://www.pwc.co.uk/pdf/PwC_International_Arbitration_2008.pdf.)

[3] 国际仲裁领域的作者区分了客观和主观两种可仲裁性。客观仲裁涉及将某一事项提交仲裁的能力,即因其"客观"性质而引起的特定争议是否可以提交仲裁。与此相反,主观仲裁是指一方当事人将争议提交仲裁的身份或能力,即当事人是否能够有效地同意受仲裁协议的约束。本章只涉及客观仲裁性问题。

还会保有如此的感觉。但是事实上，由于过去围绕知识产权争议可仲裁性的争论所带来的困惑，这种感觉（尽管不准确但）很难被理解。这种困惑，至少一部分是由缺少对国内和国际仲裁的区分以及在大部分司法管辖区内缺乏处理知识产权仲裁的明文规定造成的。下文的目的就是厘清对知识产权可仲裁性的争论，同时证明对于绝大多数案件的当事人来说，他们能够合法地将所有形式的知识产权争议提请国际仲裁——包括其中注册知识产权的有效性被挑战的情况。

1.2 为什么知识产权争议的仲裁会出现问题

当事人自治是国际仲裁最重要的原则之一。然而，基于大多数国家的法律，当事人自治止于公共利益。公共政策或公序良俗❹采用了这一原则。

相应地，在大多数国家法律中，只要不侵犯国家保留权益，当事人可以自由达成任何约定或签订任何协议。在这些法律体系中，出于公共政策的考虑，落入国家保留权益范围内的约定无效。比如，法国民法典第 2059 条❺和第 2060 条❻明文规定了这种处理方法，许多大陆法系国家也效仿了这种做法。❼在某种程度上，一些英美法系司法管辖区也采用了相似的做法。❽

一般而言，这种对当事人自治的限制会缩小当事人对某些争议提起仲裁的自由度（即，该争议是否是"可仲裁的"）。在这种情况下，可仲裁性与公共政策也就成了无法避开的问题。

在大多数司法体系中，由于公共政策问题，当事人不能接受仲裁的情况包括刑事案件以及涉及家庭关系的某些争议。❾ 还有其他一些领域，当事人自治和公序良俗之间的界限显得尤为模糊，比如涉及竞争法和知识产权的争议。正如下文将要介绍的，要确定知识产权争议仲裁是否会产生公共政策方面的担忧确实引起了评论家和从业者之间观点分立的理论性争论。

---

❹ 正如一些大陆法系国家所提到的。

❺ "所有人都可以就他们可以自由处置的权利达成仲裁协议。"

❻ 一方当事人可以就有关人员的身份和能力问题订立仲裁协议，协议涉及的问题包括关于离婚和法定分居的相关事宜，或者在涉及公共团体和机构的争议上，以及更笼统地涉及公共政策（公共秩序）的所有事项上。然而，某些类别的工业或商业性质的公共机构可以通过法令授权订立仲裁协议。

❼ 例如，西班牙民法典第 1255 条和意大利民法典第 1343 条以及中华人民共和国民法通则第 2 条规定，一般而言，因合同和财产权产生的争议具有可仲裁性。

❽ 例如，1996 年英国仲裁法第 1 (b) 条规定，"只要符合公共利益所必需的保障，当事双方应可以自由商定其争端的解决方式"。

❾ 在这方面，一些国家的某些类型的知识产权侵权构成刑事犯罪。将这类刑事犯罪向仲裁提交决定，基于不可仲裁性理由，在几乎所有司法管辖区都是禁止的。即使如此，这并不意味着当事双方不能将知识产权侵权纠纷的非刑事方面提交仲裁。为了清楚起见，本书中的知识产权侵权只指"民事侵权"而不是"刑事侵权"。

仅有少数几个国家通过立法的方式明确解决了这种争论。比利时[10]、瑞士[11]和美国[12]都明文规定对特定知识产权争议的可仲裁性。而只有南非——从另一个角度——同样明文禁止对所有涉及该国授权专利的争议进行仲裁。[13]

如下文将要介绍的,从司法角度看,意大利和英国的法院接受对不同类型的 IP 争议的可仲裁性。法国法院传统上拒绝涉及注册 IPR 的无效性问题的可仲裁性,但是巴黎上诉法院于 2008 年作出的一个判决似乎改变了这种情况。[14]

显然,无论在国家层面还是国际层面,再没有其他司法管辖中对 IP 争议的可仲裁性问题作出明文表述。因此,对大多数国家而言,在国家层面,当事人是否能合法地将知识产权争议提起仲裁这个问题,通常取决于一般分析,以及阐明当事人自治和公共政策之间界限的开放性条款[15]。果然,根据 2008 年一项由包括本书笔者(主要)在内的知识产权从业者主导的、在多个不同国家开展的调查显示,这种解释性运用通常会得出不同的结论。阿根廷、奥地利、中国、希腊、日本和葡萄牙的从业者普遍认为仲裁庭有权判定所有知识产权争议,包括有当事人内部效力的无效性问题。[16] 与此相反,在纯粹的国内仲裁环境下,智利、哥伦比亚、印度、爱尔兰、俄罗斯、韩国和阿联酋的从业者表达了对知识产权争议可仲裁性的担忧,特别是涉及知识产权无效性的争议。

一般而言,国家立法对知识产权争议的可仲裁性问题缺少明确指导似乎构成了疑惑的源头。但是,正如下文将要介绍的,对潜在不可仲裁性问题的发生

---

[10] 比利时专利法第 51(1)条。

[11] 联邦知识产权局 1975 年 12 月 15 日的决定。

[12] 美国专利法第 294 条。

[13] 1978 年专利法第 18(1)条。

[14] Liv Hidravlika D. O. O. 诉 S. A. Diebolt 案,2008 年 2 月 28 日,第一庭,JurisData No. 2008 - 359055。

[15] 有时,知识产权纠纷的可仲裁性问题在国内法中已有详细的学术评论。例如,根据法国法律对此问题进行了详细讨论,参见 E. Fortunet. Arbitrability of Intellectual Property Disputes in France [J]. Arbitration International, 2000, 26(2):281 - 299. 与西班牙相关,参见 M. Perales Viscasillas [J]. Arbitrabilidad de los Derechos de la Propiedad Industrial y de la Competencia [J]. Anuario de Justicia Alternativa 2005(6):11 - 75(主张知识产权纠纷的可仲裁性)。

[16] 在此,作者想向 Miguel O'Farrell 先生(Marval O'Farrel, 阿根廷)、Sergio Amenabar 先生(Estudio Federico Villaseca, 智利)、Maren Jergolla 博士(Wolf Theiss, 奥地利)、Daniel Peña Valenzuela 先生(Cavalier Abogados, 哥伦比亚)、Manos Markakis 先生(Dontas Law Offices, 希腊)、Binny Kalra 先生(Anand and Anand, 印度)、Alistair Payne 先生(Matheson Ormsby Prentice, 爱尔兰)、Sumiko Kobayashi 女士(Abe, Ikubo & Katayama, 日本)、Cesar Bessa Monteiro 先生(ABBC & Associados, 葡萄牙)、Domingo Cruz 先生(Carlos Cruz & Associados, 葡萄牙);Larisa Yatrova 女士(Levant & Partners Law Firm, 俄罗斯)、Sergey Medvedev 先生(Gorodissky & Partners, 俄罗斯)、Boh Young Hwang 先生(Bae, Kim & Lee, 韩国)、Young Hill Liew 先生(Yulchon, 韩国)和 Andre Human 先生(Al Tamimi & Company, 阿联酋)表示感谢。

率和范围、对国际仲裁法律和实践的依次分析证明，大多数对通过国际仲裁解决知识产权争议的异议是缺乏依据的。

1.3 与知识产权争议相关的不可仲裁性问题的发生率和范围

正如上文阐述的，在实践中，涉及知识产权的国际仲裁的不可仲裁性问题的发生率很低。有一系列因素能够解释这种现象。

第一，在很多国家，与任何形式知识产权相关的合同问题、侵权索赔以及所有权争议一般被认为是可仲裁的。[17] 重要的是，在实践中，大多数提起仲裁的知识产权争议涉及的是合同问题的解决。这种情形仅仅解释了为什么在实践中多数提起国际仲裁的知识产权争议并不会引起可仲裁性问题。

第二，在多数情况下，唯一可能引起对可仲裁的实质性担忧的问题是关于向仲裁庭提起对特定类型的知识产权的有效性争议的解决。特别地，鉴于以下将要介绍的公共政策因素，只有涉及注册知识产权（例如专利、实用新型、商标和外观设计）的无效性的争议才可能引起这种担忧。[18] 这种情况进一步降低了涉及知识产权国际仲裁不可仲裁性的潜在问题的发生率。

第三，在许多提起国际仲裁的知识产权争议中，当事人不愿意或者不能够挑战涉案知识产权的有效性，因此阻止了不可仲裁性问题的发生。在这种情况下，适用法律禁止一方当事人主张涉案知识产权无效（"被许可人禁止反言"原则）[19] 或者当事人（在允许的前提下）签订了"不争议"或"不挑战"条款。[20] 这样做很有意义，因为在实践中大多数提起仲裁的知识产权争议源自许

---

[17] 大多数参与作者调查的从业者都承认这一事实。

[18] 因此，普遍接受的是，涉及版权的大多数纠纷（依《伯尔尼公约》产生的自动保护制度）和商业秘密可以通过国际仲裁来解决。有时，源于版权的精神权利是否能提交仲裁还需要讨论。如果不是因为大篇幅地讨论这个问题——作者的经验似乎是相当理论化的——在这方面更好的观点是由精神权利产生的金钱问题有关的争议是可以仲裁的。（参见 E. Fortunet. Arbitrability of Intellectual Property Disputes in France［J］. Arbitration International，2010，26（2）：297-298.）

[19] "被许可人禁止反言"原则上存在于英国法律之下（参见 Fuel Economy Co. Ltd 诉 Murray 案（1930）47 RPC 346 at 353）虽然目前还不清楚这种禁止反言在多大程度上以及在何种情况下可能被认为违背欧盟竞争法，但实际大多数情况下，付费许可协议中的合同性不质疑条款在大多数情况下被视为违反了《欧盟运作条约》（TFEU）第 101 条的欧盟竞争法。在美国，在 Lear，Inc. 诉 Adkins，395 U. S. 653（1969）案件下，合同不质疑条款的有效性受到了质疑，而在 Medimmune，Inc. 诉 Genentech，Inc 的案件中，已经被很好接受的被许可人禁止反言原则被证明是错误的。

[20] 根据竞争法，目前当事双方对"终止质疑"条款达成一致意见更为常见。尽管 2004 年 4 月 27 日欧盟委员会（EC）第 772/2004 号条例规定的《欧盟运作条约》（TFEU）第 101 条的成批豁免对某些类别的技术转让协议（OJEC L 123 27/. 4. 2004. 11）适用于条约第 81（3）条，不适用于通过第 5（1）（c）条应用于专利或其他技术许可中的任何直接或间接义务，而不是质疑许可人在欧盟持有的知识产权的有效性，有人明确指出，这是"如果被许可人质疑其获许可的一个或多个［知识产权］的有效性，不影响提供终止……协议的可能性。"

可协议。这种条款能有效地将无效性问题从仲裁庭的司法管辖中剔除，并且能间接阻止可仲裁性问题的发生。

因此，在实践中，在注册知识产权的无效性前提下，真正需要讨论的问题是如何处理和解决不可仲裁性问题。这个问题将在下文中讨论。

2. 解决国际知识产权争议的可仲裁性问题

如何解决上文所确定的问题，取决于不可仲裁性发生的不同阶段。一般来说，当事人有4次机会提出不可仲裁性问题。[21]

第一，被诉人[22]可以向仲裁庭提出作为管辖权抗辩的不可仲裁性异议；第二，被诉人不到仲裁庭出庭——基于缺乏司法管辖权的前提——而是基于对提出仲裁的争议向国内法院提起诉讼；第三，仲裁庭作出最后裁决后——或根据管辖权作出部分裁决——败诉方可以基于不可仲裁性发起撤销行为；第四，在对裁决（可能的）承认或执行阶段，败诉方可在国内法院基于不可仲裁性对抗对裁决的承认。

2.1 在仲裁庭提出不可仲裁性异议

2.1.1 不可仲裁性与司法管辖权

由于不可仲裁性触及了仲裁协议的有效性，因此影响了仲裁庭的管辖权。根据已得到广泛接受的"仲裁庭自裁管辖原则"，仲裁庭自己有权决定其自身管辖权问题进行裁决。[23]

2.1.2 适用法律

如果仲裁的一方当事人提出仲裁庭因缺少管辖权而不能对涉案合同的部分或所有问题作出裁决的抗辩[24]，那么仲裁庭首先应当确定用于解决该异议的法律。与国内法院不同，仲裁庭没有法院地法，因此，在大多数情况下，仲裁员

---

[21] 参见 B. Hanotiau. The Law Applicable to Arbitrability [J]. ICCA Congress Series, 1999 (9)：145.

[22] 这也适用于试图部分挑战法庭管辖权的反诉方。

[23] 这一原则已被最重要的贸易国家的仲裁法规所接受。例如，目前由30多个国家通过的联合国国际商事仲裁示范法考虑了这一原则。此外，英格兰和瑞典等非示范法国家颁布了自裁管辖权规则。

[24] 一些评论者指出，国际惯例普遍认为，除非协议与"国际公共政策"的原则相抵触，否则只要一方当事人提出请求，仲裁庭就可以就可仲裁性问题作出裁决。如下所述，知识产权纠纷在任何情况下都不会产生国际公共政策问题。因此，即使一方当事人声称注册的权利无效，国际仲裁庭也不应依职权自行审查与知识产权纠纷有关的可仲裁性问题。参见 B. Hanotiau. The Law Applicable to Arbitrability [J]. ICCA Congress Series, 1999 (9)：146-167.

第4章 知识产权争议的可仲裁性

并无义务遵从特定的冲突解决规则来确定不可仲裁性问题的适用法律。[25]

普遍接受的做法是，作为起点，如《纽约公约》第Ⅱ（1）条和第Ⅴ（1）a条规定的，仲裁庭应当先通过适用仲裁协议的准据法来解决可仲裁性问题。[26] 在分析阶段，仲裁庭应进一步阐明当事人是否明确表达是否就使用的仲裁协议准据法达成一致。[27]

对于提交协议的情形，通常可以很容易地解决这个问题，因为大多数协议中都包含了对法律条款的选择。如果没有这种选择，仲裁庭也有一定的自主权来确定提交协议的适用法律，适用的法律一般为仲裁地法。[28]

对仲裁条款而言，问题会更加复杂一些，因为当事人很少会对适用于仲裁条款的法律作出声明。[29] 由于仲裁条款构成附加协议，确定其适用法的方法原则上与确定涉案合同的适用法相同。[30] 不过，正如我们在第5章第4节解释过的，仲裁庭通常要么适用涉案合同法，要么适用仲裁条款要解决问题的仲裁地法。同样如第5章解释过的，关于仲裁条款的存在和有效性，仲裁庭应当使用生效原则（也就是"鼓励仲裁原则"）。[31] 可仲裁性问题，一般而言会影响仲裁协议的有效性。因此，适用于这种问题的法律也受生效原则的约束，应当用与仲裁条款相同的方法论来确定。

基于该原则，仲裁庭应当努力维持当事人将其争议提起仲裁的意愿，因此，仲裁院可以适用仲裁地法以避免不可仲裁性结果。具体地说，当仲裁协议的适用法（不是仲裁地法时）指明该争议不可仲裁而仲裁地法与之相反时，仲裁庭可适用后者。相似地，当仲裁条约的适用法表明该问题因与国际公共政

---

[25] 在这方面，一位有经验的评论员表示："相比之下，仲裁庭没有仲裁地法效力。因此，仲裁庭不受法律规则的特定冲突的限制。仲裁在这方面主要受调控仲裁的规则的影响，并可能有助于或指导如何确定适用的法律。从实践中所产生的是，仲裁员可通过适用法庭认为适当的法律冲突规则，或直接按照法庭认为适当的方法，确定仲裁协议适用的适当法律，而不用参考任何冲突规则。"（J. Lew. The Law Applicable to the Form and Substance of the Arbitration Clause [J]. ICCA Congress Series, 1999 (9): 136. ）

[26] 参见 B. Hanotiau. The Law Applicable to Arbitrability [J]. ICCA Congress Series, 1999 (9): 154.

[27] 在本书第5章中有详细讨论。因此，本章将集中讨论与知识产权有关的具体可仲裁性问题。

[28] 由于提交仲裁协议涉及现有的争议，因此当事双方选择特定的仲裁地点事实上表明意图将争议根据仲裁地法律解决。

[29] 应该清楚地作出这种明确的选择，以避免在选择主合同有关的法律条款时混淆。

[30] 参见 J. Lew. The Law Applicable to the Form and Substance of the Arbitration Clause [J]. ICCA Congress Series, 1999 (9): 136.

[31] 第5章第4.3节。

策（在适用时）抵触而不可仲裁时，仲裁庭可以适用仲裁地法[32]。笔者的观点是，提起仲裁的所有知识产权争议——包括无效性问题争议——都不会违反国际公共政策。因此，当仲裁协议的适用法声称知识产权争议不可仲裁时，仲裁地法可以适用于仲裁庭来解决仲裁协议有效性问题。

2.1.3 知识产权争议发生国的法律

由于知识产权争议的特殊属性，对此，问题在于仲裁庭是否应当适用涉案知识产权所在国法律来解决可仲裁性。举个例子，假设一份商标共存协议中插入了适用《纽约公约》的仲裁条款，规定由苏黎世 ICC 仲裁。如果该协议涉及的商标在中国、德国、南非、英国和美国都注册了，如果当事人提起仲裁程序而被诉人提出不可仲裁性抗辩，仲裁庭难道要适用中国、德国、南非和英国的法律来决定吗？

答案是否定的。中国、德国、南非或英国的法律都不适于确定在各个司法管辖区内知识产权的可仲裁性。仲裁庭并一定要适用涉案知识产权注册地的国家法——当然，除非如上所述对法律行使的描述中确定了这些国家的法律适用于解决可仲裁性问题。[33]

2.1.4 作为外国公共政策法规的注册知识产权国家法的适用

（理论上）涉案知识产权注册地所在国的法律对于可仲裁性问题也有潜在的管辖权。一方当事人会辩称知识产权法构成了潜在执行地的"外国公共政策法规"，[34]因此仲裁庭应当适用国内知识产权法（即潜在执行地法）来解决可仲裁性问题。

仲裁庭一般不会接受这种观点。仲裁庭并无义务使用潜在执行地的公共政策法（一般称为"外国法"）来解决可仲裁性问题。[35]仲裁庭并不构成国家权力机关，因此，原则上也没有义务执行任何司法管辖的公共政策。[36]

即使涉案受危害权利所在国家的知识产权法构成"公共政策法规"，仲裁庭也不会受限于适用该法来解决可仲裁性问题。这一论断在竞争法范畴内已得到采用——就这一点而言，与知识产权领域相似。[37]

---

[32] 参见 B. Hanotiau. The Law Applicable to Arbitrability [J]. ICCA Congress Series, 1999 (9): 154.

[33] Contra M. Blessing. Arbitrability of Intellectual Property Disputes [J]. Arbitration International, 1996, 12 (2): 193.

[34] 仲裁庭通常会假定那些颁发具有风险知识产权的国家将成为可能的执行地。

[35][36] B. Hanotiau. The Law Applicable to Arbitrability [J]. ICCA Congress Series, 1999 (9): 158-159.

[37] B. Hanotiau. The Law Applicable to Arbitrability [J]. ICCA Congress Series, 1999 (9): 159-160.

但这并不意味着仲裁员在确定可仲裁性问题时不能考虑国内知识产权法，而是他们不用必须这样做。❸确实，特别是在仲裁员要有至少作出可执行的裁决的道德义务的前提下，对一些情况而言，仲裁庭可能感觉上会倾向于考虑使用外国法来解决可仲裁性问题。尽管如此，如果当事人没有就仲裁庭进行以上质询达成一致，那么会导致过度使用裁判权（超出仲裁请求）的问题。

2.1.5 可仲裁性问题的解决

由于国际仲裁的特性，解决可仲裁性问题的过程并不像在国内案件中那样直接，并且需要仲裁庭考虑多方面因素。例如，如果根据适用的国内法，一件争议是不可仲裁的，那么仲裁庭需要评估该评价标准是否也适用于国际仲裁。❸如果该评价标准也适用于国际仲裁，那么仲裁庭只能认可该异议，并且避免对整个案件或部分案件（如果质疑仅针对部分）作出判决。❹

即使当事人明确就所选择的仲裁协议适用的法律条款达成一致，如果这种适用性会导致争议不可仲裁的话，那么仲裁庭也可能对这种选择不予考虑。在这种情况下，仲裁庭可认定不可仲裁性的潜在结果构成对适用法的"消极定位"。❶

如上文中所述，大多数的司法权中并没有提供对 IP 争议可仲裁性问题的确切解决方法。因此，在大多数情况下，仲裁庭只能通过适用法来确定无效性问题是否可仲裁。这种需要对涉及公共政策的法条的普遍适用性问题进行分析，同时也是基于适用法当事人自治的局限性。对不同阶段出现的可仲裁性问题分析大都相似；因此，我们可以在讨论可仲裁性异议可能出现的剩下 3 次机会以后再进行分析。

2.2 在诉讼前同时提出不可仲裁异议

仲裁被申请方如果认为因不可仲裁性导致仲裁庭没有对争议的裁判权，可以在他或她认为确实拥有管辖权的国家法院发起诉讼。在这种情况下，国家法院将适用法院地法作出判决，而司法程序会对正在进行的仲裁或仲裁协议产生重大影响。

鉴于其广泛的接受度，《纽约公约》对世界上大多数司法管辖中的法院地法产生了一些作用。《纽约公约》第Ⅱ（3）条规定当国家法院获知关于当事人已就仲裁签订过协议的事实时，"应该依一方当事人的请求，令当事人把案件提交仲裁，除非该法院查明该项协议是无效的、未生效的或不可能实行的"。

---

❸ B. Hanotiau. The Law Applicable to Arbitrability [J]. ICCA Congress Series，1999（9）：159 - 160.

❸❹❶ B. Hanotiau. The Law Applicable to Arbitrability [J]. ICCA Congress Series，1999（9）：156.

根据《纽约公约》第Ⅱ（1）条的规定："当事人以书面协定承允彼此间所发生或可能发生……的争议，如关涉可以仲裁解决事项之确定法律关系，不论为契约性质与否，应提交仲裁时，各缔约国应承认此项协定。"

因此，关于同时进行的相关诉讼，国家法院可以对当事人是否能够提起仲裁作出判决。如果法院发现当事人不能通过仲裁解决争议，那么就会避免终止同时进行的程序。但这种判决原则上并不能约束仲裁庭。

2.3 撤销决定的不可仲裁性

此外，仲裁被申请方还可尝试在仲裁地的法院，以不可仲裁性为理由提请撤销对裁判权不予受理的判决。[12] 在实践中，国家法院通常适用它们自己的仲裁法对撤销裁决的诉求作出决定。在大多数司法管辖中，仲裁法中将公共政策作为撤销仲裁裁决的理由。[13]

Liv Hidravlika D. O. O 诉 SA Diebolt 的法国案例[14]成为国家法院如何解决基于知识产权争议中不可仲裁性的撤销诉求的示范性案例。在该案中，申请人（Diebolt）与被申请人（Liv Hidravlika）曾就一项法国专利签订许可协议。[15] 协议中包含了基于 ICC 规定在巴黎进行仲裁的条款。申请人控告申请人违反合同，并发起了针对被申请人的仲裁程序。被申请人宣称申请人的诉因关系到被许可专利的有效性，因此以公共政策为理由提起管辖权异议。仲裁庭驳回了被申请人提出的管辖权异议，并裁定被申请方向申请方支付 560736.61 欧元，同时禁止被申请方使用涉案专利。

此后，被申请人向巴黎上诉法院提起上诉，请求撤销上述裁决。上诉法院援引了法院地法（特别是法国新民事诉讼法典第1502 - 1条和第1502 - 5条[16]）

---

[12] 知识产权已被裁定无效的仲裁申诉人，由于不可仲裁性的问题不太可能有能力去质疑仲裁决。为了留存这个问题，申请人自己必须针对被申请人的无效主张提出管辖权异议。在这种情况下，被申请人将有机会发起平行诉讼，在国内法院无效掉申请中的知识产权，这可以有效地破坏仲裁程序。因此，在大多数情况下，如果它有效地维护了有关争议知识产权的有效性，就认为申请人基于不可仲裁性的管辖权异议而丧失了质疑裁决的权利。

[13] 例如 UNCITRAL 示范法第34（2）（b）条和1996年英国仲裁法第68（2）（g）条。

[14] 2008年2月28日，第一分庭，JurisData No, 2008 - 359055. 对于该决定的评论，参见 C. Caron. Brevets d'invention – Le droit des brevets d'invention est（presque）entièrement arbitrable［J］. La Semaine Juridique, Edition Entreprise et Affaires, 2008（19）: 25 - 27 以及 E. Fortunet. Arbitrability of Intellectual Property Disputes in France［J］. Arbitration International, 2010, 26（2）: 281 - 299.

[15] 2008年2月28日，第一分庭，JurisData No. 2008 - 359055。

[16] 第1502条："仅有在以下情况，才能允许针对授予承认或执行的决定提出上诉，这些情况包括：（1）如果仲裁员在没有仲裁协议的情况下或者根据无效和失效的协议对此事作出裁定；……（5）如果该承认或执行违反国际公共秩序。"

并主要考虑了仲裁的当事人内部效力原则,认为附带提出的专利无效性问题应由仲裁解决。因此,上诉法院驳回了被申请人的撤销请求。

2.4 对裁决承认和执行提出异议的不可仲裁性

2.4.1 咬苹果的第四口(提出可仲裁性异议的第四次时机)

败诉方可以在国家法院谋求使用不可仲裁性异议使应在该法院执行的裁决不被承认。对上文所述的3次不可仲裁性机会都提出异议并失败,并不能阻拦败诉方在这一阶段提出新异议。面对基于不可仲裁性的新异议,胜诉方境况堪忧。不过这种异议在实践中不太可能发生,具体见下文。

2.4.2 裁决的无效性效力

如上文所述,对注册知识产权的无效性异议成为以公共政策为基础的潜在可仲裁性问题的触发点。因此,对裁决中关于无效性问题的内容进行分析可以帮助我们确定是否会在裁决的承认和执行阶段出现问题。

一般来说,可以将仅涉及知识产权无效性的仲裁裁决分成三类:(a)全部接受无效性答辩意见或反诉裁决;(b)全部驳回关于无效性主张的裁决;以及(c)部分接受无效性主张的裁决。基于上文解释过的原因,只有(c)中的部分裁决会在承认和执行阶段引起潜在问题。

2.4.2.1 全部接受"无效性"的裁决

如果被申请方成功地挑战了所主张知识产权整体的有效性,[17] 申请方将直接输掉案子。这样一来,申请方显然也没有可执行之物了。[18]

同样地,被申请方在成功挑战了所主张知识产权的有效性后,在大多数情况下也没有可执行之物了。[19] 而且,由于在大多数司法管辖中,在仲裁中主张的无效性仅有当事人内部效力,被申请方也不能用这个判决来解除与知识产权授权相关的权利,然而这并不涉及被申请方的利害关系,甚至可以视作一种利益,因为涉案知识产权仍然保持注册状态,并对其他竞争者而言也构成潜在威胁。

2.4.2.2 完全拒绝"无效性"主张的裁决

如果知识产权持有者作为申请方在仲裁程序中获胜,在大多数情况下,这

---

[17] 在这种情况下,被申请人可能会由于非可仲裁性而同时面对无效异议和管辖权抗辩。

[18] 一般情况下,申请人不大可能就自己的仲裁申请提出非可仲裁性问题。从理论上讲,受害一方的申请人可能会试图以非可仲裁性理由而撤销裁决。除非申请人从一开始就援引无效问题不可仲裁的说法,然而这反过来只会招致被申请人发起平行诉讼,以无效申请的权利,从而拖垮所有仲裁程序,这是值得怀疑的。因此,从申请人角度做出这样一个策略就没有多大意义。

[19] 除非申请人打算再次对在诉讼中成功地被申请人声称"无效的"(对人)权利,否则该决定将会成为阻止新诉讼的盾牌。

意味着仲裁庭全部驳回了被申请方提出的无效性主张。该裁决会要求执行，但应当执行该决定的国内法院并没有太大的可能违反裁决中对相关行政机关授权的现存知识产权的支持。

2.4.2.3 部分"无效"所主张知识产权的裁决

也有可能出现"部分无效"的情况，例如，在涉及专利的争议中，仲裁庭仅部分同意权利要求无效的主张，并且同意其他权利要求被侵权，基于公共政策/不可仲裁性的执行异议的考量会获得更多的重视。在这种情况下，申请方需执行的裁决会给某些国内法院带来困扰，因此申请方需要说服执行地法院，国际知识产权争议中的"无效性"不会引起对公共政策的担忧。

然而，不能过分夸大国内法院在这种情况下的可能困扰，这是因为裁决和相关行政机关作出的知识产权授权决定具有同样的可信度，所以裁决应该会支持相关行政机关对知识产权作出的授权。

但是这也说明，当认为仲裁被申请方应当承担侵权责任时，仲裁员鉴于部分无效性的可能结果——除非绝对必要——应当尽力避免作出这种部分无效的公告。

对于涉及众多知识产权的案件，特别是应当适用不同实体法时，仲裁庭有可能会宣告某些权利全部或部分无效，同时确认其他注册知识产权的有效性。如果仲裁庭对整个案件仅出具一份裁决，在承认和执行裁决的过程中有可能引起不可仲裁性/公共政策问题。为了避免这种问题，仲裁庭倾向于出具几个不同的裁决，例如分别涉及有效性、可信度、关于特定国内知识产权的损害甚至决定。

2.4.3 法院地对裁决承认和执行的法律适用

在不大可能的情况下，一份裁决从无效性角度造成公共政策方面的问题时，败诉的仲裁被申请方确实试图要让裁决不被承认。在大多数国家，一方当事人可以根据《纽约公约》第Ⅴ（2）条的两个（某种程度上可视为补充性的）条款基于不可仲裁性对裁决提出异议。该条款规定：

被申请承认和执行仲裁裁决的国家管辖当局如果查明有下列情况，也可以拒绝承认和执行：

（a）争议事项，依照该国的法律，不可用仲裁方式解决；或者

（b）承认或执行该项裁决将有违该国的公共政策。

因此，大多数国内法院会适用其本国法律来判断知识产权争议仲裁是否可用仲裁方式解决或者是否违反其公共政策。从这个角度来说，可以注意到，案件最多的仲裁地的法律通常对国际仲裁适用的是最低标准的公共政策。因此，

在大多数的司法管辖中,根据《纽约公约》第 V(2)条提出的不承认裁决异议很少成功。[50]

而且,正如下文将说明的,用国际仲裁方式解决知识产权无效性问题,在大多数情况下不会引起正当的公共政策问题,即使在国内公序良俗标准下也不会。仅在司法管辖中对涉及知识产权的当事人有可能面临裁决承认和执行问题的特定争议作出了明文禁止。然而并不必过分夸大这样的潜在问题,因为这种明文禁止极其少见。[51]

2.5 适用法律未对仲裁的具体解决方式进行规定时公共政策异议的处理

在某种极端情况下,当适用法律未对解决方式作出明确规定时,注册知识产权的可仲裁性问题显得尤为重要,此时,相关仲裁庭或国内法院应当分析向国际仲裁提出知识产权无效性问题是否有违公共政策。如下文将解释的,在大多数情况下,不存在这种问题。

3. 关于公共政策的争论

如下文所述,在绝大多数案件中,关于知识产权争议(包括关于涉案知识产权的无效性问题)的国际仲裁并不会对大多数司法管辖中的公共政策造成侵犯。下面首先分析对知识产权争议仲裁最普遍的拒绝理由,在实践中一般用于限制管辖权异议。其次,本节将探索在大多数案例中有助于反驳不可仲裁性异议的一系列观点。

3.1 支持不可仲裁性的潜在公共政策论

如前所述,在大多数司法管辖中,能否仲裁主要取决于公共政策问题。[52]

许多公共政策原则已经发展为维护知识产权争议的不可仲裁性。这些原则不约而同地触及了注册知识产权的无效性问题。因此,大多数原则将重心放在国家介入,以支持对知识产权进行注册的系统,并反过来对其持有者授以"垄断"权或独占权。下面的章节将讨论更有可能限制涉及对知识产权有效性

---

[50] 第 10 章第 4.2.1 节。
[51] 如上所述,显然只有南非颁布了对某些知识产权纠纷(专利)进行仲裁的一般禁令。
[52] W. Grantham. The Arbitrability of Intellectual Property Disputes [J]. Berkeley Journal of International Law, 1996 (14): 179.

问题进行仲裁的观点。[53]

3.1.1 产生知识产权的国家介入

对此,有人曾说:

> 一项专利或商标是否能被授权仅仅是国家公共机构应当考虑的事,只有国家授予这种垄断权。任何关于其授权或无效的争议都在仲裁范畴之外。[54]

如一位重要评论家所强调的,知识产权仲裁和公共政策的关系部分源于公共机构授予的权利。[55] 因此,授权后仲裁庭——作为典型的非行政机构——并不能得到授权来使这些国家产生的权利宣告无效。而且还有人主张,个人也不能享有通过私有程序处置国家行为的权力。[56]

在某种程度上,这些观点明确表达了对一项授权知识产权的"主权特性"的理解。国家通过特别机构审核和分析行政相对人提出的授权申请。如果提出的申请符合相关法律的批准标准,国家将给申请方授予独占权或垄断权。[57] 在这种观点看来,授权后只有国家——而不是非行政机构——能够"撤销"对该知识产权的授权。[58] 因此,从这个角度说,提起不可仲裁性异议的一方当事人有立场辩称涉及国家授予权利争议的仲裁违背公共政策。

3.1.2 知识产权创造了垄断或独占权

尽管与国家介入论不完全相同,知识产权创造出一系列独占权这一事实也

---

[53] 除了本节讨论的基本原理外,弗朗西斯·高锐还提到"公开"是知识产权纠纷可仲裁性的可能障碍之一。在这个观点下,知识产权是由国家创造的,这些权利是公开的和面向公众的。仲裁可能不适合处理知识产权问题,因为准确地说,它并不公开。高锐拒绝批评其缺乏一致性的观点:在许多司法管辖区,可以在不需要公开的情况下授权有效的许可。作者补充说,当事双方也可以就有关知识产权达成审前和解,而且他们不需要公开记录就可以使其有效。(参见 F. Gurry. Objective Arbitrability – Antitrust Disputes – Intellectual Property Disputes [J]. Swiss Arbitration Association Special Series,1994 (6):116.)

[54] A. Redfern, M. Hunter. Law and Practice of International Commercial Arbitration [M]. 4版. London:Sweet and Maxwell, 2004:139.

[55] B. Hanotiau. L'arbitrabilité des litiges de propriété intellectuelle:une analyse comparative [J]. ASA Bulletin, 2003, 2 (u):3 – 15.

[56] 参见 K. H. Böckstiegel. Public Policy and Arbitrability [J]. ICCA Congress Series, 1986 (3):196.

[57] 参见 F. Gurry. Objective Arbitrability – Antitrust Disputes – Intellectual Property Disputes [J]. Swiss Arbitration Association Special Series, 1994 (6):116.

[58] Cf. P. Janicke. Maybe we shouldn't Arbitrate [J]. Houston Law Review, 2002 (39):702.

为禁止知识产权争议中某些问题的可仲裁性提供了第二审理权。❺❾

通过授予一项知识产权，国家机关创造了一种垄断或一种独占权。❻⓿ 换句话说，国家将公共领域的一部分对象抽取出来并置于特定个体的控制之下。这种行为本身恰恰是政府性质的，因为行政相对人无法通过普遍适用效力创造独占权——这正是"权"这个字所要表达的。因此，有人会认为允许私人处置或修改这些权利会剥夺国家对垄断进行授权和改进的内在权力。

有人也认为知识产权与竞争法之间有很深的联系，这也是传统上仲裁被限制的领域❻❶。从这个角度说，确实"知识产权在竞争上被限制是有助于竞争"。❻❷ 反过来，竞争规则也"构成了各个国家公共政策的一部分"。❻❸

3.1.3 授权垄断背后的利益保护

在知识产权领域，垄断（或独占权）的产生并不是终点，而是一种促进与知识产权制度相关的利益的选择机制。知识产权存在的背后，公共政策之争导致政策管辖问题。这些管辖权不仅在世界范围内大不相同，根据所涉知识产权的种类不同也不相同。

传统上，一般认为对科学进步的促进证明了专利制度存在的正当性；❻❹ 作为起源的标志，避免市场混淆证明了商标存在的正当性❻❺；在一些遵循自然法则的国家，版权制度是为了给作者的创造和劳动以酬劳——许多大陆法系司法管辖中的著作权法正是如此。❻❻ 与此相反，英美法系的版权体系的核心在于既促进经济社会利益，增加作品的创造，又通过鼓励知识创造的传播使政府得益。❻❼

---

❺❾ 参见 A. Redfern, M. Hunter. Law and Practice of International Commercial Arbitration [M]. 4 版. London: Sweet and Maxwell, 2004: 139.

❻⓿ 在美国，为了避免与"垄断"这个术语相关的任何可能的负面含义，评论者和当局倾向于解释为知识产权赋予其持有人"排他性权利"。然而，在美国以外，使用"垄断"一词似乎并没有造成这种担忧。因此，在本书的内容中，我们用"垄断"和"排他权"不加区分地模糊描述知识产权的影响。

❻❶ 参见 K. H. Böckstiegel. Public Policy and Arbitrability [J]. ICCA Congress Series, 1986 (3): 194.

❻❷ J. Fawcett, P. Torremans. Intellectual Property and Private International Law [M]. Oxford: Clarendon Press, 1998: 494.

❻❸ J. Fawcett, P. Torremans. Intellectual Property and Private International Law [M]. Oxford: Clarendon Press, 1998: 495.

❻❹ 参见 T. Cook. A User's Guide to Patents [M]. 2 版. London: Tottel Publishing, 2007: 15-20.

❻❺ 参见 D. Kitchin. Kerly's Law of Trade Marks and Trade Names [M]. 14 版. London: Sweet and Maxwell, 2005: 8.

❻❻❻❼ 参见 K. Garnett, G. Davies, G. Harbottle. Copinger and Skone James on Copyright [M]. 15 版. London: Sweet and Maxwell, 2005: 27.

鉴于对知识产权制度的潜在公共政策管辖问题，应当注意到，不同国家期望限制行政相对人对政策实施干预的能力。这么看来，如果行政相对人可以自由地对这些权利进行无效或修改，将威胁到以知识产权制度存在为基础的各种政策的顺利实施。乍眼一看，这确实是能支持知识产权争议不可仲裁论的好理由。❽

3.1.4 对有效性问题具有专属管辖权的机构的存在

在一些国家，可以认为，对于知识产权有效性相关问题拥有专属管辖权的特别机构的存在，可以从功能上强化上文中概括的论点。❾

在这些国家，政府或多或少地保留了在解决与其授权的注册知识产权有效性问题上的中央集权框架。用专属管辖权对这些知识产权授予特定的权利，在一定程度上是为了防止当事人选择退出它们设定的制度，而退出的举动会使政府实施的政策受挫。

在被称为"分叉的"知识产权诉讼系统所在的国家，专属管辖权最后会分化，也就是被告不能在同一程序中提起无效性答辩或反诉，因为申请方已经主张其知识产权。在这些国家，创造知识产权的机关通常具有专属管辖权来确定所主张权利的有效性异议。❿ 这种分工十分明确，其他任何国家机构（包括"常规"法院）都不会接触到关于知识产权有效性的争议。

因此，对于这些司法体系，一些论调认为如果国内法院都不允许对知识产权判决无效，行政相对人就更不能这么做了。但这种推理并不适用于国际仲裁，下文中将就此进行讨论。

3.2 用公共政策论反对知识产权可仲裁性的两个关键反证

3.2.1 纯公共政策论的不足

一些知识产权争议仲裁的支持者主要基于公共政策的原因，并不考虑上文

---

❽ 然而，正如下面所讨论的，鉴于仲裁裁决的双方效力，造成这一无效的潜在原因是致命的缺陷。

❾ 例如，《中华人民共和国专利法》第45条和《中华人民共和国商标法》第41条、第42条规定，专利复审委员会和商标评审委员会分别对专利和商标权的无效具有专属管辖权。同样可以参见德国专利法第65条；印度专利法第104条；1995年荷兰专利法第80条和美国专利法第1338条。第4412001号欧盟条例（"布鲁塞尔条例"）第22（4）条规定："有关专利、商标、外观设计或必须备案或注册的其他类似权利的注册或有效性的诉讼中，已经备案或者注册地成员国法院已经发生或按照本联盟文件或国际公约视为已经备案或注册。在不妨碍欧洲专利局根据1973年10月5日签订的《关于授予欧洲专利的公约》享有的管辖权的前提下，无论住所，各成员国法院针对向该国颁发的欧洲专利的注册或有效性的诉讼具有专属管辖权。"

❿ 在专利领域，下列国家或其他地区有一些对无效问题具有专有管辖权的机构：奥地利（专利局无效部）、巴西（国家工业产权局）、智利（国家工业产权局）、德国（慕尼黑联邦专利法院）、墨西哥（墨西哥专利局）、中国（国家知识产权局专利局复审和无效审理部）、韩国（韩国知识产权局）。

概述的异议。❼然而，在实践中，对特定知识产权问题的不可仲裁性提出的异议并不能完全基于公共政策的原因被驳回或解决。

在任何特定司法体系中，政策论证各不相同——甚至互相矛盾。❼² 由于各个国家确实是自由确定其公共政策观念的内涵和外沿，因此，这种观念在国与国之间以及随着时间的变迁各不相同。就这个意义上来说，有人指出：

> 每个国家都有其"公共政策"（或在大陆法系术语中被称为"公序良俗"）所需的观念。比如，假设一个关于赌场博彩利润分配的争议。该争议提至仲裁并作出裁决。在许多国家，最终得到裁决的行为被视为正常的商业行为，该裁决也被认为是有效的。然而在不容许赌博的国家，这个裁决会因违背公共政策导致的不合法而被撤销。同样，假设一个酒厂和分销商之间的争议，在许多国家该争议是可仲裁的，而在严格的伊斯兰国家并不是这样，在这些国家禁止销售或消费含酒精饮料。❼³

因此，从纯粹的公共政策角度看，上文中讨论的某些观点很有影响力。但是对国际仲裁而言，这种结论既不能令人满意，也不准确。在实践中，应当把对基于知识产权争议的不可仲裁性提出的异议的判定从纯公共政策的限制中剔除出去，取而代之的是，应当考虑国际仲裁的特点。国际仲裁的两个特殊性质也确实为克服知识产权争议的可仲裁性异议提出了最佳方案。

首先，从本质上，仲裁仅对程序中的当事人有约束力，即仅有当事人内部效力。而国家法可以明确地将仲裁裁决的效力扩展为普遍适用效力，不过这种情况较为特殊。❼⁴

---

❼ 一般可参见 F. Gurry. Objective Arbitrability – Antitrust Disputes – Intellectual Property Disputes [J]. Swiss Arbitration Association Special Series, 1994 (6)：110 – 120.

❼² 例如，尽管版权产生垄断，与它们有关的争议通常仍被认为是可仲裁的。

❼³ A. Redfern, M. Hunter. Law and Practice of International Commercial Arbitration [M]. 4 版. London：Sweet and Maxwell, 2004：419.

❼⁴ 例如，特别是在知识产权方面，瑞士（联邦知识产权局 1975 年 12 月 15 日决定）和比利时（比利时专利法第 51 (1) 条）赋予了仲裁裁决以普遍效力。在美国，某些情况下，仲裁裁决具有间接禁止反悔原则（可能影响参与仲裁的第三方）。有趣的是，在 1971 年，在 Blonder Tongue 诉 University of Illinois Found 案中（402 U. S. 313 (1971)），美国联邦最高法院认为，法院对专利权无效的判决会产生间接禁止反悔原则，事实上，这为法院的无效裁决赋予了普遍效力。因此，理论上，一项无效专利并在"联邦仲裁法"体系下得到确认的仲裁裁决，作为法院判决，具有普遍效力。这个结论确实引发了美国的公共政策问题。因此，1983 年，美国国会通过了美国专利法第 294 条，明确规定只涉及诉讼双方间效力的专利有效性的争议仲裁（即禁止了间接禁止反悔原则的适用）。

其次，国际仲裁作为解决国际贸易争议的一种方式发挥了作用，而限制跨国商业的狭隘观点在国际贸易中是不会得到重视的。因此，国际仲裁拥有其自己的公共政策标准这一观点得到快速接受（国际商业的需要或缓和了"国际公共政策"，或在某些特定情况下，缓和了国内公共政策）。[75]

3.2.2 根据仲裁当事人内部效力的公共政策论

3.2.2.1 国家介入和主权行为论

一种观点认为知识产权授权构成一种国家行为（或者"主权行为"），因此就其本身而言，不可被行政相对人撼动，但这种观点太形式化了，并不是很有吸引力。[76] 出于这种原因，评论家往往避免对这种观点本身提出质疑，而是宁愿转投可能限制仲裁的潜在管辖权。

如果这种观点是根据国家在审查该知识产权的过程中对其加以控制而提出，那么这种异议相对较弱。在许多司法管辖中，知识产权几乎不审查或者完全不审查就可授权。[77] 因此，从这个角度上来说，并没有充分的司法管辖权可以阻止当事人在国际仲裁中对注册知识产权提出有效性问题。

尽管如此，应当承认，认为专利、商标和其他注册知识产权是否构成"主权行为"——无论对错——取决于各个司法管辖区的公共政策。例如，瑞士认为授权知识产权并不构成"主权行为"，因此，仲裁庭可以普遍适用效力无效知识产权。[78] 相似的，比利时规定了对无效专利裁决的普遍适用效力。[79] 而其他一些司法管辖中，作为公共政策，明确认为任何关于特定授权的问题都不可仲裁——南非对待专利正是如此。[80]

相应地，要对基于国家介入注册知识产权授权提出的异议进行回应，就不能不涉及仲裁的当事人内部效力。相反，当事人内部效力原则也有助于克服基

---

[75] 参见 G. Born. International Commercial Arbitration [M]. Hague：Kluwer Law International，2009：2838－2840.

[76] 即使这种形式主义观点的思想在某些情况下也受到质疑。例如，美国的一些法院认为，知识产权注册不构成"国家行为"，而仅仅是"部门行为"。这种解释被称为已持有的国家行为原则的"部长例外"，特别是在 Mannington Mills, Inc. 诉 Congeleum Corp. 案，595 F. 2d 1287，1293 C94（3d Cir. 1979）；以及 orbo－Giubasco SA 诉 Congoleum Corp. 案，516 F. Supp. 1210，1217（S. D. N. Y. 1981）.

[77] 参见 F. Gurry. Objective Arbitrability－Antitrust Disputes－Intellectual Property Disputes [J]. Swiss Arbitration Association Special Series，1994（6）：116. 此外，即使在对知识产权申请进行实质分析（或存在授权前异议）的情况下，对于负责授权的知识产权局来说，可能使知识产权无效的潜在原因是未知的。

[78] 联邦知识产权局 1975 年 12 月 15 日的决定。

[79] 比利时专利法第 51（1）条。

[80] 1978 年专利法第 18（1）条规定："除本法另有规定外，除局长外，其他仲裁庭均不具有审理和决定除本法之外的任何诉讼（除刑事诉讼外）的管辖权。"

于公共政策提出的异议。鉴于仲裁裁决的当事人内部效力,即使一方当事人声称仲裁知识产权是无效的,该注册知识产权也不会有风险;即使仲裁庭裁定该知识产权"无效",也并不会对注册本身产生影响,因为该裁决缺乏普遍适用效力。[81] 对知识产权的注册并不会从相关权力机关的记录中剔除。相反,实际上仲裁庭还以某种方式对涉案知识产权授予了一种不可撤销且免许可费的许可。[82]

当然,如果想让一份裁决的无效性结论获得普遍适用效力(而没有明文规定该效力的存在),那么仲裁程序所在地法院或可能的执行地所在法院会就公共政策问题对该裁决进行考虑。例如,一份裁决认为某注册知识产权无效,并要求败诉方取消其在相关国家的知识产权。

应当注意到的是,大多数关于知识产权争议可仲裁性的不确定性大部分来自于语义表达。如果根据效力来判断"无效性",那么就会得出这样的结论:具有当事人内部效力的无效性与具有普遍适用效力的无效性是完全不同的两种产物。[83] 这是因为在绝大多数司法管辖中都明确了仲裁裁决不具备对第三方的

---

[81] 参见 F. Gurry. Objective Arbitrability – Antitrust Disputes – Intellectual Property Disputes [J]. Swiss Arbitration Association Special Series, 1994 (6): 115. 也可参见 K. H. Böckstiegel. Public Policy and Arbitrability [J]. ICCA Congress Series, 1986 (3): 196 – 197. (因此,具有一般约束性的宣告权利无效的决定不能由仲裁作出,而只能由国家知识产权局或法院作出。) 一些评论者认为,公共利益,特别是知识产权问题可能会妨碍仲裁裁决的纯"当事人"效力。这样的观点下,公众可能会对知识产权的无效感兴趣 (Marion M. Lim. ADR of Patent Disputes: A Customized Prescription, Not an Over – the – Counter Remedy [J]. Cardozo J. of Conflict Resolution, 2004 (6): 155, at 166.),持这种立场的问题在于,它基于一种理念,遵循英美对待知识产权的做法(不一定在大陆法系国家共享),这在国际仲裁方面似乎过于狭隘。此外,大多数情况下,很难理解为什么公众会有兴趣让不是由他们选择的仲裁员参与进来,也不委托行使公共职能来完成公共利益的任务——在某些情况下,这会发生在保密程序中。

[82] 参见 W. Grantham. The Arbitrability of Intellectual Property Disputes [J]. Berkeley Journal of International Law, 1996 (14): 187. (因此,仲裁员裁决内容类似于衡平法上的救济方法: 使用有争议的知识产权的权利。)

[83] 有人可能会认为,即使在知识产权物权无效的情况下,仲裁裁决对不动产纠纷的普遍效力(英格兰1802年 (Doe d. Morris 诉 Rosser 案, 3 East 15, 102 Eng. Rep. 501 (K. B. 1802)) 中得出)将提供一个额外的论据来支持知识产权纠纷的可仲裁性。可参见 B. Nibblet. The Arbitration of Intellectual Property Disputes [J]. The American Review of International Arbitration, 1994, 5 (2): 119; 参见 W. Grantham. The Arbitrability of Intellectual Property Disputes [J]. Berkeley Journal of International Law, 1996 (14): 183 (note 53). 这种不动产的论点并不具有说服力。在涉及不动产所有权的仲裁中,一块有形的土地的存在,永远不会受到影响。事实上,受到威胁的是土地的权利。有关一块土地权利的判定可以针对第三方强制执行,但是,同样的情况也发生在例如与发明所有权或音乐作品著作权有关的纠纷上。相比之下,在寻求知识产权物权无效的诉讼中,问题在于权利本身的存在。一旦物权被无效,知识产权就不复存在,它就成为公有的了。换句话说,物权无效会使受保护的无形资产"瓦解",并对整个世界产生强制效力。相比之下,一项裁定一片土地的所有权无效的裁决决定,显然不能让这块土地消失,而只会改变这片土地权利的拥有人。

效力，所以仲裁的真正问题并不是所主张知识产权的有效性，而是其在当事人之间的可执行性（或"对抗性"）。[84]从这个意义上来说，所使用的表达方式如能清楚表述这两种不同的无效性，就能够极大地简化对可仲裁性的所有争论。

因此，仅为了清楚的目的，在下文中，我们将用"对物的有/无效性"[85]来指具有普遍适用效力的宣称，用"对人的有/无效性"来指仅有当事人效力的宣称。

仲裁裁决的当事人内部效力源自仲裁的合同属性。在合同环境下可以看出，在大多数司法管辖中，个体可自由处置其知识产权——许可、转移或撤销。[86]这表明开始签订仲裁协议意味着完全接受对某些权利的契约性放弃。[87]具体地说，由于当事人可以对其权利进行处置，那么他们也可以根据仲裁员的决定，就不予在当事人之间使用涉案知识产权所赋予的权利达成一致。[88]

针对无效性问题，一位评论家认为：

> 如果知识产权有效性作为辩护理由提出，那么对于仲裁员而言，有效性问题的意义仅在于其用于确定合同关系中谁拥有怎样的权利。[89]
> 如果仲裁庭认为所主张的知识产权无效，那么基于该知识产权寻求救济将会被驳回。而在仲裁程序之外，该权利将继续存在。在这种情况下，仲裁庭实际上裁定的是受到威胁的知识产权的使用得到允许。[90]

从合同的另一个角度分析，整体考虑仲裁协议，其包括了对所主张知识产权有效性的条款，这构成了当事人之间的一种交换承诺，基于此，当事人同意

---

[84] B. Hanotiau. L'arbitrabilité des litiges de propriété intellectuelle: une analyse comparative [J]. ASA Bulletin, 2003, 21 (1): 3-15.

[85] J. Lew. Final Report on Intellectual Property Disputes and Arbitration [J]. The ICC International Court of Arbitration Bulletin, 1998, 9 (1): 44 (referring to the validity in rem of intellectual property rights).

[86] F. Gurry. Objective Arbitrability - Antitrust Disputes - Intellectual Property Disputes [J]. Swiss Arbitration Association Special Series, 1994 (6): 115.

[87] W. Grantham. The Arbitrability of Intellectual Property Disputes [J]. Berkeley Journal of International Law, 1996 (14): 185.

[88] 参见 F. Gurry. Objective Arbitrability - Antitrust Disputes - Intellectual Property Disputes [J]. Swiss Arbitration Association Special Series, 1994 (6): 115. （推断认为，由于双方当事人可以自由处置需注册登记的知识产权，他们完全可以决定，权利人不得在双方当事人间强制行使专利授予的专有权。）

[89] W. Grantham. The Arbitrability of Intellectual Property Disputes [J]. Berkeley Journal of International Law, 1996 (14): 186.

[90] 参见 W. Grantham. The Arbitrability of Intellectual Property Disputes [J]. Berkeley Journal of International Law, 1996 (14): 185.

根据第三方的决定行事。[91] 如果仲裁员宣布所主张知识产权无效，那么知识产权拥有者将受到所做决定的约束，并且再也不能对仲裁的另一方当事人主张相关权利。

这些关于合同性的观点看上去非常有说服力，并为对抗基于不可仲裁性的进攻提供了很好的理由。尽管如此，不考虑特殊的合同管辖，很明显，在大多数司法管辖中，被仲裁庭"无效"的知识产权在对抗所有第三方时仍是完好的——也就是说，仲裁庭的宣判永远不会构成"对物的无效性"。[92] 这种情况本身就可以用于反驳在产生知识产权国家介入的前提下对知识产权争议仲裁性的异议。[93]

3.2.2.2 垄断以及潜在政策利益原理

有人曾说，知识产权实际上构成了"某种严格意义上的"垄断。[94] 垄断，严格意义上，限制了经济中的特定领域，也就是消除了"公共领域"中的活动。相反，大多数类型的知识产权并不会限制公共领域，因为在该知识产权诞生或披露前，其领域一片空白，如果一件知识产权如专利到了意图重新利用公共领域的程度，那么该知识产权很可能会被无效。[95] 因此，有人主张，涉及垄断的公共政策制约不应当用于知识产权。[96]

而且，正如一位重要评论家曾经评论的，基于竞争法而对可仲裁性的限制不适用于知识产权争议，因为这两种原则的目的完全不同。竞争法的目的在于防止特定行为人对市场的控制，而知识产权是将某些经济"领域"的独占权授予拥有者。[97] 基于此，有人说：

---

[91] 在专利方面，一位评论员指出："在一项仲裁中，专利权人和被申请人只是简单做出一对商业承诺：如果仲裁员认为该专利没有被有效签发，那么专利权人同意不再进一步提出该问题；但如果仲裁员认为它是有效签发的，那么被申请人必须采取相应的行动。在摘要中确实没有必要判定专利的有效性。从这个角度来看，应该不属于公法问题。所有真正发生的情况是，当事双方都同意依据第三方的意见以某种方式行事。毫无疑问，当事双方可以自己恰当地做出决定，而无需中立人员的介入。我不明白中立决策者的介入能以何种方式让局面不再变得更糟。"（P. Janicke. Maybe We Shouldn't Arbitrate [J]. Houston Law Review, 2002（39）：702 - 703.）

[92] 除非国家法另有规定，比如瑞士和比利时。

[93] 在这方面，一位知名的评论员说："原则上，没有理由认为专利、版权和商标的有效性问题不能通过仲裁来解决——但仅限于与仲裁相关的当事方。仲裁庭显然不能影响知识产权进行的注册或总体上无效一项专利，这样会影响公众或第三方的权利。"（G. Born. International Commercial Arbitration [M]. Hague：Kluwer Law International, 2009：808.）

[94] F. Gurry. Objective Arbitrability – Antitrust Disputes – Intellectual Property Disputes [J]. Swiss Arbitration Association Special Series, 1994（6）：117.

[95][96] 同上。事实上，如果没有知识产权，任何公开都将立即成为一部分公有财产。

[97] K. H. Böckstiegel. Public Policy and Arbitrability [J]. ICCA Congress Series, 1986（3）：198.

> "然而与知识产权相关的情况与反垄断法并不相同。在反垄断法的情况下,在两个或多个企业之间必然存在协作的关系,这是国家想要控制和限制的,因此国家不能任由这些当事人对其之间的争议进行最终决定,因为与国家相比,这些当事人之间具有减小竞争的共同利益,而它们的共同利益与公共利益以及与保持市场正常运行的第三方竞争者利益之间是背道而驰的。但是另一方面,对于工业和知识产权而言,情况正相反。这些权利主要是为了保护这些权利所有者的利益,将市场中相对于其他竞争者的某种特权独家授予给该所有者。如果他想要处置这些特权,他可以例如用许可协议这样的方式进行处置。如果他还能对这些权利的实体进行处置,那么完全没有理由不让他'仅仅'对与之相关的程序性特权进行处置。因此,如果他与市场的另一参与者签订了一项仲裁条款,我们很难发现——在仲裁协议的这些当事人之间——不能就该权利有效性争议进行最终解决的相关公共利益。该仲裁裁决是对当事人内部的约束力,自然对注册该权利的国家机关以及第三方竞争者都没有约束力,因为他们既没有签订仲裁协议,也没有参与到仲裁程序中来。作为仲裁员所要关心的问题,取决于案例的具体情况,是为了得到来自法定国家机关或法院对有效性作出的具有普遍约束力的决定而中止仲裁程序,还是自己根据案情作出决定。在后者的情况下,如果仲裁裁决中的认定与在后程序——比如由第三竞争者发起的诉讼中——由法定国家机关或国家法院作出的认定有冲突,结果将是这样的,在仲裁程序中败诉的一方——参考其签订的仲裁协议——被排除在与仲裁胜诉方相关的不同法院判决之外。即使在一些国家,强制法对国内法院确立了专属管辖权,也很难说公共利益会重要到能成为公共政策的一部分而将可仲裁性排除在外。"[98]

即使在公共政策的前提下对知识产权和竞争法的限制方面进行对比,也应当注意到国际仲裁的增长趋势,并且接受对竞争争议的可仲裁性。1985 年,美国联邦最高法院在 Mitsubishi Motors 诉 Soler Chrysler Plymouth 案中支持反垄断争议可仲裁。[99] 1992 年,瑞士联邦仲裁庭支持了竞争争议的可仲裁性。[100] 第二年,巴黎上诉法院在 Sté Labinal 诉 Sté Mors 案中接受了这些争议的可仲裁

---

[98] K. H. Böckstiegel. Public Policy and Arbitrability [J]. ICCA Congress Series, 1986 (3):198.
[99] 美国联邦最高法院判例 473 U. S. 614, 105 S. Ct. 3346 (1985)。
[100] 瑞士仲裁协会公报,联邦仲裁庭,1992 年 4 月 28 日 (10 ASA Bulletin, 368 (1992))。

性[101]——该决定于1995年得到最高法院的支持。[102] 1999年，瑞典仲裁法案第1条中明文规定了竞争争议的可仲裁性。2003年，米兰上诉法院承认了竞争争议的可仲裁性[103]，两年后，英国联邦最高法院在Eurotunnel（欧洲隧道公司）案中支持了竞争争议可仲裁一说。[104] 虽然欧盟法院没有明确支持此类争议可仲裁，但一些撰稿者认为欧盟法院在Eco Swiss China Time Ltd诉Benetton International NV[105]案中作出的判决可能，至少在原则上，为竞争主张的可仲裁性作出了规定。[106]

这些观点能在一定程度上反驳以垄断的基本原理为前提的知识产权争议可仲裁性异议。尽管如此，这些观点并没有提出与知识产权制度正常运行的国家利益有关的合法性问题。在这方面，解决此类问题的关键仍然是仲裁裁决的当事人内部效力。

当事人将其争议提起仲裁时，他们并不会触动与知识产权制度正常运行相关的国家利益——不论潜在的公共政策如何。仲裁裁决的效力仍然仅限于争议方，而且裁决结果并不会影响第三方对知识产权的主张。因此，国家决定和实现其公共政策的权力依然完整。

3.2.2.3 特定机构论的专属管辖权

正如前文曾讨论的，仅基于公共政策的论证，被告方并不足以克服基于某些反驳知识产权争议可仲裁性的管辖权异议。对抗方会希望借国际仲裁的效力来反驳该异议。而且，仲裁中被广泛接受的当事人内部效力表明，仲裁庭和拥有知识产权争议专属管辖权的机构之间甚至并无冲突。

这些特定的国家机构拥有以普遍适用效力宣告注册知识产权无效（对物的无效性）的专属管辖权。如果仲裁庭的管辖权与特定机构有交叉，很有可能需要承认所涉争议不可仲裁。不过，由于仲裁裁决仅约束当事人，仲裁庭和公共机构之间并无管辖重合的部分。因此，事实上专属管辖区的理由不能简单

---

[101] 19 May 1993 [1993] Rev. Arb., 645.

[102] 14 Feb. 1995.

[103] Istituto Biochimico Italiano 诉 Madaus AG 案，上诉法庭，米兰，13 Sep. 2002, Dir. Ind. 346 (2003).

[104] ET Plus SA 诉 Jean – Paul Welter & The Channel Tunnel Group Ltd 案 [2005] EWHC 2115 (Comm); ICC Case 7673/1993, 1997 Riv. Arb. 431.

[105] Case C – 126/97, 1999 E. C. R. I – 3055.

[106] 参见 R. Levin & G. Laird. International Arbitration of Antitrust Claims [J]. Metropolitan Corporate Counsel, 2003: 10. 也可参见 J. Bridgeman. The Arbitrability of Competition Law Disputes [J]. in European Business Law Review Special Edition – Arbitrating Competition Law Issues, European Business Law Review Special Edition: Arbitrating Competition Law Issues, ed. G. Blanke, The Hague: Kluwer Law International, 2008: 147 – 148.

地用于论证仲裁庭的管辖权。

鉴于仲裁的当事人内部效力，1989 年 ICC 案件（编号 6097）[105] 的临时裁决中反映出国内法院管辖权与仲裁庭管辖权之间并无冲突。在该仲裁中，申请方，一家日本公司，除其他请求以外还提出被申请方，一家德国公司，违反了一系列合同并且侵犯了申请方持有的两项专利。被申请方以缺乏新颖性为理由主张其中一项专利无效。当事人均同意就侵权问题适用德意志联邦共和国法律，同时对合同的解释适用日本法律。

仲裁庭注意到，根据德国法律，与专利无效性相关的问题只能诉诸德意志联邦专利局以及联邦最高法院。仲裁庭还注意到，鉴于仲裁协议与日本合同法相抵触，同时在仲裁庭和国内法院进行的程序将均驳回当事人的诉求。仲裁庭认为对无效性作出的仲裁裁决并不会影响在德国注册专利的形式有效性（即上文中命名的"对物的有效性"），而仅对当事人有约束力（当事人内部效力）。鉴于此，仲裁庭认为其对于被申请方主张的无效性答辩拥有管辖权。

此外，一些国家的国内法院已经承认了仲裁和注册知识产权的对人无效性之间并无冲突。早在 1956 年，意大利最高法院（Corte di Cassazione）在 Giordani 诉 Battiati 案中已经认可了仲裁庭有权力在解决专利确权问题时对附带提出的无效性问题进行裁决。[108] 1977 年，意大利最高法院在 Scherk 诉 Grandes Marques 案中对涉及商标权无效性的仲裁作出了相似的判决。[109]

如上文曾讨论过的，2008 年巴黎上诉法院在 Liv Hidravlika D. O. O 诉 S. A Diebolt[110] 案中延续了 52 年前 Giordani 诉 Battiati 案中的处理方式。巴黎上诉法院超越了某些法国法院对知识产权可仲裁性的保留态度，[111] 认可了在合同争议环境下，当一方当事人附带提出专利无效性问题时，仲裁员有权认定该专利无效。[112]

尽管意识到关于知识产权的仲裁裁决仅有当事人内部效力，一些国家仍然

---

[105] 公开在 [1993] 2 ICC International Court of Arbitration Bulletin, 75。

[108] Giordani 诉 Battiati 案, Cass. , 3 Oct. 1956, No. 3329。

[109] Corte di Cassazione. Yearbook Commercial Arbitration（IV）[M]. Hague：Kluwer Law International, 1979：289.

[110] 28 Feb. 2008, 1st chamber, JurisData No. 2008 - 359055. 也可参见 C. Caron 案, Brevets d'invention – Le droit des brevets d'invention est（presque）entièrement arbitrable, La Semaine Juridique, Edition Entreprise et Affaires 19（2008）：25 - 27 以及 E. Fortunet, Arbitrability of Intellectual Property Disputes in France [J]. Arbitration International, 2010, 26（2）：281 - 299.

[111] 支持对知识产权可仲裁性的限制性立场，参见 SDP 诉 DPF, 20 Jun. 1989 and Societé Deko v. Dingler and Meva, 24 Mar. 1994.

[112] Liv Hidravlika D. O. O. 诉 SA Diebolt 案, 28 Feb. 2008, 1st chamber, JurisData No. 2008 - 359055.

将阻止对人的有效性的仲裁作为一种公共政策。[13] 直到2008年，这对法国法院而言都是主流观点。这种保留态度会给以管辖权为理由的进攻提供另一种支持。在这方面，下文将概述国际仲裁的第二个特性，这能为反驳这种潜在异议提供强有力的反驳论证。

3.2.3 国际公共政策以及对公共政策的限制性应用

关于对公序良俗问题的分析，应当考虑基于《纽约公约》进行的撤销行为和承认申请，许多司法管辖区的法院都限制性地适用公共政策异议。一些司法管辖区基于公共政策在国际仲裁环境下指的是"完全国际化的"公序良俗的观点进行操作。在另一些司法管辖区，根据《纽约公约》的赞同仲裁原则，法院以限制性方式适用其本国的公共政策。

特别地，在基于《纽约公约》对外国裁决进行承认的情况下，许多司法管辖权都接受了国际公共政策的原则。在一些情况下，这种接受被明文载入法定条款中，如法国[14]和葡萄牙[15]。在另一些司法管辖区中，无需立法干预，法院就可适用该原则，例如在意大利[16]、卢森堡[17]和瑞士[18]。

在其他一些司法管辖区，为了更方便地对国际仲裁裁决进行承认和执行而特别地对其公共政策进行了限制。这种情况的实例包括奥地利[19]、印度[20]和美国[21]。

无论采用哪种做法，最主要的司法管辖区都是在国际仲裁的背景下进行解决，另类和狭隘的观点既不会胜过当事人的仲裁意愿，也不会给仲裁裁决的承认和执行带来障碍。

在那些以公共政策为由限制知识产权仲裁的当事人内部效力的国家，知识

---

[13] 参见 F. Gurry. Objective Arbitrability – Antitrust Disputes – Intellectual Property Disputes [J]. Swiss Arbitration Association Special Series, 1994 (6): 116.

[14] 法国民事诉讼法典第1498条和第1502条。

[15] 民事诉讼法典第1096 (f) 条。

[16] A. J. van den Berg. Yearbook Commercial Arbitration (XXII) [M]. Hague: Kluwer Law International, 1997: 725（米兰上诉法庭）。

[17] A. J. van den Berg. Yearbook Commercial Arbitration (XXI) [M]. Hague: Kluwer Law International, 1996: 617（卢森堡高等法院）。

[18] 瑞士联邦仲裁庭对 W. 诉 F. and V. 案的决定, 30 Dec. 1994 (1995) Bulletin ASA, 217。

[19] A. J. van den Berg. Yearbook Commercial Arbitration (XXX) [M]. Hague: Kluwer Law International, 2005: 421（澳大利亚高等法院）。

[20] Renusagar Power Co. 诉 General Electrics Co. 案 in A. J. van den Berg. Yearbook Commercial Arbitration (XX) [M]. Hague: Kluwer Law International, 1995: 681（印度高等法院）。

[21] Parsons & Whittemore Overseas Co., Inc. 诉 Société Générale de l'Industrie du Papier RAKTA and Bank of America 案, 508 F.2d 969 (2nd Cir., 1974).

产权争议的国内仲裁本身也很有可能是被限制的。[122] 相反，由于不适用纯粹的国内公共政策问题，国际仲裁的情况则完全不同。要不是这样，仲裁也不会成为最受国际商界青睐的争议解决方式。至于国际环境下的公共规则，考虑到国际仲裁活动如此繁荣，应当对其使用者有一些"宽容度"，因此应当摒弃狭隘的本地观。例如，美国联邦第二巡回上诉法院在其著名的 Parsons 诉 Whittemore 案判决中认为，在国际仲裁中提出的公共政策异议仅当司法管辖"最基本的道德和公正观"可能受到侵犯时才相关。[123]

总之，如果对如何仲裁知识产权争议视而不见，包括对人的无效性问题，那么将触犯司法管辖中最基本的道德和公正观。

---

[122] 实际上，美国法院的一些判决显示国际仲裁与国内仲裁在可仲裁性方面存在差异。在 Mitsubishi 诉 Soler（473 U. S. 614, 105 S. Ct. 3346（1985））案中，最高法院明确认为由国际协议产生的反垄断纠纷具有可仲裁性，美国随后的判决却认为国内反垄断纠纷是不可仲裁的。（参见案例：Kotam Electronics, Inc. 诉 JBL Consumer Products, Inc. 案，129 59 F 3d 1155（11th Cir. 1995）.）

[123] Parsons & Whittemore Overseas Co., Inc. 诉 Société Générale de l'Industrie du Papier RAKTA and Bank of America 案 508 F. 2d 969（2nd Cir., 1974）.

第 5 章
知识产权仲裁的法律和监管框架

1. 概　　述

大多数国际仲裁受到由不同"规范"构成的错综复杂的"监管网"的治理。以层级顺序看,以下规范(或规范来源)会对仲裁会产生影响:(a)强制性规定(即限制当事人自治);(b)当事人之间的协议;(c)选择的仲裁规则(如有的话);(d)国际仲裁惯例;以及(e)准据法或适用规则。[1]

这些规范会对仲裁的不同方面产生影响,包括程序的进行以及仲裁庭对实体问题作出的认定。

为了特别强调知识产权争议的侧重,以下章节将对"监管网"中的三个不同方面展开讨论:(a)涉及程序进行的规范;(b)涉及源自涉案合同或与涉案合同相关的实体问题的规范;以及(c)对仲裁条款作出规定的一整套规范。

2. 仲裁本身的监管框架

2.1　当事人协议、仲裁机构规则以及仲裁地法

原则上,当事人可以明确表达或采用仲裁机构规则的方式设计适合自己的程序。此外,仲裁庭和管理机构也会直接管理程序,特别是当事人未能就相关程序达成一致的情况下。

---

[1] 参见 J. Lew, L. Mistelis, S. Kroll. Comparative International Commercial Arbitration [M]. Hague: Kluwer Law International, 2003: 28 - 29.

特别的是，当事人通常有一定的自由度来决定如何操作仲裁的程序性事务，包括以下方面：（a）对仲裁员的任命、异议和除名；（b）仲裁员的权力；（c）证据规则；（d）文件公开规则；（e）仲裁员允许临时措施的权力；（f）费用分配；以及（g）庭审的进行。

如果当事人选择的是仲裁机构规则，这些规则将基本上覆盖仲裁进行中出现的大多数程序性问题。

如果没有使用仲裁机构规则（或者这些规则没有对相关问题作出具体的指示），仲裁庭会考虑使用国际仲裁管理以及相关的仲裁法（即对程序进行了规定的法律，也被称为仲裁地法或法庭法）。从这个角度看，可以说仲裁地法覆盖了当事人和相关仲裁庭规则均无法处理的情况。❷

同时要注意到，在国际仲裁惯例中，未明确表达相反选择时，用相关司法管辖中的仲裁法（而不是民事诉讼法）对仲裁程序进行管辖。❸

不论当事人协议或仲裁庭规则，国家法律常常对有关仲裁的某些程序性问题已经作出了规定，比如司法救济或司法干预的范围（包括临时措施），仲裁庭面对国家法院时行使审批权的能力以及对裁决作出的撤销行为的有效性和范围。❹

应当注意到，在给定的仲裁中，程序问题可能受到不同法律的管辖。因此，一般而言仲裁地法并不能构成一个整体概念。❺ 不过在许多情况下，大多数仲裁的程序性问题确实是由相同的法律管辖的，这意味着仲裁地法的概念——通常与仲裁程序所在地的仲裁条款（下文中将讨论）联系在一起——在实践中很有用处。

2.2 仲裁地以及仲裁地法

2.2.1 两个相互关联的问题

对管辖仲裁实施的法律进行探究将不可避免地导致对程序所在地的关联性

---

❷ 因此，从某种意义上说，仲裁地法"填补了"当事双方协议或适用仲裁机构规则的"空白"。一位评论员认为仲裁地法的这种功能规定了仲裁中的"内部"程序。（G. Born. International Commercial Arbitration [M]. Hague：Kluwer Law International, 2009：1277.）

❸ 参见 G. Born. International Commercial Arbitration [M]. Hague：Kluwer Law International, 2009：1306-1307. 也就是说，原则上没有任何阻碍当事方同意适用国家民事诉讼规则的做法。尽管如此，在大多数情况下，将这些条款照搬用于不同的情形，不仅可能带来严重的执行问题，而且会让当事双方失掉寻求仲裁的优势，包括其程序的灵活性。

❹ 仲裁地法的这一功能将建立起仲裁与仲裁地法院之间的"外部"关系。（G. Born. International Commercial Arbitration [M]. Hague：Kluwer Law International, 2009：1277.）

❺ G. Born. International Commercial Arbitration [M]. Hague：Kluwer Law International, 2009：1243-1244.

的讨论。如下文将要讨论的，如今的仲裁实践已大多接受仲裁地构成确定管辖仲裁的法律的连接点这一立场。这种立场考虑到大多数国家仲裁的法律架构，以及特别与法院相关的仲裁所在地的关联性，所述法院有监督相关程序实施的权力。

基于《纽约公约》、UNCITRAL 示范法以及大多数国家的仲裁法，仲裁所在地决定了国内法院对仲裁程序的监督，这表现在不同的方面。❻ 例如，仲裁的国际架构❼以及大多数国家的仲裁法❽都规定了相关国内法院有权撤销在其属地进行的仲裁程序所作出的裁决。而且，当事人未约定（或不属于相关仲裁机构规则适用范围）时，在大多数情况下，合法仲裁所在地的法院有权指定或除名仲裁员。❾

此外，仲裁地法对因仲裁庭和国内法院之间互动而产生的管辖权方面的某些问题进行了规制。包括，仲裁庭是否有权就其自身管辖权作出裁决，国内法院对仲裁中协议管辖权异议的职责范围，❿ 用于程序救济的中期救助⓫以及旨在保障举证的措施⓬的有效性。

2.2.2 选择仲裁地法时仲裁地的演变

正如上文所述，当事人未明确表达其选择时，国际仲裁的主流观点是由仲裁程序所在国（或地区）的仲裁法或仲裁条款来管辖仲裁的进行。这种观点在当前国际仲裁实践中如此根深蒂固，以至于当事人几乎从不对管辖仲裁程序的法律作出明确约定。

同样地，目前基本认可的方式是，当事人通过选择仲裁所在国（或地区），实际上就是对规制程序的法律进行了选择（而不仅仅确定仲裁的实体场所）。这种情形让人困惑，但通过对 20 世纪最后几年关于仲裁地的三种观念的发展进行分析，这又能让人理解。

第一种观念，现在已经基本被摒弃了，认为对仲裁地的选择不仅决定了仲

---

❻ G. Born. International Commercial Arbitration [M]. Hague: Kluwer Law International, 2009: 1287.

❼ 例如《纽约公约》第Ⅴ条。

❽ 这方面，参见 UNCITRAL 示范法第 1（2）条、第 5 条和 34 条，以及重要非示范法国家的条款（例如，1996 年英国仲裁法第 68 条，法国新民事诉讼法典第 1493 条和第 1504 条，瑞士国际私法第 176（1）条和第 190 条以及美国联邦仲裁法第 9 条和第 10 条。

❾ 例如 UNCITRAL 示范法第 1（2）条、第 11 条、第 13 条和第 14 条，以及 1996 年英国仲裁法第 2 段、第 1～19 条和第 24 条，瑞士国际私法第 176（1）条、第 179 条和第 180 条和美国联邦仲裁法第 5 条。

❿ 例如 UNCITRAL 示范法第 1（2）条和第 16 条。

⓫ 例如 UNCITRAL 示范法第 1（2）条、第 5 条、第 9 条和第 17 条。

⓬ 参见第 8 章第 9 段。

裁发生的实体场所，还确定了仲裁程序的法律适用范围。[13] 基于这种观点，当事人并没有权利选择仲裁机构所在地，也没有权利对不同国家的法律（"外国法"）作为仲裁地法进行适用达成协议。而且，仲裁影响应当在仲裁所在国实体进行。

从20世纪80年代开始，这种观点因不能应对仲裁程序当事人的一些具体问题而受到批评。比如，有时当事人仅仅为了方便而选择程序所在地——由于大多数潜在证据是基于某特定国家或由于需要实地考察某建设项目。尽管如此，当事人并不希望举行听证会或进行勘验所在国的法律管辖其仲裁程序。[14] 第二种观点随之应运而生，其主张不论所在地，当事人应可自由选择任何适用于仲裁程序的法律。[15]

虽然这种观点在理论上有吸引力，但在实际操作中，由于大多数国家的国家仲裁法，其效果并不尽如人意。根据大部分这些法律，仲裁程序所在国的法院——无论当事人是否选择了"外国"程序法——必然参与到其属地进行的仲裁程序的监督中，特别涉及撤销行为的程序。[16] 这样，即使当事人希望其仲裁服从于外国法，仲裁地法院的必然参与也可能引起一系列的困难，其中的一些困难将在第2.2.3节中进行介绍。

因此，20世纪90年代见证了一种新观念的诞生，其尝试将现存仲裁的法律构架和引起第二种观念的问题都纳入考虑。评论家开始进行这样的思考，"所在地"构成了一种"假设"，用来确定仲裁程序的法律适用，但"并不一定与仲裁程序的物理地点有关联"。[17] 因此，在"仲裁地"（确定仲裁地法的连接点）和"仲裁场所"（物理地点，如会议和庭审地点）之间形成了明确的划分。这样，尽管对某一仲裁而言只有一个法律仲裁地，但可以有多个物理仲裁

---

[13] 例如，A. Redfern, M. Hunter. Law and Practice of International Commercial Arbitration [M]. 4版. London: Sweet and Maxwell, 2004: 108 - 109.

[14] "今天经常接受的是，出于便利的原因或由于有关国家的中立性而选择的仲裁地，并不一定导致仲裁程序受该管辖区的法律管辖。"（E. Gaillard, J. Savage. Fouchard Gaillard Goldman on International Commercial Arbitration [M]. Hague: Kluwer Law International, 1999: 635.）

[15] E. Gaillard, J. Savage (eds). Fouchard Gaillard Goldman on International Commercial Arbitration [M]. Hague: Kluwer International, 1999: 635 - 636.

[16] 1985年UNCITRAL示范法第1（2）条在这方面作了说明，其中规定："本法规定，除第8条[仲裁例外]、第9条[临时措施]、第35条[承认和执行]和第36条[拒绝承认或执行的理由]外，仅当仲裁地点在本国境内时才适用"。此外，在这方面，一位主要评论员指出，UNCITRAL示范法似乎并未允许在示范法国家的仲裁中当事双方选择不同（或非）示范法国家仲裁法的可能性。（G. Born. International Commercial Arbitration [M]. Hague: Kluwer Law International, 2009: 1279.）

[17] G. Kaufmann - Kohler. Identifying and Applying the Law Governing the Arbitration Procedure - The Role of the Law of the Place of Arbitration [J]. ICCA Congress Series, 1999 (9): 353.

第 5 章　知识产权仲裁的法律和监管框架

场所，取决于对当事人的便利性。

许多仲裁机构规则都遵循了这一方法，这种方法在现代国际仲裁实践中已成为主流做法。[18] 比如，《WIPO 仲裁规则》第 59（b）条(译者注：2014 年版第 61（b）条）规定了仲裁地法由当事人选择的仲裁地确定：

> "适用于仲裁的法律是仲裁地的仲裁法，但当事人明确约定适用其他仲裁法而且仲裁地的法律允许作此种约定的除外。"[19]

"仲裁场所"（相对于法定仲裁地）的概念在《WIPO 仲裁规则》第 39（b）条（译者注：2014 年版第 38（b）条）中也有体现：

> "仲裁庭可以与当事人协商，在其认为适当的任何地点开庭。仲裁庭可以在其认为适当的任何地点进行评议。"[20]

总之，鉴于这种稍显负责的演变，当事人如果想选择新加坡的法律来管辖仲裁程序的进行，就应当选择新加坡作为程序的仲裁地。自然，当事人也可以在其仲裁条款中明确声明 2001 年新加坡仲裁法用于管辖仲裁程序的进行，但同时为了避免误会，选择新加坡作为仲裁地。不过还有这样的情况，从上面的例子来看，当事人希望用新加坡仲裁法来管辖仲裁程序的进行，但仍选择其他国家作为仲裁地。这种情况在下一部分进行讨论。

2.2.3　选择"外国"法管辖仲裁的进行

举个例子，基于《纽约公约》，当事人可以同意用 A 国的法律（"外国法"）管辖在 B 国进行的仲裁程序。[21] 但这种情况下，会导致许多不期望看到

---

[18] LCIA 规则第 16.2 条规定："仲裁庭可酌情在任何地理上便利的地点举行庭审、会议和评议。如果该地点在仲裁地之外，仲裁应被认为在仲裁地进行，裁决应被认为在仲裁地作出。"LCIA 规则第 16.3 条规定："仲裁的准据法（如有）应为仲裁地的仲裁法，除非并且仅当在当事人书面明示约定适用其他仲裁法且该约定不为仲裁地法所禁止。"这些条款受到了对仲裁地相关性持另一种观点的作者们的批评，因为在他们看来，这将反映出传统观点不幸再现，即仲裁地相当于法院论坛，因此，仲裁地法律可以发挥"审判地法"作用，尽管只是在当事双方没有达成协议的情况下。（E. Gaillard, J. Savage. Fouchard Gaillard Goldman on International Commercial Arbitration ［M］. Hague：Kluwer Law International-al, 1999：642.）

[19] 参见 WIPO 快速仲裁规则第 53（b）条。

[20] 参见 WIPO 快速仲裁规则第 33（b）条。

[21] 参见《纽约公约》第 V（1）(e) 条中指出"如果该裁决尚未对当事人具有约束力，或者经裁决地所在国或裁决所依据法律之国家的主管机关撤销或停止执行者"，该裁决的承认和执行可被拒绝。

的司法管辖和法律问题。正如上文中解释过的，这主要由于通过适用 A 国的法律来管辖仲裁程序，大多数情况下当事人都无法排除 B 国法院的参与。如以上阐述的，这是鉴于仲裁所在地法院在某些程序问题上必然会参与其中，如撤销行为相关程序。[22]

由于当事人对程序法的选择，A 国法院也会认为其对相关仲裁程序的进行具有监督的权力，这使情况变得更加错综复杂。[23] 这种复杂性在涉及撤销行为时就更加凸显。在这种情况下，A 国和 B 国的法院有审理对同一份裁决提起的撤销行为的管辖权。那么会出现这样的情况，一个国家的法院撤销了裁决同时另一个国家的法院驳回了撤销请求。如果要对一份裁决进行承认和执行又会涉及更多的问题。如果要对该裁决进行执行，那么 C 国法院应当考虑哪个国家的判决呢？C 国是基于什么来选择采用不同管辖权的立场呢？

可见，几乎或完全没有必要刻意制造出这些棘手的问题。[24] 因此，当事人应当避免选择"外国"法来管辖仲裁程序。[25]

2.3 当事人未对仲裁地作出选择

当事人未在仲裁条款中指定仲裁地的情况并不罕见。根据所涉及仲裁的框架，这种约定缺失的结果会大不相同。

对于机构仲裁的情况（以及在某些情况下，根据 UNCITRAL 规定的临时仲裁），一般来说，未对仲裁地进行选择不会造成太多的困难。这是由于相关规定在指派仲裁庭之前就已经对基本的程序性框架以及仲裁机构对程序进行的协助作出了规定。即使在机构仲裁的情况下，有时确定对仲裁程序有监督权力的法院也十分紧急。因此，等待成立仲裁庭也可能会对当事人的权益造成损害。出于这些原因的考量，很多主要的仲裁机构规则（如 WIPO、ICC 和

---

[22] 参见 UNCITRAL 示范法第 1 (2) 条。此外，在这方面，一位主要评论员指出，UNCITRAL 示范法"似乎并未允许在示范法国家的仲裁中当事双方选择不同（或非）示范法国家仲裁法的可能性"。(G. Born. International Commercial Arbitration [M]. Hague: Kluwer Law International, 2009: 1279.)

[23] 参见《纽约公约》第 V (1) (e) 条。

[24] 参见 G. Born. International Commercial Arbitration [M]. Hague: Kluwer Law International, 2009: 432 - 433.（指出，选择仲裁地以外的程序法可能会引起混淆，因为适用"不同程序问题的国家法律冲突"。）

[25] 参见 G. Kaufmann - Kohler. Identifying and Applying the Law Governing the Arbitration Procedure - The Role of the Law of the Place of Arbitration [J]. ICCA Congress Series, 1999 (9): 338.（指出了 UNCITRAL 示范法采用属地原则作为唯一的关联因素，以避免"已选用法律的国内法院与仲裁所在地法院的管辖权之间发生冲突的风险"。）此外，该作者还陈述了"仲裁的地点，越来越被视为一种与诉讼实际发生地没有必然联系的虚构地"。

LCIA）都对管理机构授予了可在程序之初对仲裁地进行选择的权力。❷

涉及临时仲裁时，情况会更加复杂些。虽然大多数的主要仲裁管辖区，包括法国、英格兰和瑞士❷规定了仲裁员有确定程序适用的合法仲裁地（在大多数情况下也就确定了仲裁地法）的自由裁量权，但是也有暂时的程序"真空"的风险。

打个比方，假设在商标共存协议中嵌入的仲裁条款声明："所有源于或与本争议相关的争议均受由当事人共同指定的单一仲裁员作出的仲裁约束。"虽然不推荐这样做，但这种约定（一种"空白条款"）会被大多数（不是全部）的主要管辖区所执行。❷ 这种条款规定的是临时仲裁（即由给定国家的仲裁条款管辖）。原则上，由于没有仲裁地，仲裁程序的程序架构是未知的。鉴于仲裁的临时属性，申请方也无从得知仲裁的形式和内容要求。同样，仲裁被申请方也不知道对仲裁请求进行答复的时限和要求。

而且，在这个阶段，对仲裁程序应有监督权的法院也是未知的。由于需要国内法院的参与，在指定仲裁庭前就会出现许多问题；比如在上面的例子中，如果被申请方全程都未参与仲裁，那么在没有"外部"帮助的情况下，仲裁庭都不可能确定。

作为例外，一些仲裁法对空白条款造成的潜在问题提供了快速解决方案。例如，1996年英国仲裁法允许法院在该法规定范围内批准对仲裁程序的救济措施（包括指定仲裁庭），其规定了：（a）"未选定或确定仲裁地，及（b）法院基于与英格兰和威尔士或北爱尔兰有联系之理由认为行使权力是适当的"。❷

---

❷ 例如 WIPO 仲裁规则第39（a）条、ICC 规则第14（1）条以及 LCIA 规则第16.1条。

❷ 在这方面，一位主要评论员指出："法国新民事诉讼法典第1494条第2段仅规定，在没有任何关于当事双方动机的迹象时，'如果需要的话，仲裁员应直接依据或参照法律或仲裁规则来确定仲裁程序'，因此，仲裁员享有与当事方相同的选择自由。与当事方一样，他们可以选择一项特定的国内法，结合若干个国家法律，参照超国家原则或一套仲裁规则，或者干脆选择'参考规则'或'参考法'。除非需要解决特定的程序困难，否则他们也有权不作出选择。或者，他们可以仅限于说明他们将在必要的范围内确定管辖仲裁程序的规则。在这种情况下，法国国际仲裁法明确支持没有适用管辖法律的合同理论（无法律合同），并允许仲裁员依据个案情况作出'裁决'，而不是制定'普遍适用'的'规则'"。（E. Gaillard, J. Savage. Fouchard Gaillard Goldman on International Commercial Arbitration [M]. Hague: Kluwer Law International, 1999), 649–650.）

❷ 在这方面，有人说："大多数政府机构都支持未明确（或含糊不清）规定仲裁地和选择仲裁员方式的仲裁条款。"（G. Born. International Commercial Arbitration [M]. Hague: Kluwer Law International, 2009: 659.）然而，意大利和中国的法院显然认为"空白条款"无效。（参见 G. Born. International Commercial Arbitration [M]. Hague: Kluwer Law International, 2009: 659, note 516.）

❷ 然而，应该指出，根据1996年仲裁法，英国法院没有权力确定仲裁程序的地点。

对于大多数情况，解决方式就没那么直截了当了。因此，有人建议：

适当的、合乎情理的解决方式为，对当事人有管辖权的国内法院来要求在中立仲裁地进行仲裁（或，至少在一方当事人的国家）。[30]

3. 与实体问题相关的监管框架

仲裁监管框架的另一个层次与实体问题（相对于程序问题）相关。正如下文中讨论的，这可能是国际仲裁中最复杂的方面之一，其中的原因包括对于不同的适用法律，一个问题是实体问题还是程序问题很可能不同。比如这样一种情况，在英美法系司法管辖区，时效丧失是作为程序问题进行考虑的，而在大陆法系司法管辖区则作为实体问题进行考虑。

3.1 监管框架的重要性及其他问题

除非当事人同意仲裁庭基于公平基础（即基于源自友好仲裁或公允及善良原则）解决争议，仲裁庭应当根据适用法或在某些情况下依据法律的国家原则（通常视为"法律原则"）根据案情解决争议。一般来说，管辖实体问题的法律（或者法律规则）的重要性根据具体案情不同而不同。

在特定情况下，国际仲裁的结果很大程度上取决于事实问题，因此当事人和仲裁庭不需要将大量的注意力花费在确定和适用对争议进行管辖的法律上。也就是说，涉及商品的一个仲裁案件，其中特定产品的质量是否满足当事人之间达成一致的标准才构成最重要的问题。

与此相反，知识产权争议往往"胶着于法律"：这类争议的结果通常取决于对法律问题的确定，特别是如涉案知识产权的布局和有效性的非合同问题。虽然知识产权制度和世界上许多类型的知识产权在很大程度上已经得到调和，但是在细节方面仍存在巨大差异，如涉案权利可能适用的法律会使争议结果完全不同。在这样的情况下，适用法就不是"中立"的了。例如在这种情况下，仲裁庭要对一项专利争议作出决定，决定所谓的"等同原则"是否适用于判断专利的一项权利要求是否受到侵犯。[31] 更进一步，涉及多个存在于不同国家的相同知识产权的仲裁（合并审理情况），当事人可能会希望仲裁庭适用不同国家的法律来确定相关权利的有效性，这样的结果是该权利在某些国家是有效的，而在其他国家不是。

---

[30] G. Born. International Commercial Arbitration [M]. Hague：Kluwer Law International，2009：659.

[31] 参见第 2 章第 2.1 节。

3.2 涉案合同产生问题的法律适用

3.2.1 介 绍

如上文所述，当事人可在争议发生前（仲裁条款）或发生后（提交协议）提起仲裁。对于仲裁条款而言，根据区分原则，可以认为当事人实际上达成了两个不同的协议：所签订的合同（如许可协议）以及对仲裁达成的协议（仲裁条款本身）。本节仅讨论源自或涉及涉案合同产生问题的适用法的确定。

对于适用法的分析根据当事人是否对适用法律作出约定而不同。因此这些问题将在以下章节中分别讨论。

3.2.2 当事人选择法律协议时的法律适用

3.2.2.1 当事人自治

正如本章开头时说过的，当今国际仲裁的惯例中，当事人的协议通常优先于任何管辖国际仲裁的"准则"——原则上除了某些"强制性"规则。确实，国际文书[12]、大部分的国家仲裁法[13]以及仲裁机构规则[14]不仅为当事人授权了自由度以确定用于解决源自涉案合同问题的适用法，还提供了措施来帮助执行这些协议。这种当事人对法律的选择可理解为对实体法的选择，并不包括所选法律的冲突规则。[15]

当事人可自由选择对所有源于相关合同的问题进行管辖的法律，可以为合同性或非合同性问题——后者取决于仲裁条款的覆盖度。而且，原则上也适用于涉及知识产权的争议。因此，当事人可以同意使用与知识产权授权国或受保护国不同的国家法律（为方便起见称之为"外国知识产权法"）来管辖非合同性问题，包括有效性、解释、所有权和侵权行为相关问题。在实践中，如下文将要介绍的，这种对法律进行选择的协议可以通过明文约定或通过仲裁协议覆盖以及法律条款的选择（其有效性将在下文讨论）而得到。

明示协议

以下是一个明示协议的例子，其中，当事人均同意适用共同核心方法来解

---

[12] 例如《欧洲国际商事仲裁公约》第7（1）条，在广泛的表述中指出："当事人可通过协议自行决定仲裁员就争议所适用的实体法。"

[13] 例如 UNCITRAL 示范法第28（1）条、1996年英国仲裁法第46（1）条、法国新法典第1496条以及瑞士国际私法第187（1）条。

[14] 例如 WIPO 仲裁规则第59（a）条（WIPO 快速仲裁规则第53（a）条）、ICC 规则第17（1）条、LCIA 规则第22（3）条、AAA/ICDR 规则第28（1）条、瑞士仲裁规则第33（1）条以及第33（1）条。

[15] 参见 G. Born. International Commercial Arbitration [M]. Hague：Kluwer Law International，2009：2212.

决提交仲裁的专利无效性问题：

若干年前……，专利争议起于一家中国台湾企业和一家美国企业之间。其中涉及 12 个欧盟国家、美国、加拿大和中国台湾的专利。当事人没有向所有 12 个欧盟国家提起法律诉讼，而是就国际仲裁达成协议，并同意仅使用英国和德国的法律对所有专利的权利要求达成共同立场。[36]

根据仲裁条款以及法律选择条款的知识产权具体问题的准据法

对于未明文规定用于管辖非合同知识产权问题的条款，外国知识产权法的适用取决于仲裁条款以及法律选择协议。如果当事人在以下问题达成一致：（a）包括非合同问题的仲裁条款；以及（b）具有相同覆盖度的法律选择协议，其同时也包括了非合同问题，原则上，当事人对源于相关合同的问题的法律选择将覆盖所有的合同和非合同问题。[37]

以下为这种情况的一个例子。假设一家加拿大公司 A 与一家在马来西亚的企业 B 签订了一份许可协议。根据该协议，A 对 B 进行了非独占许可，使 B 能够在中国、日本、马来西亚和韩国利用其专利。该许可协议同时包括了仲裁条款和法律选择条款。仲裁协议覆盖了落入仲裁庭管辖权范围内的合同和非合同问题的效力。假设当事人选择法国法律来管辖所有源自或与合同相关的所有争议。

从表面上看，这种法律选择条款包括了所有可能源自相关合同的问题。因此在这种情况下，至少在原则上，由中国、日本、马来西亚和韩国签发的知识产权，对其权利要求的侵权行为、解释、所有权和无效性都由法国法律进行管辖。

我们使用了多次"原则上"这个词，这是因为法律选择条款这个很宽的范围会引起对当事人自治的潜在限制。

第一个问题是对法律选择条款的解释：当事人是否确实希望将所有权、有效性、解释和侵权问题提交给条款中所规定的法律进行解决，这个问题有可能是不明确的。在实践中，当事人的意愿有可能是随着仲裁程序的进行而慢慢明晰的。如果双方当事人均向仲裁庭提供了专利存在各国家的法律，仲裁庭就会明白当事人还未对争议中非合同知识产权问题的法律适用的选择达成一致。

如果当事人未在知识产权具体问题是否被法律选择协议覆盖问题上达成一

---

[36] M. Anderson, C. Young. Why Arbitration Is a Valid Alternative [J]. Managing Intellectual Property, 2007：30.

[37] 参见 E. Gaillard, J. Savage. Fouchard Gaillard Goldman on International Commercial Arbitration [M]. Hague：Kluwer Law International, 1999：786. 也可参见 G. Born. International Commercial Arbitration [M]. The Hague：Kluwer Law International, 2009：2215.

致，仲裁庭应当在考虑了适用的合同法的前提下解决这个问题。比如，如果法国法律规制了法律选择条款，仲裁庭应查明当事人对法律选择达成一致时的真正意图。

在其他情况下，当事人可以向仲裁庭提供基于法律选择协议中所选法律的知识产权问题，这也能消除关于当事人意图的潜在疑惑。

最后，在仲裁程序进行的过程中，当事人双方都可以选择不同于相关知识产权所在国的法律。这也导致了对准据法的默示协议。[38]

有时也会出现居间调停的情况，在一专利侵权仲裁案中（本书作者之一作为仲裁员），当事人先向仲裁庭提交了专利所在的不同欧洲国家的国家专利侵权法律，但随着仲裁程序的进行，当事人的意图渐渐清晰，他们并不想在不同法律的分歧上耗费时间，同时也同意了仲裁庭的建议：有效性问题仅基于欧洲专利局惯例以及判例法解决，而不基于任何具体的国家判例法。

当事人能这么做吗？

如果明确了当事人同意涉及知识产权争议的非合同问题由"外国知识产权法"管辖，除非当事人的选择是无效的，仲裁员应当适用该法。这就导致了第二个问题：当事人选择适用"外国知识产权法"来解决相关知识产权的有效性、解释、所有权或侵权问题，这种法律选择协议本身是否有效。回答这个问题要结合当事人自治的限制，这将在下文进行讨论。[39]

3.2.2.2 当事人自治的限制：强制性规定

一般而言，国际仲裁中，当事人自治原则存在某些限制。其中一个是关于基于公共政策的特定准则的适用，这是当事人无法排除的。这些准则通常被称为强制性规定或警察法。

当事人在争议的合同和非合同方面的选择会导致公共政策/强制性规定问题。不过更常见的是非合同相关问题以及法律保护事项。这是因为在历史上大部分的此类非合同问题，特别当其具有某些"公共政策"元素（例如竞争法争议）时，都是作为国内法院专属管辖范围的一部分。随着大多数国家不可仲裁性学说的逐步式微，国际仲裁开辟了许多"新"的领域。这种现象把对

---

[38] 参见 E. Gaillard, J. Savage. Fouchard Gaillard Goldman on International Commercial Arbitration [M]. Hague: Kluwer Law International, 1999: 787. 也可参见 G. Born. International Commercial Arbitration [M]. Hague: Kluwer Law International, 2009: 2207.

[39] E. Gaillard, J. Savage. Fouchard Gaillard Goldman on International Commercial Arbitration [M]. Hague: Kluwer Law International, 1999: 788.

强制性管辖的讨论上升到了争论的层面,特别是在非合同领域。[10]

在知识产权背景下,如其他大多数领域一样,当事人对合同问题的相关选择并不会导致强制性法律问题。但是,非合同问题,如所有权、有效性、解释和侵权有可能导致这种担忧。

鉴于大多数国际仲裁中各国法律之间复杂的相互关系,原则上多个司法管辖区的强制性规定在同一个案件上会存在关联。这些强制性规定包括在以下法律体系中:当事人选择用于管辖实体问题的一个或多个法律、仲裁地法律、仲裁裁决潜在执行地的法律、相关合同履行国的法律、当事人永久居住地法律、相关合同签署地法律等。这些潜在适用的强制性规定将在下文简要介绍。

对当事人关系进行管辖的强制性规定

当事人所选择的对源于或与相关合同(即实体问题)有关的争议进行管辖的法律体系中的法规无疑也包括其强制性规定。除非与国际公共政策冲突或导致仲裁协议无效,否则仲裁庭应当适用这些规范。[11]

仲裁所在地的强制性规定

一般来说,相似地,仲裁庭应当查明包含在仲裁所在地的国际仲裁法中的用于管辖程序性问题的强制性条款。[12]例如,示范法第 18 条——规定了平等对待当事人——即为当事人无法不受约束的强制性条款。[13] 1996 年英国仲裁法在这方面特别明确,其在附录 1 中列出了与仲裁程序进行相关的强制性规定的穷举列表,其中包括了英国法院免除仲裁员的权力、仲裁庭的一般义务以及撤销行为的依据。

关于仲裁庭是否应当对实体问题适用仲裁地的强制性条款还有大量的争论。一些评论家断定仲裁庭必须适用这些强制性规定。[14]而其他一些评论家辩驳称,仲裁庭根本没有得到使用这些规定的授权。[15]

其他的行政管理机构提出了一种折中的方式:如果强制性条款是用于仲裁程序中进行讨论的实体问题,且这种结论可得到法理分析的支持,那么就可适

---

[10] 参见 G. Born. International Commercial Arbitration [M]. Hague:Kluwer Law International, 2009:2177.

[11] 出处同上,2186。

[12][13] 参见 J. Waincymer. International Commercial Arbitration and the Application of Mandatory Rules of Law [J]. Asian International Arbitration Journal, 2009, 5 (1):40.

[14] 例如 P. Mayer. Mandatory Rules of Law in International Arbitration [J]. Arbitration International, 1986 (2):275 – 277.

[15] 一般参见 E. Gaillard, J. Savage. Fouchard Gaillard Goldman on International Commercial Arbitration [M]. Hague:Kluwer Law International, 1999:847 – 859.

用仲裁地的强制性规定。[16]

其他司法管辖区的强制性规定

另一个可能的问题是仲裁庭是否应当适用其他国家的强制性规定（除了仲裁地适用法律的强制性规定）。这些司法管辖区可能包括，比如相关合同的履行地或仲裁裁决的执行地。对这个问题存在不同的观点，一些人主张在特定情况下（特别是作出有冲突的法律分析的情况下），仲裁庭应当适用"外国"管辖区的强制性规定。[17] 其他的行政管理机构以及评论家认为仲裁庭在任何情况下都不应当适用"外国"强制性规定。[18]

国际公共政策

如上文所解释的，对特定强制性管辖的适用与公共政策问题存在内在的联系。一些行政管理机构以及评论家认为国际仲裁庭"有权不考虑当事人所选法律中的条款，如果他们认为这些条款与国际公共政策相冲突"。[19] 国际公共政策（也称为"跨国公共政策"）"不仅基于民族共同体，还基于更宽泛的、地区性或全球性的国际共同体的重大利益"。[20] 基于这种观点，在国际仲裁的环境下，与强制性规定相关的讨论通常涉及的是最严重的问题，比如奴役、贿赂、贩毒等类似问题。

需要注意的是，这种学说也不乏批评之声。对这个问题，一位评论家曾暗示上文中的立场"在国家法和国际公共政策之间采取了不尽如意的观点"。[21] 还是这位评论家，补充道：

---

[16] 参见 G. Born. International Commercial Arbitration [M]. Hague：Kluwer Law International，2009：2188.

[17] 参见 G. Born. International Commercial Arbitration [M]. Hague：Kluwer Law International，2009：2192 - 2193.

[18] 例如，在1990年的一项裁决中，仲裁庭在国际商会仲裁中拒绝适用比利时强制性法律，而当事方选择意大利法律来管辖裁决争议。（Final Award of 1990 in Case No. 6379 in A. J. van den Berg (ed.)，Yearbook Commercial Arbitration，vol. XVII (The Hague：Kluwer Law International，1992)，212 - 220.）

[19] 例如 E. Gaillard, J. Savage. Fouchard Gaillard Goldman on International Commercial Arbitration [M]. Hague：Kluwer Law International，1999：860 - 861. 也可参见 P. Lalive. Transnational (or Truly International) Public Policy and International Arbitration [M] //ICCA Congress Series, ed. P. Sanders, 1986：258 - 318.

[20] P. Lalive. Transnational (or Truly International) Public Policy and International Arbitration [M] //ICCA Congress Series, ed. P. Sanders, 1986：286.

[21] G. Born. International Commercial Arbitration [M]. Hague：Kluwer Law International，2009：2196.

> 适当的方法是，要认识到如今的国家（而不是国际）法对几乎所有的强制性法律和公共政策规定都作出了实质性规定。而其他所有的方法都会排除实体条款的实施，比如国家的消费者保护法规、国家对雇员或经销商的合法保护、对欺诈或国际不正当竞争行为进行辩护的国家法规、证券法的保护，以及国家竞争法在受影响国家的实施和相互作用。[52]

3.2.2.3 国际仲裁中对非合同性知识产权问题的实际做法

从前述章节可看出，很明显对国际仲裁中强制性规定的适用并未达成共识。出于这个原因，涉及知识产权争议时，要回答这个问题得先对强制性规定进行分析，其中当事人选择"外国法"来管辖非合同性知识产权问题是否对仲裁庭解决这些问题适用国家法律有约束力。

公共政策问题？

在国际仲裁环境下，用"外国法"来解决与纯知识产权问题相关的争议明显不会对上文中所述的国际公共政策造成侵犯。而在特定的背景下，要消除所有针对选择"外国法"的潜在异议，才能满足解决知识产权争议的需要。

正如我们讨论过的，这个答案并不能让所有人满意。在这个方面，一定要在是否适用"外国知识产权法"这个问题上获得明确的答案很可能"触犯"国家公共政策。国家公共政策取决于每个相关的司法管辖区，因此要具体回答这个问题超出了本书的范围，但是仍然有一些当事人和仲裁庭需要考虑这个因素。

在法庭程序背景下，对源自特定知识产权争议的问题适用"国家知识产权法"确实认为是公共政策问题。这也是例如欧盟第 864/2007 号欧盟条例（"罗马Ⅱ号条例"）第 8（3）条的基本原理，根据该规定，当事人不能不受请求保护地法的约束，也就是如第 8（1）条规定的对被侵权知识产权所在国的法律适用：[53]

> "侵犯知识产权导致的非合同义务的适用法律应当为请求保护该权利的国家的法律。"

对于如专利的注册权利，布鲁塞尔Ⅰ号条例的第一段也作出了一致的

---

[52] G. Born. International Commercial Arbitration [M]. Hague: Kluwer Law International, 2009: 2196.

[53] 这是针对知识产权侵权适用法律的传统"仲裁地保护"方式，罗马Ⅱ号条例第 26 条中其被称为"公认的原则"，正如第 2 章第 8 节所指出的那样，尽管对于例如涉及版权的第一所有权等问题是否应改为适用"来源国法"，仍然在国际上存在一些讨论。还应该指出的是，罗马Ⅱ号条例在第 6 条中特别规定了关于不正当竞争行为引起的非合同义务的特别规则，而从第 2 章第 2.4 节和第 2.5 节中所讨论的 TRIPS 的角度来看，不正当竞争是另一种形式的知识产权。

第5章 知识产权仲裁的法律和监管框架

规定：

"无论是否是永久居住地，以下法院应具有专属管辖权：

（4）对于涉及专利注册或有效性、商标、外观设计或其他要求登记或注册的相似权利的程序，应当在被提出请求、行为发生地或基于欧盟签署的条约或基于国际公约的成员国法院进行。"

在法院诉讼背景下，考虑到法院对如涉案知识产权的有效性作出的判决所具有的普遍适用效力，这种条款是有道理的。罗马Ⅱ号条例第8条和布鲁塞尔Ⅰ号条例第22条就是为了防止以下情况的发生。

假设当事人A和B签订了一份许可协议，根据该协议，A对B许可了其在法国、德国、荷兰和西班牙的专利权利。如果当事人就法律选择达成一致——当事人之间的所有合同和非合同争议，包括知识产权有效性问题，均由法国法律处理。而且，当事人还签订了法院选择协议，其中所有源自相关合同的争议均由法国法院独立解决。理论上，如果没有罗马Ⅱ号条例第8（3）条和布鲁塞尔Ⅰ号条例第22（4）条的规定，法国法院将有权用法国法律对涉及法国、德国、荷兰和西班牙当事人的非合同问题作出判决，包括有效性问题。这种判决是具有普遍适用效力的。因此，在这种情况下，法国法院作出的判决将导致在德国、荷兰和西班牙得到授权的专利被认定无效。这种结果可以视为对国际礼让原则和相关国家的公共政策的双重侵犯。首先，相关知识产权可能在一切情况下被无效，这意味着外国法院可以参与到对其他国家作出的垄断授权的废止中。其次，在没有适用专利授权国法律的情况下就作出了这样的判决。

对于国际仲裁程序，情况就完全不同了。正如在可仲裁性问题中详细说明过的，对于大部分案件，仲裁庭的判决只有当事人内部效力。这意味着——不同于法院判决——仲裁裁决只对仲裁当事人有约束力，因此大多数与立法相关的潜在公共政策问题并不会触及国际仲裁程序。相关的争议，如礼让，也就相应失去了可能的关联性。[51]

还是上面那个例子，如果当事人没有在仲裁条款中主张法院选择协议。那么，如果仲裁庭选择适用当事人选择的法律解决非合同问题的话，专利所在地的公共政策是否会受到侵犯将十分不明确。

---

[51] 参见 J. Waincymer. International Commercial Arbitration and the Application of Mandatory Rules of Law [J]. Asian International Arbitration Journal, 2009, 5（1）: 13.（指出"问题在于，用于处理国家间的礼貌和相互尊重的国际礼让，是否应该同样适用于仲裁庭。回答是这不太可能。法院所适用的国际礼让原则，并不是以被认为是国际公共政策一部分的外国法律为依据，仅仅是出于国家间的一种礼貌。而仲裁制度的核心，是消除国家对争端的自动控制，所以这不应该是一个主要的影响。"）

进一步，严格适用强制性法规的支持者们所描述的大部分情形在涉及知识产权时是有区别的——比如，对雇员、经销商和消费者的保护，以防止弱势方受到潜在侵害。在这种情况下，当事人同意仲裁的事实并不能作为免除对他们授予保护的手段。对于商业竞争问题，情况是相似的。当事人同意仲裁的事实并不能让他们可以规避对禁止行为作出规定的条款，例如共谋建立产业联盟。

对此，有人曾说，"如果当事人试图排除强制性规定的适用，而无与协议有利害关系的第三方的反对时，不存在欺诈行为，仲裁员应当尊重当事人的选择"。㊹

在大多数情况下，当事人选择"外国知识产权法"对非合同知识产权问题进行管辖并不会损害第三方在仲裁程序中的地位。大部分案件中，一方当事人未强迫另一方放弃其合法权利。在多数情况下，如果当事人为了强化对涉及存在于多个司法管辖区中的相同知识产权的争议的解决而选择对非合同知识产权问题适用"外国"法律，那么当事人的目的并不是挑战这些国家的知识产权制度，也不是规避合法保护。

显然，凡事都有例外，比如，想要避免对作出服务的雇员依据版权法授以署名权的情况，或者想要避免适用职务发明中对发明者予以报酬的条款，雇主试图"利用"与雇员签订的法律选择协议。虽然这种情况会引起强制性法规的问题，但这不是雇员能获得救济的唯一出路。他或她可根据准据法，对法律选择协议提出异议，认为其不合理或不合法。

因此，更佳的观点是——没有对侵害作出明确指示时——当仲裁庭遇到当事人明确用"外国知识产权法"管辖纯知识产权问题的情况时，应当尊重当事人的协议。

这种观点进一步得到"不能把仲裁庭与国家法院相提并论"的普遍观点的支持。这包含了，如位于欧盟的仲裁庭不应驳回当事人对准据法的选择，即使该选择与上文讨论过的罗马Ⅰ号和罗马Ⅱ号条例矛盾，这些条例仅对国家法院有约束力。㊺

对当事人作出的"外国知识产权法"的适用不予受理确实会导致比所要解决的问题更多的问题。比如，适用潜在执行地（对知识产权案件而言，为与涉案知识产权有"关联"的地方或者注册地）的强制性法规会导致过度行

㊹ J. Waincymer. International Commercial Arbitration and the Application of Mandatory Rules of Law [J]. Asian International Arbitration Journal, 2009, 5 (1): 41.

㊺ 在这方面，一位评论员指出：这是一个"无可争议的观点"，即身在任何欧盟成员国的仲裁员没有义务适用管辖法院判决的原则——特别是 1980 年罗马公约第 7 条第 1 款——它允许法院考虑国外的强制性规定。（E. Gaillard, J. Savage. Fouchard Gaillard Goldman on International Commercial Arbitration [M]. Hague: Kluwer Law International, 1999: 850.）

使管辖权（超越诉愿或附加诉愿）。[57] 反过来，也会导致程序所在地的撤销行为以及在所在国对仲裁裁决的承认和执行异议。这似乎会产生某些令人啼笑皆非的情形。假设在上文的例子中，仲裁庭不顾当事人对法律的选择，而适用了涉案专利授权国法律来处理非合同问题。讽刺的是，如果胜诉方在一国开始裁决的承认和执行程序时，而该国正是仲裁庭违背当事人意愿没有选择适用法律的国家，那么该国法院很可能接受基于超越诉愿的不承认裁决异议。很有可能出现这种情况，比如仲裁庭基于第三国的法律对比利时和瑞士的专利作出了无效的裁定。这是因为根据比利时和瑞士法律，关于专利有效性的问题似乎并不会引起公共政策问题。换句话说，有理由相信在这种法律体系中，至少对于仲裁中讨论的确权问题，比利时和瑞士法律并不是强制适用的。在这种情况下，结果是似乎比利时和瑞士法院可能会支持仲裁庭不理会当事人的协议而不适用比利时和瑞士法律的做法，根据《纽约公约》第Ⅴ（1）（c）条的规定，这种做法相当于超越诉愿。

3.2.2.4　对实体法的可能选择

3.2.2.4.1　国家法

在大多数情况下，当事人会就其选择的国家法（相对于一国的整套法律，这将在下文讨论）签订法律选择条款。在这方面，"法律"包含了相关司法管辖区中的所有法定权力的来源，其包括成文法、判例法和习惯法。[58] 对国家法作出选择往往是明智之举，因为法律的国家体系作为充实的制度规范，能够提供填充任何潜在空白的机制。

当事人在选择分散于各地区的联邦或国家的法律时应当特别小心。当仲裁条款较宽并触及非合同知识产权问题时，这个问题十分重要。假设一份涉及音乐作品许可的合同，当事人同意通过仲裁的方式解决争议，并对法律选择进行了约定，约定用美国法律解决源自相关合同的争议。虽然该条款并不会引起与知识产权问题相关的当事人选择问题（这些问题由联邦法案，美国法典第17条管辖），但其确实会引起疑惑，到底应该适用美国联邦政府50个州中哪个州的合同法呢?[59]

当事人可以选择不同的法律来管辖源于相关协议的争议的不同方面（也

---

[57]　参见 D. Donovan & A. Greenawalt, Mitsubishi After Twenty Years: Mandatory Rules before Courts and International Arbitrators [M] //Pervasive Problems in International Arbitration L. Mistellis, J. Lew. The Hague: Kluwer Law International, 2006: 11.

[58]　E. Gaillard & J. Savage (eds), Fouchard Gaillard Goldman on International Commercial Arbitration [M]. Hague: Kluwer Law International, 1999: 791.

[59]　专利也是联邦权利。相比之下，商业秘密则受州法律的管辖。

称为分割原则)。对于提交仲裁的知识产权争议,分割原则并不罕见。不考虑上文中所说的强制性管辖,在大多数情况下,当事人若明确表达适用普遍保护原则,那么仲裁员就要依照相关知识产权所在司法管辖区的法律来解决与该知识产权相关的侵权、解释或无效问题。

然而,并不推荐在任何情况下都用分割原则,特别是当涉及不同法律的问题并不能轻易分割开时。正如一位重要评论家曾经警告过的:

"分割管辖有效并不意味着它一定是合适的。数个准据法中的每一个的不同范围很有可能导致不必要的争议,也会因其适用而产生不一致和不平衡。"[60]

对源自相关合同的争议并用不同国家法也是一个问题。有时,当事人会约定仲裁庭应适用两个国家的法律解决问题。作为这种方法的延伸,有时当事人约定合议庭应当使用两个(或更多)不同司法管辖区法律中相同的原则,这些司法管辖区通常是相关协议当事人的司法管辖区——被认为是"共同法律"(tronc common)方法。[61]

这种处理方式随之而来的是在上文讨论过的两种法律选择协议。一种情况下,当事人同意适用英国和德国的专利法对源自 12 个欧盟成员国授权专利的问题作出决定。如果采用了这种方法,那么最好还是选择一种法律而不是两种,否则两种法律之间的差异就会产生问题,在这个例子中就是这样,虽然英国和德国都是欧洲专利协定的成员国,但它们的法律也是有差异的。[62]

在另一种情况下,在 WIPO 仲裁时,关于侵权问题,当事人实际上选择的是 EPC 标准,该标准是从涉案专利所在欧洲国家的最统一的惯例中提取出来的。

一般来说,要意识到虽然"共同法律"这种方法在某些案件中是有效的,特别是在仲裁辩论时,但这种方法会引起复杂的争议,如对相关法律的解读,以及当准据法之间相互冲突时确定适用哪一个的问题。[63]

---

[60] E. Gaillard, J. Savage. Fouchard Gaillard Goldman on International Commercial Arbitration [M]. Hague:Kluwer Law International, 1999:795.

[61] 作为共同法律"trunc common"原则的例子,"在英法海底隧道项目中,特许经营商欧洲隧道公司(Eurotunnel)与英法公司组成的集团签署了一份施工合同,即 Trans – Manche Link。令人惊讶的是,两个私营实体之间的协议并没有涉及任何一方的国家法律,也不未提及任何国家的法律体系,而是两个法律制度的共同原则"。(A. Redfern, M. Hunter. Law and Practice of International Commercial Arbitration [M]. 4 版. London:Sweet and Maxwell, 2004:125.)

[62] 参见第 2 章第 2.1 节。

[63] 参见 G. Born. International Commercial Arbitration [M]. Hague:Kluwer Law International, 2009:2223.

3.2.2.4.2 非国家法："法律规则"

当事人可以就基于非国家的规范性制度——通常称为"法律规则"——解决其争议达成一致，包括商人法（lex mercatoria）（或商事法）、"国际商事法一般原则"以及 UNIDROIT 合同法原则（以下将一一介绍）。例如 1985 年 UNCITRAL 示范法、法国和英国法律都认为这种法律选择是有效的。[64] 大多数的仲裁机构规则也遵循了相似的处理方式，如 WIPO、ICC 和 LCIA。[65]

商人法（lex mercatoria）作为一种不断演变的概念具有多种内涵，其被认为是一种完全自主的司法体系，由参与国际商事的当事人自发创造。[66] 还有一些人认为商人法作为"一整套规则足够用于对争议作出决定，可用作国家准据法其他方面的替代选择"。[67] 最终，这种观点也被认为是对准据法其他方面的一种补充。[68] 商人法作为实体法，特别是在两个第一定义上的适用，已经吸引了太多学术争论。在实际中，也没有关于这个概念内涵和外延的一致意见。因此，在实践中，仅有少数案件的当事人会同意选择商人法作为唯一适用的法律法规体系。[69]

更进一步，特别对于知识产权争议而言，选择商人法来管辖争议远远不够，因为其大多数原则都未对解决非合同知识产权问题作出规定。

"国际商事法一般原则"这个概念通常理解为"主要司法体系的共同"法律原则。[70] 然而要在仲裁程序中找到这样的共同原则实在是一项艰难的工作。因此在实践中，并不推荐这种选择。

当事人有时会协商其争议应当由国际商事合同的 UNIDROIT 原则管辖，该原则是"合同法的一般原则的重述"。[71] 虽然 UNIDROIT 原则能为某些案件提供有用的指导，但不可避免的，其也不够完善，因为其并不能处理潜在的空白。而且，现代仲裁协议都倾向于涵盖非合同问题（特别在知识产权领域，是很普遍的现象），很显然，这超越了 UNIDROIT 原则的范围。

---

[64] 1985 年 UNCITRAL 示范法第 28（1）条；1996 年英国仲裁法第 46（1）（b）条以及法国新民事诉讼法典第 1496 条。

[65] WIPO 仲裁规则第 59（a）条、ICC 规则第 17（1）条以及 LCIA 规则第 22.3 条。

[66] D. Miller. Public Policy in International Commercial Arbitration in Australia [J]. Arbitration International，1993，9（2）：183.

[67][68] D. Miller. Public Policy in International Commercial Arbitration in Australia [J]. Arbitration International，1993，9（2）：184.

[69] G. Born. International Commercial Arbitration [M]. Hague：Kluwer Law International，2009：2237.

[70] G. Born. International Commercial Arbitration [M]. Hague：Kluwer Law International，2009：2231.

[71] A. Redfern，M. Hunter. Law and Practice of International Commercial Arbitration [M]. 4 版. London：Sweet and Maxwell，2004：134.

3.2.3 未作出约定情况下争议实体内容的法律适用

在没有法律选择条款时，仲裁庭将不得不确定到底基于什么法律来解决该争议。如下文所述，确定准据法是一个复杂的认知过程，可能会增加仲裁的费用和期限。再一次说明提前就准据法达成一致很有必要。不过在实践中，这个问题是很重要的，因为当事人未就准据法达成一致的情况并不鲜见，这种后果常常由不充分的协议起草造成，或者当事人就是无法达成一致。

国际公约、国家法律以及仲裁机构规定为仲裁庭确定所适用的法律提供了不同的规范。不过一般认为是国家法律对仲裁庭确定法律适用进行管辖。[72]

因此，本部分将首先针对这个问题的法律条款进行分析，其次分析仲裁机构规定。

3.2.3.1 国家法在实体问题的法律选择上的立场

关于对实体问题的法律选择，国家立法提供了一些不同的处理方式，包括：(a) 直接适用程序所在地关于法律选择的规定；(b) 使用程序所在地的具体方法中对仲裁条款的规定；(c) 适用仲裁庭认为适当的法律制度；以及 (d) 直接适用仲裁庭认为合适的实体规定。这些可能的解决方式将在下文讨论。

3.2.3.1.1 仲裁地法律选择管辖的一般架构

历史上，某些司法管辖区规定仲裁程序所在地的冲突规范决定仲裁内容适用的法律。这种做法主要基于这样的观点，对仲裁地点的选择不仅仅意味着对仲裁地仲裁法（或条款）的选择，还意味着该地所有的"程序性"法律。

然而，这种做法很快就被大多数的司法管辖区摒弃了。正如上文曾讨论过的，在20世纪下半叶，已经明确了对仲裁地的选择仅能确定仲裁地仲裁条例的使用，而不是该国的一般"程序性"架构（在这方面还包括法律规定的选择）。这种历史观点多多少少是建立在将仲裁庭和国内法院相似化的基础上。[73]而且，还是在20世纪的最后十几年，产生了不再对生硬套用争议内容法律适用相关规定的趋势，这也加速了这种做法的消亡。[74]

另一种被摒弃的做法是，根据一些司法管辖区的法律，例如美国，对仲裁地的选择同时也可认为是对仲裁地的实体国家法的选择——而不考虑仲裁地的

---

[72] 参见 G. Born. International Commercial Arbitration [M]. Hague：Kluwer Law International，2009：2119.

[73] 参见 E. Gaillard，J. Savage. Fouchard Gaillard Goldman on International Commercial Arbitration [M]. Hague：Kluwer Law International，1999：868.

[74] G. Born. International Commercial Arbitration [M]. Hague：Kluwer Law International，2009：2120.

冲突规定。[75]

以上做法都不能让人满意，特别是当由仲裁机构或仲裁庭选择仲裁地时。在这种情况下，很难分辨当事人对于这种实体问题的法律适用是不是代表了他们的真实意图。

3.2.3.1.2 仲裁地法律规定的具体方法

正如我们讨论过的，一般认为对仲裁地的选择限定了仲裁地国际仲裁条款的适用，且不适用其他的程序性条款。在一些情况下，考虑到仲裁地在相关国家的国际仲裁，国家法律对法律的选择制定了具体的规定。

作为实例，瑞士国际私法法第187（1）条中明确规定了选择瑞士作为仲裁庭所在地时，"最密切联系标准"构成法律选择规定：

"仲裁庭应当根据当事人对法律法规的选择裁决案件，或当没有作出选择时，根据与案件有最密切体系的法律法规裁决"。[76]

对于纯知识产权问题，当事人没有约定时，仲裁庭根据最密切联系标准似乎会适用涉案知识产权授权国或受保护国的国家法律。[77]

3.2.3.1.3 适用仲裁庭认为适当的法律选择制度

某些国家的法律规定仲裁员应当使用他认为适当的法律选择制度。实例包括 UNCITRAL 示范法第28（1）条、1996年英国仲裁法第46（3）条以及美国联邦仲裁法的案例法。[78]

如果仲裁地法律作出了这样的规定，那么在实践中，仲裁庭在确定法律适用时通常会采取两种做法，即进行累积分析和查阅国际私法的一般原则。[79]

累积法

所谓的累积法"是同时适用与争议有关的所有司法体系的法律选择规定"。[80] 如果所有可能的法律选择均指向相同的实体法，那么就不必再选择其他竞争法律体系了。

某些评论家对这种方法大加赞赏，认为"争议的问题并不能通过对单一

---

[75] 出处同上，第2122页。
[76] 瑞士联邦国际私法，由 M. Blessing, R. Briner 和 P. Karrer 翻译。
[77] 不过，如上所述，作者认为，在大多数情况下这些法律的适用并不构成强制性规则问题。
[78] G. Born. International Commercial Arbitration [M]. Hague: Kluwer Law International, 2009: 2116.
[79] E. Gaillard, J. Savage. Fouchard Gaillard Goldman on International Commercial Arbitration [M]. Hague: Kluwer Law International, 1999: 871.
[80] 出处同上，第872页。

国家体制的狭隘适用来确定,其与争议的关系并不是起主导作用的因素"。[81] 然而,这种方法的短板在于,当对有潜在冲突的法规进行适用时,会产生不同的结果,这种方法此时并不能提供直接的解决方法(即竞合的法律体系产生了对不同实体法的适用)。[82]

因此,实际上累积法对于明确"虚假法律问题冲突"是很有用的工具,而与特定的法律体系的竞争管辖的选择无关。[83]

国际私法的一般原则

用国际私法的一般原则来确定特定案件适用的实体法要求"在国际私法的主要体系中寻找普遍或广泛认可的原则"。[84]

这种方法的短板在于,目前在大多数情况下,鉴于大多数国家的国际私法之间的许多差异,很难找到这样的普遍原则。[85] 不过,在某些特定领域,可以说国际私法的某些一般原则被融合了,这在一定程度上归功于国际公约的签订,如罗马公约或联合国国际合同销售公约。[86]

以上方法都不起效时

如果仲裁庭面对"真正的法律冲突"时,其无法通过累积分析解决,也无法找到国际私法中的一般原则,那么仲裁庭将求助于其认为适当但可能冲突的管辖法律,例如包括仲裁程序所在地的法律。[87] 不过仲裁庭的决定在任何情况下都不能随心所欲。比如,仲裁员仅仅因为熟悉就适用他或她自己国家的法

---

[81] W. Craig, W. Park, J. Paulsson. International Chamber of Commerce Arbitration [M]. 3版. New York: Oceana Publications, 2000: 327.

[82] 参见 G. Born. International Commercial Arbitration [M]. Hague: Kluwer Law International, 2009: 2130 以及 E. Gaillard, J. Savage. Fouchard Gaillard Goldman on International Commercial Arbitration [M]. Hague: Kluwer Law International, 1999: 872.

[83] G. Born. International Commercial Arbitration [M]. Hague: Kluwer Law International, 2009: 2130.

[84] E. Gaillard, J. Savage. Fouchard Gaillard Goldman on International Commercial Arbitration [M]. Hague: Kluwer Law International, 1999: 837.

[85] 参见 G. Born. International Commercial Arbitration [M]. Hague: Kluwer Law International, 2009: 2132 以及 E. Gaillard, J. Savage. Fouchard Gaillard Goldman on International Commercial Arbitration [M]. Hague: Kluwer Law International, 1999: 874. (指出:"近年来,适用于合同的法律的国际公约的趋同,给了它重要支持。当仲裁员采用国际私法一般原则的方法时,无论是否有效,他们都经常在仲裁案例法和关于这个问题的国际公约中寻找这些原则。")

[86] E. Gaillard, J. Savage. Fouchard Gaillard Goldman on International Commercial Arbitration [M]. Hague: Kluwer Law International, 1999: 874–875.

[87] G. Born. International Commercial Arbitration [M]. Hague: Kluwer Law International, 2009: 2136. 也可参见 E. Gaillard, J. Savage. Fouchard Gaillard Goldman on International Commercial Arbitration [M]. Hague: Kluwer Law International, 1999: 875. (这表明根据这种立法方式,如果仲裁庭无法找到最合适的法律规范,它可能会被迫完全放弃对法律规范的选择。)

律就很不适当。

3.2.3.1.4 对仲裁庭认为适当的实体法的直接适用

根据某些国家的仲裁法，仲裁庭有权直接适用其认为适当的实体法（这种方法通常被称为直接选择法[88]）。比如在法国[89]、印度[90]和荷兰[91]就使用这种方式。

针对这个方面，一位权威人士解释道：

"仲裁员用直接选择法作出的选择是基于案件和所选法律之间的联系，一方面是根据直接选择法本身，同时可能受到所选法律内容的引导。仲裁员可能会认为某个较新的特别法更适于管辖争议，或者属于大陆法系的法律——或相反，属于英美法系的法律——更适合用于解决争议，而不根据该合同拟定或暗示的内容进行选择。"[92]

3.2.3.2 仲裁机构管辖

大多数的仲裁机构管辖，包括 WIPO、ICC、ICIA、AAA/ICDR，都规定了仲裁庭可直接适用其认为适当的实体法（直接选择）。[93] 例如，《WIPO 仲裁规则》第 59（a）条（译者注：2014 年 6 月 1 日生效的第 61（a）条）规定：

"当事人未选择（法律）的，仲裁庭应当适用其认为适当的法律或法律管辖。在任何情况下，仲裁庭的裁决应当适当考虑任何有关合同的条款并考虑可使用的交易习惯。"

与之相比，UNCITRAL 规则在其示范法中遵循了相似的做法。其规定仲裁庭应当适用其认为适当的法律选择。[94]

少数规则自己规定了冲突条款，瑞士商会规则就是这种情况，其规定了适

---

[88] E. Gaillard, J. Savage. Fouchard Gaillard Goldman on International Commercial Arbitration [M]. Hague: Kluwer Law International, 1999: 875.

[89] 法国新民事诉讼法典第 1496 条。

[90] 印度仲裁和调解法第 28（1）(b)(iii) 条。

[91] 荷兰民事诉讼法典第 1054（2）条。

[92] E. Gaillard, J. Savage. Fouchard Gaillard Goldman on International Commercial Arbitration [M]. Hague: Kluwer Law International, 1999: 876. 直接的方式受到了批评："尽管对当代法律规范的失望是可以理解的，但'直接'适用国家法律并不是一个合适的反应。法律规范冲突的目的包括引导和构建裁决者的自由裁量权，并向当事人提供管辖其行为的实体法的确定措施。'直接'适用实体法是假定没有法律冲突分析，这使得当事人的实质权利会取决于仲裁员个体主观的、不明确的本能，这对于可预测性或公平性毫无益处。"(G. Born. International Commercial Arbitration [M]. Hague: Kluwer Law International, 2009: 2137.)

[93] WIPO 仲裁规则第 59（a）条、ICC 规则第 17（1）条、LCIA 规则第 22（3）条以及 AAA/ICDR 规则第 28（1）条。

[94] UNCITRAL 示范法第 33（1）条。

用与争议有最密切联系的国家的法律。[15]

在某些特定情况下,仲裁服从于规定了直接适用方法的规则时,规定了不同处理方法的国家会成为仲裁地。有人曾建议,当事人是否能够选择退出国际仲裁的冲突体系取决于仲裁地法律相关规则是否是强制性的。[16] 在绝大多数情况下,这些条款都不是强制性适用的,因此,对于大多数 WIPO、ICC、ICIA、AAA/ICDR 的仲裁,无论其仲裁地在哪里,仲裁庭均有权适用直接选择法。[17]

4. 仲裁协议的适用法律

4.1 不同的适用法律

如上文所述,仲裁协议可以提交协议或仲裁条款的方式达成一致。在大多数情况下,当事人会明确约定用于管辖所提协议的法律,大多数司法体系都会接受这种选择。在提交的协议中没有关于法律条款的选择时,仲裁庭应当基于上文中所说的原则启动法律选择行为。

在某种程度上,由于法律对相关合同适用的关联性和独立原则之间的潜在紧张关系,涉及仲裁条款的情况就更复杂一些。涉及相关合同的法律适用——特别当其包含对法律条款的普遍性选择时——有可能表示当事人的意图是将源自仲裁条款的问题提交合同的准据法处理。这种推理可能得到这样的结论,仲裁条款应受与相关合同相同法律的管辖。然而,这种结论与独立原则之间存在争议,独立原则认为仲裁条款是独立于相关合同,且可与相关合同割裂开的。基于这种观点,不能笃定仲裁条款和相关合同都受相同法律的管辖。

要注意,许多涉及仲裁协议的实体问题都需要法律选择行为,例如包括关于存在、有效性、可仲裁性、陈述、解释、侵害和终止的问题,而这些又使得复杂性进一步增加。确定法律适用的大多数情况所用的方法均与上一节中介绍的方法相同。

然而,仲裁条款的存在和无效性问题会引起特别的关注,因此需要引起对仲裁条款的特别注意。因此,以下章节将从具体细节上探讨仲裁条款存在和有效性问题的法律适用。不可仲裁性问题,特别在知识产权问题上,也会引起一些特别的关注。这些在第 4 章已经讨论过了。

---

[15] 瑞士国际仲裁规则第 33(1)条。

[16][17] G. Born. International Commercial Arbitration [M]. Hague:Kluwer Law International,2009:2119.

4.2 仲裁条款的存在和有效性问题的法律适用

4.2.1 存在具体法律选择协议的情况

考虑到国际仲裁中当事人自治的首要地位，任何适用法律的分析都要先从确定当事人是否明确就适用特定的法律或法规管制相关仲裁条款达成一致开始。如果当事人确实对适用的法律达成了一致——这在仲裁条款里并不常见，第二步就是分析该条款是否有效。大部分的法律体系会支持当事人对于管辖仲裁条款的法律（也就是管辖相关合同的法律或其他）所进行选择的有效性。比如根据 UNCITRAL 示范法[98]、瑞士国际私法[99]、英国法院判决[100]，以及在法国[101]和美国[102]都是相同的做法。

4.2.2 没有具体法律选择协议的情况

对于当事人未能明确选择仲裁条款的适用法律的情况，仲裁庭原则上应当进行法律选择分析，从而确定适用法律。虽然仲裁庭在理论上有很多可能的选择（例如包括一方当事人永久居住地的法律），但是在实践中仅有小部分替代方案得到广泛应用，包括：（a）相关合同的法律；（b）仲裁程序所在地法律；（c）与仲裁条款具有最紧密联系的法律体系的法律；以及（d）国际法的一般原则。这些替代性方案将在下文中进行介绍。

4.2.2.1 相关合同的法律

在某些地区，认为对相关合同的适用法律也是用于仲裁条款，包括与仲裁协议的存在和有效性相关的问题也适用。[103] 当事人对涉及相关合同的法律选择协议达成一致时，这种结论就更有说服力了。

在历史上，英国法院相当支持这一观点。比如在一个重要案件中，英国法院说理如下：

"当实体合同包含对法律的明确选择，而协议中未包含对法律的单独选

---

[98] 第 34（2）（a）（i）条。

[99] 第 178（2）条。

[100] 例如 Peterson Farms Inc. 诉 C&M Farming Ltd [2004] 案 1 Lloyd's Rep. 603 (Q.B.)。

[101] E. Gaillard, J. Savage. Fouchard Gaillard Goldman on International Commercial Arbitration [M]. Hague: Kluwer Law International, 1999: 232-234.

[102] G. Born. International Commercial Arbitration [M]. Hague: Kluwer Law International, 2009: 436.

[103] 在这方面，一位重要的评论员提到："有一个推定强有力的支持法律管辖实质性协议，其中包含同样管辖仲裁协议的仲裁条款。"（J. Lew. The Law Applicable to the Form and Substance of the Arbitration Clause [J]. ICCA Congress Series, 1998 (14): 136.）

择，后者的协议通常由明确选择的用于管辖实体合同的法律主体管辖。"[104]

德国[105]、印度[106]和美国[107]的法院均持有相同观点，其仲裁决定也印证了这种支持，[108]而且，许多理论家也支持这种观点。[109]

然而，对仲裁条款直接适用相关合同的法律并不能完全令人满意。特别考虑到相关合同与仲裁协议构成独立的协议，会认为这种法律选择方式与独立原则相悖。[110]

4.2.2.2 仲裁地法律

其他行政机构，主要基于仲裁协议的独立性、仲裁条款与《纽约公约》内容的程序关联性主张对仲裁条款的适用法律应当为仲裁地法律。而且，这种主张得到《纽约公约》第 V（1）(a) 条的支持，其规定了如果相关仲裁条款根据当事人所选择的法律是无效的，或者当事人没有做出对法律选择的任何暗示时根据仲裁裁决做出的国家的法律该仲裁条款无效，那么可以拒绝对该仲裁裁决的承认和执行。UNCITRAL 示范法第 34（2）(a) 条和第 36（1）(a) 条也规定了相似的处理方式。

相似地，瑞典仲裁法规定：

"当仲裁协议具有国际性关联时，协议应当由当事人一致确定的法律管辖。当事人未能达成一致时，仲裁协议应当由根据协议规定的仲裁程序发生地或应发生地的国家法律管辖。"[111]

---

[104] Sonatrach Petroleum Corporation（BVI）诉 Ferrell International Ltd［2002］案，1 All E.R.（Comm）627.

[105] P. Sanders. Yearbook Commercial Arbitration（Ⅱ）[M]. Hague：Kluwer Law International，1977：242.

[106] National Thermal Power Corporation 诉 The Singer Corporation in A. J. van den Berg（ed.）案，Yearbook Commercial Arbitration（XVIII）[M]. Hague：Kluwer Law International，1993：403.

[107] 例如 Motorola Credit Corporation 诉 Uzan 案，388 F. 3d 39（2004）。

[108] 例如国际商会（ICC）No. 6379 的最终裁决决定，in A. J. van den Berg（ed.），Yearbook Commercial Arbitration（XVII）[M]. Hague：Kluwer Law International，1992：37.

[109] 例如 B. Hanotiau. What Law Governs the Issue of Arbitrability [J]. Journal of International Arbitration，1996（12）：394. 以及 J. Lew，L. Mistelis，S. Kroll. Comparative International Commercial Arbitration [M]. Hague：Kluwer Law International，2003：120.

[110] G. Born. International Commercial Arbitration [M]. Hague：Kluwer Law International，2009：478.

[111] 第48条第一段。也可参见 Bulgarian Foreign Trade Bank Ltd 诉 Al Trade Finance Inc. 案 in A. J. van den Berg ed. Yearbook Commercial Arbitration（XXVI）[M]. Hague：Kluwer Law International，2001：291.

比利时的仲裁判例法[12]和法院判决[13]、英国[14]和日本[15]均采用这种方式。

然而，在许多情况下，对仲裁协议直接适用仲裁地法律并不能令人满意。在此，应当指出这种方法过度聚焦于与仲裁条款有关的程序性因素，而过度忽略了仲裁条款明显的契约属性。[16]

4.2.2.3 最密切联系

由于直接适用相关合同的法律或是直接适用仲裁地法律的短板，一些仲裁庭和国内法院开始倾向于使用不那么机械的方法。特别在某些情况下，认为具有"最密切联系"司法管辖地的法律应当管辖仲裁条款（包括相关仲裁协议的存在和有效性问题）。[17]

对仲裁条款找寻最令人满意的法律适用，其难度可以从英国法院作出的判决中看出，其不仅在适用相关合同的法律和适用仲裁地法律之间摇摆不定，还使用了最密切联系标准（尽管没有明确使用）。[18]

虽然最密切联系方法有着令人称赞的目的，但是这种方法并不能完全让人满意。在大多数情况下，很难确定到底哪个具有竞合关系的法律体系（主要是关于仲裁地和相关合同）与仲裁协议有最密切的联系。[19]

4.2.2.4 国际法一般原则的直接适用

与以上做法不同，法国法院支持用国际法的一般原则管辖对仲裁协议的存

---

[12] 例如国际商会（ICC）第6149号临时裁决，in A. J. van den Berg ed. Yearbook Commercial Arbitration（XX）[M]. Hague: Kluwer Law International, 1995: 41.

[13] Matermaco SA 诉 PPM Cranes Inc. 案 in A. J. van den Berg: ed. Yearbook Commercial Arbitration（XXV）[M]. Hague: Kluwer Law International, 2000: 673.

[14] 例如 C v. D [2007] EWHC Civ. 1282（英国上诉法院）。在这方面，已经有人指出，适用于仲裁协议的法律规则，是仲裁地"在英国法律中得到很好的解决，因此在英格兰仲裁的当事人，如果打算管辖仲裁协议的是与管辖主合同相同的法律，而不是仲裁地的法律，那么最好就此作一个明确的规定"。(N. Blackaby, C. Partasides. Redfern and Hunter on International Arbitration [M]. 5版. Oxford: Oxford University Press, 2009: 169.)

[15] A. J. van den Berg. Yearbook Commercial Arbitration（XX）[M]. Hague: Kluwer Law International, 1995: 745.

[16] 参见 G. Born. International Commercial Arbitration [M]. Hague: Kluwer Law International, 2009: 478.

[17] 例如国际商会（ICC）第4367号临时裁决，in A. J. van den Berg ed. Yearbook Commercial Arbitration（XI）[M]. Hague: Kluwer Law International, 1986): 134. 也可参见美国第二次冲突法重述第218条。

[18] 在这方面，一份主要评论指出：实际上，英国法院在对当事人暗示意图的调查进行分析时，已经开始考虑与"最重要关系"或"最密切联系"测试相关的因素。(G. Born. International Commercial Arbitration [M]. Hague: Kluwer Law International, 2009: 481.)

[19] G. Born. International Commercial Arbitration [M]. Hague: Kluwer Law International, 2009: 481-482.

在和有效性的确定。具体的，在一个著名的判决中，法国上诉法院认为，根据这种原则，仲裁协议的有效性仅取决于当事人的意图，而不用参考国家法律。[12]

4.3 有效性原则

上文讨论过的大多数要素在使用中会导致这样的结论，仲裁条款根据所适用的法律是不存在或无效的。但很多情况下，这种结果与《纽约公约》确定的支持仲裁原则相悖，也与大多数主要仲裁管辖所遵循的原则相悖。

因此，一些仲裁规定、国家法律、国内法院以及仲裁庭已经从严格使用上文中的标准转而倾向于保护当事人用国际仲裁的方式解决争议的意图，这将在下文中将进行解释。这种做法一般被称为"有效性原则"或尽量使行为有效原则。具体为，当可能的适用法律对仲裁条约的有效性或存在产生不同结果时，仲裁庭应当适用支持仲裁条款有效的法律。

《WIPO仲裁规则》是为数不多的、对有效性原则作出规定的仲裁机构规则，其规定：

"仲裁协议符合（根据当事人选择或仲裁庭认为适当的法律）规定可适用的法律或法律规则或者（仲裁地法律）规定可适用的法律中有关形式、存在、效力和范围的要求的，视为有效。"[13]

相似地，瑞士国际私法第178（2）规定：

"……如果仲裁协议的内容符合当事人选择的法律，或符合管辖争议事项的法律，特别是管辖主合同的法律，或符合瑞士法律，仲裁协议应有效。"[14]

与上述条款相似，西班牙仲裁法也规定了有效性原则。[15]

英国[16]、法国[17]和美国[18]的法院也支持有效性原则。而且，仲裁机构也在起

---

[12] Municipalite de Khoms El Mergeb 诉 Societe Dalico 案, Rev. arb., 1994, 116.

[13] WIPO 仲裁规则第59（c）条。有人对此条款作出评论："实际上，这一规定导致在两种情况下可能产生更有利的结果，首先，如果各方选择了实体法而未明确规定该法也适用于仲裁协议；其次，在没有该选择的情况下，仲裁员确定适用一个国家的实体法，而不是适用仲裁地法；如果实体法管辖法域的仲裁协议规则比仲裁地法规则更自由，那么实际的结果会更有利。"（G. Herrmann. The Arbitral Decision [C/OL] //Conference on Rules for Institutional Arbitration and Mediation. [2014-04-14]. http://www.wipo.int/amc/en/events/conferences/1995/herrmann.html.

[14] 由 M. Blessing, R. Briner 和 P. Karrer 翻译。

[15] 第9（6）条。

[16] XL Insurance Ltd 诉 Owens Corning 案 [2000] 2 Lloyd's Rep. 500。

[17] Ministry of Public Works 诉 Societe Bec Freres 案 in A. J. van den Berg ed. Yearbook Commercial Arbitration (XXII) [M]. Hague: Kluwer Law International, 1997: 682。

[18] Remy Amerique, Inc. 诉 Touzet Distribution 案, 816 F. Supp. 213, 216 (S. D. N. Y. 1993)。

第5章　知识产权仲裁的法律和监管框架

草准备支持这一原则。[127]

在实践中,有效性原则是解决涉及国际仲裁条款有效性和存在问题的更好途径。[128] 考虑到《纽约公约》的支持仲裁原则以及仲裁庭根据大部分的仲裁机构规则和仲裁法来确定适用法律时需要考虑的回旋余地,仲裁员应当做好普遍使用这一原则的准备,特别是需要对基于某些知识产权争议提出的不可仲裁性主张进行判定时。

---

[127] 例如 ICC 第 7920 号案的部分裁决, in A. J. van den Berg ed Yearbook Commercial Arbitration (XXIII) [M]. Hague: Kluwer Law International, 1998: 80.

[128] 支持该观点的可参见 G. Born. International Commercial Arbitration [M]. Hague: Kluwer Law International, 2009: 503 – 504; W. Craig, W. Park, J. Paulsson. International Chamber of Commerce Arbitration [M]. 3 版. New York: Oceana Publications, 2000: 62. 以及 J. Lew, L. Mistelis & S. Kroll. Comparative International Commercial Arbitration [M]. Hague: Kluwer Law International, 2003: 123.

第 6 章
仲裁协议

1. 概　　述

国际仲裁是合同的产物。简言之，没有当事人的协议，就没有国际仲裁。不过，每个国际仲裁协议背后都有着复杂的国际和国家机制来让该协议起效。仲裁条款能让这些机构"运转"起来。[1]

"仲裁协议"或"仲裁的协议"可以指争议前对仲裁的约定（"仲裁条款"）或事后约定（"提交仲裁的协议"）。虽然这两种仲裁协议的基本元素相似，但围绕其具体条件的不同使这两种仲裁协议表现出不同的特性。

大多数提交仲裁的协议是关于当事人之间已经存在并限定了的争议。因此，这种协议往往比较规范，而且通常对仲裁程序的整个过程都进行了规定。这很好理解，因为当事人对一份提交仲裁的协议达成一致时，他们已经明确其争议的所有细节和焦点，因此，他们能够设计出一个详细的争议解决机制。

相反，对于仲裁条款，由于当事人在签订协议时并不知道是否会因相关合同而起争议，因此仲裁条款不像提交仲裁的协议那样规范。出于相同的原因，仲裁条款往往包括五花八门的规则，目的在于能够命中源自相关合同的最有可能的争议。

大多数的国际仲裁起因于仲裁条款而不是提交仲裁的协议。[2] 知识产权仲裁也是如此。因此本章的大部分小节主要焦点是仲裁条款。

---

[1] 参见 G. Born. International Commercial Arbitration [M]. Hague: Kluwer Law International, 2009: 201.

[2] A. Redfern, M. Hunter. Law and Practice of International Commercial Arbitration [M]. 4 版. London: Sweet and Maxwell, 2004: 156.

本章讨论了两个主要问题。第一，探讨了确保仲裁协议效力的法律框架。第二，讨论了仲裁协议的拟定问题，重点针对某些具体的知识产权相关情况进行了介绍。

2. 国际仲裁协议的框架

2.1 介 绍

泛泛地说，确保国际仲裁协议效力的法律机制或框架包括两个不同且无关的规范层级。第一，是规定了某些仲裁协议可执行性的《纽约公约》及其他国际条约。第二，是规制了仲裁协议存在和有效性的国家法律。

将这两个规范层级区分开来是很重要的，因为它们的目的不同，而且在某种程度上，其适用的要求也不相同。有重要评论提出，《纽约公约》对国际仲裁协议的执行确立了最高和最低要求。❸ 相应地，一国的法院没有义务基于《纽约公约》执行仲裁协议，比如执行口头约定的协议。不过根据国家法律，口头仲裁协议也可能是有效的——比如法国就是这种情况。❹

2.2 基于《纽约公约》的仲裁协议

鉴于《纽约公约》广泛的接受度，可以说，在大多数情况下，一份仲裁协议只要满足了《纽约公约》的要求，就是国际"可执行"的。

《纽约公约》第Ⅱ（3）条对仲裁协议的国际执行提出了最低要求：

"如果缔约国的法院受理一个案件，就该案件所涉及的事项，当事人已经达成本条意义内的协议时，除非该法院查明该项协议是无效、失效或不可能实施的，应该依一方当事人的请求，令当事人把案件提交仲裁。"

同样的，根据《纽约公约》，一份可执行的仲裁协议应当有效。确定仲裁协议是否有效是基于国家法律，这个问题将在下文讨论。

如果当事人抵制仲裁协议的执行，而该当事人未能向相关法院提出有说服力的证据证明该仲裁协议是无效的、未生效的或不可实施的，那么《纽约公

---

❸ G. Born. International Commercial Arbitration [M]. Hague: Kluwer Law International, 2009: 538 – 539.
❹ E. Gaillard, J. Savage. Fouchard Gaillard Goldman on International Commercial Arbitration [M]. Hague: Kluwer Law International, 1999: 370 – 372. 也可参见 T. Landau. The Requirement of a Written Form for an Arbitration Agreement When "Written" Means "Oral" [J]. ICCA Congress Series, 2003 (11): 56.

约》关于执行的要求就开始发挥作用。对此,《纽约公约》第Ⅱ(1)条规定:

"当事人以书面协议承允彼此间所发生或可能发生的一切或任何争议,如涉及可仲裁解决事项的法律关系确定,无论是否是合同关系,应提交仲裁时,各缔约国应承认该协议。"

上述条款中提出的每种执行要求都将在下文中一一分析。

2.2.1 书面协议、签署和来往书信

《纽约公约》仅适用于书面签订的协议。而且,《纽约公约》第Ⅱ(2)条中指出:"'书面协议'包括当事人所签署的或者来往书信、电报中所包含的合同中的仲裁条款和仲裁协议。"

从这个条款可以得出结论,书面仲裁协议要么应当由所有当事人签署,要么应当包含在来往书信或电报中。普遍接受的观点是,来往书信或电报不一定需要当事人的签名就能得到基于《纽约公约》有执行性的仲裁协议。❺ 进一步地,国家法院对《纽约公约》第Ⅱ(2)条的主流解释为,"来往书信或电报"的要求包括传真、电子邮件以及其他产生记录的沟通方式。❻

2.2.2 现有的或未来的争议

如果一份仲裁协议处理的是"现有的或未来的争议",根据《纽约公约》,该协议是可执行的。"争议"存在了"足够长的时间,以至于一方当事人向另一方当事人提出要求"。❼ 比如一份协议是关于"仲裁员"对"一系列服装商标"的价值进行确定后,当事人双方达成商标销售交易,❽ 这种协议就不构成基于《纽约公约》有执行力的仲裁协议。

2.2.3 确定的法律关系

《纽约公约》提出的这一要求的实践意义比较有限。❾ 在大多数情况下,仲裁协议的存在确实提供了确定的法律关系的基础。❿ 有时会有这样的讨论,认为仲裁条款的制定是否"过分"宽泛,以致对某些不应落入"确定的法律

---

❺ G. Born. International Commercial Arbitration [M]. The Hague: Kluwer Law International, 2009: 591 - 592.

❻ G. Born. International Commercial Arbitration [M]. Hague: Kluwer Law International, 2009: 597. 尽管如此, 在1996年挪威法院认为, 电子邮件交换不符合《纽约公约》第Ⅱ(2)条的书面要求, in A. J. van den Berg ed Yearbook Commercial Arbitration (XXVII) [M]. Hague: Kluwer Law International, 2002: 519 (哈罗格兰德上诉法院(挪威))。

❼ G. Born. International Commercial Arbitration [M]. Hague: Kluwer Law International, 2009: 301.

❽ M. Leathes. Einstein's Lessons in Mediation [J]. Managing IP, 2006: 23 - 26.

❾ G. Born. International Commercial Arbitration [M]. Hague: Kluwer Law International, 2009: 256.

❿ A. Redfern, M. Hunter. Law and Practice of International Commercial Arbitration [M]. 4版. London: Sweet and Maxwell, 2004: 162.

关系"的争议也起效了。一般来说，很难看出一项仲裁条款是不是过分宽泛，原则上，即使限定了最宽范围的条款也没有理由拒绝。[11]

如下文将要讨论的，一般来说，推荐将涉及知识产权争议的仲裁条款制定得尽量宽一些，这样所有源于相关合同的所有合同和非合同问题可在一个仲裁法庭解决。

2.2.4 可仲裁性

根据《纽约公约》，仲裁协议必须与可仲裁对象相关。可仲裁性涉及仲裁协议的有效性要求，这个问题将在下文以及本书的其他部分进行讨论（特别是关于知识产权问题的部分）。[12]

2.3 基于国家法的仲裁协议

如下文中将解释的，仲裁协议的订立（存在）和有效性取决于适用的国家法。

2.3.1 行为能力

根据大多数司法管辖区的法律，由缺乏行为能力的当事人（例如，未成年人、精神上无行为能力或对法人的某些限制）签订的仲裁协议无效。这种无效的协议在《纽约公约》第Ⅱ（3）条中体现为"协议是无效、失效或不可能实施的"。[13]

有不同的方法用于确定适用于行为能力的法律，包括当事人的属人法和对实体规则的直接适用。[14] 依照《纽约公约》的有效原则（支持有效原则），底线是一项条款如在国际仲裁协议中加以歧视性或特殊行为能力要求，那么该条款不能被实施。[15]

有时，行为能力问题是针对国家或国家实体间签订的仲裁条约提出的。在现代国际仲裁实践中，确定的原则是，此类当事人不能依靠其自己的法律来对仲裁协议进行挑战，不过也有一些值得注意的例外，如美国和伊朗。[16]

2.3.2 仲裁协议的订立

前文解释过，《纽约公约》（以及其他相关协定）执行制度的实施预设的

---

[11] G. Born. International Commercial Arbitration [M]. Hague: Kluwer Law International, 2009: 257.
[12] 参见第4章。
[13] G. Born. International Commercial Arbitration [M]. Hague: Kluwer Law International, 2009: 627.
[14] E. Gaillard, J. Savage. Fouchard Gaillard Goldman on International Commercial Arbitration [M]. Hague: Kluwer Law International, 1999: 242-253.
[15] G. Born. International Commercial Arbitration [M]. Hague: Kluwer Law International, 2009: 629.
[16] G. Born. International Commercial Arbitration [M]. Hague: Kluwer Law International, 2009: 630 et seq.

前提是存在有效的仲裁协议。根据大多数国家的法律，关于合同的一般性条款可用于对仲裁协议进行管辖。

在实践中，大多数关于仲裁协议订立的争论涉及的是合意问题。一方当事人同意仲裁协议的常规做法是通过签字的方式表明的。不过，根据《纽约公约》第 II 条对执行性的要求，一方当事人也可通过其他方式表明其对要约的接受。合意可通过一方当事人的行为推断出来，比如对相关合同的直接执行，或者对相关合同执行的认可。在一些情况下，一方当事人对仲裁的接受可以从其在先对待对方当事人的行为中推出。[17]

进一步说，一方当事人可通过直接开始程序或参加仲裁表明对仲裁协议的接受，而不是对仲裁庭管辖权提出异议。在对大多数主要仲裁机构规则（包括《WIPO 仲裁规则》[18]）以及大多数国家的法律进行深思熟虑后，参加仲裁通常是放弃管辖权异议的结果。[19]

关于附合合同中仲裁协议的可接受性问题似乎会让国内法院产生分歧。特别涉及雇主和雇员的争议，一些持有不同观点的国内法院——包括显失公平——会认为这种仲裁协议无效或不可执行。[20]

不过在某些情况下，未参与商议仲裁协议的一方当事人也有执行该协议的充分理由。有这样一个案例，涉及软件开发商（申请方）和软件运营商（被申请方）的 WIPO 仲裁。其中，申请方使用被申请方的网站向后者发送了一份计算机程序。被申请方的网站提供了当事人之间的一份格式协议，其中包括了仲裁条款，规定根据 WIPO 加快仲裁规则对可能发生的争议提起仲裁。由于软件运营商处于美法系国家，对申请方而言，该国法院诉讼的费用过高，因此申请方基于仲裁条款在 WIPO 启动了仲裁程序。

该案例中还进一步包括辩论，即关于点击（通常在点击生效软件许可中）是否构成认可仲裁条款的有效方式。[21] 对"通过点击"所签订的仲裁协议的有效性进行考量，要区分两个常常（不适当地）被混为一谈的不同问题。对此，首先要分析"点击"是否构成表达当事人合意的有效方式。即使"点击"构

---

[17] G. Born. International Commercial Arbitration [M]. Hague：Kluwer Law International，2009：667，note 555.

[18] 参见第 36（c）条。

[19] 例如 UNCITRAL 示范法第 16（2）条。

[20] G. Born. International Commercial Arbitration [M]. Hague：Kluwer Law International，2009：674，820-826.

[21] 美国当局似乎认可这些协议的有效性。（G. Born. International Commercial Arbitration [M]. Hague：Kluwer Law International，2009：674.）

成明确当事人对仲裁合意的有效方式,还要考虑证据问题——一方当事人很可能会辩称其从未对仲裁表达过合意,可能是鼠标被幼童不小心按下。

还有一个已经讨论过的问题,即由于附合合同中仲裁条款的内容——如大部分的软件许可协议那样——这种合意是不是就是不生效或者无效的呢?

2.3.3 形式有效性

许多国内法院(特别是判例法国家)遵循《纽约公约》的做法,认为应当书面签署仲裁协议以满足形式有效性。[22] 然而,某些司法管辖区,如法国,认为口头仲裁协议也是有效且可执行的。[23] 在这种情况下,虽然此类口头仲裁协议有可能满足《纽约公约》的基本要求(即根据适用的国家法律的有效性和可执行性),外国法院也不能根据《纽约公约》对其强迫执行,因为其并不满足书面要求。[24]

2.3.4 仲裁协议的实质有效性

对于大多数合同,分析仲裁协议的有效性通常聚焦于是否存在无效的潜在理由。

正如我们讨论过的,《纽约公约》和其他国际协定规定了仲裁协议有效性的确定应当基于适用的国家法。大多数情况下,绝大部分的国家法律是根据普通合同制度来处理仲裁协议无效性问题。不同的法律体系下,无效性处理手段也大不相同,因此,试图对这种问题建立普遍适用规则是几乎不可能的。[25] 也就是说,对当事人试图使国际仲裁协议归于无效的主要理由进行讨论有着重要的指导作用。

基于大多数国家的法律,通过欺骗(或在大陆法所称的欺诈)得到的协

---

[22] 例如 UNCITRAL 示范法第 7 条。

[23] E. Gaillard, J. Savage. Fouchard Gaillard Goldman on International Commercial Arbitration [M]. Hague: Kluwer Law International, 1999: 370 - 372.

[24] 一个例子可能有助于说明这个问题。假设 A 公司(总部在法国)和 B 公司(总部在巴拉圭)的 CEO 在 A 公司律师的巴黎办公室召开会议,讨论与 A 公司著名化妆品商标有关的许可协议。B 公司的 CEO 急于赶回巴拉圭,所以双方以巴黎为仲裁地,根据"国际争议解决中心"(ICDR)提供的仲裁条款就所涉及的特许权使用费,达成了口头协议。B 公司的 CEO 表示后续将发送一封包含协议条款的电子邮件。在会议结束后不久,在没有通知 A 公司的情况下,B 公司开始在巴拉圭使用 A 公司的商标。A 公司迅速在巴拉圭就商标权受侵犯发起诉讼。B 出现在巴拉圭法院应诉,并声称《纽约公约》(2002年在巴拉圭实施)第 II 条下的仲裁例外情况。在这种情况下,虽然仲裁协议根据法国法律是有效的(并可在法国强制执行),但由于没有书面缔结的最终仲裁条款,巴拉圭法院没有义务保留或驳回 A 公司发起的诉讼。

[25] 例如,普通法系司法地区的错误概念有别于民法(大陆法系)国家,包括在符合有关测试所需的要素方面。

议无效。㉖ 鉴于仲裁条款的独立原则（下文将介绍），认为要使仲裁条款无效，欺骗要指向仲裁协议而不仅指向相关合同。㉗

虽然大多数国家的法律明显不同或者有细微差别，但错误签订的合同一般需要避免或会被宣告无效。根据独立原则，大多数涉及错误签订相关合同的主张都不能影响仲裁条款。不过，某些涉及仲裁程序的实质要件（比如仲裁结论）错误的主张有效。㉘

在大部分法律体系中，过分偏向一方利益的合同可以宣告无效。英美法系司法管辖区的"显失公平"原则体现了这种理念。㉙ 虽然某些大陆法系国家的"非常规损失规则"的范围要窄得多，但也是基于相似的政策考量。㉚ 根据独立原则，相关合同的片面性在原则上并不会影响仲裁条款。然而，根据一些国家的仲裁规定，仲裁条款在涉及仲裁员指派上对一方当事人授予了特权，那么可认为该条款无效。㉛

2.3.5 可仲裁性

在国际仲裁领域，可仲裁性一般"确定的是哪种类型的争议可以通过仲裁解决，以及哪种专属于法院管辖。"㉜

基于《纽约公约》，可仲裁性问题的处理并不是仲裁协议的有效性问题，而是国际执行的问题。㉝《纽约公约》第 II（1）条中确实也规定了"涉及可以仲裁解决之事项"的仲裁协议应当得到缔约国的承认。

理论上，所有"事项"都可以通过仲裁解决。但是，通常考虑到公共政策原因，从仲裁领域排除了将一些事项，比如刑事案件、家庭关系问题以及一

㉖ 例如，在这方面，法国民法典第1116条规定："如果一方实行的手段属于欺诈，将导致协议无效，因为显然如果没有这些手段另一方就不会签约。"（B. Nicholas. The French Law of Contract ［M］. 2 版. Oxford: Clarendon Press, 1981: 100.）

㉗ 例如 Prima Paint Corporation 诉 Flood & Conklin Manufacturing Corporation 案，388 U.S. 395 (U.S.S.Ct. 1967)。

㉘ 例如1972年4月13日 Ury 诉 Galeries Lafayette 案的判决，1975 Rev. Arb. 235.

㉙ 参见 S. Smith. Atiyah's Introduction to the Law of Contract ［M］. 6 版. Oxford: Clarendon Press, 2005: 308 – 313.

㉚ 参见例如奥地利民法典第934条和法国民法典第1674 ~ 1684条。也可参见智利民法典第1836条。

㉛ 例如比利时司法法典第1678（1）条。

㉜ A. Redfern, M. Hunter. Law and Practice of International Commercial Arbitration ［M］. 4 版. London: Sweet and Maxwell, 2004: 163.

㉝ 在这方便，有人说："无效协议和不可仲裁主体之间的区别产生重要的影响，既合同无效的规则可能适用（根据《纽约公约》第 V（1）(a) 条和第 II（3）条），在所有缔约国中，不可仲裁的争议规则原则上只适用于法律存在争议的缔约国（根据《纽约公约》第 V（2）(a) 条）。" G. Born. International Commercial Arbitration ［M］. Hague: Kluwer Law International, 2009: 761 – 762.

些经济纠纷，这不用说也能理解。

历史上，某些经济纠纷，如涉及反垄断和注册知识产权有效性的争议被认为是国内法院专属管辖的一部分。正如在第 4 章中详细介绍过的，这种陈旧的观点已经不再受到主流国际仲裁法律和实践的认可了。而且，还是在第 4 章中，在国际仲裁背景下，大多数涉及知识产权的争议（包括知识产权有效性问题）都可通过仲裁解决。

2.3.6 仲裁协议当事人

仲裁协议在原则上仅对相关协议的当事人有约束力。"当事人"一词，根据合同法的一般原则，包括受委托方。按照下文中将要讨论的某些原则或学说，源于一份仲裁协议的义务在某些情况下也会延伸至第三方。

2.3.6.1 公司集团原则

一些仲裁庭和国内法院将仲裁协议延伸到了公司集团中的第三方。尽管很多仲裁庭认可这一原则，❹ 但似乎仅有少部分司法管辖区的法院支持该学说，特别是法国的法院。❺ 英国法院却明确反对公司集团学说的应用。❻

考虑到适用的法律，一般而言，可以认为这种原则的应用取决于当事人意图以及所处环境，例如当母（或关联）公司（a）参与到对相关合同的谈判中；（b）在子公司或附属公司签订合同时对其进行控制；或（c）参与到协议的执行之中。❼

2.3.6.2 第二人格说

许多管辖地规定了这样的原则，当事人不应滥用其法人人格损害合同相对方利益。在这种情况下，国内法院会希望"刺破公司面纱"（译者注："刺破公司面纱"也可译为"公司人格否定"，是指在特定情况下，法律不顾公司法人的人格独立特性，追溯公司法律特性背后的实际情况，从而责令特定公司股

---

❹ 例如国际商会（ICC）第 4131 号临时裁决书，记载在 P. Sanders. Yearbook Commercial Arbitration（IX）[M]. Hague：Kluwer Law International, 1984. 131. 以及国际商会（ICC）第 6610 号临时裁决书，记载在 A. J. van den Berg. Yearbook Commercial Arbitration（XIX）[M]. Hague：Kluwer Law International, 1994：162.

❺ 例如 1983 年 10 月 21 日判决，Societe Isover – Saint – Gobar 诉 Societe Dow Chemical France, 1984 Rev. Arb. 98。

❻ 例如 Peterson Farms Inc. 诉 C&M Farming Ltd 案．[2004] 1 Lloyd's Rep. 603（Q. B.）。

❼ 参见 E. Gaillard, J. Savage. Fouchard Gaillard Goldman on International Commercial Arbitration [M]. Hague：Kluwer Law International, 1999：288. （"每一个仲裁协议的扩展都取决于当事双方的意图，而这只能根据各种情况来推断。"）同样参见 G. Born. International Commercial Arbitration [M]. The Hague：Kluwer Law International, 2009：1176. （"正确的理解是，公司集团理论是一种运用公认的代理原则的方式，并默示同意在现代多方商业交易中的仲裁协议，以使当事各方的真正目标和意图可以得到确定。"）

东直接承担公司的义务和责任。主要存在于英国判例法制度中。）而将不同的人作为单一实体对待。

在仲裁背景下，仲裁庭也希望"刺破公司面纱"并将仲裁协议延伸到第三方，通常是因为发现了欺骗或对诚信原则的损害。❸

2.3.6.3 公平和诚信问题

通常基于公平和诚信考量，一些国内法院❸虽方式不同，但均认为仲裁协议的非签约方不得要求作为第三方。在英美法系司法管辖区，是由"禁止反悔原则"体现这种考量的。基于相似的考量，某些大陆法系国家的法律原则规定当事人不能对其先前作出的行为进行否认，特别当受影响当事人有赖于该行为时（有时该原则被称为与其先前行为矛盾原则）。❹

在较高的层面上说，可以认为根据这些原则，当非签约方以当事人的身份参与到相关合同中时，其可能会受到仲裁条款的约束——特别是出现了其他可能不利于另一方当事人的结果时。

2.3.6.4 转让

根据不同的机制和适用的法律，当事人可能要"转让"其协议。转让情况在知识产权领域很普遍，因为在该领域，一项许可可能持续数年——通常涉及相关知识产权的整个有效保护期。

如果转让的协议中包含仲裁条款，根据某些国家的法律，会产生该条款是否会随着相关合同"迁移"的疑问。❹ 这种疑问，或部分疑问是源于仲裁条款的独立属性（独立原则）。为了预防可能出现此类问题，当事人有时对仲裁条款的自动转让提出明确的意见。

2.4 独立原则

上文说过，大多数仲裁程序源自仲裁条款（与之相对的是提交仲裁的协议）。关于此类条款，几乎所有的司法管辖区均认可仲裁条款独立且可从相关

---

❸ G. Born. International Commercial Arbitration [M]. Hague：Kluwer Law International，2009：1163 - 1164.

❸ 在美国，例如 Motorola Credit Corp.，388 F. 3d 51 - 53. 在瑞士，参见 Compagnie de Navegation et Transports SA 诉 Mediterranean Shipping Co. 在 A. J. van den Berg. Yearbook Commercial Arbitration（XXI）[M]. Hague：Kluwer Law International，1996：690，692.

❹ 参见 P. Leboulanger. Multi - Contract Arbitration [J]. Journal of International Arbitration，1996，13（4）：88.

❹ 参见 G. Born. International Commercial Arbitration [M]. Hague：Kluwer Law International，2009：1190.

合同中分割出的原则。[12] 而且,《纽约公约》中也是假定了仲裁条款的可分割性。[13] 虽然有一些细微差别,大多数的仲裁机构规则也确立了独立原则。[14]

UNCITRAL 规则在这方面有明确规定:"构成合同一部分的仲裁条款规定了根据本规则进行仲裁,该仲裁条款应当作为独立于该合同其他条款的协议对待。"[15]

至少一部分原则是依靠这样的观念,当事人通过签订仲裁条款约定了一种争议解决机制(在大多数情况下),该机制包含了所有源自或与相关合同有关的所有争议。照理说,为了使这种争议解决机制有效,应使其与其本身要解决的问题彻底隔离,并保护其不受这些问题的危害——如相关合同存在和有效性问题。[16] 如果没有独立原则,顽抗的当事人会通过主张相关合同的无效性而轻易摆脱仲裁协议的约束。

因此,使用独立原则的主要后果之一是,对相关合同进行不存在和无效性主张并不会影响到仲裁条款(反之亦然)。[17] 其他后果包括仲裁条款与相关合同所适用的法律或法规不同的可能性,以及相关合同终止了而仲裁条款依然存在。进一步讲,有时认为独立原则为仲裁庭自裁管辖原则的使用提供了基础。[18]

3. 仲裁协议:选择和撰写

3.1 介　　绍

前述几节介绍了对于了解国际仲裁协议效力很有必要的理论和法律原则。

---

[12] 例如 UNCITRAL 示范法第 7(1)条、1996 年英国仲裁法第 7 条、法国新民事诉讼法第 1442 条、意大利民事诉讼法第 808(3)条和瑞士国际私法第 178 条。在美国,一致的审判体系已经认同了独立原则,例如 Prima Paint Co. 诉 Conklin Mfg Co. 案,388 U.S. 395 (U.S.S.Ct. 1967)。

[13] G. Born. International Commercial Arbitration [M]. The Hague:Kluwer Law International,2009:390.

[14] 例如 WIPO 仲裁规则第 1 条、ICC 规则第 6(4)条、LCIA 规则第 23(1)条、AAA/ICDR 规则第 15(2)条以及瑞士国际仲裁规则第 21(2)条。

[15] 第 21(2)条。

[16] 参见 G. Born. International Commercial Arbitration [M]. Hague:Kluwer Law International,2009:350.

[17] 然而,有些情况下,主合同不存在或无效也可能触及仲裁条款。WIPO 仲裁的情况就是这样,被申请人认为签订主合同(包含 WIPO 仲裁条款)的个人没有任何权利代表其行事。因此,被申请人称没有就主合同或仲裁条款达成一致。

[18] 从这个意义上讲,一本重要的教科书陈述:"即使有人称主合同已经由于履行或某些干预事件而终止,一个独立的(或自主的)仲裁条款仍提供给仲裁庭一个决定其管辖权的基础。" A. Redfern, M. Hunter. Law and Practice of International Commercial Arbitration [M]. 4 版. London:Sweet and Maxwell,2004:195. 有人已指出,这样的结论并不完全准确,因为自裁管辖和独立原则背后的理念并不同。(G. Born. International Commercial Arbitration [M]. Hague:Kluwer Law International,2009:402-404.)

在实践中，当事人及其律师通常的关注点在其他（非常实际的）问题上，这些问题涉及对仲裁协议的谈判和签订。以下几节详细讨论了关于仲裁协议的选择、谈判和撰写的实务问题，着重强调了知识产权领域反复出现的一些问题。❶

根据当事人自治原则，当事人可以根据其认为适合的方式设计和组织仲裁程序中的大部分内容。特别是仲裁协议，当事人常常面临过多的选择，例如包括：（a）使用标准条款还是签订量身定制的仲裁协议；（b）向仲裁机构提出争议还是进行临时仲裁；（c）确定指定仲裁员的人数；（d）规定对仲裁员的资质要求；（e）规定仲裁庭裁决利息，如有的话，从裁决作出日起算的应计利息及其利率；（f）签订"单边"还是"可选"仲裁协议；（g）授予仲裁庭裁决费用的权利；（h）设立"备用"仲裁庭；（i）处理多方当事人情况以及合并问题；（j）解决多方情况和合并问题；（k）规定临时措施；（l）对参与到仲裁程序中的当事人和实体施加保密义务。下文将讨论其中的一些问题（特别是与知识产权仲裁相关的问题）。

但是当事人的自由也会引起作出错误决定的风险，原因可能是缺乏经验、草率或（令人遗憾的）妥协。

而且撰写有效的仲裁条款需要细致的工作。撰写拙劣或者"不理智"的仲裁条款，最差的情况是挫败当事人的仲裁意图，最好的情况也会引起持久而昂贵的合同解释争议。

3.2 哪种条款？

某些当事人——一般是参与到大宗交易的有经验的公司——有时会选择谈判并签订详细的量身定制的仲裁协议。其他一些当事人倾向于使用他们自己的模板仲裁协议。还有一些当事人选择不同仲裁机构预备的"格式条款"，通常包含这些对自己的仲裁机构规则的引用。

对于到底什么才是最理想的解决方式这一问题，并没有什么经验法则。一切都取决于如相关交易的复杂度、当事人用于谈判和撰写仲裁协议所能花费的时间以及一方当事人向另一方"强加""自己"条款的手段等之类的因素。

即便如此，解决这个问题也有一些实用窍门：如果当事人没有大量时间来谈判和签订协议时，不推荐起草量身定制的仲裁条款。在这种情况下，使用格

---

❶ 尽管正在编写的国际仲裁条款国际律师协会（IBA）指南仍是草案，但它们为起草仲裁条款提供了有用的指导。特别是，这份国际律师协会起草的文件包含了一些经过深思熟虑的示范条款，可以解决仲裁程序中可能出现的一些问题。

式条款是明智之举。在大多数情况下,这种格式条款的有效性已经被大量的实例验证过了,因此,其中使用的条款一般都能确保可行。

当事人也可使用仲裁机构出版的格式条款。作为备选,当事人可以使用为临时仲裁设计的格式条款,比如由 UNCITRAL 准备的,关于 UNCITRAL 规则的标准条款。[50]

这种格式条款的长度和细节各异。比如标准 ICC 仲裁条款就很简短,仅规定了仲裁协议中最核心的因素:

"所有源于或与当前合同有关的争议最后都应根据 ICC 仲裁规则由根据所述规则指定的一个或多个仲裁员解决"。

有的格式条款更为详细,涉及仲裁协议中的一些"非核心"因素。例如 WIPO 仲裁中心建议的仲裁条款中规定:

"任何由于或关于该合同以及日后对该合同的修改而产生的争议、争论或诉求,包括但不限于其构成、有效性、约束力、解释、履行、损害或终止,以及非合同诉求,都应根据《WIPO 仲裁规则》提交仲裁并最终由仲裁作出决定。仲裁庭应由【3 名仲裁员】【独任仲裁员】构成。仲裁地应为【指定地点】。仲裁程序中使用的语言应为【指定语言】。争议、争论或要求应当根据【指定司法管辖区】的法律作出决定。"

如果当事人使用的是 ICC 的格式条款,但没有在仲裁协议中引用"非核心"因素,这种问题要么由 ICC 仲裁庭确定(仲裁员的人数[51]和仲裁地[52]),要么由仲裁庭确定(仲裁语言[53])。没有法律选择条款时,仲裁庭将确定适用的法律或法规。[54]

有时当事人会对包含在引用中的相关规定进行修改或修订。虽然根据当事人自治原则这是可以的,但应高度注意。格式条款并没有多余的用语,即使对其进行看上去"很小"的修改或增加也会引起戏剧性的结果。举个例子,如果上文中的 WIPO 格式条款中最后一部分的第一句话修改为"都应根据 WIPO 仲裁规则提交仲裁并最终由仲裁作出非约束性的决定",那么该条款将没有效力。因为仲裁最重要的元素之一就是仲裁庭决定的约束力性质。在上面的例子中,不论性质如何,当事人都不会签订这样的仲裁条款,而是会提出第三人咨

---

[50] 在这方面,例如香港国际仲裁中心(HKIAC)已印制了一份修订的《联合国国际商事仲裁条款》模板,处理仲裁地设在香港而引发的特别问题。

[51] ICC 规则第 8 条。

[52] ICC 规则第 14(1)条。

[53] ICC 规则第 16 条。

[54] ICC 规则第 17(1)条。

询意见。而且，这种协议也不可能受益于《纽约公约》第Ⅱ条中的执行制度。

因此，理论上当事人应当避免对所选择的用于确定案件的仲裁机构规则作出实质性修改。如果发生了这种重大修改，就会存在修改的程序性规则不可行的风险。比如这样一个知识产权仲裁，本书作者之一也是该案的仲裁员，当事人达成一致意见：由独任仲裁员作出的裁决可上诉至三人仲裁庭。这是一种极其罕见的机制，也反映出某些知识产权拥有者对于国际仲裁缺少认识的问题（在大多数案件中并不如此）。上述条款中所提出的机制确实有极大的风险会导致出现问题，而且出现的问题会比他们想要解决的问题更复杂。重要的是，这个条款中没有对两个仲裁庭之间的管辖权关系作出详细规定。因此，很多问题都不明确，包括上诉仲裁庭在发现新事实后是否应当把案件发回独任仲裁庭进行重审？上诉在进行处理时，独任仲裁庭是否还保留其管辖权？以及如果独任仲裁庭在作出裁决后不能或不愿继续参与仲裁程序怎么办？[55]

另一个修改仲裁机构规则的潜在风险是相关机构可能会拒绝执行仲裁。例如，假设当事人修改了 ICC 仲裁员关于"依职权调查的费用，仲裁员的固定费用"，或 ICC 仲裁员对 ICC 裁决的详细审查以及认可的相关规则时，根据 ICC 规则，ICC 仲裁员会拒绝执行仲裁。[56]

3.3 临时仲裁还是机构仲裁？

当事人将争议提起仲裁时，首先要回答的问题之一就是选择临时仲裁还是机构仲裁。以下小节将对这两种类型的仲裁进行讨论，并且分析导致对其中一种作出选择的因素。

3.3.1 临时仲裁

在大多数情况下，临时仲裁的实施直接受到仲裁程序所在地的仲裁法的管辖。一般来说，大多数主要司法管辖区的仲裁法——包括施行 UNCITRAL 的地区——均为临时仲裁的实施规定了适当的框架。

不过，临时仲裁常常需要仲裁所在地法院的参与，这会将整个程序拖慢或者产生不能令人满意的结果。对于大多数的临时仲裁，例如当事人不能就独任仲裁员或首席仲裁员的指定达成一致时，可以要求司法协助。如果一项针对仲裁员之一的异议正在进行以及需要撤销一名仲裁员（例如，未能遵从他或她的职权范围）也是相同的情况。

---

[55] 特别是考虑到履行职责原则或"终止"仲裁庭的管辖权。

[56] G. Born. International Commercial Arbitration [M]. Hague: Kluwer Law International, 2009: 1123, note 284.

在多数司法管辖区，一般认为司法机构的行动较慢，因此对国内法院的依赖会拖慢仲裁程序的实施。关于仲裁员的指派，在多数情况下，对于指派具备必要的专业技能、解决涉及专业性问题争议，如知识产权争议的决策者，国内法院缺乏这方面的经验。

有一些可行的方法可以减少对临时仲裁的司法干预，特别是涉及仲裁员指定问题。一种方法是在仲裁协议中指定一个指定机构。大多数机构仲裁，包括WIPO仲裁中心，都能提供这种方法。这样，当事人就可以避免国内法院的参与，同时，相关机构的专业能力和经验对当事人本身也有利。[57]

另一个可行的方法是指定引用某些规则，将这些规则以引用的方式嵌入临时仲裁的仲裁协议中，从而使临时仲裁的实施和解决更为便利，特别如UNCITRAL规则。[58]除此之外，UNCITRAL规则还规定了指定仲裁员以及对仲裁员异议进行解决的机制。[59]

更进一步，临时仲裁的当事人自己要实施一些原本应当由仲裁机构进行的活动，例如直接与仲裁员讨论费用，或者处理许多组织性工作，包括要求当事人支付定金。

3.3.2 机构仲裁

当事人会将争议提交机构仲裁。在这种情况下，仲裁程序将根据所选择机构的规则进行，而这些规则是通过引用的方式嵌入当事人协议中的。[60]基于这些规则，相关机构将或多或少地参与到程序的实施中。

当事人想将争议提交机构仲裁时，他们通常使用的是相关机构提供的格式条款。[61]不过，在非标准条款中引用机构或其规则时，在多数情况下，也可有效规定采用机构仲裁。

一般来说，机构仲裁能使当事人克服临时仲裁的缺陷。可以说，对于某些核心问题，比如仲裁员的指定、对仲裁员的异议以及组织工作，大多数的机构及机构规则确实能提供"标准化的"优势。然而，除这些核心问题以外，不同的规则实质是不同的，包括关于相关机构的地位问题。

---

[57] 出于谨慎，在任何情况下，建议各当事方事先核实潜在指定的机构是否确实愿意履行这一职能。

[58] 联合国国际贸易法委员会制定了这些规则，对大多数的机构规则产生了重要影响——事实上，许多规则都是基于"联合国国际贸易法委员会国际商事规则"。

[59] 第5~14条。一般而言，应当指出，许多仲裁机构愿意根据《联合国国际贸易法委员会规则》管理仲裁。

[60] 参考的纳入原则在大多数司法管辖区得到承认，确实构成了机构仲裁的支柱。

[61] 大多数示范条款并没有表明仲裁应由相关机构管理，而争议应根据机构规则来解决。人们一致认为，这种提法需要有关机构的参与。

根据大多数规则——特别在指定了仲裁庭以后——管理机构的参与会变得相当有限。与大多数做法稍有不同的是，ICC 仲裁员在程序中的参与度比大多数其他机构都要大。ICC 仲裁的一些主要特点包括，需要 ICC 仲裁员对仲裁员的指定进行确认，需要 ICC 仲裁员批准程序中的"引用条款"，以及对仲裁裁决进行 ICC 正式审查。[12]

　　虽然大多数机构规则中没有给管理机构授予如此多的权力，但这一事实并不意味着非 ICC 仲裁中的机构的地位低或不相干。[13] 例如，WPIO 仲裁中心除对候选仲裁员提出建议以及针对仲裁员的异议作出决定，还为决策者提供指导，包括但不限于程序和仲裁实务、管辖权决定以及仲裁裁决的格式。

　　虽然许多仲裁机构规则效仿了 1976 年 UNCITRAL 仲裁规则，但其也存在许多不同之处，这些不同点导致当事人对一组特定规则（及相关机构）作出选择。这些不同点包括（a）对当事人施加保密义务（如 WIPO 和 LCIA 确实作出了规定；ICC 没有规定）；(b) 计算仲裁员费用的体系（如 ICC、SCC 和瑞士仲裁规则规定的是从价计征体系；WIPO 和 LCIA 规定的是计时费率）；(c) 仲裁机构费用的金额和计算（WIPO 使用的是根据争议涉及金额进行调整的固定收费系统；ICC 的费用是涉及争议金额的一定百分比，LCIA 的费用是以花费时间为基础进行收取的）；(d) 约定"引用条款"的必要性（如 ICC 和 CEPANI 仲裁）；以及 (e) 当事人无约定时指定仲裁员的方式（直接由仲裁机构指定（如 ICC 和 LCIA）或使用工作程序（如 WIPO））。

　　而且，一些仲裁规则还专门进行了调整以适应知识产权争议的需求，例如 WIPO 实施的规则，以及 AAA 实施的一系列规则。[14] WIPO 规则还特别包含了一系列条款，用于保护敏感信息披露和处理大部分 IP 争议中共同存在的证据问题。

　　对于"更小"的案件，当事人特别倾向于考虑所选择的仲裁机构规则所规定的精简或快速程序是否方便。比如 WIPO 和瑞士商会已提供了这种类型的程序。[15]

　　如上文讨论过的，在每次国际仲裁中，几乎都要从大量不同备选方案中进行选择。当事人选择临时仲裁还是机构仲裁，如果选择机构，用哪家机构以及

---

[12] 参见第 8 章。

[13] 对于国际商会（ICC）法院参与仲裁的利弊有一定程度的讨论。实践中，鉴于机构服务的广泛提供，当事方可以享受到根据其目标和关切选择机构的好处。例如，尽管可能会出现延误，但有兴趣在通知前审查裁决的一方可能希望选择 ICC 仲裁。

[14] 美国仲裁协会（AAA）专利仲裁规则。

[15] 参见第 8 章。

哪种具体规则，通常取决于实际情况，包括当事人的偏好、利益、需求（如保护敏感信息，或对于生命周期较短的知识产权需要快速解决）、目的、谈判力、涉案权利属性、文化背景等。

3.4 仲裁条款的范围

对于绝大多数案件，当事人会签订较宽泛的仲裁协议，大致包括了仲裁庭管辖范围内的合同和非合同问题。这样做的目的通常是在一个仲裁庭上就能解决当事人之间的所有争议。出于相同的目的，当事人有时通过引用的方式在独立的合同中嵌入仲裁条款。

即使当事人没有预见他们之间会产生非合同诉求，为解决源自合同关系的所有争议而设立单一争议解决机制也需要签订较宽的仲裁协议。比如被申请方成功主张了相关合同的无效性时，大多数剩下的要求将成为侵权的诉因。根据独立原则，大部分案件中的仲裁条款并不会因相关合同失效而受到影响。因此，如果仲裁条款的范围足够宽，仲裁庭仍然有对这些侵权诉求进行裁决的管辖权。如果不是这样的话，当事人只能在国内法院启动司法程序来获得对这些问题的判决。

许多司法管辖区的法律还允许当事人在合同和非合同救济中作出选择，如果这些合同和非合同救济来源相同。[66] 源自知识产权许可的争议就涉及合同和非合同问题。这是由于被许可方在许可范围外从事的活动会对涉案知识产权构成侵权，而且构成（在多数情况下）对许可的损害。因此，将仲裁条款的范围仅限定在合同问题上会剥夺知识产权拥有者在仲裁庭行使其权利的能力，同时也会分割仲裁庭的管辖权。

仲裁条款使用了不同的表达方式来确保其覆盖了涉及相关合同的所有争议。条款中往往表明"争议""争论"和/或"分歧"应通过仲裁解决。如今，大多数国内法院对这些用语作出了较宽的解释，大概意思是，只要使用这些词，那么所有源自相关合同的冲突就被仲裁协议覆盖。[67]

相关用语"源自""相关"和"涉及"也覆盖了所有类型的争议，包括非

---

[66] 例如，英格兰就是这种情况，如果这样做"不符合合同条款"，则追求侵权索赔的一般资格将不复存在。(H. Beale. Chitty on Contracts [M]. 29版. London: Sweet and Maxwell, 2004: 66.) 相比之下，在法国，由于非合并执行原则的优点，只要"申请人可以依赖合同补救办法，任何同时发生的侵权行为都被排除在外。"(I. Schwenzer, F. Mohs. Arbitration Clauses in Chains of Contracts [J]. ASA Bulletin, 2009, 27 (2): 216.)

[67] 参见 G. Born. International Commercial Arbitration [M]. Hague: Kluwer Law International, 2009: 1093.

合同争议。虽然过去有的国内法院认为"源自"一词应将仲裁条款的范围缩限为合同争议，不过这种解释已经被抛弃了，至少在国际仲裁上已经抛弃了。❽

考虑到知识产权争议经常会包括非合同问题，WIPO建议的格式条款使用了"任何源自'或与该合同相关的争议、争论或诉求"的行文，覆盖了特别宽的范围。

WIPO的格式条款还进一步清楚表明，这些争议、争论或诉求应包括"任何由于或关于该合同以及日后对该合同的修改，包括但不限于其构成、有效性、约束力、解释、履行、损害或终止，以及非合同诉求"。

不过也存在这样的情况，当事人想把某些特定问题从仲裁庭的管辖权中分出来。在知识产权背景下，本书作者曾经遇到过这样的仲裁条款，其中，当事人约定将除了无效性问题的所有相关问题提交仲裁决定，而将无效性问题提交相关知识产权所在司法管辖区的国家法院解决。

而且，在WIPO仲裁中心执行的一个案例中，插入关于消费品的许可协议的仲裁条款中规定了两个仲裁机构的参与。侵权问题的解决基于WIPO仲裁规则提交仲裁，所有源自同一相关合同的合同问题的解决提交给另一主要仲裁机构。这两个仲裁庭所在地是不同的。

当然不能说将仲裁庭的管辖权分开都是不明智的，因为一切都取决于案件的具体情况以及当事人的需求和目的。但是可以认为上面讨论的两个仲裁条款都不推荐。第一个仲裁条款可能反映了对仲裁程序中的知识产权"有效性"可仲裁性的潜在担忧。正如本书其他部分中曾讨论过的，主要司法管辖区的决定以及合理的解释说明都认为仲裁庭在多数情况下有解决知识产权无效性问题的管辖权，但只具有当事人内部效力（"属人的无效性"）。❾因此，将无效性问题（特别当没有认证时）从仲裁庭管辖权中排除，在绝大多数情况下对保持仲裁协议和后续程序的完整性/诚信不是必要的。而且，将一些问题分开处理会威胁当事人愿意用仲裁方式解决知识产权争议的目的：保证统一、专业和高效的争议解决方式。

此外，在同一程序中拒绝被申请方用无效性作为辩护主张有利于知识产权拥有者，这是由于知识产权拥有者在不同法庭用不同范围解释其知识产权——在仲裁庭用较宽的范围，在国内法院为了保护其知识产权有效性而解释为较窄

---

❽ 这是过去英国和澳大利亚法院的立场。参见 G. Born. International Commercial Arbitration [M]. Hague: Kluwer Law International, 2009: 1096.

❾ 参见第4章。

的范围。❼ 仲裁裁决已作出但还未解决对有效性的攻击时,仲裁庭认为适当的情况下可以考虑救济,由于与救济相关,因此不能完全排除仲裁庭对无效性攻击问题的考虑。

以上第二种条款应该属于令人遗憾的妥协处理方法,应当避免,原因如下。假设根据这样的条款,许可知识产权的拥有者(A)在 WIPO 仲裁中心启动了仲裁程序,声称被许可方(B)对 A 的知识产权有侵权行为。设想如果 B 在基于 WIPO 仲裁规则的仲裁启动后不久就向第二家仲裁机构提起仲裁请求,并且声明其行为是基于涉案许可,完全遵守了许可条款,因此没有对合同造成损害。涉及这两个仲裁的问题是如此紧密相关,以至于根本没有理由将其分别由不同机构主持的两个仲裁程序来解决,并且可能在两个不同的仲裁庭执行。如果根据这种安排,确实进行了两个相同的仲裁,由于相关问题之间千丝万缕的联系,每个仲裁庭都有超出其管辖权范围的风险,这样就可能引起基于超出诉愿理由提起的撤销和不执行异议。

3.5 选择仲裁地

在第 5 章中曾讨论过,现代国际仲裁中,对仲裁地的选择成为确定(大多数)程序问题的法律适用的一个(或唯一的)连结因素。而且,仲裁程序所在地决定了授权参与仲裁程序(例如涉及临时仲裁中指定仲裁员以及异议)以及在程序前提交撤销请求的法院。

从这个意义上来说,司法地点的选择一般与当事人有着最重要的联系。因此,强烈推荐当事人在其仲裁协议中对此作出选择。如果没有作出选择,将由仲裁机构或者仲裁庭确定仲裁地。❼ 选择的"程序性"法律对仲裁程序的管辖将对某些问题起决定性作用(比如依英美法系传统的时效性),此时,要确定仲裁地将成为极其困难的问题。

---

❼ 正是出于这个原因,在国际知识产权诉讼中,将两者分开是非常罕见的,而过去一些司法管辖区曾经为其作过规定,如日本在专利方面(曾规定法院不能直接对专利的有效性进行审理),但现在已经不再这样做了。虽然为数不多仍然这么做的司法管辖区之一是德国,在专利方面依旧如此(只能由专门的部门——德国联邦专利法院或欧洲专利局——来确定专利是否无效),但侵权法院可以在收到停止侵权的诉讼申请情况下,考虑对专利有效性的攻击,等待德国联邦专利法院的无效诉讼或欧洲专利局的异议结果,而完成无效和异议这两种程序所需花费的时间都比侵权诉讼要长得多。

❼ 机构根据以下规定条款确定仲裁程序地:WIPO 仲裁规则第 39(a)条、ICC 规则第 14(1)条、LCIA 规则第 16(1)条优先考虑伦敦作为可能的仲裁地:"未作出(仲裁地)选择的,仲裁地应为伦敦,除非 LCIA 仲裁庭在考虑所有的情况,并给予当事人发表书面意见的机会之后决定另一仲裁地更为合适。"根据 AAA/ICDR 规则第 13.1 条,该机构对仲裁地作出初步决定,而在任命仲裁庭后还可以对仲裁地作出修改。

当事人通常选择一个城市而不是一个国家来作为其仲裁地。这种选择比较方便，特别是涉及联邦国家或者一个国家中的不同地区有不同的仲裁法的情况下。比如，规定了英国（UK）作为合法仲裁地的仲裁条款很可能引起关于管辖仲裁程序的真正仲裁法的争论。在英国有两个不同的有效仲裁法：在英格兰、威尔士和北爱尔兰有效的1996年仲裁法以及在苏格兰有效的2010年仲裁法。

最后，要注意到在现代国际仲裁实践中，仲裁地或仲裁法定地并不同于进行程序的物理地点。当事人和仲裁庭确实有在不同于仲裁程序的法定地点以外开庭及会议的自由。

3.6 选择适用的实体法

此外，还推荐当事人选择能适用于争议实体问题的法律。这种协议（法律选择协议）独立于仲裁条款和相关合同。不过，为了方便，许多格式条款都包含了法律选择条款。[72]

现代国际商事仲裁实践中，大家一般已经接受了这样的观点，当事人对管辖法律的选择就是对一国实体法的选择，而不包括其法律冲突条款。[73]这意味着，如果新加坡当事人和美国当事人选择使用日本法律规则解决其可能出现的争议，那么仲裁庭应当直接适用日本法律对申请方提出的诉求作出决定，不应当用日本的冲突条款确定什么法律应当解决该争议。

《WIPO仲裁规则》也反映出这一主流做法：

"仲裁庭对争议实体进行裁决，应当依照当事人选择的法律或法律规则。除非另有说明，指定某一国的法律应当解释为直接指该国的实体法而不是指该国的法律冲突条款。"[74]

当事人未能作出选择的，寻找对实体问题适用法律的具体方法取决于仲裁是机构仲裁还是临时仲裁。如第5章中详细介绍过的，大多数的仲裁机构规则都详细规定了确定适用法律的方法。对于临时仲裁，仲裁员通常根据法律选择规则确定适用法律——该问题也在第5章中介绍过。

进一步讲，在国际仲裁中，对当事人选择实体法的资格一般没有什么限制——特别在公共政策问题上没有限制。但是在知识产权背景下，存在这样的

---

[72] 例如WIPO提出的示范条款就是这种情况。

[73] 一般可参见，A. Redfern, M. Hunter. Law and Practice of International Commercial Arbitration [M]. 4版. London: Sweet and Maxwell, 2004: 112-119.

[74] WIPO仲裁规则第59（a）条。

问题，即当事人的仲裁协议中约定了侵权、所有权以及知识产权的解释和有效性问题能够由"外国"法律解决，那么这种约定是否有效（比如选择德国法律对日本专利进行解释和说明）。第 5 章中讨论了此类问题。

当当事人的仲裁条款中包括了法律选择条款时，当事人可能想明确表达其对法律的选择是针对源自或与相关合同有关的争议，而不是仲裁协议本身。如果该条款不明确，仲裁庭可能认为当事人想要选择的是管辖仲裁协议的法律。[65]

而且，明智的做法是在撰写其法律选择协议时，使其与仲裁条款具有相同的范围，以免出现可能的"空白"。[70] 比如，一项法律选择条款规定依照一特定国家的法律对相关合同进行解释和说明，这种条款可能无法涵盖非合同问题。在这个问题上，更好的做法通常是规定任何提交仲裁的争议或争论都依照特定司法管辖区的法律进行处理。第 5 章中讨论了源自知识产权问题的法律适用具体问题。

3.7 仲裁员问题

3.7.1 选择仲裁员的人数

一般推荐当事人提前确定对争议作出裁决的仲裁员的人数。在第 7 章中将要讨论到，当事人在绝大部分情况下会选择 1 名或 3 名仲裁员。指定偶数个仲裁员可能会引起相持不下的局面。而指定多于 3 名仲裁员会延缓程序的进行、增加费用，同时引起组织方面的困难。

在仲裁中是选择 1 名还是 3 名仲裁员取决于所解决争议的特性，包括其复杂程度和涉案金额。[71] 在知识产权领域，相关合同的特性常常包括技术、涉案知识产权的属性和关联性、协议的领土范围以及涉案金额，这些因素能够对潜在争议的复杂程度作出很好的预测。

不过，在某些情况下，当事人很难预料到可能进行的仲裁程序的潜在复杂性或涉案金额。显然受到这种考量的引导，20 世纪中期 WIPO 中心执行的仲裁规定如果争议金额（结合索赔额和反索赔额）低于 200 万美元，那么该争议将由单个仲裁员裁决。如果争议涉及 200 万美元或更多，那么当事人可以指定 3 名仲裁员。不过这种方法远称不上完美，因为涉案金额并不是决定案件复杂性的问题因素。有的案子虽然涉及很大的金额，但案情相对简单。相反，也有

---

[65] G. Born. International Commercial Arbitration [M]. Hague: Kluwer Law International, 2009: 2211.
[70] 出处同上，第 2217 页。
[71] 参见第 7 章第 1.3 段。

涉及金额较少但极其复杂的案件。

如果当事人不想预测争议的潜在复杂程度，在一些情况下，他们可以避免在其仲裁条款中对仲裁员的人数作出声明。比如，ICC 标准仲裁条款就提供了这样的空间，其提出所有争议都应"根据（ICC）规则，指定一名或多名仲裁员"解决。

未约定仲裁员人数时，根据多数仲裁机构规则，仲裁机构有一定的自由度来决定人数。在这种情况下，大多数仲裁机构规则规定应由 1 名仲裁员作出裁决，除非案件的具体情况要求指定 3 名仲裁员。[78]

在未作出约定时，很多仲裁法都对应当指定的仲裁员人数作出了规定。UNCITRAL 示范法规定，当事人未能确定仲裁员人数时，应当为 3 名。[79] 相反，1996 年英国仲裁法规定"如果没有对仲裁员人数作出约定，仲裁庭应当由独任仲裁员构成"。[80]

3.7.2 仲裁条款中指定仲裁员以及要求

当事人应当避免直接将具体个人的名字写在其仲裁条款中。如果所选择的人拒绝指定，或者无法作为仲裁员，将认为该条款无法执行。

特别在一些专业领域，如知识产权和 IT 领域，当事人在其仲裁协议中提出具体的经验和专业要求并不鲜见。在原则上这样做是有用的，因其能有助于给出专家裁决意见。[81] 然而，当事人应当避免作出过分严格的要求，因为这会威胁到仲裁条款，如果没有人能满足当事人约定的要求，那么会导致仲裁条款无法执行或无法实施。[82]

此外，当事人还应避免作出主观性要求。与其要求仲裁员具有"相关"专利诉讼经验，当事人更应标明仲裁员，例如，应为注册欧洲专利律师。

最后，特定资格的提出需要深思熟虑。明显无关痛痒的程式化语言也会引起不清楚或令人困惑的要求。比如，2006～2007 年由 WIPO 仲裁中心主持的一

---

[78] 例如第 14（b）条，ICC 规则第 8（2）条、LCIA 规则第 5（4）条和 AAA/ICDR 规则第 5 条。相比之下，SCC 规则第 12 条规定："如果当事人尚未就仲裁员人数达成一致，则仲裁庭应由 3 名仲裁员组成，除非考虑到案件的复杂性、争议的金额或其他情况，SCC 理事会指定争议由一名独任仲裁员裁定。"UNCITRAL 规则第 5 条同样规定，当协议中未规定仲裁员数量时，指定 3 名仲裁员。

[79] 第 10（2）条。类似可参见 1999 年瑞典仲裁法第 13 条。

[80] 第 15（3）条。

[81] 例如，在 2009 年由 WIPO 管理的一项仲裁中，当事双方在数据服务处理协议中修改了 WIPO 示范条款，并同意从具有"信息技术经验"的人员名单中指定仲裁员。这一模式在实践中运作良好，因为当事方能够迅速指定一名在争议的实质领域拥有专门知识的独任仲裁员。

[82] UNCITRAL 示范法第 12（2）条规定："如果仲裁员不具备当事方认可的资格……可对仲裁员提出挑战。"

个案例中，仲裁条款规定，指定解决特定侵权问题的仲裁员"应在欧洲专利法方面有专长"。虽然在实际案例中，当事人并未就该问题作出辩论，但这一规定仍然引起了大量关于"欧洲专利法"含义的争论，这是因为关于侵权问题，并没有这种法律的单一实体。

3.8 语　　言

建议当事人在仲裁条款中对仲裁程序的实施所使用的一种（或多种）语言作出选择。这不仅能提前预防对该问题的争论，还在一定程度上使当事人有可能对仲裁员的背景作出选择。

没有对语言作出选择时，一些机构规则，如 WIPO 仲裁规则和 LCIA 规则，规定仲裁程序的语言应当为仲裁协议的语言，除非依仲裁庭就案件的具体情况要求选择不同的语言。[83]

当事人未作出选择时，国家仲裁法律通常为仲裁庭对程序语言的决定提供了自由裁量权。[84]

3.9 程序组合

有时，当事人会约定将不同的争议解决机制与仲裁组合在一起。这种约定，有时成为自动条款或多层争议解决条款，提供了不同的争议解决阶段，当其中一个失败时，就启动另一个。

最常见的组合包括由当事人直接协商（"冷静"阶段）或调解构成的第一层级。如果当事人未能在该在先阶段中解决争议，他们就会采用第二判决层级——仲裁或诉讼。

即使当事人未能解决争议，自动条款通常也很有用，特别是第一层级中包括调解的时候。在调解阶段的坦诚交流，能使当事人解决一些问题（从而缩小了争议范围）或者理解对方的想法和目的。第 11 章将对使用调解解决知识产权争议进行详细讨论。

3.10 优化机构规则

为了加快仲裁的解决速度，当事人有时在其仲裁协议中对已有机构规则中

---

[83] WIPO 仲裁规则第 40（a）条和 LCIA 规则第 17 条。AAA/ICDR 规则第 14 条规定，协议的语言应与"包含仲裁协议的文件"相同。ICC 规则的做法略有不同，因为在未作选择的情况下，仲裁庭将根据案件的情况，包括主合同的语言（ICC 规则第 16 条），确定仲裁程序的语言。

[84] 例如 UNCITRAL 示范法第 22 条。

规定的程序进行了修改（如对某些程序阶段的分配，对提交仲裁规定更短的时限、对仲裁庭所在机构设立条款，并对做出裁决的时间作出了限定）。

例如，2009 年由 WIPO 仲裁统一处理的一个工厂仲裁案中，当事人（双方都在英美法系司法管辖区）优化了 WIPO 加快仲裁规则中预设的程序，他们约定（a）所有文件均不公开；（b）应在程序开始后 60 天内组成合议庭；以及（c）应在程序结束后 10 天内做出裁决。双方当事人均在程序的进行中全力配合，所有仲裁协议中规定的时限都得到了充分满足，所以，该争议仅在程序开始后的几个月内就解决了。

尽管如此，一般来说，对仲裁规则的优化，特别以写入仲裁协议的方式，需要慎重从而避免不现实的设置。至少当事人应该明确授予仲裁庭以权力，使仲裁庭能延长一些仲裁协议中提出的时间限制。即使相关规则允许仲裁庭或仲裁机构在程序进行的过程中能够延长一些时限，但是也有争论关于当事人在调整相关时限时是否剥夺了仲裁庭或仲裁机构的这种权力。而且，当事人应该避免省略相关机构认为重要的一些程序性步骤。前文中曾表明，一些仲裁机构会避免对执行这种步骤的仲裁进行主持。❺

3.11 多方当事人问题

多方仲裁因现代商业交易的复杂性而变得愈加普遍。当事人就争议存在时进行多方仲裁达成一致时（例如涉及多个当事人的单一协议，或者涉及不同当事人的多个相关协议），建议当事人提前考虑可能进行的仲裁程序会导致的潜在问题。其中一个问题是当事人约定了三人仲裁庭时的仲裁员指定问题。在涉及两方当事人的争议中，通常双方均有权指定一名仲裁员。而当涉及三方或更多方当事人的情况下，又没有相关机构规则的具体指导❻，为了避免可能的程序公平问题❼，例如，当事人会希望明确约定所有代表一方的实体应联合指定一名仲裁员，或者指定官方机构对仲裁庭的所有成员进行提名。

---

❺ 参见 G. Born. International Commercial Arbitration [M]. Hague：Kluwer Law International，2009：1123，note 284.

❻ WIPO 仲裁规则第 18 条在这方面提供了详细指导。还可参见 ICC 规则第 8.4 条和 LCIA 规则第 8 条。

❼ 在 Dutco 仲裁（1998 年国际商会规则颁布之前做出）中，国际商会（ICC）法庭要求两名被申请人共同指定一名仲裁员。而被申请人认为，ICC 的裁决侵犯了他们各自提名一名仲裁员的权利，并成功地在法国最高法院对该裁决提起了上诉（BKMI and Siemens 诉 Dutco 案，French Cass，Civ. 1ere，1992 年 1 月 7 日，［1993］ICCA Congress Yearbook，140 - 142）。

3.12 与知识产权争议仲裁条款相关的具体问题

3.12.1 保密性

第9章将会介绍，当事人一致同意参加仲裁程序并不意味着一定负担保密的义务。而仲裁在以下条件下确实是保密的：(a) 当事人明确约定该义务；(b) 适用的规则要求当事人尽到保密义务；或者 (c) 适用的法律（通常为仲裁地法律）要求当事人尽到保密义务。只有很少的机构规则（如 WIPO 和 LCIA）要求当事人尽保密义务。也只有少数司法管辖区对这种保密义务作出了规定。

因此，除非当事人认为相关机构规则或适用的国家法律（通常为仲裁地法律）对其提出的保密义务要求已经足够，当事人若要想保护敏感知识产权信息，应当在相关仲裁协议中加入对保密性作出规定的条款。

当事人若想保密，在对仲裁协议进行协商时，要考虑对保密义务的讨论是否覆盖了以下方面：(1) 关于仲裁程序存在的信息；(2) 程序中提交的陈词和答辩；(3) 程序中当事人提交的证据；以及 (4) 仲裁裁决。[88]

当事人出于不同目的，对以上所有或部分相关问题作出保密或不保密的决定。当事人想避免"负面宣称"时，他会希望禁止对仲裁程序的存在所进行的披露。比如，许可方不会希望其非独占许可的被许可方知道他与其他非独占许可的被许可方之间存在争议。

一些当事人也许并不是特别在意争议是不是被披露，只是不希望其中的某些内容或当事人的主张被公众得知。例如，一项重要知识产权的拥有者不会希望仲裁被申请方对相关专利权提出的"属人的无效性"的主张。

进一步，在涉及知识产权的许多争议中，当事人提出的陈词和答辩中往往包含敏感或所有权信息（或对这种信息的引用），而这种信息的公开披露将无法挽回地危害到当事人的知识产权所有权。

证据问题可能是撰写仲裁协议时需要重视的问题。在许多知识产权案件中，一方当事人必须通过披露保密信息以证明其主张。例如，假设申请方主张，由于被申请方使用了受许可保护的方法而未缴许可费，因此损害了许可协议。被申请方有可能主张其使用的是自己的方法。此时，极有可能被申请方必须披露相关信息以证明其辩护。如果这些信息公开了，那么被申请方将失去与该信息相关的所有可能的知识产权保护。

---

[88] 参见 D. Bishop. A Practical Guide for Drafting International Arbitration Clauses [J]. International Energy Law & Taxation Review, 2000 (1): 30–31.

而且，如果当事人一致同意公开文件，或者合议庭授权一定程度的文件公开，很有可能当事人要在程序中引入敏感商业信息。

最后，仲裁裁决也会包含程序中披露的关于陈词、答辩和敏感信息的某些信息。

在第9章中将要讲到，当事人同意受保密义务约束的事实并不能阻止特定披露，例如，法律要求的披露或者仲裁裁决的执行。

3.12.2　可仲裁性

正如第4章中讨论过的，在多数情况下，对某些知识产权争议的不可仲裁性的潜在忧虑被过分夸大了。大多数对知识产权可仲裁性的异议（大多数来自学界）是关于无效性问题的裁决。首先，以WIPO的经验看，并非所有知识产权仲裁的当事人都会讨论到这种问题。其次，如第4章所述，即使无效性问题十分重要，在绝大多数情况下，考虑到仲裁裁决的当事人内部效力，实际操作中并不会有突出的可仲裁性问题。

不过，如果当事人担心出现知识产权可仲裁性问题（例如，如果需要在一国执行裁决，而该国颁布的法律明确禁止了对某些问题（通常为无效性）的仲裁），那么可以在其仲裁协议中提前拟定措施。

一种可能的解决方法是，当事人一致同意，所有关于相关知识产权"无效"主张的问题，都以相关知识产权对被申请方（或反申请人）无执行力的主张同等对待并裁决。另一种可能的解决方法是，在仲裁条款中约定，如果仲裁庭认为所主张的知识产权"无效"，这种断言能使赢得无效异议的一方在涉案知识产权的整个有效期内享受付清许可费的免费许可。

或者，当事人也可事先约定，由仲裁庭对无效性问题（或任何会引起可仲裁性担忧的潜在问题）以及责任问题（或者通常的救济措施）分别作出部分裁决。

3.12.3　上诉机制

如第3章所述，有人持有这样的观点，认为国际仲裁的终局性原则是有问题的，特别是涉及关键知识产权的情况。正如前文中解释过的，在多数情况下，这种观点一定程度上来自对仲裁程序的误解。

即便如此，当事人在理论上也有至少两种方式促成对一份仲裁裁决的实体问题进行复审。第一种，当事人可以约定仲裁上诉机制。不过，就像上文中解释过的，除非当事人有强大的撰写功力，否则这种机制的相关约定条款将成为"有缺陷的"或者无法实施的仲裁条款。

第二种可选择的方式是，为复审裁决中的实体问题而诉诸国家法院，不过，关于实体问题，不可能在程序所在地进行撤销行为。[89] 而且，绝大多数的机构规则中规定放弃向国家法院提交上诉的权利。[90] 因此，当事人若是想要向国家法院提起上诉，只能违背相关仲裁规则中的条款，在多数情况下还要"扩大"提出撤销的可能理由。

不过，国家法律未规定对裁决的实体问题进行上诉时，一些法院认为规定了扩大的司法复审的协议无效。举个例子，美国联邦最高法院在 2008 年的 Hall Street Assoc., LLC 诉 Mattel, Inc 案[91]中认为，当事人不能依联邦仲裁法案扩大撤销裁决请求（vacatur）的理由。

与绝大多数国家仲裁法不同，1996 年英国仲裁法第 69（1）条中对就英国法律的实体问题进行的上诉作出了如下规定：

"除非当事人另有约定，仲裁程序的一方当事人（经通知其他当事人和仲裁庭）可就仲裁程序中所作的裁决的法律问题向法院提起上诉。"

对大多数案件，包括涉及知识产权的案件，出于一系列原因，我们并不推荐当事人向国家法院提起上诉。首先，这种上诉为对仲裁程序的结果进行司法干涉打开了大门，这种情况会对国际仲裁的根本以及当事人提交仲裁解决争议的意图产生不利影响（也就是避免"司法的事后猜测"）。其次，在国家法院提起上诉，不仅拖长了程序的周期，还会极大增加费用支出——况且还要考虑到对裁决作出的上诉判决还会导致进一步的上诉（或者依大陆法称为"上诉追索"）——正如在 1996 年英国仲裁法中明确规定的。[92] 最后，考虑到《纽约公约》的设置，一方当事人即使成功地针对一份仲裁裁决的实体内容提起了上诉，该份裁决仍然可以在其他公约国得以执行。Putrabali 诉 Rena 案[93]就是这种情况，法国最高法院执行了一份裁决，而在此之前该裁决已经在英国法院根据 1996 年英国仲裁法成功上诉了。

基于前述考量，可以看出将仲裁和司法复审结合起来的弊端是当事人将上诉置于仲裁的诸多潜在优势之上考虑了，如果当事人是这样考虑的话，他们就应该选择诉讼而不是仲裁。

---

[89] 正如第 10 章第 3.3.2 节所讨论的，在许多国家撤销仲裁裁决的理由反映在根据《纽约公约》第 V 条的"拒绝承认"中。至关重要的是，根据该公约，东道国的法院不允许对外国仲裁裁决的好坏作实体审查。

[90] WIPO 仲裁规则第 64（a）条、ICC 规则第 28（6）条和 LCIA 规则 第 26（9）条。

[91] 美国联邦最高法院判例 128 S. Ct. 1396（U. S. S. Ct. 2008）。

[92] 英国仲裁法第 69（8）条规定："法院对根据本节提出的上诉作出的决定，应被视为法院为进一步上诉而作出的判决。但是，除非法院认为该问题是普遍重要的，或因其他特殊原因而应由上诉法院审议，否则这种上诉不会得到法院的允许。"

[93] Cass., 1ère civ., 29 Jun. 2007.

基于同样的原因，进一步看，当事人要想确保受 1996 年英国仲裁法管辖的仲裁的终局性，就会希望确保排除基于该法第 69 条提出的上诉。不过大多数的仲裁规则中已经满足了对这种上诉的排除。比如，WIPO 仲裁规则第 64 (a) 条（译者注：2004 年 6 月 1 日起实行的第 66（a）条）规定了"当事人约定按照本规则进行仲裁，即保证毫不延迟地履行裁决，依据适用法作出有效放弃，即放弃向法院或其他司法当局提出任何形式的上诉或起诉的权利。"[94]

在受到 1996 年英国仲裁法管辖的临时仲裁中，当事人若要获得终局性，即使仲裁程序依照 UNCITRAL 仲裁规则进行，也应当明确正式约定不受第 69 条的约束。在 2009 年一起案件中，英国商事法院认为 UNCITRAL 仲裁规则第 32（2）条（其中"仲裁应当……终局且约束双方当事人"）并不意味着放弃依第 69 条提出上诉的权利。[95]

3.12.4　备用仲裁庭

知识产权授予的独占性权利使得侵权救济的形式通常为永久禁令。

虽然并未排除永久禁令或实际履行措施，但一般来说基于《纽约公约》建立的国际商事仲裁框架主要是针对损害赔偿的处理进行的设计。如果满足了《纽约公约》关于外国裁决执行的要求，胜诉方能够在不同司法管辖区收取损害赔偿，直至达到赔偿额或者败诉方资产耗尽。换句话说，在每个相关司法管辖区，对损害赔偿的执行通常为一次性行为。

与此相反，永久禁令需要在一定时间后在不同国家重复执行。以商业秘密为例，商业秘密可能是无限期的——只要在相关信息保持"秘密"的状态下就能享受保护。如第 10 章中解释的，在一些国家，不存在对不遵守仲裁庭所发禁令的败诉方进行惩罚的法院制裁（即在英美法系国家中所谓的民事藐视法庭罪）。

而且，在多数情况下，胜诉方要求执行裁决时，相关仲裁庭可能已经不存在了（这就是通常所说的发出最终裁决后仲裁庭履职期满）。这样，当胜诉方想要对破坏永久禁令的行为提出损害赔偿时，只能重新启动新的仲裁程序。[96]

此外，仲裁裁决作出的永久禁令的内容和范围也会引起争议，如禁令如何解释和遵守。败诉方确实也会有正当理由拒绝遵守永久禁令，例如该禁令超出了仲裁中主张的知识产权的范围。

---

[94]　类似地，例如 ICC 规则第 28（6）条和 LCIA 规则第 26.9 条。

[95]　Shell Egypt West Manzala GmbH and Shell Egypt West Qantara GmbH 诉 Dana Gas Egypt Limited (formerly Centurion Petroleum Corporation) [2009] EWHC 2097 (Comm).

[96]　相关的仲裁条款很可能会管辖这些新问题。

这些可能发生的问题都可以通过设立一个保留管辖权的仲裁庭解决，该仲裁庭能够处理所有永久禁令导致的潜在争议（"备用"仲裁庭）。当事人如果预见在执行永久禁令的过程中有必要，就可以考虑在其仲裁协议中设立这样的备用仲裁庭。[17]

---

[17] 在知识产权方面，"备用"仲裁庭的一个著名例子是 IBM 诉富士通仲裁案。在该案中，当事双方同意在达成协议的整个期限内设立一个备用仲裁庭。（R. Mnookin. Creating Value through Process Design [J]. Journal of International Arbitration, 1994, 11 (1): 125 – 132.）

第 7 章
仲裁庭

1. 仲裁庭的设立

1.1 仲裁中最重要的阶段之一

多数情况下,仲裁庭是当相关争议出现后由当事人指定的临时裁判机关(相对于常设机构或预设机构而言)。由于大多数由仲裁庭作出的裁决为终局性的(无对实体问题的上诉),因此对仲裁员的选择和指定成为国际仲裁中最重要的步骤之一。❶

1.2 仲裁员的人数

绝大多数国际商事仲裁中,当事人要么指定 1 名,要么指定 3 名仲裁员。指定 2 名(或是任何偶数)或超过 3 名仲裁员的情况极其少见,但在国际仲裁解决知识产权争议的案件中也不是完全没有这种情况。❷

不过,如指定由偶数个仲裁员组成的仲裁庭,当仲裁员之间无法达成一致

---

❶ 正如第 8 章第 5.2.3 节所解释的,仲裁员的任命通常在当事双方交换仲裁请求并回应仲裁请求之后进行。

❷ IBM 诉富士通仲裁案是知识产权争端提交(在程序开始后)给两人仲裁庭裁决的一个例子。1976 年,富士通推出了 IBM 兼容的操作系统。1983 年,IBM 宣称富士通的软件侵犯了 IBM 的版权保护。经过数月谈判后,双方达成和解协议,其中包括一个仲裁条款规定了三人仲裁庭。由于双方之间的进一步分歧,IBM 于 1985 年开始对富士通发起了仲裁程序。根据双方的协议设立了三人仲裁庭。然而,1987 年,首席仲裁员辞职。双方不同意任命新的首席仲裁员,而是同意仲裁庭在剩余两名仲裁员的情况下继续运作。(R. Mnookin. Creating Value through Process Design [J]. Journal of International Arbitration, 1994, 11 (11): 125 – 132.)

意见时会引起问题。❸ 虽然僵持不下的局面可以通过指定一名公断人来解决，但是这种处理方式可能拖延程序以及仲裁员将无权在程序进行中发挥主导作用而遭到批评：

> 仲裁员来自不同国家时，有可能相隔万里且存在数个时差，很多时间都浪费在试图——或无法——选出合适的公断人上。一旦启动了仲裁，由哪个仲裁员主持审理呢？❹

事实上，一些国家的法律确实禁止指定偶数个仲裁员。❺

进一步地，对多数涉及知识产权争议的国际仲裁，无论这个案件有多复杂，涉案金额有多高，指定多于3名仲裁员既不适当，也不推荐这么做：

指定越多的仲裁员，在程序中就可能有更严重的拖延和更高的支出。即使对于最重要的案件，谨慎选择3名适当的、够格的仲裁员也能够圆满处理争议中的问题。❻

1.3　1名还是3名仲裁员

指定1名或是3名仲裁员取决于多种因素，包括争议的复杂性、涉案金额、快速解决的需要、当事人的多元化背景以及可能对案件产生影响的司法体系的数量。对于一些知识产权争议，还有别的因素需要考虑，例如技术的复杂性、涉案权利属性以及相关权利授权国的数量。

一般而言，对"小"案子指定独任仲裁员似乎更适当：费用通常较低且案件可能在较短的时间内就得到解决。❼

对于复杂的争议，三人仲裁庭可能更合适。这种替代选择，较之其他选

---

❸ 参见 G. Born. International Commercial Arbitration [M]. Hague：Kluwer Law International, 2009：1359.

❹ A. Redfern, M. Hunter. Law and Practice of International Commercial Arbitration [M]. 4版. London：Sweet and Maxwell, 2004：219.

❺ 这种情况，例如，在比利时（司法法典第1681条），法国（关于国内仲裁，法国新民事诉讼法典第1453条）和意大利（民事诉讼法典第809条）。

❻ A. Redfern, M. Hunter. Law and Practice of International Commercial Arbitration [M]. 4版. London：Sweet and Maxwell, 2004：221.

❼ 例如，出于这个原因，WIPO快速仲裁规则规定在所有情况下任命一名独任仲裁员。仍可参见 G. Born. International Commercial Arbitration [M]. Hague：Kluwer Law International, 2009：1355. 实际上，当事方有时为设立三人仲裁庭设定了门槛。实际上，如果在2006年向WIPO提交涉及软件许可争议的案件，三人仲裁庭的门槛金额设为200万美元。当然，争议的金额并不一定决定案件的复杂程度。

择，能让各方当事人指定其认为合适的仲裁员来解决争议。❽ 对于一些知识产权争议更是如此，其中，对案件事实的了解要求特别的技术或学科专长。

指定三人仲裁庭还进一步保证当事人将不同经验、法律技术专长以及语言技巧结合起来。❾ 在知识产权领域，这种可能性尤为有用，因为不仅能让当事人将仲裁经验和技术专长结合起来，还能应对潜在的缺乏相应素质的决策者的局面。❿ 对某些案件而言，将这些技巧有效结合起来需要指定一名熟悉涉案技术的首席仲裁员。其他考量（包括策略性考量）可能使当事人优先考虑其他的技巧。

如前文所述，一些知识产权从业者认为国际仲裁的终局性可能会损害重要涉案知识产权（可能是一家公司的"顶尖业务"）拥有者的利益。虽然这种观点并不完全准确，特别对于无效性问题而言。⓫ 为防止对涉案知识产权作出夸大或无正当理由的裁决，当事人最好的做法之一就是指定由有经验的从业者组成的三人仲裁庭。

相应地，考虑到案件的具体情况，这些潜在的好处会证明提交三人仲裁庭解决争议所增加的支出和时间（与独任仲裁庭相比）是值得的。⓬

1.4 指定方法

有许多方法用于指定仲裁员，包括当事人约定，由管理机构、指定机关和国家法院指定。如下文中讨论的，对独任仲裁员和首席仲裁员（在三人仲裁庭中）的指定采用的是相似的机制。对三人仲裁庭中另外两位仲裁员的指定采用的方法不同，将在单独的小节中介绍。

1.4.1 独任仲裁员和首席仲裁员的指定

1.4.1.1 由当事人指定

这是当事人指定仲裁员最普遍的方式。在知识产权背景下，这种方法的优

---

❽ 参见 A. Redfern, M. Hunter. Law and Practice of International Commercial Arbitration [M]. 4 版. London：Sweet and Maxwell，2004：219.

❾ 参见 G. Born. International Commercial Arbitration [M]. Hague：Kluwer Law International，2009：1355.

❿ 参见 S. Walker, A. I. Garcia. Highly‐Specialised International Arbitration‐How Many Arbitrators Are Really at Large？[J]. Transnational Dispute Management，2008，5（4）（www.transnational‐dispute‐management.com/，2010 年 6 月 10 日）.

⓫ 正如第 4 章所讨论的，在绝大多数情况下，仲裁庭不具有依据普遍效力无效宣告知识产权的权力。因此，在大多数情况下，涉案知识产权的"命运"在仲裁程序中不会受到威胁。

⓬ 参见 G. Born. International Commercial Arbitration [M]. Hague：Kluwer Law International，2009：1355－1356.

势是，当事人能够指定拥有特定技术和/或法律专长从而理解案件的事实和法律背景的人担任仲裁员。

当事人可以在仲裁条约中约定仲裁员的名字，但这种做法并不推荐。如果该提名人员拒绝了指定，或者无法接受指定，那么根据《纽约公约》第Ⅱ条，仲裁协议将被认为"无效或无法执行"。[13] 出于这种原因，一般在争议出现后再讨论仲裁员的指定更有优势。

对任何个人的指定显然都需要他或她的同意，一般建议是获得书面同意。

当事人无法就仲裁员的指定达成一致的情况下，就需要第三方的协助。下文将介绍，该第三方取决于仲裁的类型。在机构仲裁中，第三方通常为该机构本身。在临时仲裁中，或是相关指定机关，或是国家法院来对仲裁员进行指定。

1.4.1.2　机构仲裁中的指定

在机构仲裁中，如果当事人未约定，相关机构一般具备指定独任或首席仲裁员的权力。许多机构在指定仲裁员上都有一些自由度，例如基于 ICC[14]、LCIA[15]、AAA/ICDR[16] 和 SCC[17] 的仲裁规则。

当事人未能就仲裁员指定达成一致的情况下，WIPO 仲裁规则第 19 条提供了"列表程序"。[18][19] 简单来说，这种程序考虑了以下步骤：

（1）WIPO 仲裁中心向各方当事人发出一份相同的、包含至少 3 名候选人姓名的名单，姓名按字母顺序排列。[20]

（2）当事人有权删除其反对指定的任何候选人的姓名，对任何剩余的候选人，应当用数字标明优先顺序。

（3）考虑到当事人的喜好和反对意见，中心将邀请名单中的一位担任独任或首席仲裁员。

（4）如果返回的名单中没有双方当事人均可接受的仲裁员人选，则独任仲裁员或首席仲裁员由中心指定。

---

[13]　出于同样的原因，如下所述，各方应避免在其仲裁协议中列出对指定仲裁员的过分限制性要求。
[14]　第 9（3）条和第 9（4）条。
[15]　第 5.5 条。
[16]　第 6 条。
[17]　第 13（2）条。
[18]　该"提名征询程序"大体上遵循了 UNCITRAL 仲裁规则第 6 条中的规定。
[19]　虽然 WIPO 仲裁中心没有义务在所有情况下都遵守"提名征询程序"，但通常会这样做："……中心如果依其裁量权认定案件不适合'提名征询程序'，有权以其他方式指定独任仲裁员或首席仲裁员。"（WIPO 仲裁规则第 19（c）条）
[20]　根据 WIPO 资料，这份名单上的建议人名通常来自 WIPO 仲裁中心的数据库，其中包含"1500 多名具有解决争议经验和知识产权纠纷专业知识的中立人士"的名字。参见 http：//www.wipo.int/amc/en/center/background.html，2010 年 6 月 11 日。

鉴于其经验和联系，考虑到争议的特点，仲裁机构常常处于指定适当仲裁员的位置。[21]

1.4.1.3 指定机关

主要在临时仲裁中，如果当事人未能对仲裁员的指定达成一致，当事人就可要求（而为将其争议提交机构规则）仲裁机构或第三方指定仲裁员。而且，许多仲裁机构也随时作为指定机关。[22]

如果没有关于指定机关的约定（或者没有机关能满足需要），UNCITRAL仲裁规则规定了"每一方当事人都可要求海牙常设仲裁法院的秘书长指派一个指定机关"。[23] 根据UNCITRAL仲裁规则，指派的指定机关可以使用一种列表程序——与WIPO仲裁规则第19条的规定十分相似——指定相关仲裁员。[24]

1.4.1.4 共同仲裁员的指定

对于三人仲裁庭，有时当事人指定的仲裁员可以选择首席仲裁员。这种机制要么是当事人明确约定的，要么是相关规则中规定的（例如WIPO仲裁规则[25]和UNCITRAL规则[26]）。

这种指定方法有着突出的优势，特别是对于知识产权争议而言。如上文介绍过的，与其预期的当事人指定仲裁员讨论首席仲裁员所需认证（例如对知识产权问题的技术和法律资格）对当事人而言很合意。而且，考虑到当事人的意见，指定的首席仲裁员通常是其曾经一起工作过的人员，这也提供了一种质量控制机制，并且能保障仲裁庭的良好运行。[27]

1.4.1.5 由国家法院指定

对于当事人未预定指定机关（或对指派机关的建议）的临时仲裁，或者这种指定机制未起效，那么仲裁程序所在地的法院将指定仲裁员。[28]

---

[21] 在这方面，有人说："仲裁机构的优势在于……他们必须提供……并且经常地参与国际仲裁。他们知道他们指定的人所需的素质，通常也了解潜在的候选人。" A. Redfern, M. Hunter. Law and Practice of International Commercial Arbitration [M]. 4版. London: Sweet and Maxwell, 2004: 223.

[22] 例如WIPO仲裁与调解中心、国际商会（ICC）法院和伦敦国际仲裁院（LCIA）。

[23] 第6（2）条。

[24] UNCITRAL仲裁规则第6（3）条。

[25] WIPO仲裁规则第17（b）条规定由当事双方指定的仲裁员"应当在第二名仲裁员指定后20日内提名第三名仲裁员，第三名仲裁员是首席仲裁员"。仍可参见A. Redfern, M. Hunter. Law and Practice of International Commercial Arbitration [M]. 4版. London: Sweet and Maxwell, 2004: 223.

[26] 第7（1）条。

[27] 参见A. Redfern, M. Hunter. Law and Practice of International Commercial Arbitration [M]. 4版. London: Sweet and Maxwell, 2004: 224.

[28] 参见A. Redfern, M. Hunter. Law and Practice of International Commercial Arbitration [M]. 4版. London: Sweet and Maxwell, 2004: 227.

一般而言，当事人应该避免这种指定机制，特别是对于知识产权争议。这是由于在多数情况下，国家法院缺少指定适当仲裁员的经验和资源，反过来又会导致严重的风险，致使当事人同意进行仲裁的最初目的（特别是专家决策以及国家中立）受到挫败。[29]

1.4.2　当事人指定的仲裁员的选择

根据大部分的机构规则和仲裁法，在提交三人仲裁庭的仲裁中，当事人可以选择其认为合适的仲裁员——但受到以下因素限制。

由于选择仲裁员的重要性，当事人可能希望将一系列相关的技术和策略问题纳入考虑范围。[30] 当事人通常会寻求指定拥有相关专长和经验的仲裁员。当事人一般选择不会导致仲裁中发生"文化误解"的仲裁员，例如，当事人希望指定一名与其国籍相同或来自相同地理区域的仲裁员。

而且，某些策略性考量也会引导当事人对其指定的仲裁员提出特别的要求。例如，试图将文件公开控制在一定范围内的当事人可能希望选择一名大陆法系的仲裁员；而想要在宣誓后对证人进行询问的当事人则希望选择一名英美法系仲裁员。[31]

还是基于策略性考量，当事人通常选择会倾向于自己一方的仲裁员。[32] 比如，当事人会指定一名仲裁员，该仲裁员曾经公开发表的学术观点可能赞同该当事人的法律地位。但是指定倾向于一方当事人的仲裁员也会引起问题，下文将介绍到，根据国内法律和国际仲裁规则，当事人指定的仲裁员应当公正和独立。

在国际仲裁的主流实践中，当事人常常对候选指定仲裁员进行"面试"。[33] 这不仅是适当的，而且笔者也推荐当事人与候选的指定仲裁员接触，在指定前就他或她的认证、能力、可能的利益冲突进行讨论。[34] 考虑到这种"面试"是允许且无需公开的，IBA 国际仲裁利益冲突指导第 4.5.1 节对此问题提供了有

---

[29]　参见 G. Born. International Commercial Arbitration ［M］. Hague：Kluwer Law International，2009：1418－1419.

[30]　参见 G. Born. International Commercial Arbitration ［M］. Hague：Kluwer Law International，2009：1390－1391.

[31]　这种战略决策不一定总正确，特别是对于经验丰富的国际仲裁从业者而言，无论他们来自哪里，都不受国内诉讼惯例的约束。

[32]　参见 M. Hunter. Ethics of the International Arbitrator ［J］. Arbitration，1987（53）：219－223.

[33]　关于这方面的评论，参见 R. Bishop，L. Reed. Practical Guidelines for Interviewing，Selecting and Challenging Party－Appointed Arbitrators in International Commercial Arbitration ［J］. Arbitration International，1998，14（4）：395－430.

[34]　在这方面，一位经验丰富的评论员曾表示："实际上，只有在与未来的仲裁员讨论之后，经常出现意想不到的问题——冲突、时间安排问题、缺乏经验或兴趣等等——才会出现。"（G. Born. International Commercial Arbitration ［M］. Hague：Kluwer Law International，2009：1393.）

用的指导（"绿色清单"）：

> "仲裁员与其指定方当事人或指定方当事人的关联公司（或其各自的法律顾问）在指定前有过初步接触，但该接触行为仅限于其担任仲裁员的可安排性和资格或首席仲裁员的可能候选人的名单，而没有涉及争议的实体或程序事项。"[35]

WIPO 仲裁规则是为数不多的对"面试"进行明确规定的规则，其第 31 条（译者注：2014 年 6 月 1 日生效的第 21 条）规定：

> "当事人或代表其行事的任何人均不得与任何仲裁员候选人进行任何单方联络，但为讨论候选人资格、候选人能否出任或候选人相对于当事人的独立性而进行的联络除外。"[36]

考虑到仲裁员的独立性和公正性义务，在接触过程中，当事人应特别需要避免询问候选人对争议问题的观点。

指定仲裁员后，就不允许单方联系了：

"在国际仲裁实践中，当事人指定的仲裁员应当避免与其指定的仲裁员进行指定后接触，即使对管理性事务的接触也要避免，而对除管理性事务以外的问题进行讨论更要避免。"[37]

如果一方当事人未能选出仲裁员，他或她将依照上文中介绍过的默认机制进行指定。

1.4.3 多方当事人仲裁中当事人指定仲裁员的提名

出于避免可能的程序性公平问题[38]，一些机构规则包含了处理多方当事人

---

[35] 可参见国际律师协会（IBA）国际仲裁员道德准则第 5（1）条。比较"英国皇家特许仲裁员协会"（Chartered Institute of Arbitrators），实务指南第 16 条：面试仲裁员候选人。

[36] WIPO 仲裁规则第 21 条。

[37] R. Bishop, L. Reed. Practical Guidelines for Interviewing, Selecting and Challenging Party – Appointed Arbitrators in International Commercial Arbitration [J]. Arbitration International, 1998, 14 (4): 426 （脚注省略）。

[38] 正如 BKMI and Siemens 诉 Dutco 案的情况（French Cass, Civ. 1ere, 7 Jan. 1992, [1993] ICCA Congress Yearbook, 140 – 142），其中，法国最高法院认为，ICC 关于相关仲裁中的两名被申请人共同任命一名仲裁员的决定违反了程序公平保证。

第 7 章　仲裁庭

仲裁中仲裁员指定问题的具体条款。❸ WIPO 仲裁规则第 18 条❹（在多申请方或被诉方情况下，3 名仲裁员的指定）包含了关于该问题的最重要的具体条款之一：

（a）符合下列情形的：
（i）需指定 3 名仲裁员；
（ii）当事人未就指定程序达成一致；以及
（iii）仲裁申请书由多于一个的申请人签署；

申请人应当在仲裁申请书中共同提名一名仲裁员。被申请人有多人的，应当在收到仲裁申请书后 30 日内共同提名一名仲裁员。根据本条第（b）款对第二名仲裁员和首席仲裁员的提名应视具体情况根据第 17 条第（b）款、（c）款或（d）款进行。

（b）符合下列情况的：
（i）需指定 3 名仲裁员；
（ii）当事人未就指定程序达成一致；以及
（iii）仲裁申请书由多于一名的被申请人签署；

被申请人应当共同提名一名仲裁员。无论出于何种原因，如果被申请人在收到仲裁申请书后 30 日内未能共同提名一仲裁员，任何由申请人或多位申请人在先指定的仲裁员将被视为无效，由中心指定两名仲裁员。这两名指定的仲裁员应当在第二名仲裁员得到指定的 30 日内指定第三名仲裁员，该名仲裁员为首席仲裁员。

（c）符合下列情况的：
（i）需指定 3 名仲裁员；
（ii）当事人就指定程序达成一致；以及
（iii）仲裁申请书由多于一名的申请人或多于一名的被申请人签署；

尽管第 15（a）条有规定，也应适用本条第（a）款和第（b）款，而不

---

❸　除了 WIPO 仲裁规则第 18 条外，参见 ICC 规则第 8.4 条和伦敦国际仲裁规则第 8 条。

❹　例如，这一规定的实际应用反映在以下的三方 WIPO 仲裁案件中。"该案中，一名艺术家与两家画廊之间的独家合作协议引发了争议。该协议包含一项 WIPO 仲裁条款，规定了三人仲裁庭。虽然作为申请人的其中一家画廊任命了一名仲裁员，但作为被申请人的艺术家和另一家画廊无法就一名仲裁员达成一致。因此，WIPO 仲裁中心撤销了申请人的仲裁员任命并指定了申请人和被申请人的仲裁员。在指定过程中，WIPO 仲裁中心考虑了所需的资格，并指定了一位与申请人具有相同国籍的仲裁员和一位与被申请人国籍相同的仲裁员。这两名 WIPO 仲裁中心指定的仲裁员联合指定了来自第三国的首席仲裁员。" I. de Castro, S. Theurich, A. Hatanaka. Review of the World Intellectual Property Organization's Arbitration and Mediation Center [M] //International Commercial Arbitration Practice: 21st Century Perspectives, H. Grigera Naon & P. Mason, 2010: 45.03 - [3]（e）.

考虑仲裁协议中关于指定程序的合同性条款，除非这些条款明确排除了本条的适用。

2. 谁能成为仲裁员

2.1 自然人

在绝大多数情况下，当事人指定自然人作为仲裁员。仲裁法案并未禁止法律实体成为仲裁员，但这种做法很少见，特别是考虑到仲裁员职权范围中的"人性"。⑪

2.2 能　　力

一般来说，仲裁员应具备法律能力。⑫

2.3 法律资格

在主流国际仲裁实践中，仲裁员不一定需要具备法律资格。⑬ 这对高难度知识产权争议特别重要，在这种争议中，当事人倾向于指定具有特定科学专长的仲裁员，即使该仲裁员不具备律师资格。⑭

2.4 国　　籍

中立性是国际仲裁最重要的优势之一。为了保证中立性（至少涉及国籍问题），许多机构规则规定独任仲裁员和/或首席仲裁员不应与当事人任意一方的国籍相同。⑮

关于此，WIPO仲裁规则第20（b）条规定：

---

⑪ 例外（可以说仅涉及国内仲裁），法国新民事诉讼法典第1451条规定只有自然人可以担任仲裁员。

⑫ A. Redfern, M. Hunter. Law and Practice of International Commercial Arbitration [M]. 4版. London: Sweet and Maxwell, 2004: 230.

⑬ 例外情况下，国家立法，特别是国内仲裁的立法要求仲裁员具有专业法律资格，例如参见2004年西班牙仲裁法第15（1）条（"在国内仲裁中，除非当事人另有明确约定，否则不应以公平性作出决定……［仲裁员］应具有专业法律资格并允许其执业。"）

⑭ 尽管如此，由于国际仲裁的性质复杂，如果当事一方决定指定一名非法定资格的仲裁员，那么建议在提交给三人仲裁庭的争议中进行此类指定，其中，至少首席仲裁员接受过专业法律训练。

⑮ 仅有少数几个国家的立法限制指定"外国"仲裁员，例如沙特阿拉伯（沙特阿拉伯仲裁规则第3条）。

> "当事人对独任仲裁员或首席仲裁员的国籍没有约定的,如果没有需要指定具有特定资格的人选等特殊情形,则独任仲裁员或首席仲裁员应当为当事人所属国以外国家的国民。"

其他主要仲裁机构的仲裁规则也有相似的条款,包括 ICC❶、LCIA❷、AAA/ICDR❸ 和 SCC❹。此外,UNCITRAL 示范法也遵循了相似的做法。❺

2.5 公　　正

如上文中阐明的,以及将在下文中详述的,虽然适用于特定情况的具体标准可能有一些"语言上的细微差异",但所有仲裁员(无论其指定者是谁)都必须公平公正。

2.6 当事人的要求

在仲裁条款中,当事人可以就候选仲裁员需要符合的一些条件达成一致。比如,通常认为当事人可以通过对程序使用语言的选择达到令所有仲裁庭成员均具备足够熟练使用该语言的要求。❻

在知识产权领域,当事人有时在其仲裁协议中对可能的仲裁员提出某些具体要求。❼ 如本书其他部分介绍过的,当事人需要谨慎提出这种要求,因为过分苛刻的要求可能导致仲裁协议无法实施。❽

---

❶ 第 9(5)条。
❷ 第 6(1)条。
❸ 第 6(4)条。
❹ 第 13(5)条。
❺ "法院或其他主管机构在指定仲裁员时,应适当考虑到当事人协议对仲裁员的任何资格要求以及更可能确保指定独立和公正的仲裁员的因素,并且在独任或第三名仲裁员的情况下,还应考虑指定一名与当事人国籍不同的仲裁员。"
❻ G. Born. International Commercial Arbitration [M]. Hague: Kluwer Law International, 2009: 1455.
❼ 例如,在一起 WIPO 快速仲裁中,双方当事人在仲裁条款中规定"独任仲裁员将从具有信息技术经验的一组人员中选出"。该案例公布在 WIPO 中心案例网页的 A.12,见 http://www.wipo.int/amc/en/arbitration/case-example.html,2010 年 6 月 11 日。
❽ 参见第 6 章第 3.7.2 节。

3. 仲裁员的独立性和公正性

3.1 国际仲裁的基本原则

在国际仲裁中，多数情况下，仲裁员在国内法院有限的监督下行使审判权。因此，为了维护仲裁程序的正直，仲裁员应当公平公正已经成为一种共识。[54] 相应地，多数的仲裁规则和国内法律也规定了仲裁员（无论是谁指定的）必须独立于当事人并且对争议作出公正的判断。而且，根据大多数国家的法律[55]以及《纽约公约》[56]，如果仲裁员违背了公平公正原则，那么当事人可以根据法定程序要求取消其作出的仲裁裁决，或不执行该仲裁裁决。

然而，如下文所述，对"独立"和"公正"（根据在不同法律和机构规则中的使用）这两个词有不同的解释。

3.2 独立和/或公正？

如上文简述的，仲裁员的原则应当是公平和公正的，这体现在仲裁员必须独立和/或公正。有时，一些仲裁规则和国内立法将这两个词分开使用[57]，大多数情况下，这两个词是一起出现的。[58]

一般认为"独立"构成对仲裁员的客观标准，这体现在仲裁员必须避免与当事人或当事人的律师联系，无论这种联系是职业性的、私人的，还是钱财性的。[59] 另一方面，"公正"构成对仲裁员的主观标准，其确保仲裁员不会偏向任何一方当事人。[60]

不过，不应过分夸大这两个概念的区别。[61] 认为机构规则和法律对其中之一的使用意味着排除了另一个，这种想法是很不合理的。比如，要是认为由于

---

[54] 事实上，在这方面，多数情况下"有倾向性的仲裁员"在国际商事仲裁中是不可接受的。

[55] 例如，UNCITRAL 示范法第 34（2）(a)(ii) 条就是这种做法的例证。

[56] 第 V（1）(b) 条。

[57] 例如 ICC 规则第 11（1）条和瑞士国际私法第 180（1）(c) 条使用"独立性"这个术语。相反，1996 年英国仲裁法第 24（1）(a) 条采用"公正性"一词。

[58] 例如，可见 WIPO 仲裁规则第 22 条、LCIA 规则第 10（3）条和 SCC 规则第 14 条。也可参见 UNCITRAL 示范法第 12（2）条和比利时司法法典第 1690（1）条。

[59] 参见 J. Lew, L. Mistelis, S. Kroll. Comparative International Commercial Arbitration [M]. Hague：Kluwer Law International, 2003：257–258.

[60] 出处同上, 261 页。

[61] G. Born. International Commercial Arbitration [M]. Hague：Kluwer Law International, 2009：1474.

第 7 章 仲裁庭

ICC 规则第 7（1）条仅规定了"独立"，因此仲裁员可以根据该规则在程序中偏袒一方当事人，这就太离谱了。出于相同的原因，由于 1996 年英国仲裁法中仅使用了"公正"一词而认为仲裁员可以与当事人随意联系，这是完全站不住脚的。

事实上，这两个词表达的是一个相同原则的互补的两个方面，这个原则就是仲裁员应当公平公正。基于此，"独立"和"公正"是分开用还是一起用所达到的应当是同样的结果。[62]

而且，相对于主观概念，不能过分夸大客观概念。由于当事人可能对"公正"提出异议，但不能（在绝大多数情况下）对仲裁员的心智进行"内部的"调查，因此，大多数的决定都是根据外部（即客观）因素做出的。[63] 在此，通过以下两个 WIPO 仲裁案例说明在实践中如何操作：

在近期涉及通信的 WIPO 仲裁中，在得到 WIPO 仲裁中心指定前，仲裁员披露了一个情况，该情况在指引中并未作出清楚说明。该仲裁员披露了其律师事务所一客户的一名高级职员曾经是一方当事人的雇员。虽然该仲裁员坚信这种情况并不会影响其独立性和公正性，但他还是选择将这一事实告诉双方当事人。双方当事人均确认对该名仲裁员的指定，并放弃了以这一事实为理由对该仲裁员提出回避的权利。[64]

第二个案例是涉及专利的 WIPO 仲裁。

一名仲裁员在数场听证会后，在仲裁过程中发现，其律师事务所代理的一家第三方公司在仲裁过程中被其中一方当事人并购了。该仲裁员向双方当事人披露了这一事实，双方当事人放弃了据此对该仲裁员提出回避的权利。[65]

---

[62] G. Born. International Commercial Arbitration [M]. Hague：Kluwer Law International, 2009：1475.

[63] 在这方面，一位主要评论员指出："仲裁员主观公正的要求通常只能通过对外部客观事实和情况的调查来确定，而表明缺乏独立性的客观情况一般只有在证明仲裁员缺乏主观公正时才有意义。也就是说，缺乏独立性是一个值得关注的问题，因为它表明了偏袒或偏见的可能性，这反过来只能通过反映外部关系或联系的表现来证明。"（G. Born. International Commercial Arbitration [M]. Hague：Kluwer Law International, 2009：1475.）

[64] I. de Castro, S. Theurich, A. Hatanaka. Review of the World Intellectual Property Organization's Arbitration and Mediation Center [M] //International Commercial Arbitration Practice：21st Century Perspectives, H. Grigera Naon & P. Mason, 2010, 第 45 章, § 45.04 - [1]（手稿由作者归档）.

[65] I. de Castro, S. Theurich, A. Hatanaka. Review of the World Intellectual Property Organization's Arbitration and Mediation Center [M] //International Commercial Arbitration Practice：21st Century Perspectives, H. Grigera Naon & P. Mason, 2010, 第 45 章, § 45.04 - [1]（手稿由作者归档）.

3.3 证明仲裁员不合格的标准

在实践中，一方当事人要对仲裁员的指定提出异议，或是想要撤销仲裁裁决，或是抵制仲裁裁决的执行，在几乎所有情况下都要参照外部（"客观"）事实证明存在不独立或是偏袒的情况。就这方面而言，确定用于证明仲裁员与争议解决存在冲突的标准（理由）很重要。

与许多主要机构仲裁规则❻和国家仲裁法❼相同，WIPO 使用"合理怀疑"概念来评价仲裁员的公正和/或独立性。❽

考虑到"合理"一词，评论❾和举例法❿均认为这个标准应当根据客观测试的结果来评估。该事实应当对"合理告知的第三方"而言引起了合理怀疑。在国际仲裁的异议问题中得到大量援引的国际仲裁利益冲突指南也使用这种方法。⓫

3.4 披露义务

仲裁员应尽的披露义务实际上是仲裁员应当保持公正和独立的义务的必然结果。以下对该义务进行介绍。

3.4.1 指定前

为了从一开始就保证仲裁程序的正直，大多数机构规则和许多国内法律都要求（使用不同的方式）候选仲裁员在受指定前要披露任何可能导致对其公正和/或独立性"合理怀疑"的情况。

例如，WIPO 仲裁规则第 22（b）条规定了：

> "可能出任的仲裁员应当在接受指定前，向当事人、中心和其他已指定的仲裁员披露可能引起对其公正性或独立性产生合理怀疑的任何情况，或者书面确认不存在此种情况。"

实践中，WIPO 仲裁中心会给候选仲裁员发送一份文件（"接受声明和公

---

❻ 参见 WIPO 仲裁规则第 24（a）条、LCIA 规则第 10 条和 SCC 规则第 15 条。也可参见 UNCITRAL 示范法第 10 条以及国际律师协会（IBA）国际仲裁利益冲突一般性指南。

❼ 例如 UNCITRAL 示范法第 12 条和 1996 年英国仲裁法第 24（1）（a）条。

❽ 有人认为，其他的国家标准，特别是美国采用的标准，与"合理怀疑"标准相当。(G. Born. International Commercial Arbitration [M]. Hague：Kluwer Law International, 2009：1475.)

❾ G. Born. International Commercial Arbitration [M]. Hague：Kluwer Law International, 2009：1477.

❿ 例如可见 AT&T Corp. 诉 Saudi Cable Co. [2000] 2 Lloyd's Rep. 127, 136。

⓫ 国际律师协会指南（IBA Guidelines），一般性标准第 2（b）条，解释。

正独立声明")要求对任何"在当事人眼中"会导致仲裁员的公正或独立有问题的情况进行全面披露。

WIPO 仲裁中心的这种操作,与根据 ICC 规则[72]进行的仲裁相似,都将要求披露的范围从客观标准(即如第22(b)条中规定的可能引起"合理告知的第三方"产生合理怀疑的事实)扩大到了主观标准(即当事人可能认为构成利益冲突的情况)。[73]

确实,WIPO 仲裁中心在一些案例中同意排除未能披露看上去符合主观("在当事人眼中")标准情况的仲裁员。例如,在一提交独任仲裁庭的仲裁中,仲裁员是一名公司内部律师,并未披露代理一方当事人的律师事务所之一是该名仲裁员的公司经常雇用的一大批律师事务所当中的一家。仲裁程序进行过程中,一方当事人发现了这一潜在冲突原因。虽然 IBA 指南没有对这种情况作出具体规定,但鉴于该仲裁员未披露这种情况,同时为了保证仲裁的正直性,WIPO 仲裁中心接受了当事人的回避请求。

从立法方面看,许多司法管辖区实施了 UNCITRAL 示范法,关于披露义务,其规定:

当自然人有可能被指定为仲裁员时,他应当披露任何可能引起对其公正或独立的合理怀疑的情况。[74]

3.4.2 程序进行中的披露义务

在仲裁进行过程中,会发生一些损害仲裁员公正或独立的情况。因此,WIPO 仲裁规则以及其他主要机构规则[75]和仲裁法[76]都要求仲裁员继续保持披露义务。

---

[72] ICC 规则第 7(2)条规定:"在指定或确认之前,候选仲裁员应签署一份独立性声明,并以书面形式向秘书处披露任何可能引起当事方对仲裁员的独立性产生质疑的事实或情况。"在这一方面,一位主要分析 ICC 规则第 7(2)条措辞的评论员指出:"这些不同语句组合在一起的作用是要求披露的事实和情况范围,比根据 ICC 规则警告取消仲裁员资格所依据的事实和情况更加宽泛,当事人对这些信息的可能反应是披露的主要试金石。"(G. Born. International Commercial Arbitration [M]. Hague: Kluwer Law International, 2009: 1549.)

[73] 例如,参见仲裁规则中关于披露义务的规定条款:LCIA 规则第 5(3)条、AAA/ICDR 规则第 7(1)条和 SCC 规则第 14 条。也可参见 UNCITRAL 仲裁规则第 9 条。参见国际律师协会(IBA)国际仲裁利益冲突一般性指南。

[74] 第 12(1)条。尽管示范法的披露门槛较低("可能引起合理怀疑的情况")、低于取消仲裁员资格的标准(这种情况"会产生合理的怀疑"),尽管如此,有人表示,这一标准是客观的(根据上面讨论的合理且知情的第三方检验)。参见 G. Born. International Commercial Arbitration [M]. Hague: Kluwer Law International, 2009: 1544-1545.

[75] WIPO 仲裁规则第 22(c)条、ICC 规则第 7(3)条、LCIA 规则第 5(3)条、AAA/ICDR 规则第 7(1)条和 SCC 规则第 14(3)条。也可参见 UNCITRAL 示范法第 9 条和国际律师协会(IBA)国际仲裁利益冲突指南一般性标准第 3(a)条和第 3(d)条。

[76] 例如 UNCITRAL 示范法第 12(1)条。

4. 对仲裁员提出的异议

4.1 介 绍

4.1.1 异议前的披露以及异议的拒绝

如果根据适用标准（在多数情况下，对他或她的独立或公正的"合理怀疑"）候选仲裁员在解决争议上有冲突，那么他或她不应接受指定。虽然不是必须的，但出于谨慎考虑，如果有可能导致在当事人眼中产生不公正或不独立的情况（即使这种情况不一定满足不合格的相关客观标准），候选仲裁员有时也会拒绝指定。

在实践中，由于披露义务的范围，这种情况并不鲜见——可能的仲裁员做出了披露，尽管这种披露不一定会影响到案件，但在这种情况下，管理机构可能会拒绝指派该名候选仲裁员。

在指定仲裁员后，一方当事人可能认为（由于该名仲裁员的行为、随后发生的事件或关于潜在冲突的新信息）该仲裁员不能再公正解决争议。在这种情况下，有成见的当事人会要求受到影响的仲裁员解任。[7] 如果仲裁员认为不存在对其独立或公正的"合理怀疑"，那么他或她不必（也不应）解除对其的任命。仲裁员确实不应因无价值的异议解任，不然的话，仲裁的结果将受到意图破坏仲裁的当事人摆布。[8]

如果仲裁员不解任，同时异议方仍坚持己见，这种异议将以仲裁员的回避而告终。

4.1.2 异议的解决

4.1.2.1 基于机构规则的异议

在大多数机构仲裁中，由相关机构处理对仲裁员的异议。如下文所述，有时取决于仲裁地的仲裁法律，机构仲裁的当事人可能到国内法院提起对裁决的复审。

---

[7] 事实上，如果仲裁各方都同意，他们可以要求仲裁员辞职，这将是决定性的。参见 A. Redfern, M. Hunter. Law and Practice of International Commercial Arbitration [M]. 4 版. London: Sweet and Maxwell, 2004: 247. 也可参见 WIPO 仲裁规则第 31 条（"不论仲裁员是否提出，当事人可以共同将仲裁员解任"）。

[8] 参见 A. Redfern, M. Hunter. Law and Practice of International Commercial Arbitration [M]. 4 版. London: Sweet and Maxwell, 2004: 247.

第 7 章 仲裁庭

与许多主要机构规则[79]相同，WIPO 仲裁规则在对仲裁员异议的处理上适用的是 UNCITRAL 仲裁规则中的方法。[80] 根据 WIPO 仲裁规则，"在得知仲裁员的指定后 15 日内，或者在得知其认为引起对仲裁员的公正性或独立性产生合理怀疑的情况后 15 日内，向中心、仲裁庭和对方当事人发出通知，说明要求回避的理由。"[81] "对方当事人有权对回避要求发表意见；应当在收到第 25 条所述的通知后 15 日内将其意见发给中心、提出回避要求的当事人和任何已指定的仲裁员。"[82] "仲裁庭可以依其裁量权决定在回避要求待决期间中止或继续进行仲裁程序。"[83]

"对方当事人可以同意回避要求，仲裁员也可以自动退出。两种情况下均应替换仲裁员，但替换不表示回避理由成立。"[84] 对方当事人不同意回避要求，被要求回避的仲裁员也未退出的，由中心依照决定是否回避。此种决定是终局决定，中心无须说明理由。[85]

以下通过一个 WIPO 专利仲裁案例对这一程序如何实际操作进行说明。

在该案中，争议来自一位欧洲发明人和一家美国制造商之间的专利转让协议，该协议中包括了 WIPO 仲裁条款。当争议提交到 WIPO 仲裁中心后，当事人一致同意指定一名欧洲专利专家作为独任仲裁员。在进行了电话预备会议以后，欧洲发明人对该独任仲裁员的公正性产生了强烈怀疑而对其提起回避请求。他主张，该独任仲裁员作为法律顾问工作的公司曾经委托代理该美国公司的律所处理过一些专利申请的事务。就该回避问题，独任仲裁员中止了程序，双方当事人交换了意见。该独任仲裁员称由于异议程序造成整个程序的延后，他无法保证自己还有时间继续担任仲裁员，因此根据 WIPO 仲裁规则第 28 条的规定主动退出。当事人随后退回最初的仲裁条款并指定了新的仲裁庭。[86]

---

[79] 例如可参见 ICC 规则第 11 条、LCIA 规则第 10 (4) 条、AAA/ICDR 规则第 8 条和 SCC 规则第 15 条。

[80] UNCITRAL 仲裁规则第 9~12 条。

[81] WIPO 仲裁规则第 25 条。

[82] WIPO 仲裁规则第 26 条。

[83] WIPO 仲裁规则第 27 条。

[84] WIPO 仲裁规则第 28 条。

[85] WIPO 仲裁规则第 29 条。事实上，大多数机构规则并不要求机构说明他们作出回避决定的理由，据说是"准备合理的决定会延迟申请回避的程序（并因此延迟仲裁），为将来的诉讼和未来的回避埋下伏笔"。(G. Born. International Commercial Arbitration [M]. Hague: Kluwer Law International, 2009: 1559.)

[86] I. de Castro, S. Theurich, A. Hatanaka. Review of the World Intellectual Property Organization's Arbitration and Mediation Center [M] //International Commercial Arbitration Practice: 21st Century Perspectives, H. Grigera Naon & P. Mason, 2010, 第 45 章, § 45.04 - [2]（手稿由作者归档）。

在根据 UNCITRAL 规则提出的临时仲裁中，异议程序的处理与 WIPO 仲裁规则中的规定十分相似，区别仅在于该异议是由相关指定机关处理的。[87]

4.1.2.2 根据国内法律的异议

主要司法管辖区的仲裁法采用不同的机制来解决对仲裁员提出异议的问题。在司法干预方面，国内法律一般采取 3 种不同的立场，这些不同之处需要特别注意。第一种，有一些司法管辖区的国内法院有权处理所有情况下未能成功对仲裁员提出异议的情况。第二种，其他一些司法管辖区允许国内法院仅针对临时仲裁进行司法干预。第三种，其他一些仲裁法禁止国内法院干预异议程序，无论仲裁的属性如何。以下将一一介绍这 3 种立场。[88]

对所有情况都进行司法干预

UNCITRAL 示范法第 13 条下的异议机制与 UNCITRAL 规则中的相似，最显著的区别在于根据示范法，异议由仲裁庭解决。[89] 根据示范法第 13（3）条，如果基于示范法项下程序或任何当事人达成一致意见的程序提出的异议被拒绝，那么异议提出方可以在 30 天内要求仲裁地法院处理该异议。[90] 在这种情况下，法院判决不可上诉。[91]

非 UNCITRAL 示范法国家也规定了异议机制，即使对机构仲裁，该机制也能使当事人获得对仲裁员的中途司法除名。例如，1996 年英国仲裁法授予英国法院特别以"对其公平性的合理怀疑"为理由除名仲裁员的权力。[92] 如果仲裁机构有权除名仲裁员，或者当事人授予某机构或个人除名仲裁员的权力，那么当"申请人满足了对该机构或个人用尽其救济的条件"时，英国法院会行使其除名权。[93]

一些机构规则（如 WIPO、ICC 和 SCC[94]）规定对仲裁员异议做出的机构决定是"终局的"。从 UNCITRAL 示范法第 13（1）条的规定看，当事人并不能约定排除第 13（3）条中规定的司法复审机制。[95] 而且，英国法院认为，在对异议作出决定的 ICC 仲裁决定中适用的"终局"一词并不能排除英国法院

---

[87] UNCITRAL 仲裁规则第 12（1）条。

[88] 对于这些不同方法的优点和缺点的评论，参见 G. Born. International Commercial Arbitration [M]. Hague：Kluwer Law International, 2009：1570-1572.

[89] 大多数示范法国家都未经修正就执行了示范法的这一规定。

[90] UNCITRAL 示范法第 13（3）条。

[91] UNCITRAL 示范法第 13（3）条。

[92] 1996 年英国仲裁法第 24（1）（a）条。

[93] 1996 年英国仲裁法第 24（2）条。

[94] WIPO 仲裁规则第 29 条、ICC 规则第 7（4）条和 SCC 规则第 15（4）条。

[95] UNCITRAL 示范法第 13（1）条规定："根据本条第（3）段的规定，当事人可以自由地就仲裁的回避程序达成一致。"仍参见 G. Born. International Commercial Arbitration [M]. Hague：Kluwer Law International, 2009：1563.

根据1996年仲裁法行使其除名权。[96]

仅在无当事人约定时的司法干预

与 UNCITRAL 示范法和1996年英国仲裁法不同，其他一些国家的法律和判例法规定仅在当事人未对相应问题作出约定的情况下，国家法院才能复审被拒绝的异议（通常是临时仲裁的情况）。比如在比利时[97]、法国[98]、瑞典[99]和瑞士[100]就是这种情况。

不允许司法干预

最后，在某些国家，如美国[101]，国内法院基于中间原则，不能对仲裁员异议决定进行复审。

4.1.3　成功提起异议的效果

如果一名仲裁员被异议成功，那么他或她将依照以下程序从仲裁庭除名。

5. 仲裁员的除名

不公正或者不独立并不是导致仲裁员除名的唯一原因。如下文所述，可能导致除名的原因根据仲裁程序所实施的程序性框架而不同。

比如，遵循 UNCITRAL 规则[102]的做法，WIPO 仲裁规则为 WIPO 仲裁中心除名仲裁员授予了较宽的裁量权：

如果仲裁员在法律上或事实上不能或无法履行仲裁员的义务，那么该中心根据当事人的请求或者中心自己的提议，可以解除对该仲裁员的指定。在这种情况下，应当给予当事人充分表达意见的机会，并且对（关于仲裁员异议的）条款作必要的修改。[103]

---

[96] AT&T Corp. 诉 Saudi Cable Co. [2000] 2 Lloyd's Rep. 127，137.

[97] 比利时司法法典第1691条。

[98] 在这方面，有人说："巴黎初审法庭庭长将接受有问题的仲裁员选择拒绝的一项异议的管辖权，但前提是仲裁协议没有规定任何其他机构或个人来解决问题。" E. Gaillard, J. Savage. Fouchard Gaillard Goldman on International Commercial Arbitration [M]. Hague：Kluwer Law International, 1999：501. 也可参见 General Establishments for Chemical Industries, 1996年10月29日的审判（被引用在 E. Gaillard, J. Savage. Fouchard Gaillard Goldman on International Commercial Arbitration [M]. The Hague：Kluwer Law International, 1999：502, note 217.）。

[99] 瑞典仲裁法第10条和第11条。

[100] 瑞士国际私法第179条和第180条。

[101] G. Born. International Commercial Arbitration [M]. Hague：Kluwer Law International, 2009：1567 - 1569.

[102] 第13（2）条。

[103] WIPO 仲裁规则第32条。

其他主要机构的规则也在除名仲裁员上授予管理机构较大的权力。[104]

一些司法管辖区的仲裁法律也允许国内法院基于除不独立或不公正以外的理由对仲裁员进行除名。[105] 根据 UNCITRAL 示范法[106]，其他理由包括，如仲裁员"不具备当事人约定的资格"；或者如"仲裁员法律上或事实上无法履行其职责，或由于其他原因使程序过度延期"。[107]

通过将不称职或懈怠的仲裁员除名，这些条款可帮助当事人确保仲裁程序的公正。不过，如果将除名权授予了国内法院，这种权力可能被不服从的当事人滥用，并且在仲裁程序中引起过度的司法干预。

6. 仲裁员的更换

6.1 程　　序

有许多原因会导致需要替换仲裁员，包括仲裁员的除名、仲裁员主动退出、当事人解除指定以及仲裁员死亡。

UNCITRAL 规则[108]和 WIPO 仲裁规则（如下文所述，包括资格鉴定）[109] 明确规定了，一般情况下，根据与指定仲裁员相同的程序填补需要替换的空缺。不过，为了防止当事人重复指定不合适的仲裁员，一些仲裁规则（如 ICC 和 LCIA）从一开始就授予了相关机构较宽的裁量权，使其有权决定替换仲裁员

---

[104] 例如 ICC 规则第 12（2）条、LCIA 规则第 10（3）条和 SCC 规则第 16（1）条。

[105] 然而，在一些司法管辖区内，国内法院无权因独立性和公正性之外的原因解任仲裁员，例如，在法国（法国新民事诉讼法典第1452条）和荷兰（民事诉讼法典第1033（1）条），瑞士（瑞士国际私法第180条）以及美国（G. Born. International Commercial Arbitration ［M］. Hague：Kluwer Law International，2009：1574.）。

[106] UNCITRAL 示范法第12（2）条。

[107] 1996 年英国仲裁法第 24（1）条在某种程度上遵循了示范法所规定的撤换仲裁员的理由：（1）基于下列理由，仲裁程序的一方当事人（经通知另一方当事人、当事仲裁员和其他仲裁员后）可申请法院撤换仲裁员：

(a) 存在当事人对该仲裁员的公正性产生具有正当理由的怀疑的事由；

(b) 该仲裁员不具备仲裁协议所要求的资格；

(c) 该仲裁员身体或心智上不能进行仲裁程序或对其进行仲裁程序的能力产生具有正当理由的怀疑；

(d) 该仲裁员拒绝或没有：

(i) 适当进行仲裁程序，或

(ii) 合理迅捷地进行仲裁程序或作出裁决，且已经或将对申请方产生实质性的不公正。

[108] 第 13（1）条。

[109] WIPO 仲裁规则第 33（1）条。

的指定是否按照最先的指定程序进行。[10] 在这个问题上，WIPO 仲裁规则中对评估原则进行了规定，该原则用于评估是否用相同的程序指定仲裁员：

如果一方当事人提名的仲裁员因提名时该方当事人知道或应当知道的事由而被决定回避，或者被解任（当其不能履行仲裁员的义务），则该中心有不许该方当事人重新作出提名的裁量权。中心决定行使此项裁量权，应当作出替代指定。[11]

大多数国家仲裁法规规定了当需要替换仲裁员时，无须给法院或指定机关任何裁量权，而使用与选择最初仲裁员相同的方法指定替换仲裁员。[12]

6.2 指定替换仲裁员的后果

新仲裁员的指定会引起这样的问题：所有程序或是部分程序是否要重复。根据国际仲裁的主流做法，大部分仲裁程序是书面程序，因此，即使最细小的问题都需要重复证据听证会。一方面，新任仲裁员想要听取证人证言，并且对证人和专家已经提交过的证言进行询问。另一方面，重复这些程序显然很昂贵，而且会使争议的解决延后。

基于此，仲裁庭应当对案件所有情况进行慎重考虑来决定是否需要重复程序，需要考虑的情况包括是否需要逐字记录听证会情况以及特定证人的相关证言。

例如，对于知识产权争议，具有特殊专长的替换仲裁员会就特定问题对专家进行"调查"，特别当该争议在技术上特别复杂时。因此，大多数主要机构规则在此方面授予了重组仲裁庭较宽的自由裁量权。[13] 虽然一些国家仲裁法也包括相似的条款，[14] 但大部分都在此问题上保持缄默[15]（这可能暗示了，仲裁庭实际上很享受这种较宽的自由裁量权[16]）。

7. 缺员仲裁庭

对于三人仲裁庭，有可能其中一名成员（通常为当事人指定仲裁员）会

---

[10] ICC 规则第 12（4）条和 LCIA 规则第 11（1）条。

[11] WIPO 仲裁规则第 33（b）条。

[12] G. Born. International Commercial Arbitration [M]. Hague：Kluwer Law International，2009：1583.

[13] 例如，WIPO 仲裁规则第 34 条、LCIA 规则第 12 条和 UNCITRAL 规则第 14 条涉及重复听证。相比之下，ICC 规则第 12（4）条则说明要重复"历史程序"。

[14] 例如 1996 年英国仲裁法第 27（4）条和印度仲裁和调解法第 15（3）条。

[15] UNCITRAL 示范法在这方面并无规定，因此大多数示范法的司法管辖区也是如此。

[16] G. Born. International Commercial Arbitration [M]. Hague：Kluwer Law International，2009：1585.

遇到阻却情况。[16] 如上文所述，根据许多机构规则以及某些仲裁法，管理机构或国内法院能够除名无法履行其职责的不服管理的仲裁员。然而，重新指定的仲裁员很有可能需要重新熟悉案情，从而延误程序的实施——特别是仲裁员在程序的实体部分开始后才替换的。

为了防止这种中断，从20世纪90年代开始，一些机构规则就允许不重新指定新成员而仅用剩下的两名仲裁员继续进行程序（"缺员仲裁庭"）。[17] WIPO仲裁规则就包括了处理这种问题的具体条款：

如果三人仲裁庭中的一名仲裁员经正式通知无正当理由未参加仲裁庭的工作，则另外两名仲裁员有权依其独立裁量权决定在第三名仲裁员不参加的情况下继续进行仲裁和作出任何裁决、命令或其他决定，但一方当事人已提出（解除指定）申请的除外。另外两名仲裁员在决定是否在缺少一名仲裁员参加的情况下继续进行仲裁或作出任何裁决、命令或其他决定时，应当考虑仲裁的进度、第三名仲裁员对不参加提出的任何理由以及他们认为根据案情应予考虑的其他事项。[18]

ICC规则规定了仲裁程序结束后仲裁员死亡或被ICC仲裁院免职的情况下，大多数仲裁庭如何处理其后续程序。[19] 因此，根据ICC规则，仲裁员之一的不服从行为一般来说并不是导致缺员仲裁庭的唯一或主要原因。[20] 而且，与处理这种情况的大部分规则不同，缺员仲裁庭的裁决是ICC仲裁院做出的，而不是剩余仲裁员做出的。

不过似乎国内仲裁法均无针对缺员仲裁庭的明确规定。[21]

由缺员仲裁庭作出的裁决按理说应该允许败诉方以仲裁庭组成与当事人约

---

[16] 参见 A. Redfern, M. Hunter. Law and Practice of International Commercial Arbitration [M]. 4版. London: Sweet and Maxwell, 2004: 254.

[17] 在这方面，一本主要的教科书记载了："美国仲裁协会国际仲裁规则（1991版）似乎是第一套规则，其明确规定了在第三仲裁员未能参加的情况下，其余两名仲裁员可继续进行。"（A. Redfern, M. Hunter. Law and Practice of International Commercial Arbitration [M]. 4版. London: Sweet and Maxwell, 2004: 253.）参见 AAA/ICDR规则第11（1）条。类似可参见，WIPO仲裁规则第35（a）条和LCIA规则第12（1）条。

[18] WIPO仲裁规则第35（a）条。

[19] ICC规则第12（5）条规定："在仲裁程序结束后，法院在认为适当的情况下，可判决余下的其他仲裁员应继续仲裁，而不是根据第12（1）条和第12（2）条更换已去世或被法院免职的仲裁员。在作出这种判决时，法院应考虑余下的仲裁员和当事人的意见以及在这种情况下认为适当的其他事项。"

[20] 因此，在这方面，ICC规则与缺员仲裁庭规定的其他规则有着本体性的区别。

[21] 参见 G. Born. International Commercial Arbitration [M]. Hague: Kluwer Law International, 2009: 1590.

定不符为由在仲裁地提起对该裁决的异议,或者在非仲裁地抵制执行该裁决。[123] 不过如果相关仲裁规则已经对缺员仲裁庭作出规定,或者当事人就此有明确约定,这种异议一般不会成功。[124] 如果当事人没有约定或者使用的规则中没有相关条款,情况就更加微妙了,有一些国内法院就曾经撤销了由缺员仲裁庭作出的裁决。[125]

不过,对于临时仲裁,仲裁庭只有在例外的情况下才会采用缺员仲裁的形式。[126]

8. 仲裁员的报酬和仲裁庭的费用

8.1 仲裁员有获得报酬的权利

仲裁员和当事人一旦参与合同性(尽管在某些方面有独特性)关系中,就随之拥有权利同时要履行义务。[127] 由于在仲裁过程中提供了服务,仲裁员(如当事人约定的情况下,还包括仲裁庭秘书)有权获得报酬。在国际仲裁实践中,对仲裁员费用的确定和计算有不同的方法。

在机构仲裁中,通常由相关机构设定仲裁员费用。[128] 根据大多数的机构规则,规定了 3 种不同的计费方式,为(a)用时计费;(b)从价计费;和(c)

---

[123] 参见示范法第 34(2)(a)(iv)条和《纽约公约》第 V(1)(d)条。

[124] G. Born. International Commercial Arbitration [M]. The Hague:Kluwer Law International,2009:1590.

[125] 例如在法国(巴黎上诉法院对 Agence Transcongolaise des Communications – Chemin de fer Congo Ocean 诉 Compagnie Miniere de l'Ogooue 案的判决,in A. J. van den Berg (ed.),Yearbook Commercial Arbitration,vol. XXIVa (The Hague:Kluwer Law International,1990),281.)以及瑞士(Ivan Milutinovic 诉 Deutsche Babcock AG,DFT 117 Ia 166 (1991))。相比之下,美国法院支持缺员仲裁庭作出的裁决(Republic of Colombia 诉 Cauca Co.,190 U. S.,524,527 – 528.)。关于瑞士,有人说,瑞士国际私法颁布后,Milutinovic(上文提及)案的判决可能会不同(T. Zuberbühler. Swiss Rules of International Arbitration:Commentary [M]. Hague:Kluwer Law International,2005:135.)。

[126] 在这方面,一份主要的评论指出:"看似很明显,选择仲裁程序为缺员仲裁庭而不是重新组建全员仲裁庭是一种特殊的措施,只有在仲裁即将结束并且存在明确证据显示,有关仲裁员自愿或非自愿地涉及滥用程序。"A. Redfern,M. Hunter. Law and Practice of International Commercial Arbitration [M]. 4 版. London:Sweet and Maxwell,2004:254.

[127] 参见 G. Born. International Commercial Arbitration [M]. Hague:Kluwer Law International,2009:1646. 也可阅本书下文所述的当事人和仲裁员关于豁免问题的关系性质的讨论。

[128] 例如,WIPO 仲裁规则第 69 条(译者注:应为第 71 条)规定:"仲裁员费的数额和币种及其支付方式和时间由中心与仲裁员和当事人协商后,依照中心收到仲裁申请书之日适用的费用表确定。"也可参见 ICC 规则第 31 条,LCIA 规则第 21.2 条和 SCC 规则第 43 条。

固定费用。

基于 WIPO 仲裁规则、LCIA 规则以及 AAA/ICDR 规则进行的仲裁使用的是第一种方式，这些规则规定了用仲裁庭提供服务的小时数或天数（或两者的结合）来计费。如 WIPO 仲裁中心的一些机构公开了仲裁员以小时计费的费用说明表格。[129]

从价计费方法通常按照争议金额来计算仲裁员费用。[130] 一些主要机构就是按照争议金额的一定比例来确定仲裁员费用的，包括 ICC[131]、SCC[132]、瑞士商会[133]以及 HKIAC[134]。比如 ICC 规则使用的从价计费方法是根据管理费及其他费用同时考虑争议金额而得出的一个收费范围。[135] 相应地，ICC 仲裁院在该特定范围内结合考虑仲裁员的勤勉程度、花费的时间、程序的用时以及争议的复杂程度最终确定费用。[136]

第三种是，为仲裁员在程序中做的所有工作支付一笔固定的费用。这种机制通常是在个案中约定的，而且只有少部分的机构规则规定使用这种方法，其中之一就是 WIPO 快速仲裁规则。[137]

对于临时仲裁，当事人是与仲裁员直接讨论相关费用及其计费方式。当事人和仲裁员一般会同意使用用时计费方法。[138] 如果当事人和仲裁员未能在计费方法上达成一致，大部分的仲裁法中也对应付的合理费用作出了规定。[139]

8.2 取消费

对于临时仲裁和机构仲裁，如果证据听证会需要取消或是延后，仲裁员有

---

[129] 例如，WIPO 费用表规定的指导性收费为每小时 300~600 美元。伦敦国际仲裁（LCIA）的费用表注明，仲裁员的费率在每小时 150 英镑至 350 英镑之间。有时，诸如 WIPO 中心等仲裁机构准备帮助各方协商适当的小时费率。

[130] A. Redfern, M. Hunter. Law and Practice of International Commercial Arbitration [M]. 4 版. London: Sweet and Maxwell, 2004: 270 - 271.

[131] 第 31 条。

[132] 第 43（2）条。

[133] 第 39 条。

[134] 第 36 条。

[135] ICC 规则第 31（2）条。

[136] ICC 规则附录Ⅲ第 2（1）条。

[137] 根据 WIPO 的费用表，在提交给 WIPO 快速仲裁规则的程序中，对于达 250 万美元的争议，仲裁员费用为 20000 美元。对于超过 250 万美元到 1000 万美元的争议，仲裁员的费用为 40000 美元。对于涉及金额更高的争议，费用由中心与当事人和仲裁员协商确定。

[138] G. Born. International Commercial Arbitration [M]. Hague: Kluwer Law International, 2009: 1648 - 1649.

[139] 例如 1996 年英国仲裁法第 28（1）条，中国香港仲裁条例第 2 条和瑞典仲裁法第 37 条。

时会要求取消费。在实践中，取消费一般按照如完整召开听证会所需费用的一定比例收取。虽然取消费或承诺费在国际仲裁实践中并不鲜见，但在"某些文化环境"下并不能得到接受。⑩ 如本书中建议的，这也是当事人和仲裁庭在程序一开始就需要讨论的问题。⑪

8.3 仲裁庭的费用

仲裁庭成员有权就其付出得到偿付。理论上，仲裁员应当定期向当事人发送相关费用的发票。对于机构仲裁，一般由相关机构通知当事人仲裁庭的费用。当事人通常采用的方式是用相关发票——有时基于固定的日付费（日息率）——抵付"必需费用"（通常是与参加仲裁庭审联系在一起的费用）。⑫

8.4 保证金

为了确保费用的完整支付，通常要求当事人提前支付保证金。在机构仲裁中，由机构保管该保证金。WIPO 仲裁中心的程序就是机构仲裁主流做法的例证。根据 WIPO 仲裁规则，当事人需在收到仲裁庭成立的通知书时支付相同金额的保证金，保证金的数额是 WIPO 仲裁中心根据最终裁决做出后所需的总费用确定得出的。⑬ 在程序进行过程中，WIPO 仲裁中心根据需要可能要求当事人补充保证金。⑭

对于临时仲裁，通常由仲裁庭自己提出保证金要求。一般是开具一个银行账户来保存该保证金，或者建议当事人使用某些仲裁机构的保证金保管服务。⑮

9. 仲裁员的义务

当事人和仲裁庭之间的合同关系（尽管可能有义务免除问题）对仲裁员提出了一些义务要求。

---

⑩ A. Redfern, M. Hunter. Law and Practice of International Commercial Arbitration [M]. 4 版. London: Sweet and Maxwell, 2004: 270.

⑪ 参阅第 8 章第 3.13 节。

⑫ A. Redfern, M. Hunter. Law and Practice of International Commercial Arbitration [M]. 4 版. London: Sweet and Maxwell, 2004: 273–274.

⑬ WIPO 仲裁规则第 70（a）条。

⑭ WIPO 仲裁规则第 70（b）条。

⑮ 例如 LCIA 规则。

当事人可以明确要求仲裁员履行某些特定义务，比如在确定时间内发出仲裁裁决，或者到某国进行现场勘验。如果仲裁员不愿履行这种义务，根据该义务的具体情况，要么该仲裁员应拒绝对其的指定，要么免除对其的指定。[146]

其他对仲裁员提出的义务要求是由仲裁规则和国内法律结合其行使的司法职能提出的。在大多数情况下，这些义务包括，（特别是）公正和独立义务[147]；披露有可能导致对仲裁员公正和独立性产生合理怀疑的情况[148]；公正行事（遵守适当程序）同时根据当事人的约定进行仲裁[149]；以应尽的责任心和技能行事[150]；迅速有效地进行仲裁[151]；依据适用的法律对争议实体进行裁决（除公平合理和友好公正原则以外）[152]；作出有执行力的裁决[153]；不将其职责委托与他人[154]；以及完成其应尽的工作（要求仲裁员除了特定情况以外不能辞去工作）[155]。

除了前面章节中讨论过的公正和披露义务，WIPO 仲裁规则也对上述义务作出了明确规定。WIPO 仲裁规则第 23（a）条规定了"仲裁员接受指定，即视为已保证将安排充分时间，使仲裁可以迅速进行和完成"。

WIPO 仲裁规则第 38（b）条（译者注：2014 年版第 37（b）条）指出"在任何情形下，仲裁庭均应确保当事人得到平等对待，给予各方当事人陈述主张的公平机会。"WIPO 仲裁规则第 38（c）条（译者注：2014 年版第 37（c）条）规定"仲裁庭应当确保仲裁程序适当地快速进行。"

WIPO 仲裁规则第 59（a）条（译者注：2014 年版第 61（a）条）规定

---

[146] A. Redfern, M. Hunter. Law and Practice of International Commercial Arbitration [M]. 4 版. London: Sweet and Maxwell, 2004: 283.

[147] 参见本章第 3 节。

[148] 参见本章第 3.4 节。

[149] 作为旨在确保正当程序得到遵守的条款实例，可参见 WIPO 仲裁规则第 38（b）条、ICC 规则第 15（2）条、LCIA 规则第 14（1）条、AAA/ICDR 规则第 16（2）条以及 UNCITRAL 规则第 15（1）条。此外，国家仲裁条款也具有同样的效力，例如，UNCITRAL 示范法第 19 条、1996 年英国仲裁法第 33 条、法国新民事诉讼法典第 1460（2）条和瑞士国际私法第 182（3）条。

[150] 参见 A. Redfern, M. Hunter. Law and Practice of International Commercial Arbitration [M]. 4 版. London: Sweet and Maxwell, 2004: 284-290.

[151] 参见 WIPO 仲裁规则第 23（a）条。也可参阅 UNCITRAL 示范法第 14 条和英国 1996 年仲裁法第 33（1）（b）条。

[152] 参见 WIPO 仲裁规则第 59（a）条、ICC 规则第 17 条以及 AAA/ICDR 规则第 28 条。

[153] 参见 WIPO 仲裁规则第 62（e）条、ICC 规则第 35 条以及 LCIA 规则第 32（2）条。

[154] 参见 C. Partasides. The Fourth Arbitrator? The Role of Secretaries to Tribunals in International Arbitration [J]. Arbitration International, 2002（18）: 151. 也可参阅 G. Born. International Commercial Arbitration [M]. Hague: Kluwer Law International, 2009: 1627-1629.

[155] 参见 G. Born. International Commercial Arbitration [M]. Hague: Kluwer Law International, 2009: 1634-1638.

"仲裁庭对争议实体进行裁决，应当依照当事人选择的法律或法律规则。"没有约定时，"仲裁庭应当适用其认为适当的法律或法律规则。"

WIPO 仲裁规则第 62（e）条（译者注：2014 年版第 64（e）条）指出"仲裁庭可以为确保裁决可执行等目的，就形式事项征求中心的意见"

WIPO 仲裁规则第 76（a）条（译者注：2014 年版第 78（a）条）对仲裁员提出对裁决、仲裁期间披露的书面证据或其他证据保密的义务。

这些义务通常受到源自仲裁员职权义务范围的道德义务补充。一些文件对这方面的问题给出了指导，例如，IBA 国际仲裁道德规则（1987）、IBA 国际仲裁利益冲突指南（2004）、AAA/ABA 行为示范规则（2004）以及特许仲裁员学会会员职业与行为道德准则（2009）。

10. 仲裁员应承担的责任和免责

为了保证仲裁庭的裁决不受可能需要承担责任的影响，根据许多仲裁规则和国内法律，仲裁员享有不同程度的民事责任豁免权。[14] 一般而言，仲裁员仅在例外且重要的情况下才需要为违背义务承担责任。

特殊的是，根据许多重要机构的规则，仲裁员严重违背了其职责范围内的义务时才需要承担责任。例如，WIPO 仲裁规则第 77 条（译者注：2014 年版第 79 条）规定了"除恶意行为外，仲裁员……无须就与仲裁有关的任何作为或不作为对当事人承担责任"。相似地，LCIA 规则[15]和 AAA/ICDR 规则[16]也限制了仲裁员应负责任的范围，仅将"故意的非法行为"排除在免责范围外。ICC 规则规定了更宽的免责范围：根据 ICC 规则第 34 条，仲裁员"不因与仲裁有关的任何作为或疏忽对任何人承担责任"。

为了防止"责任转移"问题，通常仲裁员的免责也延及相关仲裁机构（及其工作人员）。[17]

同样地，根据司法管辖区的国内法规和判例法，需要仲裁员承担责任的情

---

[14] 这类豁免权的存在导致评论者认定仲裁员与当事人之间并非真正的合同关系，更多的是由于仲裁庭的裁决职能而导致的"身份"问题。（参见 A. Redfern, M. Hunter. Law and Practice of International Commercial Arbitration [M]. 4 版. London: Sweet and Maxwell, 2004: 287.）实际上，这种立场混合了两个不同的概念，即仲裁与执行某些合同义务的关系的性质。由于豁免权问题，受害的一方无法追究仲裁员对违反某些义务的责任，这与仲裁员—当事人关系的合同性质并不矛盾。（Contra M. Mustill, S. Boyd. Commercial Arbitration [M]. 2 版. London: Butterworths Law, 1989: 222-223.）

[15] 第 31（1）条。

[16] 第 35 条。

[17] 例如 WIPO 仲裁规则第 77 条和 ICC 规则第 34 条。

形仅限于发现了道德败坏和欺诈的情况。⑯ 比如澳大利亚⑯、英格兰⑯、中国香港⑯和西班牙⑯就是这种情况。在其他一些司法管辖区，如加拿大和美国，仲裁员即使涉及道德败坏和故意的不当行为也享有免责权。⑯

但对这种免责原则的广泛接受并不意味着当事人对于玩忽职守的仲裁员时没有防范能力。如前文所述，在这种情况下，当事人可以约定除名该仲裁员，（大多数情况下）管理机构或国内法院可以除名该仲裁员。而且一些仲裁法规定了如果出现仲裁员违背职责的情况，可以降低仲裁员费用。⑯

11. 仲裁庭的管辖权以及自裁管辖原则

11.1 介 绍

国际仲裁是争议解决的一种契约性方法，凭借该方法，当事人将特定争议提交仲裁庭进行解决。因此，仲裁庭解决争议的权力（即仲裁庭的管辖权）严格限定在当事人委托的职责范围内。正因如此，在大多数司法管辖区，超诉愿（对管辖权的过分运用）成为请求撤销仲裁裁决的理由之一⑯，同时，根据《纽约公约》，国内法院可以据此拒绝承认和执行仲裁裁决。⑯

当事人可辩称仲裁庭没有解决特定争议的管辖权。这种出现在当事人主张仲裁协议不存在或无效的情况下，一般构成对仲裁庭管辖权的全面异议。在其他情况下，当事人可能无法否认仲裁协议的存在或有效性，但其可辩称仲裁庭对某些权利或问题作出的裁决超出了仲裁庭的管辖权。以下小节讨论的是此类异议的一般处理方法。

---

⑯ 值得注意的是，UNCITRAL 示范法对这个问题没有提及。

⑯ 澳大利亚国际仲裁法第 28 条。

⑯ 1996 年英国仲裁法第 29 条。

⑯ Logy Entertainment Ltd 诉 Haikou City Bonded Area Wansen Products Trading Co., in A. J. van den Berg ed. Yearbook Commercial Arbitration（XXXIII）[M]. Hague：Kluwer Law International，1997：660.

⑯ 西班牙仲裁法第 21（1）条。

⑯ G. Born. International Commercial Arbitration [M]. Hague：Kluwer Law International，2009：1655 - 1657.

⑯ 例如 1996 年英国仲裁法第 24（4）条。（如果法院撤换仲裁员），印度仲裁和调解法第 13（6）条和新加坡仲裁法第 16（4）条。

⑯ 例如示范法第 34（2）（iii）条、1996 年英国仲裁法第 67 条以及法国新民事诉讼法典第 1502.3 条。

⑯ 第 V（1）（c）条。

11.2 自裁管辖原则[⑯]

几乎所有的机构规则和国家法律都承认这样一个原则，即仲裁庭有权针对其管辖区的异议进行裁决的权力。[⑰] 这个原则通常被称为自裁管辖原则[⑱]，它在很大程度上是为了保证仲裁庭不受司法干预。

例如 WIPO 仲裁规则规定了：

> "仲裁庭有权对关于仲裁庭管辖权的异议，包括关于仲裁协议的形式、存在、效力或范围的任何异议作出决定……"[⑲]

UNCITRAL 规则[⑳]以及 ICC[㉑]、LCIA[㉒]、AAA/ICDR[㉓]、SIAC[㉔] 以及瑞士商会[㉕]的仲裁规则中均包括相似的条款。

虽然绝大多数国家法律对该原则的核心内容（即仲裁庭有权对其管辖权异议作出决定）是接受的，但实际上各国的国内法院的干预度各有不同。在一些司法管辖区，国内法院有权对仲裁庭管辖权异议作出比仲裁庭所作的所有决定效力更高的决定。[㉖] 在其他一些国家，司法复核的范围较窄，且仅在仲裁对管辖权异议做出决定以后才可能发生。[㉗] 而且有一些国家，司法复核取决于管辖权异议的具体理由，要么在仲裁庭对管辖权作出决定前，要么在此

[⑯] 尽管自裁管辖原则通常被认为与"独立性"原则或假设（第 6 章第 2.4 节中曾有过讨论）有关，但它们在概念上是不同的。仲裁庭可以决定其管辖权的事实并不意味着（或取决于）仲裁条款与构成了与主合同分离的独立协议。

[⑰] G. Born. International Commercial Arbitration [M]. Hague：Kluwer Law International，2009：853.

[⑱] 因为它起源于德国，该原则也被称为 Kompetenz‑Kompetenz。参见 G. Born. International Commercial Arbitration [M]. Hague：Kluwer Law International，2009：854.

[⑲] WIPO 仲裁规则第 36（a）条。

[⑳] 第 21（1）条。

[㉑] 第 6（2）条。

[㉒] 第 23（1）条。

[㉓] 第 15（1）条。

[㉔] 第 26（1）条。

[㉕] 第 21（1）条。

[㉖] 例如瑞典（瑞典仲裁法第 2 条）。

[㉗] 例如法国（法国新民事诉讼法法典第 1466 条和第 1458 条）以及瑞士（瑞士国际私法第 186 条）。

之后。[181]

关于自裁管辖原则，仲裁庭和国内法院之间的互动很复杂，详细分析这个问题将超出本书范畴。[182] 因此，以下小节聚焦于仲裁庭在解决其管辖权异议时行使管辖权的问题。

11.3　仲裁庭对管辖权异议的解决

许多机构规则[183]和国家法律[184]规定当事人应当在仲裁程序刚开始时就提出对仲裁庭管辖权的异议。如果在一开始时没有提出，则认为对管辖权无异议。[185]

WIPO 仲裁规则第 36（c）条区分了两种情况：（a）仲裁庭无管辖权；和（b）主张仲裁庭超越权限。根据该条款，第一种情况的异议应当在答辩书中提出（对请求、反请求或抵消提出的仲裁庭无管辖权抗辩），"逾期不得在随后的仲裁程序中提出此种抗辩，也不得向任何法院提出"。对于仲裁庭超越权限的主张"应当在仲裁程序中被指超越权限的事项被提出后立即提出"。在以上两种情况下，仲裁庭"认为逾期有正当理由的，可以准许逾期提出抗辩"。[186]

通常，仲裁庭根据案件的具体情况来设置解决管辖权异议的程序。某些异议可能是基于法律而不是基于事实提出的（即仲裁庭是否有权对主张的知识产权的有效性作出决定（不可仲裁性），或者某些争议类型是否包含在仲裁条款的范围内[187]）。在这种情况下，仲裁庭通常基于书面意见来解决异议，因此

---

[181] 这种情况是大多数国家都采用联合国贸易法委员会国际商事（UNCITRAL）1985 年示范法（第16条）和其他非示范法国家例如英国（1996 年英国仲裁法第 30 条）以及美国（参见 G. Born. International Commercial Arbitration [M]. Hague：Kluwer Law International, 2009：911-960.）。

[182] 关于这个问题的评论，例子可参阅 G. Born. International Commercial Arbitration [M]. Hague：Kluwer Law International, 2009：877-986. 和 E. Gaillard, J. Savage. Fouchard Gaillard Goldman on International Commercial Arbitration [M]. Hague：Kluwer Law International, 1999：393-401.

[183] 例如 WIPO 仲裁规则第 36（c）条、LCIA 规则第 23（2）条以及 AAA/ICDR 规则第 15（3）条。UNCITRAL 规则第 21（3）条也采用了同样的方式。

[184] 例如 UNCITRAL 规则第 8（1）条、1996 年英国仲裁法第 31（2）条和瑞士国际私法第 186（2）条。

[185] 如果仲裁庭对某一特定问题确实没有管辖权，但没有提出异议，将通过当事各方的默示协议对仲裁庭的管辖权加以扩展。

[186] WIPO 仲裁规则第 36（c）条。

[187] 这些问题可能来自仲裁条款的措辞，例如当事各方同意在不同地区"分割"仲裁庭的管辖权。在 WIPO 仲裁中心管理的涉及在保护消费品的不同司法管辖区注册的专利纠纷进行仲裁，就是这种情况。在这种情况下，仲裁协议规定，根据 WIPO 仲裁规则设立的仲裁庭将处理纠纷的所有知识产权方面问题，而另一机构将处理合同问题。然而，这些类型的安排在实践中并不可取，因为在许可纠纷中的许多此类问题是密不可分的联系在一起的。

不需要进行证据听证会。

另外，一些管辖权异议是基于事实提出的。在这种情况下，有时该异议要求引入"外部"证据（即有赖于当事人之间的口头沟通）。在这种情况下，需要证人证言和交叉询问。

一般来说，仲裁庭可以将管辖权异议作为初始问题进行处理，或者在最终裁决中进行解决。[188] 具体选择取决于一系列理由，这些理由不仅包括听取证人证言的需要，还包括管辖权异议的复杂程度，更重要的是，管辖权异议问题是否可以从争议实体中剥离出来。[189] 如果异议能与实体问题分开，绝大多数情况下，最先处理管辖权异议是最有效的处理方式，因为这样，当事人就不必承担提交所有的证据和向仲裁庭提交问题要点后又未能仲裁的风险了。

即使管辖权问题一开始就解决了，仲裁庭关于该问题的决定也体现在裁决中（即使仲裁庭将其决定成为"指令"）。如果仲裁庭驳回了管辖权异议，裁决将为临时仲裁或是部分仲裁。相反，如果仲裁庭支持了该异议，裁决将为最终裁决。在所有情况下，根据适用的法律，当事人都可以到仲裁地法院对裁决提出无效宣告请求。

---

[188] 例如，WIPO 仲裁规则第 36（d）条。ICC 规则包含了一个相当不寻常的规定，即在某些管辖权异议方面，ICC 法院考虑争端初始控制。根据 ICC 规则第 6（2）条，如果任何一方就仲裁协议的存在、有效性或范围提出一项或多项抗辩请求，[国际商会] 法院可以在不损害抗辩或请求的受理或价值的情况下判决，如果初步证明符合规则的仲裁协议可能存在，则仲裁应继续进行。这种情况下，任何有关仲裁庭管辖权的裁决都应由仲裁庭自行作出。如果法院不满意，应通知当事人仲裁不能进行。在这种情况下，任何一方均有权询问任何具有管辖权的法院是否有约束力的仲裁协议。

[189] 参见 A. Redfern, M. Hunter. Law and Practice of International Commercial Arbitration [M]. 4 版. London: Sweet and Maxwell, 2004: 306.

第 8 章
仲裁程序的组织实施以及取证

1. 概 述

本章介绍的是仲裁的"运作"：如何组织仲裁程序，仲裁程序如何进行，以及如何取证。虽然本章中讨论的许多议题在国际商事仲裁中很普遍，但是本书还详细介绍了源自知识产权争议的特殊问题。这些问题包括，例如对权利要求的解释作出的指令或部分裁决，成立用于对永久禁令的遵守进行监督的备用仲裁庭，知识产权争议中的专家取证，基础读物和实验结果的使用，以及对仲裁庭组织专家指导。由于 WIPO 仲裁规则的焦点在于知识产权，因此本章主要关注的是 WIPO 仲裁规则。❶

2. 仲裁程序的一般组织方法❷

2.1 介 绍

大多数的仲裁规则和国内法案均没有对仲裁程序的运行作出详细规定。因此，从法院立法的角度看，仲裁可能缺少程序上的可预测性。不过这种观点不太准确。国际仲裁作为一种量身定做的争议解决机制，并没有用于规制程序进行中所有问题的严格和标准的程序。正因如此，仲裁规则和法律仅仅对仲裁程序进行中的"基本要点"作出了规定。

---

❶ 适用的情况下，则说明 WIPO 仲裁规则与 WIPO 快速仲裁规则之间的区别。
❷ 1996 年联合国贸易法委员会组织仲裁程序的说明为当事各方在讨论仲裁程序时可能希望考虑的问题提供了有用的指导。

相对于国际仲裁而言，国内程序性法律仅回应了所有因素中的一小部分（主要是涉案问题的属性和争议金额）。在法院诉讼中，当事人的代理律师得到相关国家律师协会承认且深谙相关民事程序规则。因此，在这种情况下将所有因素标准化不仅更易操作，而且对大多数案件更适当。

然而，除了涉案问题的属性和争议金额以外，国际仲裁通常还要处理涉及各种实体性、程序性的复杂集合，包括不同的适用法律以及复杂的管辖权争议。此外，当事人及其律师也常常具有不同的法律背景。因此，他们在很多方面很可能有差异巨大的观点，比如证据（包括涉及文件披露或提交、书面证据的权重以及证人准备）；律师在程序中担当的角色（包括其相关道德准则）；以及答辩操作。知识产权的出现会进一步增加提交仲裁的争议的复杂程度，而且还会对程序的进行产生影响（如对涉案权利的解释问题）。

正因为如此，"一刀切"的处理方式并不能充分考虑到国际仲裁中出现的所有潜在因素——更别说涉及知识产权的复杂仲裁了。

在不脱离仲裁量身定制的处理方式的原则下，当事人可以通过事先约定一个详细的程序性框架来获得程序的可预测性。当事人可以在签订协议时进行约定，也可以在仲裁开始后约定。

当仲裁是通过提交仲裁协议的方式提起时，常见的情况是当事人对程序的进行约定一个详细的框架。在这一阶段，当事人已经充分了解其争议，因此能够制订出相宜的程序。

不同的是，当事人很少在签订仲裁条款时就对程序的详细框架进行约定。当事人一般都不会愿意负责起草可能永远不会发生的争议。❸ 当事人最多会通过引用的方式将某些对基础程序性框架进行规定的仲裁规则（执行或不执行）合并。争议出现后，当事人详细讨论程序框架的最佳实际时机指定仲裁庭后，仲裁庭能够在这个时候对涉及仲裁程序的组织以及当事人之间在此问题上的分歧提供有价值的信息。

考虑到大多数涉及知识产权争议的国际仲裁因仲裁条款而起，本节将主要聚焦于建立仲裁庭后仲裁程序的组织。

多数情况下，仲裁庭成立后不久就会召集一个案件组织讨论会或会议，对仲裁程序的组织进行讨论（对于 ICC 和 CEPANI 的案件，讨论"职责范围书"

---

❸ 尽管如此，一些当事人（尤其是具有相当仲裁经验的公司）在其仲裁协议中规定了全面的特别程序规则。

（见下文））。❹ 在该会议上，为了保证程序的确定性，推荐当事人与仲裁庭讨论尽可能多的议题，包括关于证据听证会的组织，这能使仲裁庭发出涉及详细程序性框架的指令。当事人可以在证据听证会数周前讨论任何悬而未决的问题或者涉及听证会的新问题。

2.2 程序的时间轴和架构

虽然根据某些机构规则，仲裁庭能够根据需要来确定是否询问证人，根据至少一方当事人的要求，仲裁庭始终做好召开证据听证会的准备。❺ 因此，在实践中，仲裁庭和当事人参加证据听证会的时间协调决定了整个程序的时间表。

当事人一般会为证据听证会约定一个窗口期（通常至少一周），这个窗口期可根据需要缩短或增加。❻ 如果发现很难找到合适的日期进行一个连续的听证会，当事人可以约定将听证会拆分。如果当事人不能或不愿对听证会的时间达成一致，根据很多机构规则以及仲裁法案，仲裁庭有权确定日期。❼

通常，当事人确定证据听证会的窗口期后，他们就会讨论程序的详细架构以及每一相关阶段的备选日期。❽ 大多数情况下，在成立仲裁庭后，仲裁程序由两个主要阶段构成：由当事人呈情的主要阶段（包括所有支持性证据）以及仲裁庭研讨并准备最终裁决的阶段。出于上文中提过的原因，几乎所有的案件都有证据听证会。根据当事人的约定，还可能包括证据提交阶段、审理后简报以及口头结辩陈词。

在程序中针对不同的阶段确定最后期限取决于当事人的约定以及仲裁庭的引导。还要充分考虑争议属性，比如，在极其复杂的知识产权争议案件中，当

---

❹ 虽然一些仲裁庭倾向于面对面举行这种会议，但当事人通过电话会议讨论组织程序的情况并不少见。

❺ 在一些规则中，如果当事人中的一方要求举行听证会，仲裁庭有义务命令举行听证（例如参见 WIPO 仲裁规则第 53（a）条、WIPO 快速仲裁规则第 47（a）条、ICC 规则第 20（6）条和 UNCITRAL 规则第 15（2）条）。而其他的一些规则，并没有明确规定这一义务（例如参见 AAA／ICDR 第 22（4）条）。最后，其他的规则授予了仲裁庭决定是否有必要举行听证的权力（例如参见 LCIA 规则第 20.2 条，其赋予了仲裁庭酌情允许、拒绝或限制证人出庭的权力）。

❻ 出于谨慎考虑，一些仲裁庭在一开始会与当事人讨论听证的备选日期，以防在仲裁程序中发生延误。

❼ 例如，参见 WIPO 仲裁规则第 53（b）条、ICC 规则第 21（1）条、LCIA 规则第 19.2 条、AAA/ICDR 第 20.1 条、SCC 规则第 27（2）条、瑞士规则第 25（1）条和 UNCITRAL 规则第 25（1）条。也可参见 1996 年英国仲裁法第 34（1）条和第 34（2）条。

❽ 特别地，可参见瑞士规则第 15（3）条，其中规定："在仲裁程序的早期阶段并经与当事人协商，仲裁庭可为仲裁程序准备一份临时时间表，该表可作为信息提供给当事各方及（瑞士）商会。"

第 8 章　仲裁程序的组织实施以及取证

事人（通常是被申请人）会需要数周（或数月）的时间针对对方的主张进行答辩——特别是当其需要对高度技术性问题提出专家报告时。

在这样复杂的案件中，整个仲裁程序的时间跨度达到 18 个月甚至更久都不罕见。不过在其他案件中，特别是涉及问题较为集中的案件，当事人可能希望省略程序中的某些"普通"步骤从而使争议解决的速度加快。例如，在依据 WIPO 快速仲裁规则向 WIPO 仲裁中心提起的涉及银行软件争议的仲裁中，当事人约定不进行文件披露。他们的这种约定使独任仲裁员在程序开始后的 3 个月内就作出了裁决。❾

2.3　分步仲裁程序

"分步"一般指作出最终裁决前当事人为解决某些特定问题而达成的约定。"分步"一词很多时候也是指当事人将仲裁程序的进行划分为定性阶段和定量阶段。在第一个阶段，仲裁庭根据程序中主张的诉因确定被诉方（如果适用的话，还包括反请求被申请人）是否担责。在第二个（可能的）阶段，仲裁庭根据申请人（或反请求申请人）主张的损失额作出裁决。

在知识产权仲裁中，大多数情况下，定性阶段至少会提供简要介绍案情阶段和证据听证会。救济或定量阶段较为紧凑，不过一般也会给当事人在听证会中提出主张、询问证人和专家的机会。

通过对仲裁程序分步，当事人可以避免将时间和金钱浪费在一些可能无法解决且仲裁庭应驳回请求（如有的话，还包括反请求）的问题上。而且，仲裁庭发出认定被申请人（或反请求被申请人）有责任的裁决后，当事人的争议也就解决了。❿

但是应当注意到，当潜在问题以及针对这些问题的证据之间存在密不可分的关系时，就不推荐将问题放在程序的不同时间段进行解决了。⓫

2.4　书面陈述的构成

2.4.1　陈述的数量和顺序

在案件组织会议或电话会议上，当事人和仲裁庭通常会对程序的"简要介绍案情阶段"进行讨论，而且除了精简或快速程序（例如 WIPO 快速仲裁）

---

❾　参见 http://www.wipo.int/amc/en/arbitration/case-example.html，2010 年 6 月 9 日。
❿　这通常被认为是分拆仲裁程序所带来的附加好处。
⓫　因此，通常认为对专利的侵权和有效性问题应该得到共同处理，以避免在诸如专利权利要求构建等问题上提出不一致的论点。这反映了绝大多数司法管辖区在国家专利诉讼中接受的方法，尽管德国在这方面仍然是一个明显例外。

或者当事人明确约定考虑仲裁庭要求并以对该要求进行答复作为唯一备忘录的情况以外，其他情况还包括实质性陈述阶段。[12]

当事人可以约定其意见陈述是顺序提出或是同时提出，如果其约定以顺序方式提出（大部分情况如此），当事人可能会因谁能最后答辩产生分歧，特别是当他们来自不同的法律背景时。基于申请人提供证明的前提，英美法系背景的当事人会辩称主张者应有最后答辩权。[13] 而根据对等原则，具有大陆法系背景的当事人会主张被申请人应当有权提交最后的陈述。[14] 涉及来自不同法律背景的当事人的国际仲裁一般采用的是大陆法系解决方式。[15] 在这种情况下，各方当事人通常能够提交两轮不同方面的陈述。申请人首先提交其"申请书"；随后被申请人提交"答辩意见"。然后，申请人提出"请求的答复意见"。最后，由被申请人提交其"对请求的第二次答辩意见"。如果被申请人提出反申请（通常与其答辩意见一起提出），那么将就该反申请进行相同的一系列陈述。

在第一轮答辩过程中，许多仲裁规则和法案都规定了申请人应在仲裁庭成立的30日内提交申请书。[16] 当事人可视需要缩短或增加该时间。而且，当事人还常常约定被申请人有相同的时间来提出其答辩意见。然而，考虑到申请人通常在程序开始前就有更充分的时间来研究案件，在复杂争议中（例如涉及数个国家的知识产权，或者需要检索现有技术来请求有效性异议的专利争议）相对于申请人提出申请书的时间，被申请人有更充分的理由要求更多的时间提出其答辩意见。

在两轮答辩之间通常还包括一个文件披露或者文件提交阶段（根据当事人约定或者仲裁庭指定）。该阶段让当事人提出在第二轮陈述中包含的所有相关证据。

当事人也可以选择使用同时提交陈述的方式。在一些情况下，这能加快程序的进行，但是一些相关问题很可能无法提出。如果选择了这种方式，当事人

---

[12] 事实上，一些规则规定，请求书可以是仲裁申请书的一部分（例如，参见 WIPO 仲裁规则第41条、LCIA 规则第15.2条、瑞士规则第3.4（c）条和 UNCITRAL 规则第18条）。

[13] A. Redfern, M. Hunter. Law and Practice of International Commercial Arbitration [M]. 4版. London: Sweet and Maxwell, 2004: 323.

[14] 参见 G. Born. International Commercial Arbitration [M]. Hague: Kluwer Law International, 2009: 1825.

[15] A. Redfern, M. Hunter. Law and Practice of International Commercial Arbitration [M]. 4版. London: Sweet and Maxwell, 2004: 323.

[16] WIPO 仲裁规则第41（a）条、LCIA 规则第15.2条。相比之下，其他的规则让仲裁庭来决定时间期限。例如，SCC 规则第24（1）条、瑞士规则和 UNCITAL 规则第18条。

很可能需要提出附加案情摘要，其中可对在先陈述中未提到的问题进行主张。不过，如果当事人和仲裁庭已经确认了所主张的所有相关问题（一般涉及听证会后陈述的情况），那么同时陈述的方式是很有效的。[17]

2.4.2 支持书面陈述的证据

在案件组织会议或电话会议上，当事人和仲裁庭还会对是否提交相关陈述的支持性证据进行讨论。虽然在通常情况下，所有的支持性证据是随当事人的陈述一起提交的（书证、证人（以证言的形式）以及专家证据），当事人也可能会对提交不同类型的证据的时间进行讨论，比如在复杂的知识产权仲裁中需要对专家报告的提交时间进行约定。[18]

2.4.3 当事人陈词的修改

大多数仲裁规则和法案都规定了，在仲裁程序过程中，当事人可以对其请求或答辩意见进行修改或补充。不过这些规则和法案也规定了一些限制条件。首先，如果对请求的修改超出了仲裁协议的范围，那么这种修改是不允许的。[19] 其次，这些规则和法案也授予了仲裁庭在考虑相关情况后对其认为不适当的修改不予接受的权力，包括当事人逾期的情况。[20]

一般而言，当事人会与仲裁庭一起确定一个提交新请求或反请求的截止日期，除非得到仲裁庭的授权，否则不允许超过该日期提交新请求或反请求。

2.5 证据的准备和提交

2.5.1 书证和披露

2.5.1.1 证据的时间和形式

当事人和仲裁庭可以对仲裁过程中书证的提交方式和提交时机进行讨论。比如，当事人可以讨论是否能够接受复印件，或者是否需要将文件翻译为程序语言（如果需要翻译，是否需要官方翻译）。而且，可以讨论当事人提交书证

---

[17] 参见 G. Born. International Commercial Arbitration [M]. Hague：Kluwer Law International，2009：1824.

[18] 例如，在国际商会（ICC）涉及作者之一的专利许可纠纷的仲裁中，仲裁庭仅在第二轮申诉中指示当事人提交专家报告。

[19] 例如，参见瑞士规则第20条、UNCITRAL 规则第20条、AAA/ICDR 规则第4条、SCC 规则第25条和瑞典仲裁法第23条。

[20] 例如，参见 UNCITRAL 示范法第23（2）条、1996年英国仲裁法第34（2）（c）条和瑞典仲裁法第23条。也可参见 WIPO 仲裁规则第44条，WIPO 快速仲裁规则第38条、SCC 规则第25条、瑞士规则第20条和 UNCITRAL 规则第20条。相比之下，ICC 规则第19条规定："在职权范围经法院签署或批准后，任何一方均不得提出超出职权范围的新申请或反申请，除非仲裁庭已经授权这样做，该仲裁庭应考虑这种新的申请或反申请的性质、仲裁的状态和其他相关情况。"

的时机，包括提交的截止日期。

2.5.1.2 文件披露

当事人可以商议在程序中是否需要要求文件披露或提交。如果需要，当事人还要进一步讨论披露的范围以及拒绝披露的理由。在这个问题上，当事人通常使用 IBA 国际仲裁取证规则对涉及文件披露的问题进行规制或提供指导。上述规则对文件披露的程度进行了限制性的规定，这种披露程度介于英美法系和大陆法系传统做法之间。

对于涉及知识产权的仲裁，对文件披露的商议至关重要。在一些争议中，申请人需要使用对方当事人持有的某些文件才能说明其理由——比如，对于工艺流程使用了商业秘密或侵犯了专利权的主张。相反，被申请人也不会愿意提交披露其自己专有信息的文件，至少不会在没有特别保护措施的情况下提交。[21]

2.5.2 证　　人

当事人和仲裁庭还可就证人的议题进行商议。比如，证人的出席人数、证人证词的使用、当事人是宣誓后作证还是不经宣誓而作证、是否接受证人作证以及是否允许当事人在听证会上询问证人。[22]

2.5.3 专家证据

当事人和仲裁庭还可商议提交专家证据的方式和时机。可以讨论决定是直接使用仲裁庭指定的专家，还是当事人自己指定的专家。可以约定当事人的专家提交一份共同报告，也可以约定在听证会上由专家作证。[23]

2.6 程序语言的确定

当事人未约定的情况下，当事人还可以与仲裁庭在案件组织会议上讨论程序使用的语言。作为默认条款，许多机构规则（形式略有不同）规定程序语言为仲裁协议的语言，除非仲裁庭另行指定。[24]

2.7 保密性

很多时候，对知识产权拥有者而言，保密性成为需要考虑的主要问题。如

---

[21] 在这方面，知识产权的权利人可能对采用 IBA 证据规则感兴趣，因为根据这些规则的第 9（2）(e）条，商业和技术保密构成抵制公开的正当理由。

[22] 见下文第 5.2.6.5 节。

[23] 见下文第 5.2.6.6 节。

[24] 例如，参见 WIPO 仲裁规则第 40（a）条、ICC 规则第 16 条、LCIA 规则第 17.3 条和 AAA/ICDR 规则第 14 条。

第9章中所述，只有在特定情况下，仲裁才是保密的。对于非保密仲裁，当事人可以讨论是否需要签订关于保密性的特别条约或者仲裁庭是否应当采取相关保密措施。

2.8 对涉案知识产权的范围和解释作出的部分裁决

有时，涉案知识产权的解释和范围会决定争议的结果。因此，涉及知识产权的仲裁当事人可能希望仲裁庭对涉案知识产权的解释作出初步裁决。在本书作者之一作为仲裁员的 WIPO 仲裁中，当事人遵循的是美国专利的法律惯例，要求仲裁庭基于非约束性基础对一系列欧洲专利作出初步权利要求解释裁决。虽然在欧洲的专利法律中没有这种初步权利要求解释裁决，但是鉴于仲裁的灵活性，当事人和仲裁庭之间就这一步骤达成了一致意见。当事人向仲裁庭提交了书面简要意见，陈述了其不同意对权利要求进行的解释。据此，举行了一天的听证会。稍后，仲裁庭作出了无约束力的裁决，对涉案欧洲专利的权利要求进行了解释。该初步裁决有助于当事人在随后的意见陈述中将注意力集中在争议问题的解释上。

2.9 备用仲裁庭的设立

如第10章第5节中所述，在某些情况下永久禁令的执行和具体实施会对知识产权拥有者造成困难。同样在第10章中所述，对这种问题的解决方式之一就是设立一个备用仲裁庭，可以用于监督禁令或相关措施的遵守情况。如果在程序开始前没有对这个问题进行约定，知识产权拥有者可以在程序组织阶段商议建立对执行问题保留管辖权的仲裁庭。

2.10 费用裁决

当事人可以商议决定仲裁庭是在其最终裁决中决定费用的分配，还是将这一问题放在一部分裁决中（在对申请和反申请发出裁决后再发出）。如果当事人对该问题没有约定，许多仲裁规则和法律也规定了仲裁庭可以根据案件的所有相关具体情况来分配费用，不过其中大部分遵循的原则是仲裁费视仲裁结果而定。⑮ 在这种情况下，将这一问题在程序中确定下来有助于当事人将注意力

---

⑮ 例如，参见 WIPO 仲裁规则第71（c）条和第72条，LCIA 规则第28.4条、SCC 规则第43（5）条和第44条、瑞士规则第40条和 UNCITRAL 规则第40条。也可参见1996年英国仲裁法第61（2）条。相比之下，其他规则并未涉及这一原则，例如参见 ICC 规则第31（3）条和 AAA/ICDR 规则第31条。瑞典仲裁法第42条在这方面也未提。

集中在提交意见上，而不是在作出裁决前假设各种不同情况。

2.11 保证金和预付款

对于机构仲裁，通常由管理机构协助仲裁员协商以及管理仲裁程序中的费用。

对于临时仲裁而言，当事人和仲裁庭要讨论如何管理预付的仲裁员费用。一些仲裁庭为此开设银行账户，一些仲裁机构也为临时仲裁提供了保证金托管服务。[26]

2.12 仲裁庭秘书的指定

召开案件组织会议或电话会议时，当事人和仲裁庭会就仲裁庭秘书的指定进行讨论。这是瑞士仲裁实践的一个共同特点，在国际仲裁中也得到了一定程度的接受。[27] 仲裁庭的秘书通常是独任仲裁员或首席仲裁员律所中的初级律师，可以帮助组织后勤工作、准备文件、在会议中作记录等。由于秘书的费用通常要大大低于仲裁员，在复杂的案件中，有时仲裁庭的费用是以小时计的（如 WIPO 和 LCIA），此时使用秘书将是十分经济的选择。[28]

一般而言，要根据案件的实际情况以及当事人和仲裁庭的偏好来确定是否指定秘书。但最重要的是，仲裁庭的秘书不能参与决策过程。[29] 解决案件是仲裁员的内在职能，其个人能力起决定作用。

2.13 在一般程序的组织中还可能出现的其他问题

当事人还可就程序的组织商议其他问题，特别是这些问题不能通过相关（适用的）仲裁规则解决。这些问题可能包括，如首席仲裁员有权在没有另外两位仲裁员参与的情况下作出程序性裁决，文件如何交送当事人，以及当事人

---

[26] 例如，伦敦国际仲裁院（LCIA）。

[27] 参见瑞士规则第15（5）条。也参见 C. Partasides. The Fourth Arbitrator? The Role of Secretaries to Tribunals in International Arbitration [J]. Arbitration International, 2002, 18 (2): 148.

[28] C. Partasides. The Fourth Arbitrator? The Role of Secretaries to Tribunals in International Arbitration [J]. Arbitration International, 2002, 18 (2): 161. 在按价支付仲裁庭费用的仲裁中（例如在国际商会仲裁中），情况可能不同。如果仲裁员不支付秘书的费用，仲裁庭秘书可以向当事人增加费用。因此，国际商会的立场是仲裁员应该支付仲裁庭秘书的费用。（参见 ICC's Note concerning the Appointment of Administrative Secretaries by Arbitral Tribunals, 1 Oct. 1995.）

[29] 参见 G. Born. International Commercial Arbitration [M]. Hague: Kluwer Law International, 2009: 1628.

和仲裁庭之间如何沟通。[30] 对于临时仲裁,当事人还可以商议是否适用 UNCITRAL 仲裁规则,或者是否将其仲裁提交仲裁机构进行仲裁。

当事人和仲裁庭还可以商议因具体原因组织听证会,以及通过部分裁决的方式对相关问题进行解决,包括管辖权异议问题以及当事人提出的特别"申请"。

3. 证据听证会的组织

当事人一般在程序刚开始时就会对证据听证会中最重要的问题进行商议,比如将某些更具体的问题留到听证会开始的数周前在电话会议或会面中进行讨论。当然,当事人和仲裁庭完全可以在程序最开始时的案件组织会议或电话会议中解决所有的这些问题——我们也推荐这样做。这些问题中的一部分将在下文中介绍。

3.1 开场陈述和结案陈词

当事人可以商议确定在证据听证会上是否允许进行开场陈述和结案陈词。虽然在主流仲裁实践中当事人通常约定使用开场陈述,但一般都较为简洁。[31] 开场陈述可以用于提供案件概况、确定需要在听证会上解决的事实性问题以及提供当事人认为有助于仲裁庭作出裁决的信息。[32] 很多情况下,当事人的律师在发表陈述时会使用展示性证据。

在实践中,结案陈词就不那么常见了。当事人通常选择用书面的方式(一般采用听证会后陈述的方式)详述其最终答辩意见而不是结案陈词,而且这种书面答辩意见对于仲裁庭也有重要的价值,特别是有口头证言时,因为书面答辩意见可以将仲裁庭的注意力引导到当事人需要的证据上。

3.2 仲裁庭以及听证会的时间分配

当事人还需与仲裁庭商议在听证会上各方当事人分配到的时间、仲裁庭是

---

[30] 实践中,当事各方通过电子邮件提供简报和文件的情况越来越普遍。通常都在这种电子通信之后才用纸质硬拷贝。但是,使用电子邮件通信可能引起潜在的保密问题。因此,一些机构实施了安全的在线服务,其中一个例子是 WIPO 仲裁中心的加密电子案件工具(ECAF)。

[31] B. Hanotiau. The Conduct of the Hearings [M] // Leading Arbitrators' Guide to International Arbitration, L. Newman, R. Hill, 2nd edn, 2008: 369 – 389, 381: "双方律师的开场陈述可以……简短。大多数情况下,它们每次不会超过两或三个小时。"同样参见 G. Born. International Commercial Arbitration [M]. Hague: Kluwer Law International, 2009: 1863.

[32] B. Hanotiau. The Conduct of the Hearings [M] //Leading Arbitrators' Guide to International Arbitration, L. Newman, R. Hill, 2nd edn, 2008: 369 – 389, 381.

否要为自己询问留出时间，以及如何计算时间。显然，听证会可以召开的总时间取决于为其留出的天数和仲裁庭的数量。[33] 当事人和仲裁庭还可进一步商议如何划分听证会时间。在没有约定的情况下，许多仲裁庭是将听证会的总时间为双方当事人对半划分，除非其中一方当事人提出数目巨大的证据。[34] 当事人还要与仲裁庭讨论如何控制各方当事人的时间，例如在听证会上是否使用赛棋计时器。

3.3 听证会的文件

当事人和仲裁庭也可商议如何在证据听证会上使用文件。让仲裁庭和当事人就所有答辩及仲裁中提交的文件进行商议通常能够使听证会进行得更加顺畅，特别是让证人询问过程进行得更加顺畅。

当事人提交文件的方式多种多样，而且当事人约定以及仲裁庭的建议对提交文件的方式也没有进行限制。英国律师使用的诉讼惯例包括倾向于将听证会的证据进行"汇编"。当事人就用于听证会的汇编达成一致意见后，当事人中的一方（通常是申请人）将向仲裁庭和对方当事人提供相应证据"汇编"。

与上面的做法不同，美国律师使用的是美国诉讼惯例，他们"提前从有关文件中选出想进行交叉询问的内容，但仅在交叉询问的过程中提交这些文件。显然，这种做法会让证人在一系列交叉询问中感到意外。"[35]

3.4 听证会内容的记录

当事人可以商议如何对听证会的内容进行记录。可以用各种方式进行记录。比如，仲裁庭（或仲裁庭秘书）可以进行记录，然后给当事人传阅并发表意见。这种方法在一些问题比较集中的听证会比较有用，但不能准确反映出证据听证会上提出的所有证据。另一种选择是对听证会录音，然后把录音内容

---

[33] 证据听证需要仲裁庭成员注意力集中，以及当事方辩护律师的重大努力。因此，仲裁庭通常选择听证会时间一天不超过 6 小时。

[34] 在这方面，一位博学的评论员表示："许多仲裁员仍然采用一种方法，在这种方法中，每一方都分配给其证人相同的时间。但是，这种方法是不合理的。证人的数量可能因人而异，差别很大。一方只能传唤一名证人，而另一方则有 20 名证人。作为仲裁支柱之一的平等原则，必然要求每一方都有同样的机会来传唤证人。这并不意味着为每一方被分给相同的时间进行直接和交叉询问。" B. Hanotiau. The Conduct of the Hearings [M] //Leading Arbitrators' Guide to International Arbitration, L. Newman, R. Hill, 2nd, 2008: 369 – 389, 383.

[35] J. Dasteel, R. Jacobs. American Werewolves in London [J]. Arbitration International, 2002, 18 (2): 165 – 184, at 181 – 182.

转换为书面形式。[36] 这种方法可能是最便宜的,但是也有不足之处。有的录音内容听不见,而且当进行讨论时经常很难确定到底是谁在说话。[37]

由于以上方式都存在一些不足之处,当事人通常会雇用速记服务来得到逐字逐句记录的听证会笔录(有时在听证会当天就可做出),虽然这种方法更贵。随后,当事人可以对该笔录进行讨论和修改,使其中记录的不准确的部分可以得以修正。[38]

3.5 事实证人和专家的询问

当事人和仲裁庭可以讨论如何对证人和专家进行询问。特别地,他们需要确定是否进行直接询问、交叉询问、再直接询问和再交叉询问。

而且,如下文中将详细讨论的,当事人和仲裁庭还可商议使用一些"创新的"方法来提交证人或专家证据,包括证人会议。

当事人还可商议什么证人或专家将首先受到询问。在仲裁实践中,通常首先询问申请人的证人和专家。不过也可以通过当事人的约定或者仲裁庭根据相关个人的时间安排或者为了方便起见进行调整。例如,仲裁庭可以要求所有当事人的专家在同一天出庭,对某一具体问题发表意见。

3.6 对提问的异议

当事人和仲裁庭可以讨论在询问过程中对证人所提问题的异议理由。当事人通常有权反对无关、重复或涉及被证据豁免覆盖的问题。[39] 对于直接或再直接询问,不应提出诱导性问题(即对答案有诱导性的问题)。

3.7 在其他证人或专家出席的询问中证人或专家的出席

这个问题(有时称为"隔离"证人)通常涉及事实证人。这主要是为了确保在其他证人证词出现的情况下,该证人不会改变其证词。各国诉讼和仲裁在这个问题上的具体做法并不相同,因此当事人应该在听证会开始前对这个问

---

[36] 这种选择明确由例如以下提供:WIPO 仲裁规则第 53(d)条、AAA/ICDR 规则第 20(3)条、瑞士和 UNCITRAL 规则第 25(3)条。

[37] B. Hanotiau. The Conduct of the Hearings [M] // Leading Arbitrators' Guide to International Arbitration, L. Newman, R. Hill, 2nd, New York:Juris Publishing, 2008:379.

[38] 在这方面,重要的是在一开始就确定谁将负责作出这种安排。

[39] B. Hanotiau. The Conduct of the Hearings [M] //Leading Arbitrators' Guide to International Arbitration, L. Newman, R. Hill, 2nd, New York:Juris Publishing, 2008:384.

题进行认真商议。❿ 在很多情况下，国际仲裁庭会命令对证人进行"隔离"。⓫ 如果当事人达成一致意见，或者仲裁庭下达指令，其他证人将不会先于该证人做出证词，当事人也会采取一些措施避免这些证人之间就相关问题进行讨论，例如使证人无法获得听证会笔录。

相反，由于专家要对相关问题适当地发表意见，通常需要获得对方当事人提出的专家报告或专家证词。因此，仲裁庭一般允许专家参加有对方专家参与的询问，除非涉及保密性问题（一般是涉及知识产权的仲裁）。

3.8 能否通过视频方式对证人和专家进行询问

在国际仲裁的普通实践中，一方当事人在提交证人证词或者专家报告时应当保证相关个人能出席听证会并接受询问。否则，仲裁庭将不认可所提证据的证明力。但在某些情况下，让这些人出庭而急剧增加的费用会让一方当事人无法承担。对于这种情况，当事人可以就是否使用视频的方式进行询问进行商议。

3.9 证人和专家是宣誓后进行询问还是不经宣誓而直接作证

在一些英美法系司法管辖区中，仲裁行为对仲裁庭赋予了命令证人进行宣誓后在进行询问或者不经宣誓直接作证的权力。⓬ 在这种情况下，做假证会受到刑事处罚。⓭ 而在许多大陆法系司法管辖区中，仲裁员没有这种权力——这种权力往往由一些公职人员或公证人所有。⓮ 在仲裁庭拥有这种权力的情况下，当事人和仲裁庭可以就实施权力的具体方式进行商议。⓯

---

❿ AAA/ICDR 规则第 20.4 条规定"仲裁庭可以要求任何证人或证人在其他证人作证时退庭"。WIPO 仲裁规则第 54（f）条（译者注：应为第 56（f）条）载有类似的规定。

⓫ 参见 G. Born. International Commercial Arbitration [M]. Hague：Kluwer Law International，2009：1846 and B. Hanotiau. The Conduct of the Hearings [M] // Leading Arbitrators' Guide to International Arbitration, L. Newman, R. Hill, 2nd, New York：Juris Publishing, 2008：385.

⓬ 例见 1996 年英国仲裁法第 38（5）条。也可参见 WIPO 仲裁规则第 54（d）条和 LCIA 规则第 20.3 条的规定，当证人的证词由一方以书面提交时，可以采用宣誓证言的形式。

⓭ G. Born. International Commercial Arbitration [M]. Hague：Kluwer Law International，2009：1848-1849.

⓮ 例见瑞典仲裁法第 26 条规定，"当一方当事人希望证人或专家宣誓作证，或者一方根据真相确认进行审查，在获得仲裁员的同意后，当事人可以向地区法院申请生效并说明相应的程序。"

⓯ 这方面，一位著名的评论员曾表示："在国际仲裁中要求证人宣誓后作证是不寻常的，除非是由仲裁地法律强制性规定而执行。" B. Hanotiau. The Conduct of the Hearings [M] //Leading Arbitrators' Guide to International Arbitration, L. Newman, R. Hill, 2nd , New York：Juris Publishing, 2008：383.

3.10　交叉询问时证据的使用

当事人和仲裁庭可以进一步讨论如何提交将用于交叉询问的证据（是以汇编的形式，还是散页的形式）。当事人还可以商议当事人的律师可否将证据用于交叉询问时弹劾某证人使其不能作证。

3.11　翻　　译

大多数情况下，整个听证会是使用程序语言进行的。因此，如果证人或专家对程序语言不熟练，那么就需要使用翻译人员了。❶

3.12　听证会的地点

当事人还可以就听证会的地点进行讨论，听证会可以在专门的听证中心举行❶，也可在会议中心、酒店、法律事务所等地点举行。

3.13　仲裁庭的取消政策

当事人应该就证据听证会取消时仲裁庭的取消费用政策进行讨论（以及普通听证会）。如果仲裁听证会取消了，仲裁员通常会收取一部分的费用。仲裁员是以小时收费的，因此，取消费用一般按仲裁员费用的某一比例收取（通常按照一天开庭8小时的基础进行计算）。

3.14　发布对程序时间表进行规划的程序性指令

当事人和仲裁庭在案件组织会议或电话会议上达成一致意见后，仲裁庭通常会发出一个程序性指令，其中对仲裁的时间表作出了规划，同时考虑到当事人商讨的问题数量，其中也提出了程序大致的详细框架。

4.　费用控制措施

国际仲裁在一般情况下都不便宜。不断增加的国际仲裁费用也是许多用户

---

❶ 例如，UNCITRAL规则第25（3）条规定了"仲裁庭应该为听证会上所作的口头陈述安排翻译人员……如果仲裁庭根据案件的情况认为有必要，或者双方已经同意并且在听证会开始前至少十五天将此类协议通知仲裁庭。"

❶ 例如，可以看到在巴黎，国际商会（ICC）已经设立ICC听证中心。在伦敦，当事人可以同意在国际争议解决中心或者特许仲裁员协会的机构举行听证会。WIPO仲裁中心在日内瓦为WIPO仲裁的各方免费提供设施，自2010年1月起，它还在新加坡麦士威议事厅（Maxwell Chambers）提供设施。

的顾虑之一。仲裁程序费用高的原因之一是当事人要给仲裁员以及管理机构付费，实际上，仲裁程序中大部分的费用是当事人的律师费（代理该案件中产生的费用）。[18]

在许多情况下，参与仲裁程序的律师和专家根据其在程序中花费的时间收费。从这个角度看，当事人若想控制开支，应减少其律师团队所花费的时间。具体措施包括，例如将问题分步、减少披露或不披露文件、减少程序中答辩的轮次、控制证人和专家的人数、使用证人会议，以及就证据提交的截止日期达成一致。一些已有的公开出版物为减少开支提供了有益的技术性指导。[19]

不过要时刻记住，对知识产权争议进行国际仲裁相对于在多个司法管辖区进行诉讼能节省大量的费用。

5. 程序的进行及取证

5.1 介　　绍

正如上文所述，仲裁当事人在程序进行和取证方法上有很多选择，他们可以从中选择最适合其争议的方法。在案件中，当事人的背景、法律顾问以及仲裁庭决定了这些问题的走向，这样，在为当事人和仲裁庭所有成员辩护的律师是英美法系律师的仲裁与英美法系司法管辖区进行的诉讼相似。在这种情况下，可能会有大量的证据披露、有力的交叉询问，甚至可能需要使用宣誓后的证词。而当代理律师和仲裁员拥有的是大陆法系背景时，仲裁就会有大陆法系的特点，比如，较少的证据披露或没有证据披露、无交叉询问以及仲裁庭在证据问题上较多的干预。

许多提起国际仲裁的争议涉及来自不同法律背景的当事人、律师以及仲裁员，而且现代国际商事仲裁也总是牵涉英美法和大陆法的融合。在某些方面，国际仲裁的主流做法与英美法国家相近（例如涉及对证人的询问）。而在另一些方面与大陆法接近（例如，涉及书面意见的形式和长度）。很多主要仲裁机构的规则，如 UNCITRAL 规则以及 IBA 国际仲裁取证规则均反映出国际仲

---

[18]　根据国际商会（ICC）仲裁庭根据2003年和2004年最终裁决决定的ICC案件所作的统计数据，各方承担的案件费用（法律费用）平均占诉讼总费用的82%。平均而言，仲裁员费用及其开销占总费用的16%。ICC 的行政费用平均占诉讼总费用的2%。Techniques for Controlling Time and Costs in Arbitration, ICC Publication No. 843, 4.

[19]　例如，参见 Techniques for Controlling Time and Costs in Arbitration, ICC Publication 843, 4 and, more generally, UNCITRAL Notes on Organizing Arbitral Proceedings.

主流做法的特殊性。

如前面小节所述，虽然当事人能够根据其认为适当的方式对仲裁程序和取证方法进行定制，但如果当事人在此陷入僵局，将由仲裁庭根据国际仲裁主流做法作出决定。涉及知识产权争议的仲裁也没有什么不同，下文将重点介绍程序和取证方面的主流做法，以及如何解决经常出现在涉及知识产权仲裁中的某些特殊问题。

5.2 国际仲裁主流做法中程序的进行

5.2.1 不同阶段

根据国际仲裁的主流做法，许多仲裁程序采用相似的结构。首先，在大多数仲裁中都有一个开始阶段，在该阶段，由当事人介绍案情并且指定仲裁庭。仲裁庭成立后，当事人开始对程序的组织进行商议。仲裁庭通常会发出一份指令，其中对程序的进行作出规划。随后，当事人提交其书面意见，并提出支持其理由的证据。根据现行惯例，随后会有一个证据披露阶段；在此之后举行证据听证会。听证会后应当提交简报，最后仲裁庭通过作出一个或数个裁决解决争议。

5.2.2 程序开始

许多仲裁规则和法律都规定了在仲裁庭成立前，要提交仲裁申请书或通知，以及对仲裁申请书的答复。而且，如下文所述，在没有明确选择的情况下，在一些机构仲裁中，将由机构确定程序所在地。

5.2.2.1 仲裁申请书

根据多数机构仲裁规则，申请人向相关机构提交仲裁申请书，同时由机构将仲裁申请书送达被申请人。[50] 在临时仲裁中，由于没有管理性实体，仲裁申请书将直接送给被申请人。[51] 仲裁申请书送达日通常决定了程序开始的日期，而该日期反过来与可能的时间限制问题相关。[52]

根据适用的规则或条款，仲裁申请书的内容各不相同。在多数情况下，仲

---

[50] 例如，参见 WIPO 仲裁规则第 6 条、LCIA 规则第 1（g）条、AAA/ICDR 规则第 2（1）条、SCC 规则第 2 条和第 5（1）条和瑞士仲裁规则第 3 条，相比之下，ICC 规则第 4（1）条规定，ICC 秘书处应当将仲裁请求通知被申请人。

[51] 例如，如果根据 UNCITRAL 规则进行临时仲裁，根据第 3（1）条，"发起仲裁的一方应当给另一方发仲裁通知"。

[52] 该日期可以是机构收到请求的日期（WIPO 仲裁规则第 7 条、ICC 规则第 4（2）条、LCIA 规则第 1.2 条、AAA/ICDR 第 2 条、SCC 规则第 4 条和瑞士国际仲裁规则第 3（2）条）。它也可以是被申请人收到请求的那一天。（例如，参见 UNCITRAL 仲裁规则第 3（2）条、1985 年 UNCITRAL 示范法第 21 条和 1996 年英国仲裁法第 14 条）。

裁申请书包括一份言简意赅的文件，其目的为介绍请求方情况以及阐明诉求。例如，WIPO 仲裁规则第 9 条规定：

"仲裁申请书应当包含下列各项：

（iv）争议性质和案情的要点，包括说明所涉的权利和财产以及所涉任何技术的性质；

（v）请求的救济，有请求金额的，尽可能说明金额"❸

而且，仲裁请求书中通常表明了请求方对要指定的仲裁员的倾向。例如，WIPO 仲裁规则第 9（vi）规定仲裁请求书应当包含当事人指定的仲裁员的姓名或者对独任仲裁员的要求。❹

有时，仲裁请求书还可包括（或附带）请求方的请求声明，即请求方的第一次实质意见。❺ 这通常是简单程序或快速程序的情况。❻

5.2.2.2 对仲裁请求书的答复

申请方提交其仲裁请求书后，有多种不同的处理方法。UNCITRAL 仲裁规则以及一些仲裁法案（例如 1999 年瑞典仲裁法）并没有对被诉方答复仲裁请求书的时机作出规定。他们宁愿将注意力放在指定仲裁庭的问题上。根据这些规则和法案的做法，被诉方可以在受到请求声明后对其情况进行详述。

相反，其他规则（除了要求当事人表明对指定仲裁庭的倾向外）在仲裁庭成立前为被诉方提供了针对仲裁请求书提交答辩意见的机会。❼ 在多数情况下，对仲裁请求书的答复是一份简要的文件，其中简明地阐述了被诉方的答辩

---

❸ 尽管如此，相当反常的是，其他的仲裁规则要求提供更详细的信息——在国际商会规则下的仲裁案件应该理解这种情况，特别是 ICC 第 4 条中使用了这一表述。这是因为仲裁庭一旦被任命，就必须根据申请人的仲裁请求和被申请人的答复来划定"职权范围"。

❹ 类似地，参见 ICC 规则第 4（3）(e) 条、LCIA 规则第 1（1）(d) 和 (e) 条、AAA/ICDR 规则第 2（3）(g) 条、SCC 规则第 2（v）和（vi）条、瑞士规则第 3（3）(g) 条、UNCITRAL 规则第 3（3）(g) 条。

❺ 参见 WIPO 仲裁规则第 10 条、瑞士规则第 3（4）(c) 条和 UNCITRAL 规则第 3（4）(c) 条，所有这些都规定了申请人可以选择在提交请求书时一并附上其仲裁请求书。参见 AAA/ICDR 第 2（3）条（"仲裁通知书应包括一份请求书"）。

❻ 参见 WIPO 快速仲裁规则第 10 条（"仲裁申请书应当附具请求书"）。与之相比，瑞士规则中关于快速程序的规定给予被申请人答复仲裁通知书的机会（第 42（1）(b) 条）。本章将在后文更详细地讨论该主题。

❼ 这通常是在程序开始后的 30 天内（参见 ICC 规则第 5（1）条和 AAA/ICDR 规则第 3（1）条）或者自收到被申请人的申请之日起。（参见 WIPO 仲裁第 11 条、LCIA 规则第 2.1 条和瑞士规则第 3（7）条。）与之相比，SCC 规则第 5 条没有规定被申请人应提交答复的任意期限，而规定由秘书处确定截止日期。在快速程序中，这个期限可能会更短（参见 WIPO 快速仲裁规则第 11 条，其中指出被申请人将有 20 天时间提交"对仲裁申请书和请求书的答复书"）。

意见以及可能提出的抵消请求和反诉意见。❸ 在涉及知识产权的仲裁中，对仲裁请求书的答复可以包括与其在司法程序中相同的实质性答辩和反诉意见。例如，涉及版权的仲裁中，被诉方除了可以否认侵权，还可以提出是对与申请方无关的第三方的权利进行的正当使用的答辩意见。而且，在请求方对如专利的注册知识产权提出主张的情况下，被诉方可以对涉案权利提出无效性答辩意见（相对于对人效力，这种无效性一般没有对物效力）。

很多时候，仲裁请求书的答复内容不限于在仲裁庭成立后提出附加或不同主张。❺

更进一步地，在仲裁请求书的答复中，被诉方可对仲裁庭的实体管辖权提出异议。❻ 在多数情况下，被诉方应当在其答辩意见中提出该异议——一方当事人若逾期未提出异议则意味着放弃对相关规则和仲裁法条的使用。❻

5.2.2.3 仲裁程序所在地的确定

如果当事人未能在其仲裁协议中对仲裁程序所在地进行约定，依照一些机构规则，在仲裁庭指定前，将由管理机构确定程序所在地。

例如WIPO仲裁规则第39（a）规定了WIPO中心"应当""考虑当事人意见和仲裁实际情况"确定仲裁地。ICC规则（第14（1）条）、SCC规则（第20（i）条）、UNCITRAL规则（第16（1）条）以及瑞士规则（第16（1）条）包含了相似的条款。❻

---

❸ 参见WIPO仲裁规则第11条、ICC规则第5（5）条、LCIA规则第2条、AAA/ICDR规则第3条、SCC规则第5条和瑞士规则第3（7）条。

❺ 尽管如此，根据国际商会ICC规则，在仲裁庭成立后当事人提出新请求的权利受到限制，在审理范围书被签署之后，任何当事人不得"在审理范围书之外提出新请求或反请求，除非得到仲裁庭的准许"。（ICC规则第19条）。

❻ 关于此类的管辖区异议，参见第7章。

❻ 参见SCC规则第21（3）条也可参见1996年英国仲裁法的第31（1）条，其规定："针对仲裁庭在仲裁程序开始时缺乏实质管辖权的异议必须由一方当事人提起，时间不得迟于该当事人在仲裁程序中为与质疑仲裁庭管辖权有关的任何有利事项而争论的第一步。"以及瑞士国际私法第16（2）条，其中规定："在对案情进行辩护之前，必须先提出缺乏管辖权的抗辩"。相比之下，其他的规则和法案使被申请人有可能在答辩书或对反请求的答辩书中提出这一请求（WIPO仲裁规则第36（c）条、LCIA规则第23（2）条、AAA/ICDR第15（3）条和UNCITRAL规则第21（3）条）。也可参见UNCITRAL示范法第16（2）条。

❻ AAA/ICDR采用的方法略有不同：其第13（1）条允许仲裁程序的管理人初步确定仲裁地，"依据仲裁庭的权力最终确定仲裁地"。与其他主要机构规定不同的是，LCIA规则第16.1条规定伦敦作为默认仲裁地，"除非直到LCIA法院根据所有的情况，并且在让各当事人有机会发表了书面评论之后，确定另一个仲裁地更合适"。

5.2.3 仲裁庭的成立❻

仲裁庭的成立标志着程序中新阶段的开始，在这个阶段中，仲裁员的角色尤为关键。在一些机构仲裁中，机构将传送文件，而且在许多情况下，机构在程序进行中扮演次要角色。

5.2.4 案件组织会议、程序性指令以及职责范围

正如前述小节中讨论的，仲裁庭成立后不久就会召集一次会议或电话会议，对程序的组织进行讨论。当事人的协议或仲裁庭对争议问题的决定将在一指令中进行概述（通常被称为"第一次程序性指令"）。

ICC 和 CEPANI 的仲裁规则提供了关于程序的合同性框架，也称为"职责范围"。❻ 根据 ICC 规则，从 ICC 秘书处收到文件后，仲裁庭就会处理这个文件，❻ 其中，关于争议的实体内容，职责范围包括"当事人各自的请求和要求的救济摘要，尽可能说明仲裁请求或反请求的金额"。❻

然而，不是所有人都对这种"职责范围"的可用性表示支持。确实，有人认为将这些证据整合起来很累赘且拖慢了程序。❻

"职责范围"是否有帮助取决于争议的实际情况。在一些情况下，将当事人提出的证据在程序早期就罗列出来，有助于厘清案情，也能使仲裁庭确定争议焦点，并避免当事人变卦。如果适用的规则没有对"职责范围"作出规定，或者在临时仲裁程序中，根据当事人的需要，他们可以就相似的合同性设置达成一致。

5.2.5 当事人提出的意见

在所有程序中，当事人都需要将其理由和对其观点的详细阐述提交仲裁庭。这就是当事人律师的作用，他们可以书面或口头方式将其当事人的理由提交仲裁庭。由于国际仲裁的当事人和仲裁员常常来自不同的国家，因此大部分的法律论证是以书面形式提交的。当然，法律论证也可用口头方式阐述，特别是在证据听证会上。不过，由于听证会的简洁性，口头陈情与英美法系中的诉讼相比一般较为简短。证据听证会结束后，当事人还可以约定进行法律论证听证会，不过这种做法较为罕见。

---

❻ 本节重点介绍与仲裁庭指定有关的机制和程序问题，第 7 章讨论了仲裁庭的权力和运行。
❻ ICC 规则第 18 条和 CEPANI 第 16 条。
❻ ICC 规则第 18 条。
❻ ICC 规则第 18（1）（c）条。
❻ 参见 J. Gillis Wetter. The Present Status of the International Court of Arbitration of the ICC: An Appraisal [J]. American Review of International Arbitration, 1990 (1): 101.

5.2.5.1 书面意见
5.2.5.1.1 审前意见

在对程序的时间表作出计划的程序性指令发出后，当事人通常会提出其书面意见，一般称为案情陈述书或陈情书。陈情书中详细陈述各方立场、争议的事实背景、来自相关事实的法律问题以及当事人的救济请求。在现代国际仲裁实践中，当事人的陈情书达上百页并不少见。[68]

常见的做法是在当事人的案情陈述书中附上所有支持性证据，即书证（包括，如所主张的知识产权和法律机关的相关文件复印件）、证人证言以及专家报告。

申请人的第一次陈情通常称为"请求书"。一般在仲裁请求内容后提出陈述意见。不过依据多数仲裁规则，[69] 申请人可以修改、扩大或增加新的理由以及救济请求。例如，申请人可以在其请求书中主张其他的在先知识产权。不过这样也会产生一些疑问，例如，时间表涉及在请求书提交前就到期的知识产权，或者当事人需要在某一时限前对特定知识产权提出主张。

如果当事人约定顺序提交意见陈述，被申请人应当在当事人约定或仲裁庭确定的时限前对请求书的内容进行答复。在此次答复中被申请人通常对仲裁请求作出详细答复。例如，被申请人可以对会导致主张权利无效的具体证据进行详细阐述（例如对争议专利的某些"现有技术"）。

除非"职责范围"中有规定，答辩意见并不需要完全按照对仲裁请求的答复作出。根据多数仲裁规则，被申请人可以提交答辩意见、抵销请求以及反请求，无论这些意见是否在其仲裁请求答复中提到过。[70] 被申请人可以提出落入仲裁协议范围内的任何反请求和抵销请求。[71]

被申请人还可对申请人在其案情陈述书中主张的新理由提出管辖区异议。这样，申请人也有机会对反请求做出答复。[72]

---

[68] 在这方面，据说书面抗辩阶段受到民事法律实践的影响。根据这种实践，一些仲裁庭限制了当事方提交文件的长度。但是，仲裁庭应该避免损害一方完全展开案情的权利。

[69] 除 ICC 仲裁规则外，很可能是根据在仲裁程序中尽早提出职权范围的要求。

[70] 考虑到不同国家的做法，有时"辩护"和"反请求"之间的区别会变得模糊。例如，在知识产权案件中，无效某项主张的权利可以被视为反（例如，根据英国法律），也可以被视为辩护（例如，根据美国联邦法律）。而在其他情况下，当事人不会被允许在国家专利侵权诉讼中提出对相关权利的无效（例如，在德国，在这种国家专利诉讼下，必须进行单独的无效诉讼程序）。

[71] 在法院诉讼中，被告可以接受或否认某些事实。除非各当事方已同意其他事项，否则原告对这些事实或指控提出的一般性否认就足以对反驳这些事实。

[72] 一些规则明确给请求方提供了这一机会（例如，WIPO 仲裁规则第 43 条、ICC 规则第 5.6 条、LCIA 规则第 15.5 条和 AAA/ICDR 第 3.2 条）；其他规则没有明确这种权利，但规定了仲裁庭可以决定是否需要进一步的书面陈述（例如，SCC 规则第 24.3 条、瑞士规则第 22 条和 UNCITRAL 规则第 22 条）。

如前所述，当事人通常有机会针对请求和反请求进行第二轮意见陈述。

5.2.5.1.2 审后意见

当事人约定提交审后简要意见已经越来越普遍——通常在口头结案陈词后。在该陈述中，当事人通常会针对听证会上收到的证据发表意见，同时对其在先提交的意见进行概述。

5.2.5.2 口头意见

在程序的整个过程中当事人都可要求仲裁庭听取当事人针对某个问题的口头意见。仲裁庭和当事人律师的这种互动可以有助于厘清争议问题，从而简化问题的解决。不过，听证会又会增加仲裁的费用——特别是仲裁员和当事人在不同国家时。当事人有时会要求就以下问题召开听证会：仲裁庭管辖权、证据披露异议、相关专利仲裁异议，以及涉案专利的解释。

而且，如果约定进行开场陈述和结案陈词，那么在证据听证会上当事人的律师将有机会陈述法律意见。

最后，证据听证会结束后，当事人希望进行一次听证会（通常为一天），在程序结束前对其案情的某些法律问题作出解释。对于高度复杂的案件，这样的听证会可能有帮助，不过会拖慢整个争议的解决进程（特别当仲裁庭由3名仲裁员组成）。作为替代方案，如果仲裁庭认为有需要进一步澄清的法律问题，仲裁庭可以要求当事人在给定的时间限制内提交书面简要意见陈述。

5.2.6 取 证

5.2.6.1 介绍

提交诉讼或是仲裁来解决争议均涉及对事实问题和法律问题的处理。很多时候，当事人对事实问题的不同意见决定了争议的走向。因此，对事实性主张的证明成为争议解决中最重要的问题之一。

在国际仲裁中，证据不仅仅局限于事实问题。国际仲裁庭并不是司法机关，因此他们经常说"在某种意义上，所有的国家法律都是外国法律"。[⑬] 虽然对于不同国家，取决于实用性原因，"外国法"的法律或事实属性各有不同，但是当事人都需要在仲裁程序中对相关法律"做出证明"，通常以书证和专家证据的方式进行证明。

对于法律程序，民事诉讼法提供了大量涉及证据性问题的条款，包括证据的可信度和证明力。不过对于一些国家的法官而言，常常没有评价可信证据的

[⑬] P. Lalive, Transnational (or Truly International) Public Policy and International Arbitration, in Comparative Arbitration Practice and Public Policy in Arbitration, ICCA Congress Series, ed. P. Sanders, vol. 3 (The Hague: Kluwer Law International, 1987), 314.

自由裁量权。然而根据多数仲裁规则[74]和法律[75]，仲裁庭对证据的可信度和证明力有很大的自由裁量权。

而且，在国际仲裁主流做法中，取证和证据的提交具有一些显著特点。其受到英美法和大陆法传统的共同影响，在某些方面实现了真正的融合。例如涉及证据披露和证人交叉询问方面。

5.2.6.2 举证责任和举证标准

原则上，举证责任（举证义务）和举证标准（说服责任）问题应当根据适用的法律确定。[76]要确定适用的法律可能需要选择法律分析方法，而不同法律体系中差异巨大的不同分类使这种选择尤为困难。在英美法体系中，这些问题是程序性问题，因此在多数情况下由仲裁地法律管辖。[77]而在大陆法国家，这些问题是实质性问题，因此由适用于相关协议的法律覆盖。[78]因此，对于使用大陆法管辖事实问题而仲裁地在英美法国家的仲裁，两种不同的法律体系可能会控制相同的问题。为了避免出现这种复杂问题，同时增加灵活度，大多数机构规则和仲裁法均在证据问题上给予了仲裁庭自由裁量权。[79]

相应地，国际仲裁对于举证责任（义务）问题的主流观点是谁主张谁举证。[80]如果该事实不在争议中，或者事实是显而易见的（"司法认知"），那么不需要举证。[81]

---

[74] 例如参见 WIPO 仲裁规则第 48（a）条，LCIA 规则第 20（2）条、第 22（1）（f）条以及 UNCITRAL 规则第 25（6）条。也可参见 IBA 证据规则第 9（1）条。

[75] 例如参见 UNCITRAL 示范法第 19（2）条、1996 年英国仲裁法第 34（1）条和第 34（2）条、中国香港仲裁条例第 34C（1）条。

[76] 例如参见 G. Born. International Commercial Arbitration [M]. Hague：Kluwer Law International，2009：1858.；J. Lew, L. Mistelis, S. Kroll. Comparative International Commercial Arbitration [M]. Hague：Kluwer Law International，2003：559–560.

[77][78] J. Lew, L. Mistelis: S. Kroll. Comparative International Commercial Arbitration [M]. Hague：Kluwer Law International，2003：560.

[79] 例如参见 WIPO 仲裁规则第 48（a）条（译者注：应为第 50（a）条），规定："证据的可采性、关联性、实质性和重要性，由仲裁庭决定。"类似可参见 ICC 规则第 20 条、SCC 规则第 26 条和 UNCITRAL 规则第 25（6）条。

[80] 例如，参见 AAA/ICDR 规则第 19.1 条、UNCITRAL 规则第 24（1）条和瑞士规则。也可参见法国新民事诉讼法典第 9 条，适用于根据同一法典第 1460 条的仲裁。也可参见 G. Born. International Commercial Arbitration [M]. Hague：Kluwer Law International，2009：1857；A. Redfern, M. Hunter. Law and Practice of International Commercial Arbitration [M]. 4 版. London：Sweet and Maxwell，2004：353.

[81] R. Pietrowski. Evidence in International Arbitration [J]. Arbitration International，2006，22（3）：385. 也可参见 A. Redfern, M. Hunter. Law and Practice of International Commercial Arbitration [M]. 4 版. London：Sweet and Maxwell，2004：353.

而且，如果当事人无法提出证据，仲裁庭可据此给出论断。[12]

对于举证标准，在多数情况下，仲裁庭在确定需要证明的事实时并不受限于严格的证据性规则。对于特别的标准，一位知名的评论家认为："一般来说，虽然对这个问题没有什么争论，但是举证标准（说服责任）看起来（或者假定为）是一种'概率的平衡'或者'多半可能'标准。"[13]

5.2.6.3 可信度和证明力

仲裁在证据问题上的灵活性也延及证据的可信度，比如某些在国内诉讼中（例如间接或传闻证据）因"技术性"原因而不能采纳的证据在国际仲裁中通常能够接受。[14] 但是这并不意味着仲裁庭会不加限制地接受所有类型的证据。比如，仲裁庭就不太会接受受到证据特权保护的证据。[15]

特别的，IBA 证据规则第9条举例说明了实践中会导致仲裁庭排除证据的理由：(a) 缺乏关联性或缺乏影响案件结果的重要性；(b) 造成法律障碍或形成法律特权；(c) 提出证据会造成不合理的负担；(d) 相关证据遗失或损毁；(e) 在商业或技术上保密；(f) 基于政治或机构敏感性；以及 (g) 基于对程序经济性、适当性、公正或公平的考虑。

5.2.6.4 书面证明

5.2.6.4.1 "文件材料"的定义

在国际仲裁主流实践中，文件材料的概念是较为宽泛的。IBA 证据规则的序言中指出，文件材料是指"以纸质、电子、音频、视频或其他任何方式记录或保存的任何形式的书面材料、通信、图片、图画、程序或数据"。

如前文解释过的，对当事人而言，普遍做法是提出所有支持性证据，包括与其他相关意见一起提出的文件。

5.2.6.4.2 文件的公开或披露

在国际仲裁中，是否披露文件以及如何披露文件根据当事人的目的和参与程序的个人的法律背景的不同而不同。由于程序所在地的民事诉讼法并不适用于仲裁的进行，仲裁所在地为英美法系司法管辖区并不会影响获得文件披露的

---

[12] 例如，参见 WIPO 仲裁规则第56 (d) 条、AAA/ICDR 规则第23 (3) 条、SCC 规则第30 (3) 条、UNCITRAL 规则第28 (3) 条和瑞士规则，也可参见 IBA 证据规则第9 (5) 条和第9 (6) 条。有关评论可参见 J. Sharpe. Drawing Adverse Inferences from the Non-production of Evidence [J]. Arbitration International, 2006, 22 (4): 549.

[13] G. Born. International Commercial Arbitration [M]. Hague: Kluwer Law International, 2009: 1857-1858.

[14] 如上所述，诉讼行为的程序规则不适用于国际仲裁，包括关于证据可否受理的规定。出处同上，1852。

[15] 出处同上，1912。

可能。⑧

当事人可以对对方当事人提出的文件披露程度表示反对。比如，想要保护其所有权的知识产权拥有者会希望避免完全提交这些文件。相反，申请人提出滥用商业秘密的请求时，希望使用所有对案件有用的文件。

国际仲裁的普遍做法是将文件披露限制在介于英美法和大陆法之间的水平。⑰例如，IBA证据规则第3（3）（a）（ii）条中规定"出示证据请求"应当包括"对该类文件材料的详细类别进行充分具体的描述（包括主题），如果合理地认为存在该类文件材料"。

仲裁庭在涉及文件披露的问题上通常采用两种做法。第一种与英美法诉讼做法接近，包括允许当事人首先自己披露文件。根据这种做法，当事人可以对其无异议的文件进行交换。只有当事人陷入僵局时，才会要求仲裁庭的参与。仲裁庭一般会要求当事人简述拒绝提供文件的理由。

IBA证据规则第3条规定了第二种方法，限定了仲裁庭一开始就参与披露环节，不论当事人是否有异议或者是否有要求。如果任何一方当事人反对披露，仲裁庭会对当事人提出的反对理由作出决定。

由于文件公开或披露大多是英美法系，仲裁庭通常用英美法管理解决源于文件披露要求的争议。虽然当事人因其专有信息受到披露的忧虑而反对公开，但是一方当事人反对文件披露最重要的原因是证据特权的存在（正如在英美法国家中所熟悉的）。

5.2.6.4.3 特权

英美法司法管辖区承认多种特权，而在国际仲裁中主张最多的是对律师和客户之间的交流进行的保护（例如"法律特权"或"律师当事人保密特权"）以及为解决争议而进行的沟通（"解决特权"，也就是英国所称的"无偏见"特权）。

由于大陆法国家几乎没有或者没有文件披露规则，因此"证据特权"（英美法系中的认知）这一概念并不存在。不过，在大多数大陆法国家某些从业

---

⑧ 因此，例如，在仲裁地为纽约的仲裁中，双方可以同意完全不进行文件披露。在2009年向WIPO仲裁中心提交的仲裁案件确实如此。相反，在所在地仲裁中，例如在奥地利，当事方可以同意广泛披露文件。

⑰ 参见 A. Redfern, M. Hunter. Law and Practice of International Commercial Arbitration [M]. 4版. London: Sweet and Maxwell, 2004: 356. 而且，LCIA规则第22（e）条赋予仲裁庭权力，"指令任何当事人向仲裁庭和其他当事人提供任何仲裁庭认为有关的并在其占有、保管或权力范围之内的文件和任何类别文件以供查阅并提供副本。"尽管如此，通常认为仲裁不允许"钓鱼式查阅"，这对寻求保护其对方当事人私有信息的知识产权权利人尤其重要。

者也有义务为其执业过程中对其披露的秘密或令人不安的信息保密（"职业秘密"）。很多时候，被这种保密义务覆盖的秘密如果被公开，相关当事人将负刑事责任。[88]

国际仲裁中的证据特权是个极其复杂的问题，对这个问题进行全面分析将超出本书范畴。不过作为普遍做法，应当注意到仲裁庭通常倾向于（a）"划定范围"并且根据对所有当事人平等适用的法律考虑保护的最高标准（"最惠国"方法）;[89] 或者（b）使用"最密切联系标准"——其中仲裁庭"适用与文件或通信最接近的司法管辖区法律"。[90]

虽然在此不宜对大量议题进行详细阐述，但应当注意到，特别是关于知识产权问题，关于法律建议的特权范围，有两种主流国际性的争论。

第一个问题是公司内部律师提供的早期法律意见的结果，并不局限于知识产权。虽然英美法系司法管辖区对待受雇于客户的公司内部律师的方式与对待其他律师相同，这样其客户就可受益于其法律意见的保密特权，但是许多大陆法系司法管辖区是区别对待受雇律师的。他们并不接受附加在受雇律师法律建议上的特权，如欧盟委员会在反垄断调查中的做法就是基于这种观点，[91] 这些法律建议中的一些集中在国内知识产权方面。[92]

第二个问题是针对知识产权的，在世界范围内，特别是在欧洲，许多针对知识产权（特别是专利）的建议的法律属性取决于给出该建议的从业者，而

---

[88] 例如，在法国，律师受1971年12月31日第66-5条法律规定改革某些司法和法律职业的职业保密义务约束，一旦侵权，根据法国刑法典第226-13条进行制裁。

[89] C. Tevendale, U. Cartwright-Finch. Privilege in International Arbitration: Is It Time to Recognize the Consensus? [J]. Journal of International Arbitration, 2009, 26 (6): 834.

[90] 出处同上，第831页。IBA证据规则（2010年修订）第9（3）条，规定了仲裁庭在解决特权问题时可能考虑的一系列因素："在考虑第9.2（b）条规定的法律障碍或特权问题时，以及由其确定的任何强制性法律或道德规则所允许的适用问题，仲裁庭可以考虑：

(a) 是否需要保护为提供或获取法律意见而制作的文件、陈述或口头通信的保密性；

(b) 是否需要保护为和解谈判而作出的文件、陈述或口头通信的保密性；

(c) 在被认为出现法律障碍或特权时，各当事方及其顾问的期望；

(d) 可能放弃任何适用的法律障碍或特权，是凭借同意、较早披露、文件的确定使用、声明、口头通信或其中所包含的建议或其他方式；以及

(e) 需要在当事双方间保持公平和平等，特别是如果它们受到不同的法律或道德规则约束。"

[91] 例如，参见来自总检察长 Kokott delivered 的意见，on 29 Apr. 2010 in Case C-550/07 P Akzo Nobel Chemicals Ltd and Akcros Chemicals Ltd v. European Commission, 在这方面支持欧盟委员会的立场。

[92] 例如，参见欧盟委员会的决定，in Case No. COMP/A. 37.507/F3-AstraZeneca, Commission Decision of 15 Jun. 2005, OJEC L332 30 Nov. 2006-Appeal to the General Court of the EUCJ pending, 而且其中欧盟委员会根据内部专利部门有关确保补充保护证书的文件作出决定，在欧盟实现了事实上的专利期限延长。

严格意义上来说这些从业者并不是律师——如欧洲的欧洲专利代理人——因此他们对客户的建议是否能像律师的建议那样拥有保密特权就成为一个问题。[93] 在国家层面，许多英美法司法管辖区可以通过法律规定解决这个问题，将律师给出的法律建议享受的特权延及专利代理人或专利律师给出的建议。[94] 但是，在国际层面上，这种保护被证实是不适当的，因为规定中通常明确规定的是由本国专利代理人或专利律师给出的建议，而不是该发明所在国的其他国家的代理人或律师。[95] 相反，由律师给出的建议通常不会引起这种问题，因为国际礼让原则，大多数司法管辖区对外国律师给出的建议与其对待本国律师做出的建议相同，享受相同的特权。目前 WIPO 正在研究这个具体问题。[96]

如国际仲裁实践中介绍过的，要注意到，IBA 规则超越了普通英美法保密权，其允许当事人基于"仲裁庭认为充分的商业或技术保密性理由"拒绝文件披露。[97] 因此，不想提交其专有信息的当事人可以用 IBA 规则作为证据性问题的框架。在任何情况下，如果知识产权拥有者自愿或根据仲裁庭的决定在程序中提出敏感文件，可以使用第 9 章中讨论的保护性措施。

5.2.6.4.4 雷德芬（Redfern）明细表

为了便于解决证据提交争议的解决，仲裁庭通常会要求当事人使用"雷德芬明细表"：

该表采用电子表格形式。其中第一栏列出要求提交的证据的描述；第二栏列出请求提出证据方的理由（包括相关性和重要性）；第三栏列出被要求当事人拒绝要求的理由（例如，不存在相关证据、缺乏相关性、合理性、法律职业特权等）。最后一栏留给仲裁庭填写其决定。[98]

---

[93] 这可能会引起术语上的一些混淆，因为美国的专利律师（而不是专利代理人）必然是律师，因此，与其他司法管辖区的专利律师或专利代理人的建议相反，这个问题不会出现在美国专利律师的建议中，例如可参见 re Rivastigmine, No. 05－MD－1661－HB (S.D.N.Y, 8 Aug. 2006)，该案中美国法院认为，瑞士的专利律师给出的建议并不享有美国诉讼中披露的特权，尽管该专利律师具有职业保密义务。

[94] 除了加拿大，在英国（s. 280, Copyright Designs and Patents Act 1977）、澳大利亚和新西兰都有这样的规定——参见 Lilly Icos LLC et al. v. Pfizer Ireland Pharmaceuticals（2006 FC 1465）。

[95] 例如参见 Eli Lilly v. Pfizer (No. 2) [2004] FCA 850，澳大利亚法院认为，根据澳大利亚法律，专利律师的法定特权并未延伸至英国专利律师针对作出该涉案发明提出的建议。

[96] 参见 WIPO 专利法常设委员会秘书处提供的文件－The Client－Patent Advisor Privilege（SCP/14/2 18 Dec. 2009）and the earlier paper The Client－Attorney Privilege SCP/13/4（25 Feb. 2009）。

[97] 参见 IBA 证据规则第 9（2）（e）条。

[98] A. Redfern, M. Hunter. Law and Practice of International Commercial Arbitration [M]. 4 版. London：Sweet and Maxwell, 2004：358.

仲裁庭通常通过指令而不是部分裁决来解决披露争议。[99] 如果仲裁庭接受申请人的意见，将命令对方当事人在合理的期限内提交证据。如果当事人未能遵守仲裁庭关于提交证据的指令，会导致仲裁庭作出不利于该方当事人的推断。[100]

5.2.6.5 证人

在大多数争议中，证人证言对涉及知识产权的仲裁尤为关键。

5.2.6.5.1 谁能成为证人？

在国内诉讼中，许多大陆法系司法管辖区规定当事人不能为自己的案情作证。[101] 相反，英美法系司法管辖区并无这种限制。[102]

考虑到仲裁庭在证据问题上的自由裁量权，国际仲裁主流做法几乎是任何人都可成为证人。[103] 这种做法也反映在IBA证据规则第4（2）条中。[104] 由仲裁庭考虑所有相关实际情况后对证词作出评估。比如，如果仲裁庭认为证人不可信或者有偏见，那么其证言将没有证明力。

5.2.6.5.2 作证形式及证人的询问

虽然在英美法国家，当事人对证人进行询问是常规做法，但是在大多数大陆法国家并不这样做——通常是由法官对证人提问。[105] 尽管如此，现代国际商事仲裁遵循的是英美法惯例，询问证人已成为一种常规做法；即使争议双方当事人来自大陆法国家。

---

[99] 尽管如此，有人认为，无论其标签如何，文件披露的裁定都构成部分裁决；因此，任何裁判决定都具有挑战性和可执行性。参见 G. Born. International Commercial Arbitration［M］. Hague：Kluwer Law International，2009：2357.

[100] 例如，WIPO仲裁规则第56（d）条（译者注：应为第58（d）条）规定："当事人无正当理由不遵守本规则的规定或要求或者仲裁庭发出的指令的，仲裁庭可以据此作出其认为适当的推断。"类似的，可参见AAA/ICDR规则第23（3）条、SCC规则第30（3）条和UNCITRAL规则第28（3）条和瑞士规则。

[101] 例如，参见法国新民事诉讼法典第199条，规定"如果言词证据可以接受，法官将从第三方收到陈述，澄清他们对争议事实的个人认识"（重点补充）；也参见 Cass. 1e civ.，12 Oct. 1959，Bull. civ. I，No. 401. 同样参见 E. Gaillard，J. Savage. Fouchard Gaillard Goldman on International Commercial Arbitration［M］. Hague：Kluwer Law International，1999：699.

[102] 参见 E. Gaillard，J. Savage. Fouchard Gaillard Goldman on International Commercial Arbitration［M］. Hague：Kluwer Law International，1999：699.

[103] G. Born. International Commercial Arbitration［M］. Hague：Kluwer Law International，2009：1840；E. Gaillard，J. Savage. Fouchard Gaillard Goldman on International Commercial Arbitration［M］. Hague：Kluwer Law International，1999：700.

[104] "任何人都可以作为证人提供证据，包括一方当事人或当事人的官员、雇员或其他代表。"

[105] 参见法国新民事诉讼法典第214条规定："当事人不得打断、质疑及试图影响作证的证人，也不得在排除惩罚条件下直接与他们交谈。如果法官认为合适，则（代表当事方）询问当事人在对证人进行审查后提交给他的问题。"

在英美法系司法管辖区的法律程序中，对证人（或对专家）的询问通常包括四个连续的步骤，即（a）直接询问；（b）交叉询问；（c）再直接询问；以及（d）再交叉询问。在直接询问中，提出证人的当事人律师会对证人提问，从而使其能对当事人想要证明的事项进行叙述。

随后，对方当事人的律师会对证人进行交叉询问，从而在证人的证词中寻找可对其可信度提出异议的内容。交叉询问结束时，提出证人当事人会对试图阐明证人的回答。最后，对方当事人的律师会提问以阐述证人的回答（再交叉询问）。

在仲裁程序中，通常由一份书面证人证词（"证人证言"）取代直接询问。[106] 在这种情况下，仲裁庭一般会允许当事人在证据听证会上进行交叉询问、再直接询问和再交叉询问。

根据许多仲裁规则和法律，当事人提交证人证言时，只有在证人出现在证据听证会上被询问，仲裁庭才会考虑其证言。[107] 例如，WIPO 仲裁规则第 54 (d) 条（译者注：2014 年 6 月 1 日实施的第 56 (d) 条）规定：

"证人证言可以按当事人的决定或者仲裁庭的指令以书面提交，可以采取签名陈述、宣誓证言和其他形式，仲裁庭可以将证人出庭作证作为采纳书面证人证言的条件。"

根据大多数的机构规则和仲裁法案，仲裁庭对听证会的进行有自由裁量权。[108] 因此，基于裁决权或当事人的异议，可以排除例如重复的、不相关的或触及涵盖特权的问题。[109]

不过有时，英美法对国际仲裁的证人询问影响并不明确。例如，除了当事人的律师对证人和专家提问外，仲裁庭还会对他们提出大量的问题。从这个意义上说，听证会多少会更偏向于审问性的而不是对抗的。

---

[106] 参见 WIPO 仲裁规则第 54（d）条、LCIA 规则第 20（3）条、AAA/ICDR 规则第 20（5）条、SCC 规则第 28（c）条、瑞士规则第 25（5）条和 UNCITRAL 规则。在国际仲裁实践中，一方当事人的律师经常被允许与当事方证人联系并为他们作交叉询问的准备。在这方面，当事方的律师经常参与证人陈述的准备工作。

[107] 例如参见 LCIA 规则第 20.4 条、SCC 规则第 28（3）条、瑞典仲裁法第 26 条第 2 段、UNCITRAL 示范法第 20（2）条。但参见 "the IBA Rules on Evidence" 第 4.8 条，根据该条规定证人仅在被请求时才需要出庭。

[108] 例如，参见 WIPO 规则第 38（a）条、AAA/ICDR 第 16（1）条、SCC 规则第 19 条、瑞士规则第 15 条和 UNCITRAL 规则。

[109] 参见 WIPO 仲裁规则第 54（b）条。

然而，宣誓证词（无限制的，基本不经审理的交叉询问）⑩——作为美国诉讼中的共同特征，很少在国际仲裁中使用。⑪

不过当事人可以自由约定选择采用这种方式。⑫ 在某些具体情况下，对宣誓证词或相似机制的使用（例如，书面提问（即质询书）对一方当事人证明其案情而言很有必要）；例如某重要证人不幸遭受绝症的情况下。

5.2.6.6 专家

5.2.6.6.1 介绍

专家证据通常对涉及知识产权的争议至关重要。专家可对某些问题发表意见从而协助仲裁庭解决涉及专业知识的技术问题。在涉及知识产权的仲裁中，专家的参与会涉及例如许可或专利权利要求中使用的特定技术术语的含义、优先权日之前的技术现状、用于攻击专利有效性所引用的现有技术的意义、对在先侵权行为造成损失的计算以及许可费的计算。

而且，提交专家证据可以用于对"外国法"的某些问题进行证明，包括对存在于数个国家的知识产权有效性进行解释的方法。

5.2.6.6.2 当事人指定的专家以及仲裁庭指定的专家

当事人或是仲裁庭都可指定专家。如下文所述，当事人指定来源对当事人展开陈述其观点有显著影响。

当事人指定专家

当事人指定专家在英美法诉讼中是常规做法，同时也经常用于国际仲裁程序。鉴于正当程序问题，如果当事人想指定专家的话，仲裁庭很少会进行阻止。

在知识产权争议仲裁中，当事人指定专家的方式比较普遍。这种专家通常扮演关键角色，特别在复杂的知识产权争议中当事人常常要求专家协助进行证明，并且帮助各方全面理解案情。有时，涉案技术过于复杂，只有少数当事人的职员能领会争议的技术背景。在这种情况下，当事人指定专家也可以提供客观意见从而使当事人能做出重要的决策。

根据国际仲裁惯例，当事人指定的专家应当公正并且在证据听证会上接受

---

⑩⑪ "在美国诉讼中，涉及当事一方或证人口头询问的证词，经宣誓并由一方当事人的律师逐字记录。当事人或证人由其律师陪同，律师对特定问题的反对权有限。笔录证词通常在庭审之前进行，而法官（或仲裁庭）不会参加。" G. Born. International Commercial Arbitration [M]. Hague：Kluwer Law International，2009：1903.

⑫ 当所有当事方的律师都是美国人时，通常就是这种情况，这已经成为 WIPO 在某些知识产权仲裁方面的经验。

询问。[13] 他们通常会准备一份专家报告（通常在相关陈述意见提交轮次中提交）。IBA 证据规则在专家证据的提交问题上提供了有益的指导。IBA 证据规则第 5.4 条特别关注了：

> 拥有自由裁量权的仲裁庭可以要求针对相同或相关问题将要提交或已提交专家报告的当事人指定专家就该问题进行讨论和协商。在该会议上，当事人指定专家可以在专家报告范围内就相关问题达成一致意见，并且应当对达成一致的问题、仍有争议的问题及争议原因进行书面记录。

仲裁庭可以探索有助于缩小争议的其他方式从而促成争议的解决。例如，仲裁庭可以使用一种称为"证人会议"的技巧。[14] 在所有当事人指定专家都出席的情况下，仲裁庭会对所有专家进行提问。专家将一一回答仲裁庭的问题，这样将很快明晰分歧（或一致意见）。这个技巧有助于仲裁庭将注意力放在专家持有不同意见的问题上，进而缩小争议范围。[15]

澳大利亚的知识产权诉讼使用的是相似的程序，正式的术语是"并发证据"（concurrent evidence），不过人们通常戏称为"hot tubbing"，所有当事人指定专家就案件的某一问题在法庭上一起作证，不仅要对法官和律师的质询进行答复，还要互相提问，从而找出双方的相同立场和悬而未决的问题。这一程序在澳大利亚也用于专利诉讼，显然取得了一些成功。[16]

另外，还有以下进行专家证据听证会的创新方法。例如，在 2010 年 5 月的 ICCA 会议上，一位德国仲裁从业者 Klaus Sachs 提出专家证据的另一种方法。简言之就是仲裁庭选出两位专家，这两位专家是从当事人一起列出的清单中选出的专家，每位专家都是各方当事人可信任的。这两位专家就充当仲裁庭指定专家的角色。虽然这种方法很巧妙，但是在实践中，这种方法也会带来一些困难，特别是当两位专家不同意对方的调查结果时，而且在涉及高度复杂的技术性争议案件时，可能只有很少的专家可供选择，这样就很难将愿意参加仲

---

[13] 例如参见 IBA 证据规则第 5 条。

[14] 尽管这种技巧既可以用于证人证据，也可以用于专家证据，但它更常用于后者。

[15] 接受英美法系国家训练的律师，常常习惯于控制他们的交叉询问，可能不太愿意使用这种技巧。而大陆法系背景的律师，习惯与判案法官打交道，会更容易让仲裁庭向当事人的专家提问。参见 W. Peter. Witness "Conferencing" [J]. Arbitration International, 2002 (18): 48.

[16] 有关版权争端的程序讨论，参见 The Hon Justice Steven Rares – Expert Evidence In Copyright Cases – Concurrent Expert Evidence and The "Hot Tub" – Paper presented to the 14th Biennial Copyright Law and Practice Symposium (hosted by the Australian Copyright Council and the Copyright Society of Australia) at Sydney on 15 Oct. 2009.

裁的专家列在"清单"中。最后,关于高度技术性争议,除名当事人指定的专家参与会影响当事人理解案情和对案件进行准备的能力。

仲裁庭指定的专家

某些机构规则允许仲裁庭指定专家而不论当事人是否指定了自己的专家。

对此,WIPO 仲裁规则第 55(a)条(译者注:2014 年版第 57(a)条)规定:

> "仲裁庭经与当事人协商,可以在预备会议上或以后的阶段指定一名或多名独立专家,就仲裁庭指定的具体问题向仲裁庭提出报告。仲裁庭应当在考虑当事人的意见后制定专家的职责范围书,并将副本发送给当事人。指定的专家应当签署适当的保密承诺书。"[⑰]

与当事人指定的专家相同,仲裁庭指定的专家通常也要提交一份书面报告。当事人有权对该报告提出意见,[⑱] 以及在证据听证会上对证人提问。[⑲]

由于大多数仲裁规则和法案赋予了仲裁庭在证据问题上的自由裁量权,因此,仲裁员在任何情况下都不应受限于其指定专家所给出的建议。[⑳]

5.2.6.6.3 对仲裁员的专家指导

对许多涉及科学问题的知识产权争议,解决这种争议要求对案件的技术背景有充分的理解。有时,当事人能够指定拥有特定知识、能对案情的技术有充分了解的仲裁员。[㉑] 不过,出于各种原因(例如时间安排问题或者需要仲裁方面的专长),当事人指定的仲裁员缺乏科学训练的情况也不少见。在这种情况下,当事人希望就争议背景为仲裁员提供专家指导。

本书作者之一以顾问身份参与过一个涉及生命科学的仲裁,当事人为仲裁庭成员组织了一次指导。当事人首先就提供指导的专家人选(一位不了解争议详情的教授)达成了一致意见。随后,当事人就其讲座内容的细节达成一致意见,包括相关领域的专业术语。证据听证会开始数周前召开了讲座,该讲

[⑰] 类似的,参见 ICC 规则第 20(4)条、LCIA 规则第 21 条、SCC 规则第 29 条、UNCITRAL 规则第 27 条和瑞士规则;也参见 IBA 证据规则第 6 条、UNCITRAL 示范法第 26(2)条。

[⑱] 例如,参见 WIPO 仲裁规则第 55(b)条、AAA/ICDR 规则第 22(3)条、SCC 规则第 29(2)条、UNCITRAL 规则第 27(3)条和瑞士规则。

[⑲] 例如,参见 WIPO 仲裁规则第 55(e)条、ICC 规则第 20(4)条、LCIA 规则第 21(2)条、AAA/ICDR 规则第 22(4)条、SCC 规则第 29(3)条、UNCITRAL 规则第 27(4)条和瑞士规则。

[⑳] 参见 WIPO 仲裁规则第 55(d)条。

[㉑] 如果案件中仲裁员完全有能力掌握争端的技术,当事方可能希望不任命专家。这可以加快程序并降低仲裁成本。

座确实有助于仲裁员理解该争议的科学背景。

5.2.6.7 约定的基础读物、模型和示意证据

出于与知识产权仲裁当事人组织专家指导相同的原因，仲裁庭成员可能提交基础读物和模型，从而对仲裁涉及问题的技术背景进行解释。而且，鉴于某些知识产权仲裁的复杂性，当事人会用"示意证据"（例如，仲裁庭可以观察或检查的证据，例如图表、图纸、示意图、计算机模拟等）对报告中已有的某些证据进行解释或澄清。

出于对知识产权的特别关注，WIPO 仲裁规则第 51 条（译者注：2014 年版第 53 条）包含了具体条款，其对约定的基础读物、模型和一般性示意证据的使用作出了规定：

> "经当事人同意，仲裁庭可以决定，当事人应当共同提供：
> （1）关于为充分理解争议事项所需的科学、技术或其他专业信息的基础性技术背景读物；和（ii）仲裁庭或当事人需要在开庭时参考的模型、图纸或其他资料。"[122]

5.2.6.8 视察和现场调查

一些仲裁规则明确允许仲裁庭进行现场调查。这种措施在涉及知识产权争议时特别有关联性，特别在其他类型的证据中，一些涉及方法的问题无法完全理解。出于这个原因，WIPO 仲裁规则第 50 条（译者注：2014 年版第 52 条）规定：

> "仲裁庭可以应当事人的申请或自行决定，对其认为适当的任何场所、财产、机械、设施、生产线、模型、影片、材料、产品或工艺进行检查或要求进行检查。当事人可以在开庭前的任何合理时间提出检查申请，仲裁庭准许的，应当确定检查的时间和安排。"

对于更普遍的情况，LCIA 规则第 22.1（d）条规定仲裁庭有权：

> "指令任何当事人将任何由其控制并与仲裁事项主题有关的财产、现场或对象提供给仲裁庭、任何其他当事人、其专家或仲裁庭的任何专家查验。"

---

[122] 例如，在 WIPO 仲裁中，发明人在仲裁听证时证明了小型厨房用具的功能。在另一项 WIPO 仲裁中，制造商必须生产相关消费品的不同模型。

5.2.6.9 实验

某些知识产权争议的解决（例如涉及方法的专利）需要进行实验。出于这个原因，相当独特的一个条款——WIPO仲裁规则第49条——对仲裁过程中实验的实施进行了规定。根据该条款，进行实验的当事人应在听证会前适当的时间向对方当事人发出相关通知。对方当事人可以请求仲裁庭指令在对方在场的情况下重复该实验。如果仲裁庭认为请求正当，会确定时间再次进行实验。❶

5.2.6.10 其他提交证据的方式，特别涉及知识产权的争议

除了上文中提到的提交证据方法，对于某些特别的知识产权争议，当事人还可以使用其他独特的方式提交证据。鉴于仲裁的灵活性，当事人有很大的自由度提交不同类型的证据。例如，对于商标争议，当事人可以向仲裁庭提交调查报告。

5.2.7 证据听证会

如上文中说过的，证据听证会是现代国际仲裁实践中的共同特点。听证会的主要目的是取得证人证据。如果当事人均同意仲裁庭可以仅基于书证就能解决争议，就没有必要举行听证会（不过这种情况并不常见）。

在国际仲裁主流实践中，证据听证会与英美法系司法管辖区的庭审相比更加紧凑（证据听证会通常只会持续几天）。有一系列原因可以解释国际仲裁听证会的这种特点。首先，当事人通过书面形式对大多数（如果不是全部的话）法律答辩进行阐述。因此，没有必要在证据听证会上作冗长的开庭陈述和解案陈词。其次，通常使用证人证词而不是在听证会上直接询问。再次，较短的听证会一般能够满足国际仲裁员和当事人法律顾问（通常在不同的国家）的紧张日程。最后，考虑到大多数情况下当事人必须承担与证据听证会相关的所有费用（例如听证会房间、翻译服务以及最重要的仲裁庭费用），因此简短的听证会更经济。

听证会可根据相关程序性指令直接进行，或者根据在审前电话会议或会议上所做的决定进行。❷ 如果在听证会开始前很短的时间内有悬而未决的问题，

---

❶ 对于实验证据的具体规定，特别是那些为仲裁而特意重复实验的规定，尽管在英格兰是这种形式，但在大多数国家专利诉讼制度中并不是常态。相比之下，大多数体系通常在进行实验人员的书面证据基础上承认这样的实验结果，证据的提交通常会从另一方当事人获得显然达到不同结果的实验证据。规定现场重复实验，正如英国专利诉讼中的做法，可以确定对实验结果产生影响的条件差异很小的问题，尽管这确实要付出代价，因为现场重复实验，会大大增加诉讼费用。

❷ 关于组织听证会的大多数讨论，参见本章第二部分。

仲裁庭通常会与当事人就该问题进行讨论。在听证会上产生的任何问题通常由仲裁庭直接在听证会上解决。不过，如果仲裁庭认为会产生特别的困难，那么会在听证会结束后再作出决定。

通常，由首席仲裁员宣布听证会开始并简要说明如何进行听证会。当事人的律师作开场陈词（如果有约定的话），随后开始对证人进行询问。如前文所述，在仲裁的主流做法中，证人陈词取代了直接询问。不过，如果需要的话，仲裁庭通常也会允许提出证人的当事人对证人进行简要介绍以及对证人陈词中的特定观点进行澄清。[125] 之后依次进行交叉询问、再直接询问以及再交叉询问。在许多情况下，用相似的程序对专家证人进行询问。

在提交了所有证据以及发表了总结陈词（如果有约定的话）后，首席仲裁员宣布证据听证会结束。此时，会对一些组织问题进行讨论，例如翻译的分配、审后简要陈述的日期（如果有的话）、可能的结案答辩听证会的细节、程序结束的日期以及仲裁庭如何处理费用问题。[126]

5.2.8 程序的结束

可取的做法是仲裁庭在事先确定的日期结束程序。在该日期后，将不会接受当事人提交的意见，除非仲裁庭允许。例如，WIPO 仲裁规则第 57 条（译者注：2014 年版第 59 条）规定：

> "（a）仲裁庭认为当事人已有充分机会提出意见和证据时，应当宣布程序结束。
>
> （b）仲裁庭认为情况特殊、确有必要的，可以在裁决作出前的任何时间，自行或应一方当事人的申请，决定恢复进行仲裁庭已宣布结束的程序。"[127]

5.2.9 裁　决

仲裁庭应当在合理的时间内，或依照当事人约定的时间，或根据相关规则

---

[125] 参见 B. Hanotiau, The Conduct of the Hearings, in Leading Arbitrators' Guide to International Arbitration, ed. L. Newman & R. Hill, 2nd edn（New York：Juris Publishing, 2008），384.

[126] 出处同上，388。

[127] 参见 ICC 规则第 22（1）条。

或仲裁法案的规定作出其最终裁决。❷ 最终裁决的作出意味着仲裁庭对案件管辖区的终结（也就是通常所说的仲裁庭履职期满），除非当事人或仲裁庭保留了对某些问题的管辖区，例如涉及费用的问题。❷ 如果当事双方同意将仲裁"分步"为责任和数量两个阶段，如果仲裁庭认为仲裁的任意一方当事人负有责任，则将进行第二阶段。❸

5.2.10 程序结束后的问题

裁决可以由仲裁庭直接向当事人通告，或者通过相关仲裁机构的机构通告。对于后者的情况，机构会将当事人寄存的部分剩余保证金返还给当事人。在某些情况下，当事人可以要求对裁决进行修改或澄清，或者在程序所在地法院对裁决提起异议。❸

仲裁庭成员通常会将仲裁中的文件副本保留一段时间（例如 6 个月）然后再对这些文件进行处理。

如果有保密约定的话，当事人的顾问通常相互联络从而对相关文件进行回收或处理。要注意的是，大多数源自仲裁的保密义务在程序结束后仍存在。

6. 缺席程序

与多数司法程序相同，当事人可以选择不参与仲裁，从而形成缺席程序。

与一些英美法国家的诉讼不同，作为国际仲裁的原则，一方当事人的缺席并不会让仲裁庭"自动"作出有利于非缺席方的裁决。一般而言，可以认为一方当事人的缺席意味着该当事人拒绝对方当事人提出的所有事实和主张。因此，非缺席方有义务提出其答辩意见并且提交证明其理由的相关证据。在这种情况下，非缺席当事人很有可能输掉缺席仲裁。

虽然如此，出于显而易见的原因，仲裁法案和规则对待缺席被申请人的方

---

❷ 例如参见 WIPO 仲裁规则第 63（a）条（译者注：2014 年版第 65（a）条），规定"最终裁决应当尽可能在其后 3 个月内作出"。ICC 规则第 24（1）条规定："仲裁庭必须作出最终裁决的时限是 6 个月，自最后一次签署职权范围，或者一旦违约，自秘书处通知批准职权范围之日起计算。"……ICC 规则第 24（2）条授权国际商会法庭延长这些时限。同样，SCC 规则第 33 条规定，"应在案件提交仲裁庭之日起不迟于 6 个月作出裁决；SCC 可以延长作出裁决的时间。"相反，一些规则并没有预设发布裁决的时间表（例如，LCIA 规则、AAA/ICDR 规则和 UNCITRAL 规则），原因是当仲裁庭超过其裁决的最后期限时，它可能会失去解决争端的管辖权。规则规定了时限，同样也为一旦比最初设想的需要更多时间提供了"解决之道"（例如，ICC 和 SCC 规则下的相关机构能够延长这些期限；WIPO 仲裁规则则采用"合理可能的情况下"的表述）。

❷ 裁决的内容和达成裁决的决策过程在第 10 章讨论。

❸ 这一阶段通常很简短，并且仅用于通常由专家证据方式确定损害的赔偿金额。

❸ 这些问题在第 10 章讨论。

式与对待缺席申请人（或反请求申请人）的方式大有不同。多数情况下，如果被申请人不愿意的话，则不能强迫其参加仲裁。[132] 在被申请人缺席的情况下，根据前述原则，申请人无论如何也要进行程序，使仲裁庭能针对争议的实质性问题作出最终裁决。有时，被申请人出于策略原因缺席仲裁程序，例如被申请人想对仲裁协议的有效性提出异议[133]或者仅仅为了抵制程序。

相反，申请人（或反请求申请人）的缺席会造成更为严重的结果，如造成程序结束或对相关请求或反请求不予理会。

根据 WIPO 仲裁规则，如果申请人未能提出其请求书同时也无缺席的正当理由，那么仲裁庭可以终止仲裁（即申请人应当重新开始仲裁程序）。[134]

在其他情况下，申请人的缺席具有更直接的后果：仲裁庭可以对请求（或反请求）不予接受。1996 年英国仲裁法第 41（3）条规定：

> "如仲裁庭认为申请人在提出请求时存在过分的不可原谅的迟延之事，且该迟延：
> （a）产生或可能产生使请求事项无法得到公平解决的实质性风险，或
> （b）已经导致或可能导致对被申请人的严重不公。
> 仲裁庭可以裁决驳回申请人的请求。"

根据某些机构规则，如果一方当事人没有提交管理机构要求的保证金，相关请求或反请求将视为撤回（在这种情况下，缺席方能够在新程序中再提出该请求或反请求）。[135]

对缺席的处理要求非缺席方和仲裁庭在程序中格外当心。申请人在面对缺席的对方当事人时要竭力确保程序中的所有文件都送达被申请人。仲裁庭也应当持续不断地将程序中发生的各种情况通知缺席当事人，就像该当事人参与仲裁一样（如果当事人愿意的话）。应当尽力避免单方通信，因此，应当将与仲

---

[132] 例外的情况，美国联邦仲裁法第 4 节第 206 条和第 303 条规定了强制当事人参与仲裁。

[133] 例如根据 1996 年英国仲裁法第 72（1）条，当事人可以选择不参加仲裁，特别是保留在英国法院对仲裁庭的实质管辖权提出质疑的权利（无需仲裁庭的许可）。

[134] 参见 WIPO 仲裁规则第 56（a）条和 WIPO 快速仲裁规则第 50 条，也可参见 SCC 规则第 30（1）条瑞士规则第 28（1）条和 UNCITRAL 规则。

[135] 例如 WIPO 仲裁规则第 70（e）条、WIPO 快速仲裁规则第 63（e）条、ICC 规则第 30（4）条、LCIA 规则第 24.4 条、AAA/ICDR 规则第 33 条（将责任交给申请人和被申请人；如果任何一当事方在管理人员要求的 30 天内没有缴纳预缴款，"仲裁庭可以命令暂停或终止仲裁程序"）。SCC 规则第 14（3）条甚至更进一步："如果没有支付所要求的款项，该案件可以因欠款全部或部分不予受理。"

裁庭的所有通信复制给缺席当事人。

对于证据听证会，应当给缺席方提供公平的参与机会。出于谨慎考虑，一些仲裁庭会对缺席方不参加听证会的情况作出准备（例如仲裁庭可允许缺席方通过电话听取听证会的内容）。不过仲裁庭不应扮演另一方当事人顾问的角色。仲裁庭不应对缺席当事人的证人和专家进行交叉询问，但是仲裁庭可以就仲裁庭认为与争议解决相关的问题向其提问。

在缺席的情况下，非缺席方应当支付程序中的所有费用，并且支付对方应付的保证金（"代替付费"）。根据某些规定，非缺席方有权立即向缺席方收回上述欠款。[136]

仲裁庭作出的缺席裁决与所有当事人都参与的情况下所作的裁决并无实质性差别。不过，仲裁庭应当尽力对所有确保缺席当事人有机会参与程序的所有步骤作出详细解释。

7. 快速仲裁

在许多情况下，争议的迅速解决对业务很关键。在知识产权背景下，其中的某些技术具有较短的生命周期，快速解决争议的益处怎么强调都不为过。[137]因此，在知识产权背景下，正如其他领域，流程优化的程序或快速程序（与"传统"仲裁程序相比）的使用获得了接受。第一，当事人在临时基础上可以根据其特定的需要达成量身定制的协议。第二，当事人可以根据选择修改机构规则，去除某些步骤以及缩短某些时限（如果有的话）。[138]第三，当事人可以将其争议提交某些机构设立的快速或简化程序。[139]

WIPO制定了一套简化规则——WIPO快速仲裁规则。该规则具有一系列旨在缩短争议解决所需时间（以及相应的费用）的特点。第一，所有依照该规则的争议是由独任仲裁员解决的，其很有可能以各种方式加速程序。例如关于听证会日期达成一致要比三人仲裁庭的仲裁容易。而且，仲裁庭成员之间无

---

[136] 在这方面，LCIA规则第24.3条规定："支付替代付款的一方有权将该金额作为违约方立即偿还的债务收回。"

[137] 这也可能解决国际仲裁成本增加的潜在问题。考虑到"时间就是金钱"，特别是在律师按小时收费，而仲裁员通常也这样做的情况（仲裁员根据争端金额确定仲裁费用的仲裁除外，例如ICC仲裁），迅速处理案件可以为当事人节省大笔的资金。

[138] 关于修改机构规则，重要的是，要注意某些机构可能拒绝管理当事人已经免除机构可能认为必不可少的某些阶段或步骤的程序。

[139] 参见WIPO快速仲裁规则。同样参见DIS Supplementary Rules for Expedited Proceedings (2008) and 瑞士规则第42条。

需商议，因此（至少在理论上）可以在程序结束后短时间内就开始起草其裁决。

第二，在 WIPO 快速仲裁中，请求意见是与仲裁请求一同提出的。[10] 反过来，被申请人的答辩意见应当在收到仲裁请求和请求意见后的 20 天内提交答辩意见，[11] 所有反申请或抵销请求都应在答辩意见中提出。[12] 因此，很多依据 WIPO 快速仲裁规则的仲裁中，程序中所有或几乎所有的简述意见程序在仲裁庭成立前就进行了。

第三，WIPO 快速仲裁规则对程序规定了相当紧凑的时间表。如果要举行证据听证会的话，"应当在收到申请人的答辩意见和请求书的答复意见后的 30 天内召集听证会"。[13] 除非有例外情况，听证会一般不应超过 3 天。[14] 只要可能，整个程序应当"在递交答辩意见或仲裁庭成立后的 3 个月内结束，以在后日期为准"。

如第 7 章第 8.1 节中解释过的，WIPO 快速仲裁收取较低的费用。根据 WIPO 费用表，对于根据 WIPO 快速仲裁规则的程序，对于争议额不超过 250 万美元的仲裁，仲裁员的费用为 2 万美元。对于争议额超过 250 万美元、不超过 1000 万美元的仲裁，仲裁员的固定费用为 4 万美元。对于涉案金额更高的争议，费用由中心与当事人和仲裁员商定。

最后，只要可能，仲裁员应当在程序结束后 1 个月内作出裁决。

在实践中，WIPO 快速仲裁通常用于商标和 IT 案件。例如，在欧洲和亚洲当事人之间的商标共存争议的 WIPO 快速仲裁中，仲裁员在仲裁开始后 6 个月就作出了裁决。[15]

虽然快速仲裁有助于知识产权拥有者获得其期望的便利性（以及经济性），快速仲裁也有一些局限性。在高度复杂和涉及大量事实的知识产权争议中，程序简化的时间表可能妨碍当事人（特别是被申请人）认真而全面地准备所有证据并确保所有证据对其理由作出说明。而且，在复杂的知识产权案件中，拥有 3 名成员的仲裁庭可以将法律专家和技术专家集合起来，从而增加仲

---

[10] WIPO 快速仲裁规则第 1 条。

[11] WIPO 快速仲裁规则第 11 条和第 12 条。

[12] WIPO 快速仲裁规则第 36（b）条。

[13] WIPO 快速仲裁规则第 47（b）条。

[14] WIPO 快速仲裁规则第 47（b）条。

[15] 参见 S. Theurich, Designing Tailored Alternative Dispute Resolution in Intellectual Property: The Experience of WIPO, in Resolution of Intellectual Property Disputes, ed. by J. de Werra, edn ip – pi, expected publication late autumn 2010, at s. II. B. 1.（manuscript on file with the authors）.

裁庭所做最终决定的重要性。[146]

8. 与程序相关的其他问题

8.1 代理人

现代仲裁实践中，一般允许任何人，包括非律师，在仲裁中代表当事人。[147]

有时，与律师授权代理当事人的相关问题可能引起质疑。英美法国家的律师通常预设在程序中代表对方当事人的律师拥有相关授权。而大陆法国家律师通常会要求对方提交委托书以确保对方当事人得到相关当事人在程序中的有效授权。出于谨慎考虑，还是应该要求仲裁中授权在不同国家执业的律师提交委托书——而且，一些仲裁规则明确规定了这种可能性。[148]

8.2 相同程序的合并、并案审理以及第三方当事人参与

根据大多数仲裁规则和法案，相同程序的合并、并案审理以及第三方当事人的参与只能在所有当事人同意的情况下才能进行。当事人在"事前"达成的一致意见可以写入专门制订的条款中。或者可以在程序进行过程中作出明确约定。[149] 而且，可以从当事人的行为中推出其约定——例如，某人自愿参加其不是任何一方当事人的仲裁。

一些仲裁规则涉及了合并问题。例如，ICC 规则第 4（6）条允许 ICC 仲裁院"基于该法律关系的相同当事人之间已经存在的仲裁程序"而将两个 ICC

---

[146] 在这方面，困难可能在于事先定义决定一个案件的因素非常复杂。它可以是所涉及的司法管辖区数量（例如，涉及知识产权的多司法管辖区纠纷的合并案例）、所涉及的技术和所涉及的金额。有时，一个相当普通的争议可能最终成为一个高难度的案件，例如，如果被申请人提出复杂的或高价值的反请求。

[147] 例如，参见 1996 年英国仲裁法第 36 条、瑞士规则第 3（13）条、UNCITRAL 第 4 条。Regarding France, see SARL Primor v. Societe d'exploitation industrielle de Bretaigne, Cass. 1e civ., 19 Jun. 1979.

[148] 例如，LCIA 规则第 18.2 条规定："任何时候，仲裁庭可以要求任何一方以仲裁庭可以确定的方式授予代表授权证明。"

[149] 实际上，有时仲裁的各当事方同意合并争议。一个案件涉及两个同时进行的 WIPO 仲裁涉及三个不同的当事方就是这种情况。第一个仲裁中的申请人是一些共同发明人，为利用知识产权，他们成立了一家公司（"许可方"），后者又将相关的知识产权许可给大型消费品制造商（被许可人）。在发明人将其股权转让给许可方后，发生了争议。发明人基于所涉专利的权利对被许可人提起仲裁。反过来，被许可方在 WIPO 对许可方开始平行仲裁程序。为了在一个程序中解决所有相关问题，所有当事方同意将平行仲裁合并为根据 WIPO 仲裁规则进行的单一仲裁程序。

仲裁进行合并。与此相似，SCC 规则规定了将源自相同"法律关系"并涉及相同当事人的相关仲裁程序合并。[150] 不过，ICC 规则和 SCC 规则都没有对并案审理和第三方当事人作出规定的条款。

瑞士规则既包括程序合并条款，也包括第三方参与条款。根据该规则，即使涉及不同的当事人，相关管理机构也可以合并程序。[151] 而且，根据瑞士规则，"考虑到所有其认为相关且适当的情况"，仲裁庭可以允许第三方参与到仲裁程序中。[152]

LCIA 规则提到了并案审理和第三方参与却没有提到程序合并。LCIA 规则第 22.1（h）条提出，仲裁庭有权"仅在一方当事人提出申请的情况下，允许一个或一个以上的第三人作为当事人加入仲裁，但该第三人和提出申请的当事人必须已经书面同意上述事项"。

如果当事人没有约定，或者相关仲裁规则中没有规定，当事人应当考虑仲裁地的仲裁条款是否规定了程序合并、并案审理或第三方参与。大多数仲裁法案对这些问题都没有作出规定。[153] 只有少数仲裁条款允许对相同仲裁进行合并，如中国香港[154]、荷兰[155]和新西兰[156]。

9. 临时救济

9.1 介　　绍

程序公平原则是国际商事仲裁的根基，即要求各方当事人应当得到阐述理由的机会。遵守这种程序性保护措施需要时间，然而，解决争议所需的时间会影响当事人的权利（例如无授权披露商业秘密）、程序中的主张（如证据的消失或损毁）或者执行裁决的能力（如资产耗尽）。争议发生和解决之间的时间延误具有一定破坏力，特别是某些涉及知识产权的争议，其中需要立即制止一些破坏活动，比如在未得到授权的情况下泄露秘密信息或商业秘密。

不过在历史上，国际仲裁庭允许临时救济的权力还未得到广泛接受，主要

---

[150] SCC 规则第 1 条。
[151] 第 4（1）条。
[152] 第 4（2）条。
[153] UNCITRAL 示范法没有涉及这些问题。法国、德国、意大利、瑞士和美国的仲裁法也是如此。
[154] 中国香港仲裁条例第 6B（1）条。
[155] 荷兰民事诉讼法第 1046 条。
[156] 新西兰仲裁法第 2 条附件 2。

由于这种措施被认为是强制性的。[155] 而且，仅仅在 20 世纪最后十年，仲裁庭允许临时救济的权力才在国家法律中得到接受。

下文将介绍，在某些情况下，仲裁庭和国内法院都有权作出临时救济措施。以下小节将分别介绍仲裁庭作出的临时救济和国内法院作出的临时救济。

9.2　仲裁庭作出的临时救济

9.2.1　规范框架

原则上，受制于强制性规定，仲裁庭是否有权作出临时救济取决于当事人的约定（明确约定或机构规则中有规定），如果没有约定的话，取决于适用法（通常为仲裁地法律）。如果没有这种权力，仲裁庭也可以根据相关规范框架作出临时救济措施。

许多机构规则允许仲裁员作出临时救济。[156] WIPO 仲裁规则第 46 条进行了举例说明：

> "（a）仲裁庭经一方当事人申请，可以发布任何临时命令或者采取其认为必要的其他临时措施，包括将货物交第三方保管或将易腐货物出售的命令等保全争议标的货物的命令和措施。仲裁庭可以要求提出申请的当事人提供适当担保，作为准许上述措施的条件。
>
> （b）仲裁庭经一方当事人申请，可以命令另一方当事人按仲裁庭确定的形式，为请求或反请求以及第 74 条所述的费用提供担保。
>
> （c）本条所述的措施和命令可以采取临时裁决的形式。
>
> （d）当事人向司法当局提出申请，要求采取临时措施，或者要求为请求或反请求提供担保，或者要求执行仲裁庭准许的任何此种措施或发布的任何此种命令，不视为与仲裁协议不符，也不视为放弃仲裁协议。"

---

[155] 参见 G. Born. International Commercial Arbitration [M]. Hague: Kluwer Law International, 2009: 1949-1950. See also J. Lew, Commentary on Interim and Conservatory Measures in ICC Arbitration Cases, ICC Ct. Bulletin 11, no. 1 (2000): 23-24.

[156] 例如，WIPO 仲裁规则第 46 条、ICC 规则第 23.1 条、LCIA 规则第 25.1 条、AAA/ICDR 规则第 37 条。

第8章 仲裁程序的组织实施以及取证

目前也有许多仲裁法赋予仲裁庭作出临时救济的权力。[155] UNCITRAL 示范法吸收了许多司法管辖区的法律，其规定：

除非当事人另有约定，在一方当事人要求下，仲裁庭考虑到争议主题在认为必要时可以要求任一方当事人采取临时保护措施。仲裁庭可以要求任一方当事人提供与该措施有关的适当保证。[156]

9.2.2 仲裁庭可作出的不同措施

根据规范框架，仲裁庭可以要求当事人——一般来说——在程序进行中做或不能做什么。这些措施可能包括下文中讨论的一些内容。

9.2.2.1 为保持现状或阻止侵害的措施

通常，为了保持现状、"规范仲裁持续期中当事人的关系"[160] 或阻止侵害，仲裁庭可以特别发出禁令以及强制执行措施。

如前文所述，在一些涉及知识产权的争议中，临时禁令救济可能是保护当事人权利的唯一有效途径。这种情况常常与非法使用和/或公开专属信息及商业秘密有关。

在其他一些情况下，虽然在程序进行中，当事人希望维持现状并请求仲裁庭要求对方遵守合同约定的义务。这对于涉及长期协议的争议特别重要，例如知识产权许可协议和研发协议。

在实践中，裁决知识产权争议的仲裁庭可为保持现状和阻止侵害作出强制措施。有这样一个案例，受到 AAA 资助的仲裁涉及一家美国企业（申请人）和一家澳大利亚公司（被申请人）。[162] 当事人之间签订了一份许可协议，其中被申请人得到涉及在澳大利亚、斐济、新西兰和塔希提（也可译为大溪地）的分时产权的商标和技术诀窍使用权。由此协议而产生了争议，申请人在 1993 年 3 月提起仲裁。1993 年 7 月中旬，仲裁庭作出临时裁决，要求"被申

---

[155] 例如，参见 1996 年英国仲裁法第 38 条、德国民事诉讼法第 1041（1）条和瑞士国际私法第 183 条。尽管美国联邦仲裁法对临时救济问题没有相关规定，有人说"美国法院现在承认仲裁庭有授予临时救济的广泛权力（没有其他约定的情况下）"。G. Born. International Commercial Arbitration [M]. Hague: Kluwer Law International, 2009), 1954. 相反，根据意大利民事诉讼法第 818 条，除非法规另有规定，仲裁庭不能授权预防措施。

[156] 2006 年对示范法的修订扩大了这一规定的范围。

[160] J. Lew, L. Mistelis, S. Kroll. Comparative International Commercial Arbitration [M]. Hague: Kluwer Law International, 2003: 596.

[162] 该仲裁和相关裁决在如下案例总结：Resort Condomiums v. Bolwell and Resort Condominiums (Australasia) Pty Ltd in A. J. van den Berg (ed.), Yearbook Commercial Arbitration, vol. XX (The Hague: Kluwer Law International, 1995), 628–650 (Supreme Court of Queensland, 29 Oct. 1993).

请人不得采取一些行为,特别是对许可协议范围内的技术诀窍和商标的使用。"⑯

9.2.2.2 确保裁决执行的指令

在一些情况下,仲裁庭会指令当事人提供担保(例如银行存款或抵押物)从而确保损害赔偿的执行。⑯ 该指令通常基于当事人可能转移或稀释财产从而使裁决无法执行的风险。

通常,在处理争议对象时,仲裁庭一般会作出保守措施。⑯ 相反,一些国家法律规定仲裁庭无权作出裁决前"扣押"⑯ 的指令,因为该指令等同于强制措施(考虑到指令中的货物并不属于争议对象)。⑯

9.2.2.3 财产的保全或检查

可出于不同目的作出财产保全或财产检查的临时指令。当事人可能需要获得指令用于阻止对方当事人在对财产进行检查前修改或转移争议对象。在其他情况下,想要保护争议对象不受损害的当事人可以请求将货物送到第三方进行保管,或者当该货物为易腐货物时,将其售出。

9.2.2.4 费用担保

在多数情况下,国际仲裁并不属于昂贵的争议解决方式。在大多数案件下,仲裁庭有权收取(全部或部分)仲裁费以及胜诉方的诉讼费。因此,当事人(通常为被申请人)会力图在争议中占优,这样他们的费用就可以由对方承担。相应地,一些机构规则和仲裁法案也赋予了仲裁庭指令诉讼费担保的权力。⑯

---

⑯ J. Lew, L. Mistelis, S. Kroll. Comparative International Commercial Arbitration [M]. Hague: Kluwer Law International, 2003: 613.

⑯ 例如,在一家亚洲公司和一家欧洲软件开发商涉及许可协议的 WIPO 仲裁中,仲裁庭命令该亚洲公司提供银行担保,以确保符合欧洲软件开发商可能的反诉。Annex to WIPO Letter to Messrs. M. Schneider and J. Knoll of 27 Nov. 2007 on the WIPO's Center experience in relation to non-monetary relief, presented at ASA Conference, Specific Performance as a Remedy – Non-monetary Relief in International Arbitration (2008), 2.

⑯ 例如,参见 WIPO 仲裁规则第 46(a)条。

⑯ 例如比利时司法典第 1696(1)条。

⑯ 参见 J. Lew, L. Mistelis, S. Kroll. Comparative International Commercial Arbitration [M]. Hague: Kluwer Law International, 2003: 599.

⑯ 例如 WIPO 仲裁规则第 46(b)条、LCIA 规则第 25(2)条、SIAC 规则第 24 条。国际商会规则在这方面没有明文规定,但人们已经认为其第 23(1)条"构成了成本担保令的有效依据"(J. Lew, L. Mistelis, S. Kroll. Comparative International Commercial Arbitration [M]. Hague: Kluwer Law International, 2003: 601.)。而仲裁立法明确规定了这种权力,可参见 1996 年英国仲裁法第 38(3)条。

第 8 章　仲裁程序的组织实施以及取证

9.2.2.5　临时付款

虽然主流仲裁教科书中是将临时付款和临时措施放在一起论述的，[160] 但实际上，正如前文中指出的，这些措施属于部分裁决。[161] 仲裁庭有时会对当事人欠另一方的钱财作出救济，其中双方对所欠钱财金额无争议。例如，1996 年英国仲裁法第 39（2）条中对这种措施作出了明确规定。有人说"即使国家法律或者仲裁规则没有作出授权，ICC 仲裁庭也理所当然地拥有作出这种措施的权力。"[162]

9.2.3　作出临时措施的必要条件

大多数相关机构规则认为仲裁庭可以在其认为必要或适当的情况下作出临时救济。但大多数的仲裁法规对此没有规定。

一般来说，应从国际仲裁实践中找出这种措施的标准。[163] 相应地，大多数情况下，仲裁庭批准临时措施，其中（a）如果该措施未作出，将会对请求临时措施的一方造成不可挽回的损害；（b）该措施有紧迫性；以及（c）这种措施的作出不会构成对当事人情况的预判。[164] 而且，考虑到国际商事仲裁中避免预判的必要性，"……要求对案情进行良好的论证，在一些法律中被认为是临时救济的必要条件，这一要求也引起了不同的反应。"[165]

除此之外，一些机构规则和仲裁法还规定，作为批准临时救济的要求，仲裁庭可以指令提出救济要求的当事人提供担保。[166] 如果发现随后作出的临时措施不公正，该担保能够纠正可能造成的损失。

---

[160] 例如，参见 J. Lew, L. Mistelis, S. Kroll. Comparative International Commercial Arbitration [M]. Hague：Kluwer Law International，2003：602；A. Tweeddale, K. Tweeddale. Arbitration of Commercial Disputes International and English Law and Practice [M]. Oxford：Oxford University Press，2005：303.

[161] G. Born. International Commercial Arbitration [M]. Hague：Kluwer Law International，2009：2008.

[162] J. Lew, L. Mistelis, S. Kroll. Comparative International Commercial Arbitration [M]. Hague：Kluwer Law International，2003：602.

[163] G. Born. International Commercial Arbitration [M]. Hague：Kluwer Law International，2009：1978.

[164] 参见 G. Born. International Commercial Arbitration [M]. Hague：Kluwer Law International，2009：1981 - 1992；J. Lew, L. Mistelis, S. Kroll. Comparative International Commercial Arbitration [M]. Hague：Kluwer Law International，2003：602 - 605.

[165] J. Lew, L. Mistelis, S. Kroll. Comparative International Commercial Arbitration [M]. Hague：Kluwer Law International，2003：605. Cf. 主张支持证明一个好的参考案例，参见 G. Born. International Commercial Arbitration [M]. Hague：Kluwer Law International，2009：1991.

[166] 例如 WIPO 仲裁规则第 46（a）条、ICC 规则第 23（1）条、LCIA 规则第 25（2）和 UNCITRAL 规则第 26（2）条。至于仲裁法案，可参见 UNCITRAL 示范法第 17 条、瑞士国际私法第 183（3）条。

9.2.4 临时救济决定的形式

许多仲裁规定允许仲裁庭以指令的方式或是以部分裁决的方式作出临时措施。[166] 在实践中，仲裁庭两种决定形式都有使用。[167]

9.2.5 临时救济的执行

一般来说，仲裁庭没有强迫当事人遵守仲裁决定的强制权。但是，仲裁庭有"敦促"权，特别是涉及临时救济，从而说服当事人自愿遵守。根据一些机构规则，仲裁庭会从当事人不遵守临时措施的行为中得出不利于该方当事人的推断。[168] 此外，当事人不遵守仲裁庭指令的行为也会在费用裁决中体现。[169] 更重要的是，在争议决定作出前，当事人通常尽力避免在仲裁庭前表现出不好的行为，因此大多数当事人一般会主动遵守临时措施。[170]

然而，有时当事人会寻求国内法院帮助执行临时措施。在历史上，许多国家的法律仅对包括"最终"救济的司法执行进行了规定，因而拒绝执行临时措施或暂时措施。不过一些国家已经摒弃了这种限制性观点，因此其仲裁法允许对临时救济指令进行司法执行。英国[181]、德国[182]、中国香港[183]和瑞士[184]就是这种情况。虽然美国联邦仲裁法案没有对该问题作出规定，但一些法院的决定支持了临时救济在美国法院可执行的观点。[185]

但是根据《纽约公约》的机制，对临时救济的承认和执行可能会遇到困难。这是由于许多机构认为《纽约公约》仅规定了对当事人的请求作出的最

---

[166] 例如 WIPO 仲裁规则第 46（c）条和 ICC 规则第 23（1）条。

[167] J. Lew, L. Mistelis, S. Kroll. Comparative International Commercial Arbitration [M]. Hague：Kluwer Law International, 2003：609.

[168] 例如，WIPO 仲裁规则的第 56（d）条（译者注，应为第 58（d）条）规定："当事人无正当理由不遵守本规则的规定或要求或者仲裁庭发出的指令的，仲裁庭可以据此作出其认为适当的推断。"

[169] J. Lew, L. Mistelis, S. Kroll. Comparative International Commercial Arbitration [M]. Hague：Kluwer Law International, 2003：610.

[170] 例如，在上文第 164 条注释讨论的在一家亚洲公司与一家欧洲软件开发商的 WIPO 仲裁中，反请求申请人自愿提供仲裁庭要求的担保，以确保符合相关的反诉。也可参见 J. Lew, L. Mistelis, S. Kroll. Comparative International Commercial Arbitration [M]. Hague：Kluwer Law International, 2003：610.

[181] 1996 年英国仲裁法第 42（1）条。

[182] 德国民事诉讼法第 1041（2）条。

[183] 仲裁条例第 2GG 节。

[184] 瑞士国际私法第 183（2）条。

[185] G. Born. International Commercial Arbitration [M]. Hague：Kluwer Law International, 2009：2021-2022.

终裁决进行执行。根据这些机构的观点，临时救济在本质上是可修正的，因此临时救济并不属于以《纽约公约》为目的所作裁决的概念。一些司法管辖区的判例法也明确赞成这一立场。在前文中讨论过的 Resort Condominiums International Inc. 诉 Resort Condominiums（Australasia）Pty Ltd 案中，申请人在澳大利亚法院提起诉讼要求承认和执行一份临时禁令，该禁令中要求被申请人，尤其不能使用涉案许可中的技术诀窍和商标。而澳大利亚法院拒绝承认该措施，理由是"仲裁庭作出的中间指令可能会解除、暂停、改变或重新发出，因此这不是'最终'且能约束当事人的措施"。

而其他一些机构具有不同的观点，特别是"考虑到这些措施处理的是会推迟仲裁结论的救济要求"，因此他们认为临时或暂时措施可以是最终的。美国判例法认为根据《纽约公约》和容许的休庭期，临时措施属于可执行的仲裁裁决。UNCITRAL 示范法（2006）第 17H 条也认可了这种观点，其规定了无论相关指令在哪个阶段作出，临时措施都是可执行的。

在实际操作中，为了确保仲裁庭作出的临时救济，要看能强制实施的措施，而这取决于仲裁的程序性框架以及需要承认和执行该措施所在地的法律。如果知识产权拥有者请求禁令并且预期难以执行该禁令，可以向国家法院寻求协助以确保临时措施的执行。该问题将在下面小节中进一步介绍。

9.3 国家法院为支持仲裁而作出的临时措施

除了执行仲裁庭作出的临时措施可能有困难外，当事人还可以其他原因请求国家法院作出临时措施。例如，申请人在仲裁庭成立前需要紧急措施。申请人需要对不属于争议对象的货物进行扣押，或者需要能影响仲裁的第三方当事人的措施。申请人还可能需要获得基于单方基础的措施——由于程序公平原

J. Lew, L. Mistelis, S. Kroll. Comparative International Commercial Arbitration [M]. Hague: Kluwer Law International, 2003: 612. 在这方面，一位评论员怀疑机构规则中允许仲裁庭通过裁决方式授予临时救济权的规定是否有效，理由是"是否可以根据《纽约公约》要求承认和执行这一临时裁决是值得怀疑的，因为公约本身并未界定仲裁裁决的期限"。M. Blessing. Arbitrability of Intellectual Property Disputes [M]. Arbitration International, 1996, 12 (2): 213.

Resort Condomiums v. Bolwell and Resort Condominiums (Australasia) Pty Ltd in A. J. van den Berg (ed.), Yearbook Commercial Arbitration, vol. XX (The Hague: Kluwer Law International, 1995), 642 (Supreme Court of Queensland, 29 Oct. 1993).

G. Born. International Commercial Arbitration [M]. Hague: Kluwer Law International, 2009: 2023.

J. Lew, L. Mistelis, S. Kroll. Comparative International Commercial Arbitration [M]. Hague: Kluwer Law International, 2003: 613.

则，通常在仲裁中无法获得。[190]

许多仲裁法都允许国家法院为协助仲裁程序而作出临时措施。[191] 一般而言，通过作出这些措施，国家法院既不会剥夺仲裁庭的权力，也不会违反《纽约公约》第Ⅱ条。而且，当事人请求作出这种措施也不会放弃其对相关争议的仲裁权。

许多仲裁规则允许当事人主要通过两种方法寻求国家法院的帮助。一些规则，如 WIPO 仲裁规则和 UNCITRAL 规则规定当事人在仲裁程序的整个过程中可自由请求国家法院的协助。[192] 其他一些机构规则规定了仲裁庭开始处理案件后不得寻求国家法院协助的限制。依照 ICC 规则，当事人向仲裁庭提交文件后，可以"在适当的情况下"向国家法院提出要求。[193] LCIA 规则规定当事人在仲裁庭成立后，只有在"例外情况下"能向国家法院提出临时措施的要求。

在许多情况下，仲裁地法院有准备为仲裁程序作出临时措施。[194] 尽管如此，在某些情况下，当事人可能需要在仲裁地以外获得临时措施。1996年英国仲裁法第2(3)(b)条赋予法院对外国仲裁作出临时措施的权力。一些美国法院的决定也有相同效力。[195]

---

[190] J. Lew, L. Mistelis, S. Kroll. Comparative International Commercial Arbitration [M]. Hague：Kluwer Law International, 2003：608.

[191] 例如，参见 UNCITRAL 示范法第17条、1996年英国仲裁法第44条、德国民事诉讼法第1041条和瑞士国际私法第183条和第185条。

[192] WIPO 仲裁规则第46(d)条和 UNCITRAL 第26(3)条。

[193] ICC 规则第23(2)条。

[194] 例如，参见1996年英国仲裁法第3条和第44条。

[195] G. Born. International Commercial Arbitration [M]. Hague：Kluwer Law International, 2009：2059.

第 9 章
仲裁程序的保密

1. 概　　述

在涉及知识产权的争议中，通常要求当事人对其商业秘密、技术诀窍或专有信息进行披露，从而能使其全面行使权利、保护利益或者作为证据披露的后果。

设想这样的情况，如果在一个争议中，A 主张 B 使用了 A 的商业秘密和技术诀窍研发出一种竞争产品。如果想要在争议中获胜，当事人需要对敏感信息进行披露。当事人 A 要披露其认为被对方非法使用的专有信息（如果披露的信息中包括 B 不曾得到的，那么这种披露将会对 A 特别不利）。而且，B 也需要对如何研发产品进行披露——同样也可能包括 B 的专有信息。A 和 B 都既想避免其专有信息扩散给公众（会引起例如对商业秘密失去保护，以及建立在泄露信息的基础上申请的专利），也想阻止其对手对其专有信息的非法使用。

另一种情况是，是建立在使用侵权方法主张的专利侵权，该方法的原理从最终产品上无法看出，这就涉及对实际使用的方法的披露，而该方法本身可能是所有者专属的。❶ 这种忧虑还不限于技术性的专有信息——在对侵权损失的评估中所披露的会计信息也很敏感。出于以上原因，根据本章目的，我们将商业秘密、技术诀窍、专有信息和其他敏感信息统称为"保密信息"。

当事人将涉及知识产权的争议提起仲裁，能够在一定程度上保护其在一些司法程序中必须公开而他们不想公开的秘密信息。首先，虽然仲裁不是在所有情况下都保密，但在适当的情况下，其能提供阻止敏感信息的非法散播的有效

---

❶ 1994 年 TRIPS 第 34 条规定了专利权人在涉及专利诉讼请求侵权的案件中对举证责任的若干假设。然而，这些在实践中的价值有限。

方法。本章第 2 节将重点分析当仲裁应当保密时（特别是依照某些机构规则和适用的国家法时），仲裁中保密的局限性，以及能保证保密性的常规措施。

其次，在大多数情况下，国际仲裁能够降低滥用保密信息的风险。仲裁的程序的灵活性可以提供保障性措施，从而阻止当事人获得或者非法使用对方的保密信息。此外，国际仲裁通常对文件披露的范围有限（特别与英美法系司法管辖区的诉讼相比），从而限制对方当事人获得信息的数量。本章第 3 节将讨论披露文件的一方如何保护自己的秘密信息不被对方获得。

最后，第 4 节将聚焦于第 2 节和第 3 节中阐述过的相同问题，即仲裁中保密义务的违背和执行，以及保护性措施。

2. 保密仲裁：防止信息向第三方披露

2.1　只有特定仲裁是非公开且保密的

人们通常认为仲裁是一种非公开的争议解决方式。仲裁的这一特点使当事人决定将其争议在公众视线之外进行解决的效果。❷

在国际仲裁更广泛的背景下，合理的商业原因决定了当事人对谨慎行事的需要。例如，答辩意见和（特别是）裁决可能包括让当事人不快或者对其商业活动造成危害的信息。❸ 而且对当事人而言，使程序远离公众关注通常具有内在价值，比如这样一个例证："裁决后的和解（其中败诉方通常同意放弃其对裁决提起异议的权利以换取对其债务的减少）总是包括不对裁决内容进行泄露的承诺。"❹

如果公众无法获知程序——作为一种"正外部性"（positive externality）（译者注：经济术语，指行为人实施的行为对他人或公共的环境利益有利，但他人不必为此向带来益处的人支付任何费用，无偿享受福利）——自然也就保护了具有内在价值的信息不被公开，比如商业秘密、技术诀窍和一般的专有信息。

---

❷　的确，从这个角度来看，由于受保护的是当事各方期望争议得到谨慎解决，因此所披露资料的具体性质几乎无关紧要。

❸　这方面已经体现在 1880 年英国的 Russell 诉 Russell 案中，George Jessel 爵士表示："作为一项规则，人们以明确的观点进入这些合同，即不在公众面前争吵，并避免公开场合进行讨论，这种讨论一定令人痛苦，而且，即使对诉讼成功一方来说也可能是一种伤害，而且大多数肯定不会成功。"[1880] L. R. 14 Ch. D. 471 at 474。

❹　J. Paulsson, N. Rawding. The Trouble with Confidentiality [J]. Arbitration International, 1995, 11 (3): 306.

由于这种争议解决方式的非公开属性,通常认为仲裁可以确保"非公开性"和"保密性"。如下文所述,在仲裁背景下,这两种概念是不同的。

"非公开性"一词是确保仲裁听证会不对公众开放,也就是说,第三方对于仲裁程序完全一无所知。几乎所有的仲裁机构规则和许多仲裁法均对仲裁听证会的非公开性进行了规定。

"保密性"一词是指对程序的当事人(即申请人和被申请人),以及有时对参与程序的第三方施加的特定保密义务,参与程序的第三方如仲裁员、管理机构(如果有的话)、专家、证人,以及当事人的代理律师和出庭律师。保密义务覆盖的方面包括争议本身的存在、程序中提交的证据、以仲裁为目的产生的答辩意见和文件、仲裁庭指令以及仲裁裁决。从某种程度上来说,如果使用了保密义务,那么该义务是对听证会的非公开原则进行的补充。[5] 不过,只有某些机构规则对全面的保密义务进行了规定,而且,只有少数司法管辖区明确主张仲裁构成争议解决的保密性方法。

实际上,可以说——带有一些确定性的——仲裁在以下情况下是"保密的":(a)当事人明确约定了保密条款;(b)当事人约定将其争议提交对保密性作出规定的仲裁机构规则;或者(c)某国法律承认存在保密的默示义务(通常为仲裁地法)。在以下小节中将对这些可能造成保密性的原因进行讨论。

2.2 当事人为保密性提供的明示协议

一般来说,如果当事人明确约定受保密义务的约束,那么仲裁将保密。不过,对保密性提供明示协议的条款效力和范围要个案考虑,特别要考虑仲裁协议适用的法律。

2.3 依照机构规则的保密性

在提交机构进行仲裁的情况下,保密性的存在和范围取决于所选择的机构规则的具体条款。一般来说,只要仲裁规则对程序中的当事人施加了全面的保密义务,那么就可认为该仲裁是保密的。基于此,根据主要仲裁机构的不同规则,具体操作并不相同。[6]

---

[5] 在这方面,一位经验丰富的从业人员曾说过:"一旦人们接受了这样一种观点,即除非双方另有约定,否则陌生人不会被排除在仲裁之外,那么双方就必须承担起不向陌生人透露仲裁过程中发生了什么事情的责任。" M. Collins. Privacy and Confidentiality in Arbitration Proceedings [J]. Arbitration International, 1995, 11 (3): 327.

[6] 事实上,如果当事人完全有自由披露仲裁内容的余地,那么对参与仲裁程序的第三方(如仲裁员、律师和证人)施加保密义务将无法提供什么保护。

中国国际经济贸易仲裁委员会（CIETAC）、德国仲裁协会（DIS）、中国香港国际仲裁中心（HKIAC）、瑞士商会以及 WIPO 的仲裁规则均对当事人、仲裁员和管理机构规定了保密义务。❼

不同的是，AAA/ICDR、ICC、SCC 和 SIAC 的规制中并没有对程序中的当事人施加保密义务——尽管其中一些对机构或仲裁员规定了某些义务。❽ 在依照这些规则进行的仲裁中，如果没有明确约定，大多数情况下将由对仲裁进行管辖的法律（仲裁地法）确定程序是否保密。

以下小节将对上述涉及保密性的机构规则中最显著的特点进行分析。

2.3.1　对全面保密义务作出规定的仲裁规则

2.3.1.1　CIETAC 仲裁规则

2005 年，CIETAC 仲裁规则对全面保密性框架作出了规定。根据 CIETAC 仲裁规则第 33 条的规定，如果不公开举行仲裁听证会（通常为默认制度），那么"当事人、当事人的代理人、证人、翻译、仲裁员、仲裁庭咨询的专家和仲裁庭指定的鉴定人，以及 CIETAC 秘书处的相关工作人员均不可向外界透露案件的实质性或程序性内容"。

2.3.1.2　德国仲裁协会（DIS）

1998 年 DIS 仲裁规则规定，当事人、仲裁员、DIS 秘书处以及在仲裁中代表当事人的个人（如代理律师和出庭律师）均应对程序的进行和仲裁中提交的证据保密。❾

---

❼ 此外，IBA 关于证据的规则规定了仲裁程序中产生的文件的机密性。IBA 证据规则第 3 条规定，在适用本规则的仲裁过程中产生的文件应保密。特别是，规则第 3.13 条规定："缔约方或非缔约方在仲裁中提交或制作的任何文件，除非涉及公共领域，否则均应由仲裁庭和其他各方保密，并仅用于仲裁。除非一方履行法律义务、保护或追究合法权利，或在州法院或其他司法机关的善意诉讼中强制执行或质疑裁决，否则该规定应适用。仲裁庭可以发布命令，阐明该保密条款。该要求不应影响仲裁中的所有其他保密义务。"

❽ 根据 ICSID 仲裁规则，当事双方不受保密义务的约束。然而，根据第 6 条，在仲裁庭第一次会议之前，仲裁员应签署一项保密承诺，根据这项承诺，他们将对因仲裁诉讼而获知的所有信息保密。第 15 条规定仲裁庭的审议工作必须保密。仲裁裁决的公布需要各方根据 ICSID 仲裁规则第 48（4）条的规定同意（"未经双方同意，本中心不得公布该裁决。然而，中心应迅速在其出版物中列入仲裁庭的法律推理摘要。"）虽然 UNCITRAL 仲裁规则（临时仲裁中使用）规定听证应私人进行（第 25（4）条），但没有关于保密的规定。实际上，在 ICSID 争议解决中心的仲裁中，仲裁庭已准备好向当事各方施加保密义务；例如 Procedural Order No. 3 of 27 Jan. 2010 in Giovanna a Beccara and Others v. Argentina（ICSID Case No. ARB/07/05）。

❾ DIS 规则第 43.1 条规定："当事人、仲裁员和仲裁秘书处参与仲裁程序管理的人员应当就仲裁程序的进行对所有人保密，特别是有关当事人、证人、专家和其他证明材料。代表参与仲裁程序的任何行为人有义务为当事人保密。"

2.3.1.3 HKIAC 机构仲裁规则

2008 年 HKIAC 机构仲裁规则第 39.1 条的措辞与瑞士仲裁规则第 43.1 条（将在下文介绍）十分接近。因此，两种规则规定了相同程度的保密性。❿

HKIAC 机构仲裁规则第 23.7 条对非公开听证会进行了规定。⓫

2.3.1.4 LCIA 规则

1998 年 LCIA 规则主要基于英国判例法规定了一种用于约束仲裁当事人的、宽泛的保密义务。基于此，当事人不允许对仲裁过程中的指令、裁决、证据以及提交的文件或材料进行披露。⓬

对于仲裁员和机构的保密义务，LCIA 规则的范围就比较有限了。LCIA 规则仅对仲裁员规定了保密义务：仲裁员必须对其审议内容保密。⓭ LCIA 规则第 30.3 条规定，LCIA 仲裁员要求要有"所有当事人和仲裁庭的事先书面同意"才能对裁决进行公开。此外，LCIA 规则还对仲裁听证会的非公开性进行了规定。⓮

对于证人和专家，LCIA 规则既没有任何保密条款，也没有考虑到他们是"程序当事人"。因此，与 WIPO 规则（下文中将说到）不同，参与 LCIA 仲裁的证人和专家仅为第三方。因此，为了避免违反 LCIA 规则第 30.1 条，提出专家或证人的一方必须在对仲裁材料进行公开前（如果要求公开的话）与相关个人签订保密协议。

最后，与 WIPO 规则相似，LCIA 规则并未对代表当事人的代理律师和出庭律师的保密义务作出规定。

2.3.1.5 瑞士商会仲裁规则（简称"瑞士规则"）

2006 年，瑞士商会仲裁规则第 43 条处理的是保密性的细节问题。特别是

---

❿ 第 39.1 条规定："除非当事人以书面形式明确同意不予保密，否则当事人承诺对与仲裁程序有关的所有事项和文件保密，包括诉讼程序的存在以及所有通信、书面陈述、证据、不属于公共领域的裁决和命令，除非法律或监管职责可能要求当事人披露，以保护或追究法律权利，或在司法机关的法律诉讼程序中强制执行或质疑裁决。这项承诺也适用于仲裁员、仲裁庭任命的专家、仲裁庭秘书和香港国际仲裁中心秘书处和理事会。"

⓫ "除非双方另有约定，听证会应私下举行。仲裁庭可以要求任何证人或专家证人在其他证人、专家证人作证期间回避。仲裁庭可以自由决定对证人或者专家证人的讯问方式。"

⓬ LCIA 规则第 30.1 条规定："除非当事人以书面形式明确同意不予保密，否则当事人作为一般原则，对仲裁中的所有裁决以及为仲裁目的而设立的诉讼程序中的所有材料，以及另一方在诉讼程序中产生的其他所有非公共领域文件均应保密——除非在国内法院或其他司法机构进行善意的法律程序时，一方出于法律责任可能需要披露信息，但在这种情况下，披露信息是为了保护或追求合法权利，强制执行或挑战裁决。"

⓭ LCIA 规则第 30.2 条。

⓮ LCIA 规则第 19.4 条规定："所有会议和听证均应私下进行，除非双方另有书面协议或仲裁庭另有指示。"

瑞士规则第43.1条[15]的措辞沿用了LCIA规则第30.1条的说法。不过瑞士规则的保护力度更甚于LCIA规则。首先，除了所有的仲裁材料、指令和裁决，瑞士规则还禁止对仲裁本身进行披露。其次，瑞士规则第43.1条将对当事人作出约定的全面保密义务延伸到了仲裁员、仲裁庭指定的专家和机构上。不过与LCIA规则相似，瑞士规则也未对程序中的代理律师和出庭律师的保密义务作出规定。

最后，瑞士规则指出"仲裁庭的审议内容应当保密"[16]，并且应当非公开地举行听证会。[17]

2.3.1.6 WIPO仲裁规则和快速仲裁规则

出于确保第三方无法获知程序以及保护涉及知识产权争议的保密信息不被公开的双重目的，WIPO制定的两套仲裁规则（出于本章目的，在此统一称为"WIPO规则"）对保密性作出了大量的规定。而且如下文所述，WIPO规则对当事人、仲裁员和WIPO仲裁中心规定了大范围、深层次的保密义务。

对于当事人，WIPO规则明确规定，当事人应对仲裁的存在、[18] 程序中提交的所有证据[19]和所有裁决[20]予以保密。根据WIPO规则，当事人连仲裁的存在都不能披露，就更不必说答辩意见、指令和其他仲裁中产生的证据了。

此外，仲裁员和WIPO仲裁中心也要对仲裁和裁决保密，[21] 听证会也应当非公开地举行。[22]

WIPO规则并没有对证人、专家或当事人的代理律师和出庭律师的保密义务作出规定。不过，对于证人和专家，WIPO规则包括一些独特的条款，其将控制证据非法披露的责任放到了提出证人或专家的当事人身上。而且，WIPO仲裁规则第74（b）条和WIPO快速仲裁规则第67（b）条中将事实证人和专家视为涉及证据披露的"当事人"。因此，根据WIPO规则，证人和专家有权获得仲裁中产生的证据和材料，而提出证人和专家的一方当事人有义务确保这

---

[15] 瑞士规则第43.1条规定："除非当事人以书面形式明确同意不予保密，否则当事人作为一般原则，对仲裁中的所有裁决和命令以及另一方在仲裁程序框架下提交的所有非公共领域文件均应保密，除非一方当事人在司法当局的法律诉讼程序中保护或追究法律权利，强制执行或质疑裁决，出于法律责任要求公开信息。这项承诺也适用于仲裁员、法庭指定的专家、仲裁庭秘书和分庭。"

[16] 瑞士规则第43.2条。

[17] 第25.4条规定："除非双方另有约定，听证会应秘密举行。仲裁庭可以要求证人、专家证人在其他证人、专家证人作证期间回避。仲裁庭可以自由决定对证人或者专家证人的讯问方式。"

[18] WIPO仲裁规则第73（a）条以及WIPO快速仲裁规则第66（a）条。

[19] WIPO仲裁规则第74（a）条以及WIPO快速仲裁规则第67（a）条。

[20] WIPO仲裁规则第75条以及WIPO快速仲裁规则第68条。

[21] WIPO仲裁规则第76（a）条以及WIPO快速仲裁规则第69条。

[22] WIPO仲裁规则第53（c）条以及WIPO快速仲裁规则第47（c）条。

些证据和材料不会泄露到程序外。[23]

2.3.2 未对当事人的保密义务作出规定的仲裁规则

2.3.2.1 AAA/ICDR 规则

AAA/ICDR 规则规定了听证会的非公开性[24]，并对仲裁员和机构的保密性进行了规定。[25] 但是该规则未对当事人、专家、证人、代理律师和出庭律师的保密义务作出规定。

2.3.2.2 ICC 规则

虽然 ICC 规则规定了听证会应当非公开的进行，[26] 但是没有对当事人、仲裁员、证人、专家、代理律师和出庭律师的保密义务作出规定。

不过，1998 年 ICC 规则第 20（7）条对保密义务，特别是当事人的保密义务的缺乏进行了弥补。第 20（7）条规定：" 仲裁庭可以采取用于保护商业秘密和保密信息的措施。"对此，对 ICC 规则的一个重要评论指出：

"第 20（7）条还称不上对仲裁程序的保密性作出的规定。但经过对该问题审慎考虑后，ICC 还是决定不制定普遍性的保密条款，而是将这个问题留给当事人、仲裁员以及如果需要的话，由当地法院来处理。

……

由于会出现许多不同的情况，ICC 考虑还是将保密性问题留给仲裁员和当

---

[23] 在这方面，参与编写 WIPO 仲裁规则的一名仲裁从业人员说："关于在仲裁过程中所披露信息的保密性，我只会就参与仲裁的第三方提出这一点。我并不是指作为当事人身份参与的第三方（例如权利受让人或转让人）；我指的是在仲裁中出庭的证人或专家的第三方。这可能造成很大的困难。所涉及的资料越机密、越复杂，仲裁庭就越有必要咨询专家意见，当事各方就某一特定主题提出单方面的专家也就越有必要。除非已经看到了另一方在仲裁中提出的内容，否则该专家将无法提供非常可信的证据。那么，有一个通用的保密条款对双方有什么意义呢？当事双方同意这些规则的基础上，不会约束参与仲裁的证人或专家？我们试图在 WIPO 规则中解决这个问题。也许解决办法不是很好；我们的做法是把责任完全留给各方。正如在第 74（b）条所见，召集证人或专家的一方有责任从该第三方证人或专家那里获得其接受仲裁保密性的充分保证，并且他或她承诺不披露其仅因参与仲裁而获知的信息。"（J. Paulsson. The Conduct of Arbitral Proceedings under the Rules of Arbitration Institutions; The WIPO Arbitration Rules in a Comparative Perspective（Articles 48 to 58 and 73 to 76），Conference on Rules for Institutional Arbitration and Mediation, 20 Jan. 1995, Geneva, Switzerland.）

[24] AAA/ICDR 规则第 20（4）条规定："除非当事人另有约定或法律另有规定，否则听证会应是非公开的。"

[25] AAA/ICDR 规则第 34 规定："当事人、证人在仲裁程序中披露的保密信息，仲裁员或者管理人员不得泄露。除了如第 27 条规定的，除当事人另有约定或适用法律另有规定外，仲裁庭成员和管理人员应对与仲裁或裁决有关的所有事项保密。"除其他外，第 27 条仅在所有当事方同意的情况下考虑公布裁决。

[26] ICC 规则第 21.3 条规定："除非经仲裁庭和当事人同意，不参加仲裁的人员不得入内。"

事人进行个案处理比较合适,例如写进职责范围书。"[27]

第20(7)条留出的空白可让当事人自己采取措施处理程序中涉及第三方和当事人之间敏感信息保护的保密性问题。[28]

最后,ICC国际仲裁院条例和ICC国际仲裁院内部规则规定ICC全体人员及其秘书处都应当对"仲裁院工作"保密。[29]

2.3.2.3 SCC规则

与大多数机构规则相似,SCC规则规定了非公开地举行听证会。[30] 而且SCC规则规定"除非当事人另有约定,SCC机构和仲裁庭应当对仲裁和裁决保密"。[31] SCC规则未对其他保密义务作出规定。

2.3.2.4 SIAC规则

虽然SIAC规则[32]对听证会非公开举行作出了规定,[33] 但该规则没有关于保密性的条款。

2.4 基于国家法的保密性

2.4.1 国家法中的不同做法

如果当事人没有明确对保密义务进行约定,或者没有通过引用的方式将保密义务施加到当事人身上的机构规则写入协议,那么仲裁的保密性将取决于适用的法律。在大多数情况下,该法律为仲裁地法(在第5章中进行过讨论,一

---

[27] Y. Derains, E. Schwarz. A Guide to the ICC Rules of Arbitration [M]. 2版. Hague: Kluwer Law International, 2005: 285.

[28] 后一个问题在本章的第3节中讨论。

[29] ICC规则第6条规定:"仲裁庭的工作属于保密性质,以任何身份参与该工作的任何人都必须尊重。仲裁庭规定了何人可以出席仲裁庭会议及其委员会,并有权查阅提交仲裁庭及其秘书处的材料的规则。"国际商会国际仲裁院内部规则第1条规定:(1)仲裁庭的会议,无论是全体会议还是委员会会议,只对其成员和秘书处开放。(2)但是,在特殊情况下,仲裁庭主席可以邀请其他人参加。这些人必须尊重仲裁庭工作的保密性。(3)提交仲裁庭的文件,或由仲裁庭在仲裁程序中起草的文件,仅传达给仲裁庭成员和秘书处以及主席授权出席会议的人员。(4)仲裁庭主席或秘书长可以授权研究人员进行国际贸易法科学性工作,以熟悉裁决和其他普遍关注的文件,除了当事各方在仲裁程序框架下移交的备忘录、笔记、声明和文档。(5)除非受益人承诺尊重所提供文件的保密性,并且未事先将文本提交仲裁秘书长批准,否则不得提供此类授权。(6)秘书处将根据规则提交仲裁,并在仲裁庭档案中保留所有裁决、职权范围和仲裁庭决定,以及秘书处相关信函的副本。(7)除非一方当事人或仲裁员在秘书处规定的期限内以书面形式要求归还此类文件,否则当事人或仲裁员提交的任何文件、通信或函件均可予以销毁。退回这些文件的所有相关费用和开支应由该当事人或仲裁员支付。

[30] SCC规则第27.3条:"除非当事人另有约定,否则听证会将是非公开的。"

[31] 第46条。

[32] SIAC规则第21(4)条规定:"除非当事人另有约定,否则所有会议和听证会应是非公开的。"

[33] 第25(4)条规定:"除非当事人另有约定,否则听证会应以非公开形式举行。"相比之下,UNCITRAL示范法没有规定仲裁程序的保密性。

般为仲裁地的仲裁法）。㉞

大多数国家的仲裁法都没有对仲裁程序的保密性作出明确规定——不过新西兰、苏格兰和西班牙是例外情况。㉟ 在其他国家，如英格兰、法国（在多数情况下）和新加坡，法院承认仲裁所带来的保密义务。相反，在澳大利亚、瑞典和美国，法院不承认仲裁所带来的默示保密义务。

但上面所说的这些情况并不意味着只有在其法规或法院判决对保密性作出规定或承认的国家仲裁才是保密的。事实上，对大多数国家而言，这个问题处于灰色地带。因此，在这些国家，法院会针对保密性持不同或相反的立场。㊱ 作者认为，通常来说，对商业秘密、技术诀窍、专有和敏感信息的保护实在太重要了，以至于将这个问题推向了一个"边缘地带"。如果涉及知识产权争议的当事人不能或不想签订保密协议或将其争议提交对保密性作出规定的机构规则，那么他们应该考虑将其争议选在其立法或司法机关认可仲裁保密性的国家进行仲裁解决。

以下将对上文中提到的司法管辖区中涉及仲裁保密性的法律进行分析。

2.4.2 普遍认可仲裁保密性的司法管辖区

2.4.2.1 英格兰

自19世纪以来，英格兰法院就认可仲裁是一种争议解决的非公开方法。㊲ 不过，对仲裁保密属性作出明确承认还是最近才有的。

英格兰法院主张仲裁程序（而不仅仅是听证会）应为"非公开的"第一案是 Oxford Shipping Co. 诉 Nippon Yusen Kaisha（The Eastern Saga）（1984）

㉞ 然而，在某些情况下，当事各方设法执行一项措施的法院法律（法院地法）可能制约保密问题。在这方面，有人说："仲裁员还需要承认，如果双方之间的仲裁协议失败，则可以通过寻求强制执行或阻止披露的地方的法律，或者仲裁所在地的法律来确定保密性。" L. Trakman. Confidentiality in International Commercial Arbitration [J]. Arbitration International, 2002, 18 (1): 2.

㉟ 至少部分可以解释这一点，因为 UNCITRAL 示范法没有考虑任何关于保密以及听证隐私的规定。关于英国，请参阅 L. Saville. DAC on Arbitration Law, Final Report on the Arbitration Bill, January 1996, 8, No. 12 and Ch. 6, No. 371, 84, 建议1996年仲裁法包括一项规定仲裁程序保密性的条款（未通过）。

㊱ 因此，在没有法规或判例法的情况下，即使在像瑞士这样受欢迎的仲裁地，情况也很不明朗。在这方面，有人说："基于这些考虑（各方的保密期望），并鉴于瑞士法律没有明确规定适用于仲裁当事方的保密义务的事实，一些瑞士法律评论员认为，当事人有义务根据协议进行仲裁，以尊重仲裁的保密性。＊＊＊这一默示义务的可靠性是一个悬而未决的问题。目前还没有已知的瑞士法庭案例证实这一默示义务。因此，这种隐含的义务在多大程度上可以强制执行是不确定的。" A. Jolles, M. Canals de Cediel, Chapter 2, Confidentiality, in International Arbitration in Switzerland: A Handbook for Practitioners, ed. G. Kaufmann-Kohler & B. Stucki. The Hague: Kluwer Law International, 2004: 100.

㊲ 可参见 Russell v. Russell [1880] L. R. 14 Ch. D. 471 at 474.

案。❸ 在该案中，法官 Leggatt 指出：

> 不公开仲裁的概念纯粹源于当事人约定对他们之间的——仅仅是他们之间的——具体争议提起仲裁的事实。其中暗含的是，陌生人应当被排除在听证会和仲裁之外。❹

1990 年，Dolling - Baker 诉 Merrett 案❿中，上诉法院明确认为仲裁带来的保密义务是存在的：

> 对于仲裁中的当事人，虽然程序是建立在双方达成一致意见的基础上并认为是完全自愿的，但是依我的判断，程序的属性对当事人提出了默示义务，对用于仲裁、仲裁过程中披露或提交的证据、仲裁证据的副本或记录以及裁决，当事人均不得披露或以任何其他目的进行使用，而且不能以任何其他方式披露仲裁中证人所做的证词，只能经对方当事人同意或依照指令进行保存，或者留给法院。⓫

英格兰法院也进一步承认了仲裁的保密性，特别是在 Hassneh Insurance Co. of Israel 诉 Mew（1993）案⓬、Ali Shipping Corporation 诉 Shipyard Trogir（1999）案⓭、Department of Economic Policy and Development of the City of Moscow 诉 Bankers Trust Co. International Industrial Band（2004）案⓮和 Emmott 诉 Michael Wilson & Partner Ltd（2008）案⓯中。

根据以上判决，依照英国法律，仲裁带来的保密性的默示义务延伸至答辩意见、证据、程序中的披露、指令以及裁决。

2.4.2.2 法国

除了 1469 年法国民法典中的规定（其规定仲裁庭的审议是保密的），法国的法规一般没有对保密性问题作出规定。虽然大多数法国法院作出的判决认为仲裁构成一种保密程序，但是偶尔也有相反观点的判决。

---

❸ [1984] 2 Lloyd's Rep. 373.
❹ [1984] 2 Lloyd's Rep. 379.
❿ [1990] 1 W. L. R. 1205.
⓫ [1990] 1 W. L. R. 1213.
⓬ [1993] 2 Lloyd's Rep. 243.
⓭ [1998] 1 Lloyd's Rep. 643.
⓮ [2004] 2 Lloyd's Rep. 179.
⓯ [2008] 1 Lloyd's Rep. 616.

第9章 仲裁程序的保密

在 1986 年 Aïta 诉 Ojjeh 案❶中，巴黎上诉法院认为根据该案特别的——有些不寻常的——案情，对以异议为目的对仲裁裁决进行披露的滥用，会损害仲裁关于保密性和默示条款。Aïta 一方想要在法国撤销此前在伦敦作出的裁决。法国法院对该问题拒绝管辖，并基于仲裁的默示保密义务，准予对遭受异议方进行实质性赔偿。

有人认为，上诉法院在 Aïta 案中的做法实际上在某种程度上"惩罚"了申请人"想为仲裁获胜方——居住在巴黎的著名国际商人——制造麻烦"的企图。❶ 还有一种更为宽泛的解读，可以说 Aïta 案的判决暗示了依照法国法律，对善意目的的异议，裁决可以公开——因此防止了程序权利的滥用。❶

1999 年，巴黎上诉法院主张仲裁将保密的"绝对"义务施加给了程序中的当事人。❶ 根据上诉法院的判定，保密义务覆盖了答辩意见、证据、揭露的事实、一般性仲裁材料、指令以及裁决。❶

同年，巴黎商事仲裁庭，以仲裁为"非公开"及"保密"程序作为基础，考虑到在一方当事人对争议存在的有关信息已经进行了披露的前提下，由于该争议提交了仲裁，因此要依照对仲裁保密性破坏的程度来要求赔偿额。最终，巴黎商事仲裁庭发出了一份保护这些信息的禁令。❶ 但是巴黎上诉法院驳回了商事仲裁庭的决定并撤销了该禁令，上诉法院认为请求禁令的当事人缺乏法定资格。在其裁决中，巴黎上诉法院并没有解决上述的保密性问题。因此，巴黎上诉法院到底是不是拒绝了商事仲裁庭关于保密问题的理由也是不清楚的。❶

然而，在其他案件中，法国法院有表现出对仲裁的默示保密义务的存在和范围的不确定性。例如，在 2004 年的 NAFIMO 诉 Foster Wheele Trading Company AG 案中，异议方（NAFIMO）上交了 Foster Wheele 的会计信息作为支持其撤销请求的证据。重要的是，根据瑞士（Foster Wheele 公司所在国）法律，并不强制要求公开这种会计信息。基于此，Foster Wheele 认为 NAFIMO 的主张违反了保密义务，并要求损害赔偿。在巴黎上诉法院所作出的广受争议的判决中

---

❶ Paris, 1ère Ch. Suppl., 18 février 1986 [1986] Revue de l'Arbitrage, No. 4, 583 – 584.

❶ J. Paulsson, N. Rawding. The Trouble with Confidentiality [J]. Arbitration International, 1995, 11 (3): 313.

❶ 实际上，LCIA 规则第 30.1 条也反映了一种类似的理由，即一方有权披露"在国家法院或其他司法机构的善意法律程序中的强制执行或质疑裁决"。

❶ Trib. com. Paris, ord. réf., 22 février 1999 [2003] Revue de l'Arbitrage, 190 – 194.

❶ 此外，法国民法典第 1469 条规定："仲裁员的审应是秘密的。"

❶ 巴黎商事法庭就争议的存在、内容和主题事项积极回答了这个问题。Trib. com. Paris, ord. réf., 22 février 1999 [2003] Revue de l'Arbitrage, 190 – 194.

❶ Paris, 14e Ch. B, 17 septembre 1999 [2003] Revue de l'Arbitrage, 194 – 197.

认为,[53] 根据法国国际仲裁法,Foster Wheele 未能证明保密原则的存在并证明其理由,因此驳回了其诉求。[54] 而且上诉法院用一种隐晦的方式暗指当事人选择将争议提交 ICC 规则仲裁是对保密性权利的某种放弃,因为——如法院所述——ICC 规则并没有对当事人提出保密性义务。[55] 鉴于 NAFIMO 案的特殊情况同时法院缺少明晰的说理,该决定并不意味着法国的法院审判规则发生了变化。

2.4.2.3 新西兰

1996 年新西兰仲裁法案(2007 年修订)规定了涉及保密性问题的全面制度。1996 年该法案第 14B(1)条中规定:"所有适用本部分的仲裁协议均视为对当事人和仲裁庭不应披露保密信息作出了规定。"

该法案第 2.1 条规定"涉及仲裁程序的保密信息":

(a)为仲裁程序涉及的信息或者在仲裁程序中作出的裁决涉及的信息;以及

(b)包括:

(1)请求意见、答辩意见以及所有的辩护意见、陈词、陈述或其他由当事人提交仲裁庭的信息;

(2)所有提交给仲裁庭的证据(书证或其他方式);

(iii)所有仲裁庭对口头证据作出的记录或者提交给仲裁庭的记录;

(iv)所有提交给仲裁庭的证据或陈词副本;

(v)所有仲裁庭作出的指令;

(vi)所有仲裁庭作出的裁决。

该法案同一条款还指出"涉及保密信息的公开包括对保密信息的公开或通信或其他方式的提供"。

2.4.2.4 苏格兰

苏格兰仲裁规则第 26 条列出了 2010 年(苏格兰)仲裁法案的表1,其中禁止对涉及仲裁的保密信息进行披露,所述保密信息定义为任何涉及以下方面的信息:

(a)争议;

(b)仲裁程序;

---

[53] E. Loquin, [2004] Revue de l'Arbitrage, No. 3, 663.

[54][55] Paris, 1ère Ch. C, 22 janvier 2004 [2004] Revue de l'Arbitrage, No. 3, 657.

(c) 裁决；或

(d) 所有涉及根据该法案第 15 条所作指令的仲裁的民事程序，上述程序从未被公众得知。

2.4.2.5 新加坡

2003 年新加坡高等法院在 Myanma Yaung Chi Oo Co. Ltd 诉 Win Win Nu and Yaug Chi Oo Trading Pte Ltd. 案❺中对保密性问题采用的是英国做法而不是澳大利亚的做法。对于在后续司法程序中可能使用到仲裁中提交的证据的问题，Kan J 指出：

> 要解决的问题是否有关于保密的默示义务。我个人倾向于英国的观点而不是澳大利亚的。当事人选择仲裁而不是诉讼，就已经意识到前者进行的是非公开的听证会，而后者是公开听证。与其说仲裁程序内在具有保密性，不如说当事人对程序的预期是保密的，而且披露是在可接受的情况下作出的。❺

2.4.2.6 西班牙

制定于 2003 年的西班牙仲裁法案明确提出了一种范围更大的保密义务，不仅约束当事人，还约束仲裁员和仲裁机构的全体人员（在任何适用的时候）。鉴于此，西班牙仲裁法案第 24.2 条规定："如果适用的话，仲裁员、当事人和仲裁机构应当对因仲裁程序而得知的信息进行保密。"❺ 而且，该法案第 38.3 条规定了仲裁员有义务保存特定阶段中的程序文件，而且当事人有权要求仲裁员归还其提交过的证据。该条款还进一步提出在不违反仲裁意见保密性的情况下，仲裁员应当接受上述要求。

2.4.3 仲裁不保密的司法管辖区

2.4.3.1 澳大利亚

在 1995 年作出判决的 Esso Australia Resources Ltd and Others 诉 Plowman and Others 案❺中，澳大利亚高等法院拒绝承认仲裁协议中得出的默示保密义务的存在。

在该案中，澳大利亚能源和矿产部长提起司法程序，希望获得在两场涉

---

❺ Myanma Yaung Chi Oo Co. Ltd v. Win Win Nu and Yaug Chi Oo Trading Pte Ltd [2003] 2 SLR 547 (digest by M. Hwang S. C.).

❺ [2003] 2 SLR 547，para. 17.

❺ （西班牙语）翻译由作者作出。

❺ A. J. van den Berg. Yearbook Commercial Arbitration (XXI) [M]. Hague：Kluwer Law International, 1996：137 – 171.

Esso/BHP 和两个公开实用新型的仲裁中披露的信息不涉及任何保密性义务的公告。Esso/BHP 对部长的主张提出质疑，并主张根据仲裁的默示义务，仲裁中提交的证据应保密。法院拒绝了 Esso/BHP 的主张，并发出了部长请求的公告。

Esso/BHP 在维多利亚最高法院上诉庭提出了上诉。上诉庭认为公开实用新型并不属于在 Esso/BHP 的仲裁中获得的信息。

随后，Esso/BHP 在澳大利亚高等法院提出上诉，庭长 Mason 驳回了上诉，理由是：

> "我认为在澳大利亚……我们没有理由认为各方当事人有义务不披露仲裁程序或仲裁中提出的或以仲裁为目的提出的证据和信息的保密性不是非公开仲裁的本质属性。"[60]

在本书写作过程中，关于修改 1974 年澳大利亚国际仲裁法案的议案（"2010 年国际仲裁修改议案"）正在国会进行讨论。该议案提出引入禁止当事人和仲裁员披露仲裁程序中产生的"保密信息"的条款。[61]

2.4.3.2 瑞典

瑞典最高法院在著名的 A. I. Trade Finance Inc.（AIT）诉 Bulgarian Foreign Trade Bank Ltd（Bulbank）案[62]中认为，根据瑞典法律，仲裁中没有默示保密义务。

Bulbank 案中的争议源于 Bulbank（一家保加利亚国有银行）和 GiroCredit（一家澳大利亚银行）于 1983 年签订的一份贷款协议（信用透支协议）。上述协议中包含了依照联合国欧洲经济委员会规则（ECE 规则）进行仲裁的条款。

---

[60] 出处同上，151, note 57.

[61] parlinfo. aph. gov. au/parlInfo/search/display/display. w3p；query Id：legislation/billhome/ R4261 # billsdgs, 8 Jun. 2010.

[62] Stockholm Arbitration Report（2000，No. 2）137 – 147. Svea 上诉法院和瑞典高等法院的判决分别报告在 A. J. van den Berg（ed.），Yearbook Commercial Arbitration，vol. XXV（a）（The Hague：Kluwer Law International，1999），321 – 328 and in A. J. van den Berg（ed.），Yearbook Commercial Arbitration，vol. XXVI（The Hague：Kluwer Law International，2001），291 – 298. 关于该案评论，可参阅 F. Madsen，Commercial Arbitration in Sweden，3rd edn（Oxford：Oxford University Press，2007），194 – 195 and H. Brager. Confidentiality – A Fundamental Principle in International Commercial Arbitration?［J］. Journal of International Arbitration，2001，18（2）：243 – 249. 由 AIT's counsel 作出的关于该案的评论，参阅 M. Rosenberg. Chronicles of the Bulbank Case – The Rest of the Story［J］. Journal of International Arbitration，2002，19（1）：1.

不过信用透支协议和 ECE 规则中都没有对保密义务作出规定。

1994 年，GiroCredit 将信用透支协议转让给了 AIT（一家美国公司）。1996 年，AIT 根据协议中的仲裁条款以 Bulbank 未依照协议付款为理由提起仲裁程序。在仲裁程序中，Bulbank 对仲裁庭的管辖权提出了异议，其主要辩称仲裁条款并未随信用透支协议的转让而转移。仲裁庭对管辖权作出了"临时"（部分）裁决，其中驳回了 Bulbank 的主张，随后继续进行仲裁程序。AIT 的美国律师安排在 Mealey 国际仲裁报告上公开了该部分裁决。

在得知部分裁决被公开的事实后，Bulbank 的代理人对仲裁庭提出这种披露构成对仲裁协议的实质性破坏并要求仲裁庭宣布仲裁协议无效。仲裁庭驳回了上述主张并于 1997 年 11 月作出了不利于 Bulbank 的裁决。

随后，Bulbank 在斯德哥尔摩城市法院起诉要求撤销仲裁裁决，并重申了实质损害仲裁协议的主张。城市法院认可仲裁带来的默示保密义务的存在，并且认为对该义务的损害有可能导致仲裁协议无效。因此，城市法院接受了 Bulbank 的无效主张并撤销了最终裁决。

案件随后上诉到了瑞典上诉法院，而上诉法院推翻了城市法院关于仲裁协议无效的决定。上述法院认为虽然保密性是否构成仲裁的默示条款还不清楚，但是对仲裁内容的披露很可能构成对当事人之间诚信原则的破坏。尽管如此，特别考虑到判定仲裁协议无效的严重后果，上诉法院认为 AIT 律师对部分裁决的披露并不构成对仲裁协议的实质性损害。

Bulbank 诉至瑞典最高法院，要求推翻上诉法院所作判决。瑞典最高法院支持了上诉法院的决定，并明确指出仲裁并不是保密的：

> "最高法院认为除非当事人签订了相应的独立协议，否则仲裁程序并不视为受保密义务约束。因此，AIT 对仲裁庭所作决定的披露并没有对合同造成损害。"[63]

2.4.3.3 美国

美国判例法（主要是下级法院的）并不认为仲裁协议或仲裁程序创设了默示保密义务。[64]

---

[63] 参见 A. J. van den Berg（ed.），Yearbook Commercial Arbitration（XXVI）[M]. Hague：Kluwer Law International，2001：298.

[64] 参阅 G. Born. International Commercial Arbitration [M]. Hague：Kluwer Law International，2009：2264.

在 Galleo Syndicate Corporation 诉 Pan Atlantic Group Inc.[65]案中，纽约最高法院认为，根据 AAA 商事规则，保密特权不能阻止对仲裁中产生或交换证据的披露。

美国特拉华州地方法院在美国诉 Panhandle Estern Corp. 案中采取了相似的操作方式。[66]法院认为，由于在美国联邦海事委员会提起民事程序的一方当事人未能证明 ICC 规则为仲裁带来保密性，因此，当事人无权对根据 ICC 规则在瑞士进行的仲裁程序中产生的发现证据进行保留。

2.5 保密仲裁中的实际操作性问题

虽然保密仲裁对知识产权争议的当事人有明显的优势，但也会引起一些实际问题。一般来说，潜在问题主要来自对待参与程序的当事人和第三人时的不对等。一方面，保密仲裁中的当事人不能披露某些（或所有）程序内容。另一方面，在大多数情况下，一些（或所有）参与程序的第三方又能够披露仲裁的部分或所有内容。

很明显，仲裁协议明确规定了原则上保密义务并不用于约束第三方。大多数对当事人提出保密义务的机构规则都没有对参与程序的所有类型的第三方提出相似的条款。[67]例如，虽然 LCIA 规则规定了对当事人进行约束的保密义务，但是 LCIA 仲裁院并没有对证人、专家或代理律师和出庭律师提出保密义务。[68]在多数情况下，来自适用法律的默示法律义务仅用于约束程序中的当事人。

由于这种不对等，很可能仲裁程序的当事人被禁止披露仲裁内容而参与其中的第三方可以随意地进行披露。在某种程度上，这种情况会造成一个漏洞，进而威胁程序的保密性并会削弱对仲裁中批准为保密文件的保护能力。原则上，为解决这一问题，需要与不受保密义务约束的第三方签订明示协议。

不过，也有人认为出于特定的道德或默示义务，对于仲裁员、律师以及专家证人而言，并不会存在所谓的"保密性漏洞"，因此也就没有必要与他们签订明示协议。这种潜在保密义务的源头将在下文中解释。

---

[65] 223 A. D. 2d 510；637 N. Y. S. 2d 104（1996）.

[66] 118 FRD 346（D Del 1998）；see also Industrotech Constructors v. Duke University, 314 SE 2d 272（NC App 1984）.

[67] 在某些情况下，甚至仲裁规则强加给第三方的义务的可执行性也可能受到质疑。例如，考虑根据 DIS 规则出现在仲裁中的专家的情况。理论上，他或她将有适用规则所产生的保密义务。然而，如果专家不了解这一义务，可能很难断言他或她受到信任义务的约束。

[68] 在本章所述的所有仲裁规则中，只有 CIETAC 规则规定了与诉讼程序中涉及的所有第三方相关的保密义务。

第9章　仲裁程序的保密

在大多数情况下，涉及事实的证人和个人在程序中提供了某些服务（如翻译服务），这些人很明显不受保密性义务的约束。在这些情况下，如果当事人在仲裁程序中披露了保密信息，那么当事人应首选与这些人签订适当的保密协议。

在实践中，还有另一种导致潜在保密性问题的因素——虽然不普遍——大型企业参加仲裁程序。这个问题也将在下文中介绍。

2.5.1　对于仲裁员、律师和专家的潜在漏洞

2.5.1.1　仲裁员的道德规则和默示义务

一些道德或默示义务要求仲裁员对仲裁内容保密。例如 IBA 道德规则第9条对仲裁庭审议内容以及裁决内容的保密性作出了规定。[69] 进一步地，根据瑞士法律，仲裁员受到来自当事人之间信义关系的保密性义务的约束。[70]

在多数情况下，不能根据以上所说的内容就认为对仲裁员而言不存在保密性漏洞。IBA 道德规则并没有对仲裁员提出强制性义务。而且，所有主要仲裁管辖区的法院是不是愿意对仲裁员强制提出默示保密性义务也是不明确的。如下文将要解释的，即使仲裁员为律师，有与法律职业相关的道德规则和各种特权，但在多数情况下也没有令人满意的解决方法。

因此在实践中，如果没有具体的保密性义务来约束仲裁员，当事人如果担心其保密信息可能被公开（在程序外公开），会选择要求在指定的时间要求与仲裁员签订保密协议。[71]

2.5.1.2　律师的道德规则和特权问题

如果没有具体条款，一些道德规则会强制当事人的律师履行程序保密性义务，比如司法特权或律师－当事人特权就施加了保密性义务。

然而笔者认为，道德规则和特权也不足以否认存在（或者有效弥补）潜在的保密性缺口。律师需要遵守的道德义务在各国之间差异很大。而且，对违反道德规则的行为进行起诉，需要诉诸参与程序的律师被许可执业所在国的律

---

[69] "除非当事各方免除仲裁员的这一义务，否则仲裁庭的审议和裁决本身的内容将永远保密。仲裁员不得参与任何审议裁决的程序，或提供任何资料以协助审议裁决，除非在例外情况下，他认为有义务向其同事仲裁员披露任何重大不当行为或欺诈行为。"

[70] 参阅 A. Jolles, M. Canals de Cediel. Chapter 6, Confidentiality, in International Arbitration in Switzerland: A Handbook for Practitioners, ed. G. Kaufmann – Kohler & B. Stucki (The Hague: Kluwer Law International, 2004), 99 – 100: "在瑞士的国际仲裁中，仲裁员的保密义务是有合同依据的。这个合同基础是在仲裁员被任命后产生的，涵盖了仲裁员司法职能的所有方面，并在仲裁庭作出最终裁决后继续存在。此外，当事人可以通过同意瑞士规则来强化这种合同基础，瑞士规则明确规定仲裁员必须承担明确的保密义务。"（省略脚注）

[71] 例如，可以通过与仲裁员签订的任命条款来完成。

师管理机构，在国际仲裁背景下，这个过程是很曲折的。最后，在国际仲裁的主流实践中，非律师也可以作为出庭律师出庭。在这种情况下，很显然会出现保密性漏洞。

在多数情况下，一些与法律职业相关的特权，比如律师-当事人特权，并不能覆盖由对方当事人披露的文件或者通信、指令以及仲裁庭作出的裁决。❷

出于这些原因，如果当事人想要确保对于第三方的仲裁保密性——特别是涉及敏感信息的时候——应当在仲裁刚开始的时候就要求与律师和代理对方的出庭律师（及其雇员）签订保密协议。❸

2.5.1.3　约束专业人员的保密义务

某些司法管辖区的法律，特别是大陆法系国家，对拥有专业资格的个人也提出了某些保密义务，不履行这种义务将会受到刑事制裁。❹ 在一些情况下，这些保密义务不仅禁止专家证人，还禁止律师和仲裁员泄露仲裁中披露的信息。

尽管如此，由于可能做出的制裁是刑事制裁，强制执行这种保密义务可能会发现是复杂而烦琐的，而且通常有效的救济措施并不够。因而，即使有这些刑事制裁性义务，也不能不与专家（如果使用的话）以及仲裁员和出庭律师签订明文保密协议。

考虑到以上所述内容，只要存在"保密性漏洞"——甚至只要机构规则对第三方施加的保密性义务的执行性有疑问——对于不得不在仲裁程序中披露保密信息的当事人，最保险的做法就是与相关参与仲裁的第三方签订明示

---

❷ 在这方面，瑞士的情况是，有人说："律师的专业保密义务涉及客户向律师提供的信息，这些信息受到律师—客户特权的保护。因此，对委托人而言，律师受专业保密的约束，而这种义务的期限是无限期的。律师违反职业秘密的行为为行政和刑法规定的纪律措施和处罚提供了依据。此外，客户可以起诉律师要求赔偿违约。相反，与对方相比，律师没有任何职业保密义务或根据仲裁协议产生的任何隐含的保密义务（律师是仲裁协议的第三方）。因此，当事人的律师可以自由披露有关对方的信息（如果客户同意），除非他们有保密协议或适用规则所规定的保密义务。" A. Jolles, M. Canals de Cediel, Chapter 6, Confidentiality, in International Arbitration in Switzerland: A Handbook for Practitioners, ed. G. Kaufmann - Kohler & B. Stucki (The Hague: Kluwer Law International, 2004), 101 - 102.

❸ 例如，在其中一位作者参与的知识产权仲裁中，在文件披露的范围内，代表另一方的律师同意签订保密协议以获取机密信息。

❹ 在法国，"职业秘密"受到刑法典第 226 - 13 条的保护。（"由于其职务或职业，或因其临时职务或任务受委托拥有此类秘密的人泄露秘密信息，将被处以 1 年监禁和 1.5 万欧元罚款。"）也可参阅 J. - L. Devolvé, Vraies et fausses confidences, ou les petits et les grands secrets de l'arbitrage, Revue de l'Arbitrage (1996): 388. 比利时刑法中也可找到类似的条款（Art. 458 of the Belgian Criminal Code）；芬兰（Ch. 30, s. 5 of the Finish Penal Code）；德国（s. 203 of the German Criminal Code）；意大利（Art. 622 of the Italian Criminal Code）；西班牙（Art. 199 of the Spanish Criminal Code）；瑞典（Ch. 20, s. 3 of the Swedish Penal Code）；和荷兰（Art. 272 of the Dutch Criminal Code）。

协议。

2.5.2 作为当事人的大型企业争议方

所有仲裁规则和国家法律都规定了仲裁程序的保密性允许当事人能够完全获得仲裁中产生的所有文件、指令和裁决。如果申请人和被申请人都是自然人的话，这种情形对于知识产权权利人而言是完全可以接受的。

然而在实践中，许多国际仲裁涉及的是有复杂组织结构和大量雇员的大型企业。原则上，公司的雇员和主管在仲裁程序中也应被视为"当事人"。但是很明显，参与仲裁的个人越多，就越有可能泄露保密信息。滥用保密信息的风险也会增加（如本章第3节中讨论的情况）。

因此，如果对方是大型企业，那么披露信息的一方会希望限制能获得仲裁产生的信息和文件的人数，特别是有敏感信息被披露时。我们还进一步建议要求参与仲裁程序的所有雇员和主管签订适当的保密协议（既包括涉及一般性仲裁问题的协议，还包括涉及具体的保密信息的协议）。

2.6 非保密仲裁中对保密信息的保护

对于非保密仲裁（例如根据 ICC 标准仲裁条款进行的，仲裁地在斯德哥尔摩，用瑞典和纽约法律对相关协议进行规制的仲裁），在不同的阶段，披露方有不同的方法来保护其保密信息不对第三方披露。

显然，在非保密仲裁开始前，知识产权权利人如想对保密程序进行约定，要么通过与对方签订明示协议的方式约定选择适用对保密性作出规定的机构规则（这意味着改变仲裁机构），要么改变仲裁地。

还有一种选择，非保密仲裁开始后，当事人可以尝试与对方约定一些具体措施，例如在仲裁的"职责范围表"中插入保密条款，或者创建一个契约性的"保密俱乐部"（只有某些特定的个人能够允许获得程序中产生的材料）。

如果不能达成协议，披露信息一方可以要求仲裁庭作出一些措施来阻止其保密信息泄露到仲裁程序外，例如以"保护令"的形式。[75]

2.7 保密性义务的限制

出于平衡保密义务的需要，多数机构规则和国家法律规定仲裁程序的保密性明确允许某些形式的披露。例如由于显而易见的原因，当事人有权公开仲裁裁决，从而提起针对该裁决提出异议的诉讼，或者要求强制执行裁决的诉讼。鉴于大多数国家法院普遍的"公开性"原则，法院诉讼的开始通常意味着将

---

[75] 本章第3节中更详细地讨论了"保护令"。

裁决向公众披露。

另外，还有涉及某些披露的例外情况，如当事人需要遵守法院指令（为了在一些国家避免被认为藐视法庭），或者法律法规（例如上市公司的情况）提出的要求。

在以下小节中，笔者将进一步解释涉及明文保密协议、对保密性作出规定的仲裁规则以及认可保密性是默示条款的国家法律的一些例外情形。

2.7.1 明文保密协议的限制

在定制协议的情况下，保密性义务的局限或例外显然取决于当事人之间的协议——其实际的意图会受到对合同进行解释的适用规则的影响。不过，如果仲裁协议中规定严格禁止对仲裁产生的文件进行任何形式的披露，那么在大多数情况下，该仲裁协议是不能执行的。例如产生这样的情况，当事人以保密性为理由阻止对方当事人对裁决提出异议或寻求对裁决的承认和执行。[76]

在 Associated Electric and Gas Insurance Service Ltd（AEGIS）诉 European Reinsurance Company of Zurich（European Re）案[77]中，英国枢密院[78]主张保密性不应阻碍当事人行使由仲裁裁决中得来的权利。[79]

AEGIS 案涉及两次位于百慕大的仲裁。两次仲裁的双方当事人相同，但提交给了不同的仲裁员。在第一次仲裁过程中，AEGIS 和 European Re 同意了仲裁员提出的方向，其规定了范围大、程度深的保密性义务。[80] 第一次仲裁中，European Re 获得了一份部分裁决，并且试图在第二次仲裁中使用这份裁决。而 AEGIS 主张按照双方同意的方向，European Re 没有权利在第二次仲裁中披露该部分裁决，据此 AEGIS 获得了百慕大法院签发的禁令。European Re 对该

---

[76] 在更广泛的背景下，当公共政策问题开始发挥作用时，国家法院可能倾向于接受披露。在这方面，有人说："在双方没有同意授权披露的情况下，仲裁员或法院可能被要求就保密请求豁免作出裁决。"这种豁免可以基于公共政策理由和司法公正。例如，可以放弃保密以促进司法行政的透明度，披露与随后的刑事起诉相关的仲裁信息，或允许一方或参与者保护合法权利。例如，如果发现专家顾问在仲裁中玩忽职守，违反其顾问协议的条款，如果他的专业赔偿保险人拒绝承担他的过失，那么放弃仲裁保密，允许他依赖仲裁裁决是合理的。不过，这种豁免可能仅限于保障赔偿保险所需的信息。L. Trakman. Confidentiality in International Commercial Arbitration [J]. Arbitration International, 2002, 18 (1): 18.

[77] [2003] 1 All E. R. (Comm.) 253.

[78] 在此背景下，枢密院是英国海外领地（如百慕大）、英国皇家属地和独立英联邦国家的最高上诉法院（或最后诉诸法庭）。

[79] 有关评论，可参阅 A. Sheppard. Bermuda: Confidentiality and issue Estoppel in Arbitration [J]. International Arbitration Law Review, 2003, 6 (3): 25 - 27.

[80] 所述指示的相关部分如下：（第6段）"特别是，双方同意在本仲裁程序中提交的简报或其他文件的内容，以及相关申请文件、证词、宣誓书、任何记录和仲裁结果的内容，不会在任何时间向任何个人或实体全部或部分披露，这些个人或实体不是 AEGIS 和 European Re 之间仲裁的当事方。"

决定提出了上诉。百慕大上诉法院支持了上诉并撤销了禁令。

AEGIS 向英国枢密院提出对上诉法院所作判决的上诉，英国枢密院以两个主要理由驳回了 AEGIS 的上诉。首先，其认为"在先裁决作出后，对其进行其他形式的合法使用，同时也是不公开的使用，而且仲裁双方当事人相同，这种使用并不会引起对保密协议的损害"。[81] 其次，英国枢密院认为，不允许 European Re 使用第一次仲裁的裁决会损害 European Re 执行该裁决的权利。

2.7.2 对保密义务作出规定的机构规则的限制

2.7.2.1 WIPO 规则

WIPO 规则[82]包含了一系列对其规定的保密性义务的例外。第一，"在针对仲裁提起的法院诉讼或执行裁决的诉讼所需的限度内"或在"法律或主管机构要求"[83] 下可以对仲裁的存在进行披露。笔者认为相同的规则适用于未落入 WIPO 规则的其他具体分类中的仲裁程序中披露的所有其他信息。

第二，根据 WIPO 规则，仲裁中提交的证据披露了不属于公有领域的信息，该证据仅在经当事人同意或"法律或主管机构要求"[84] 的情况下进行披露。

第三，裁决仅在以下三种情况下可进行披露：（a）各方当事人同意披露；（b）"由于在法院或其他主管机构进行的程序，裁决进入公有领域"；或者（c）"为了遵守当事人承担的法律要求，或为了针对第三方确立或保护当事人的法律权利，裁决必须披露。"[85]

第四，如果法律要求披露或者与裁决有关的法律诉讼需要的情况下，WIPO 仲裁中心和仲裁员可以对裁决和书面证据（所说明的信息不属于公有领域）进行披露。[86]

2.7.2.2 LCIA 规则、瑞士规则和 HKIAC 机构仲裁规则

LCIA 规则（以及在此方面与其做法相同的其他规则，如瑞士商会以及 HKIAC 的规则）包含了当事人保密性义务的三个例外。据此，如果：（a）法律义务

---

[81] 在第 15 段中，判决称："（第一次仲裁中的裁决）赋予了他们一项权利，而这项权利可以在事后请求禁止反言时强制执行。"

[82] WIPO 仲裁规则第 76（a）条规定（译者注：应为第 78（a）条）："除非当事人另有约定，仲裁中心和仲裁员应当为仲裁和裁决保密，仲裁期间披露的书面证据或其他证据所说明的信息不属于公有领域的，还应当为任何此种证据保密，但在与裁决有关的法院诉讼所需的限度内披露或法律要求的其他披露除外。"

[83] WIPO 仲裁规则第 73 条和 WIPO 快速仲裁规则第 66 条。

[84] WIPO 仲裁规则第 74 条和 WIPO 快速仲裁规则第 67 条。

[85] WIPO 仲裁规则第 75 条和 WIPO 快速仲裁规则第 68 条。例如，在 WIPO 的一些大型仲裁中，某些司法管辖区的当事人被要求向监管机构披露此类信息，因为仲裁程序可能对公司的财务状况产生了影响。

[86] WIPO 仲裁规则第 76（a）条和 WIPO 快速仲裁规则第 69（a）条。

对一方当事人提出要求；(b) 对于行使法律权利有必要；或 (c) 对于执行裁决或者在国内法院或其他司法机关对该裁决提起善意司法程序有必要[87]，则可允许披露。这些例外受到了英国判例法的启发，将在下面进行讨论。

2.7.3 对保密性作出规定的国家法律的限度

在判例法认可仲裁保密性的国家，有时法院会对这种义务的限度进行讨论。这种情况在英国尤为突出。

如下文详细介绍的，有的国家，提出保密性义务的法规、仲裁法案中对较为详细的情况进行了规定，其中有些披露是允许的。而西班牙仲裁法是例外，其并未将根据保密性原则的明确保密限度写入其中。

2.7.3.1 英格兰

根据关于银行机密的主要案件（Tournier 诉 National Provincial and Union Bank of England 案[88]）中主张的原则，英格兰法律承认源自仲裁的默示保密义务的一些例外。Dolling‑Baker 诉 Merret 案[89]（1990）是使用 Tournier 仲裁原则的第一案。这些原则在20世纪90年代的 Hassneh Insurance Co. Of Israel 诉 Mew 案[90]和 Ali Shipping Corporation 诉 Shipyard Trogir 案[91]中得以进一步修正。

具体地，在 Ali Shipping 案中，上诉法院法官 Potter 主张：

> 对于这些例外，我认为在基于现有判决，英格兰法律承认保密性的普遍规则存在以下例外：(i) 同意，即最初提交材料的当事人明示或暗示同意进行披露；(ii) 法院命令，最显而易见的例子就是以后续的诉讼为目的命令对仲裁中产生的证据进行披露；(iii) 法庭许可。这是该例外的适用范围，即基于何种理由法庭作出许可，而这会引起困难。不过，基于类似于银行业者和客户之间的默示保密义务，许可作出考虑到 (iv) 这种披露的程度具有合理的必要性，用于保护仲裁当事人在面对第三方时建立对抗第三方的诉因或对第三方提出的要求进行辩护（或反诉）时的法律利益（参见 Hassneh 案）。
>
> ……
>
> 最后，在至少一个判决中，英格兰法院试探性地对进一步的例外进行了承认：(v)"公共利益"要求披露。[92]

---

[87] LCIA 第30.1条。
[88] [1924] 1 KB 461 (CA).
[89] [1990] 1 WLR 1205.
[90] [1993] 2 Lloyd's Rep. 243.
[91] [1998] 1 Lloyd's Rep. 643.
[92] [1998] 1 Lloyd's Rep. 652.

近期，在 2008 年对 Emmott 诉 Michael Wilson & Partner Ltd 案[93]作出的判决中，英国上诉法院回顾了默示保密性义务的限度问题。对于此，上诉法院法官 Collins 表示：

> （保密性）义务的限度仍在个案基础上不断发展。就法律机构目前所持的态度，在主要的案例中，允许的披露为：第一是经同意、明示或暗示的；第二是有法院的命令、许可（但这并不意味着法院拥有能取消保密性义务的普遍的自由裁量权）；第三，对保护仲裁当事人的法律利益有合理的必要性；第四，正义的需要，以及（可能）有公共利益需要披露。[94]

2.7.3.2 法国

法国法院一般认可当事人有权在对裁决进行异议或执行时披露该仲裁决定。

尽管如此，如上文曾提到过的，在 Aïta 诉 Ojjeh 案中，巴黎上诉法院认为在某些具体情况下，为撤销目的而对裁决进行披露会损害仲裁中产生的保密性义务。[95] 正如我们讨论过的，在 Aïta 案中，巴黎上诉法院在某种程度上似乎是在对法庭异议程序的滥用（即非善意异议）进行惩罚而不是阻止以撤销为目的对仲裁裁决进行公开的可能性。

2.7.3.3 新西兰

1996 年新西兰仲裁法对保密信息允许的披露进行了详细的规定。法案第 14C 条——2007 年引入的条款——规定：

> 当事人或仲裁庭可以在以下情况下披露保密信息：
> （a）向专家或其他任何当事人的顾问进行披露；或
> （b）如果以下两个条件均满足：
>   （i）公开必需
>   （A）对于确保当事人根据表 1 第 18 条的要求有充分的机会对案情进行陈述；或
>   （B）涉及第三方时，用于建立或保护当事人的法律权利；或

---

[93] [2008] 1 Lloyd's Rep. 616.
[94] [2008] 1 Lloyd's Rep. 633, para. 107.
[95] Paris, 1ère Ch. Suppl., 18 février 1986 [1986] Revue de l'Arbitrage, No. 4, 583–584.

> 　　（C）根据本法向法院提出申请或提出起诉时，有必要进行披露；以及
> 　　（ii）该披露不超过用于（i）（A）～（C）的目的的合理需要；或
> （c）如果该披露是根据法院命令或法院签发的传票作出的；或
> （d）如果以下两个条件均满足：
> 　　（i）该披露由法律（除本法以外的法）授权或要求，或受有法律能力的管理部门（包括新西兰证券交易所有限公司）的要求；以及
> 　　（ii）作出披露的当事人或者仲裁庭对另一方当事人或者仲裁庭或各方当事人提供了这种披露的详情（包括作出该披露的原因）；或
> （e）如果该披露是根据以下部门作出的指令作出：
> 　　（i）根据第 14D 条的仲裁庭；或
> 　　（ii）根据第 14E 条的高等法院。

2.7.3.4　苏格兰

苏格兰仲裁规则第 26（1）条在表 1 中罗列了 2010 年（苏格兰）仲裁法的规定：

> 仲裁庭、任何仲裁员或当事人对涉及仲裁的保密信息的公开行为因其损害了保密义务而是可诉的，除非这种披露：
> （a）得到当事人的明示或暗示性授权（或合理地认为具有这种授权）；
> （b）是仲裁庭要求的或者是帮助或确保仲裁庭进行仲裁的需要；
> （c）必需（i）为了遵守法规或法律；
> 　　（ii）为了披露方的公共职能能够适当地进行，或者
> 　　（iii）为了确保公共实体或公职人员能适当地执行其公共职能；
> （d）可以合理地被认为是保护当事人法律利益的需要；
> （e）是为了公共利益；
> （f）是公平的需要，或者
> （g）被披露信息是诽谤中伤性的，披露方拥有绝对特权的情况下。

2.7.3.5　新加坡

在 Myanma Yaung Chi Oo Co Ltd 诉 Win Win Nu and Yaug Chi Oo Trading Pte Ltd 案中，新加坡高等法院认可了英格兰对于保密性的处理方式，并认为"合

第9章 仲裁程序的保密

理的需要"构成保密性的有效例外。⑯

2.7.4 在保密性的例外情况下对敏感信息的保护

正如我们讨论过的,即使在普遍保密义务的情况下,某些披露仍是允许的,特别是对仲裁裁决的披露。如果保密信息可为公众获知的话,这种披露即使是公平的,也会损害披露方当事人的利益。例如,在对滥用商业秘密提起的仲裁中,如果商业秘密拥有者在仲裁中获胜,如果败诉的一方拒绝自愿遵守裁决,胜诉方会发现自己将面对一种令人不快的两难境地:是选择将保密信息公开给公众的风险,还是不执行裁决的风险。如下文所述,能采取一些措施来避免这种困境的发生。

第一,在仲裁程序结束前,信息披露方会要求仲裁庭进行协助。例如信息披露方可以要求仲裁庭避免将保密信息写进裁决,除非写进裁决的保密信息对诉讼的处理有必要。还有一种选择,为了避免在执行裁决时出现的损害性(但有必要的)披露,信息披露方可以要求仲裁庭对责任问题作出单独的裁决,其中不对敏感信息进行披露。⑰

第二,在对裁决提出异议的情况下,在一些司法管辖区的执行程序或某些司法程序中的披露环节中,信息披露方可以获得国家法院的一些救济措施,例如不公开听证会、记录封存、发出禁止参与诉讼的个人披露信息的指令、关于披露的保护性指令以及禁止对判决进行公开(或对其中的某些部分进行重新撰写)的指令。

例如,英国民事诉讼规则和实务指引第62条允许法庭不公开地听取仲裁请求,并且仅限仲裁当事人能获取法庭文件。⑱

统一商业秘密法——几乎在美国的所有州都通过了——第5条包含了一系

---

⑯ Myanma Yaung Chi Oo Co Ltd v. Win Win Nu and Yaug Chi Oo Trading Pte Ltd [2003] 2 SLR 547, paras 18-20 (digest by M. Hwang S. C.).

⑰ 一些评论人士认为,要求发布不合理的仲裁裁决,也有助于保护敏感信息(例如,C. Baldwin. Protecting Confidential and Proprietary Information in International Arbitration [J]. Texas International Law Journal, 1996 (31): 488)。尽管在某些国内仲裁(特别是在美国)的情况下,这种解决办法可能是足够的,但在国际仲裁的情况下,不合理的裁决通常被认为是有缺陷的。

⑱ 第62.10条规定"法院可命令以公开或私下方式审理仲裁请求"。在 Department of Economic Policy and Development of the City of Moscow, The Government of Moscow v. Bankers Trust Company, International Industrial Bank ([2004] EWCA Civ. 314)案中关于CPR第62条,上诉法院认为,判决的公布将取决于平衡测试。法院认为,有利于公开判决的公共利益必须与保留原始仲裁及其标的物保密性的可取性相权衡。同样关于CPR第62条,在 Mobil Cerro Negro Ltd v. Petroleos de Venezuela SA ([2008] EWHC 532)案中,英国法院裁定:"(CPR)第62.10条规定,除非法院命令公开审理,否则应私下审理(被告)仲裁申请。"由于2008年1月24日的[冻结]令得到了相当多的宣传,我得出结论,听证会应该是公开进行的,除非这些事件是保密的。因此,本判决是一份公开文件,不能详细说明因保密而在私下讨论的事项。不过,我相信,在这一判决中,我能够充分处理所有的论据,而不需要任何机密附件。

列法庭可以用于保护商业秘密的措施。[99]

还是在美国，对于证据开示，联邦民事诉讼规则第26（c）条允许法庭发出保护性指令"要求商业秘密或其他保密性研究、开发或商业信息不被披露或仅以某种特定方式披露"。

3. 保护保密信息不向对方当事人公开

3.1 介　　绍

正如本章一开始介绍过的，在涉及知识产权的争议中，对商业秘密、技术诀窍、专有或敏感信息的披露是司空见惯的，这种披露通常要么是当事人满足举证责任的需要，要么是证据披露或证据开示程序的结果。虽然相较于英美法司法管辖区的诉讼程序，仲裁的披露范围较小，但有时仲裁庭确实会要求当事人提交包含保密信息的某些文件。[100] 如上文中解释过的，仲裁中对"保密性"和"不公开性"作出规定的条款并没有针对对方当事人保护敏感信息作出规定。

因此，如果对专属信息或敏感信息的披露在仲裁中是有必要的，披露方就会寻求一些措施阻止或降低对方当事人滥用或非法使用这些披露信息的风险。第3.2节将对提供了保护性措施的仲裁框架进行讨论，第3.3节将对一些具体措施进行解释，这些措施在实践中能防止或者至少能降低对保密信息进行滥用或非法使用的风险。

3.2　在仲裁当事人之间对信息进行保护的框架

3.2.1　程序进行的一般性权力

信息披露方能从仲裁庭获得的、可对其保密信息进行保护的措施取决于使用的机构规则（如果有的话）以及用于规制特定问题的相关法律。从这个意义上来说，只有一小部分仲裁规则——其中的一些将在下文中提到——规定了指导性做法。尽管如此，在多数情况下，仲裁庭所具有的在其认为适当的情况下进行程序的一般性权力使其有权作出用于保护技术诀窍、商业秘密以及专属信息不向仲裁当事人公开的措施。[101] 该权力通常能通过国内法院权力而得到完

---

[99] "在根据该法案进行诉讼时，法院应通过合理手段保护所谓商业秘密的保密性，其中可能包括发布与证据开示程序有关的保护令，举行内部听证会，密封诉讼记录以及命令参与诉讼的任何人，未经法院批准不得披露涉嫌商业秘密。"

[100] 第8章第5.2.6.4节讨论了以保密为理由拒绝披露信息的问题。

[101] 参见 A. Scott, S. Columbia. Ensuring a Confidential Arbitration Process [J]. International Commercial Litigation, 1996: 2.

善，国内法院有权以救助仲裁而作出禁令救助。

3.2.2 包含明文条款的规则

3.2.2.1 WIPO 规则

WIPO 规则对仲裁庭为保护商业秘密、技术诀窍和敏感信息实施的措施提供了详细的指导。首先，作为门槛性问题，一方当事人主张某些信息应认为是保密信息的情况下，WIPO 仲裁规则第 52（c）条（译者注：2014 年版第 54（c））条规定：

> "该信息是否应列为机密，程序中缺少特别保护措施是否可能对提出保密的当事人造成严重损害，由仲裁庭认定。仲裁庭认定应予保密的，应当决定可以将该机密信息作部分或全部披露的条件与对象，并要求该机密信息的任何披露对象签署适当的保密保证书。"

其次，WIPO 规则提出了"机密中的机密"[112] 机制用于保护披露的保密信息：保密顾问。对此，WIPO 仲裁规则第 52（d）和（e）条（译者注：2014 年版第 54（d）和（e）条）规定：

> "(d) 该信息是否应列为机密，程序中缺少特别保护措施是否可能对提出保密的当事人造成严重损害，仲裁庭在特殊情况下可以不自行认定，而是应当事人的申请或自行决定，与各方当事人协商后指定一名保密顾问，由保密顾问认定该信息是否应列为机密，并在认定应予保密时，决定可以将该信息作部分或全部披露的条件和对象。指定的保密顾问应当签订适当的保密保证书。
>
> (e) 仲裁庭并可以应当事人的申请或自行决定，依照第 55 条（译者注：2014 年版第 57 条）的规定将该保密顾问指定为专家，由其在机密信息的基础上，在不向提供机密信息的当事人以外的当事人和仲裁庭披露机密信息的情况下，就仲裁庭指定的具体问题向仲裁庭提出报告。"

对于 WIPO 规则规定中"保密顾问"的实用性，一位经验丰富的评论家这样说道：

---

[112] J.-L. Devolvé, Vraies et fausses confidences, ou les petits et les grands secrets de l'arbitrage, Revue de l'Arbitrage (1996): 367.

> "为什么（保密顾问）有用，我能给你们两个主要原因。第一是技术性原因，另一个原因接近于道德原因。技术原因很容易理解，考虑到涉及的特定商业秘密或保密信息，仲裁员或仲裁庭可能感觉知识储备不足以处理这种特权主张，因此希望指定一位特别能够胜任的人。另一个原因——尽管大家都不愿出现这种情况——在强烈的双向不信任感出现的情况下，一方当事人并不想让仲裁庭看到他们的文件，因为他们假定对方当事人指定了一位不道德的仲裁员会将文件泄露出去。而指定保密顾问就能够满足这种情况的需要，当然大家都衷心希望这种情况永远不会出现。"[103]

3.2.2.2 ICC 规则

ICC 规则第 20（7）条明确规定仲裁庭应当采取措施保护商业秘密以及一般性保密信息。

将 ICC 规则第 20（7）条与 WIPO 仲裁规则第 52 条进行对比，对 ICC 规则的一条重要评论是这么说的：

> "根据第 20（7）条，很清楚 ICC 仲裁庭具有（与根据 WIPO 仲裁规则的仲裁庭）相同的权力。仲裁庭可以通过指令，例如准许进行证据开示，但是禁止在仲裁以外对这些提交的证据进行使用。其还可以授权披露保密文件的当事人对这些文件进行修订，从而去除所有与争议不相关的部分。
>
> 第 20（7）条中提及的'保密信息'（并未进行定义）的范围尽管足够延伸到适当的范围，但仲裁庭的指令也能延伸到以仲裁本身为目的提交的文件上，例如申请书、证人陈词以及裁决，或者其他涉及仲裁甚至仲裁的存在的信息。例如，如果一方当事人将仲裁信息提供给了媒体，可以要求仲裁庭根据第 20（7）条命令其停止上述行为。即使仲裁员通常不具有强迫当事人遵守其指令的手段，但在某些司法管辖区中可以采取司法强制或者其他基于损害赔偿要求的措施。而且，在任何情况下，当事人一般不会不考虑这种指令。仲裁庭发出指令的道德权威不容低估。"[104]

---

[103] J. Paulsson, The Conduct of Arbitral Proceedings under the Rules of Arbitration Institutions; The WIPO Arbitration Rules in a Comparative Perspective (Articles 48 to 58 and 73 to 76), Conference on Rules for Institutional Arbitration and Mediation, 20 Jan. 1995, Geneva, Switzerland.

[104] Y. Derains, E. Schwarz. A Guide to the ICC Rules of Arbitration [M]. 2 版. Hague: Kluwer Law International 2005: 286（脚注省略）.

3.2.2.3 IBA 国际商事仲裁中关于取证的规则

在证据披露的具体背景下，IBA 国际商事仲裁中关于取证的规则对"保密顾问"作出了规定。[105]

而且，IBA 证据规则还提供了进一步的指南。例如，其第 9.4 条规定："如果适当，仲裁庭可以作出必要安排，以使证据的保密性得到适当保护。"[105]

3.3 保护保密信息不向对方当事人公开的具体措施

如上文解释过的，虽然在大多数机构规则和仲裁法中没有指示，但没有禁止当事人要求仲裁庭作出广泛的部署来保护当事人的保密信息。在这个基础上，当事人应当大胆提出适合其具体需要的创造性的解决方式。可以从对具体做法进行了规定的规则（如 WIPO 规则）或国家法律中得到一些创意。下面我们将讨论国际仲裁中一些可能的具体措施来保护信息披露方的利益。

3.3.1 单方当事人披露

有时，仲裁庭会接受单方当事人披露保密信息以防止对方当事人的滥用或传播。[105]

例如，在涉及知识产权争议的单方当事人披露中，认为：

"在基于一份造船业的技术诀窍许可协议的仲裁中，申请人同意向仲裁庭提交某系列的船体设计图，但不同意被申请人能获取这些资料，因为据称被申请人曾披露过生产机密。只有一些略图能提交给另一方使其能用来准备答辩意见。该特殊案例适用的是瑞士法律，因此，仲裁庭使用了瑞士联邦民事诉讼规则第 38 条并援引了发明专利法（第 68 条）、反不正当竞争法（第 15 条）和反垄断法（1995 年法案的第 15 条）中的其他保护商业秘密的条款，批准了申请人关于保护其商业秘密的动议。作者在涉及商业秘密信息的案件中也作出了相似的决定，例如涉及第三人的合同以及对破坏仲裁当事人之间合同关系的损害赔偿的证实。"[105]

---

[105] IBA 证据规则第 3（8）条规定："在特殊情况下，如果异议的适当性只能通过审查文件来确定，仲裁庭可以决定不审查该文件。在这种情况下，仲裁庭可与各当事方协商后，任命一名独立和公正的专家，其受保密义务约束，审查任何此类文件并就该项异议提出报告。在仲裁庭支持异议的情况下，专家不得向仲裁庭和其他各方透露审查后的文件内容。"

[105] 再举一个例子，总部位于曼哈顿的"国际预防和解决冲突协会"（International Institute for Conflict Prevention and Resolution）关于专利和商业秘密争议的非行政仲裁规则包含了类似于 ICC 规则的条款。CPR 规则第 17 条规定："仲裁庭可以发布其认为必要的命令，以保护在诉讼期间可能披露的任何特权信息，任何商业秘密或专有信息，或任何机密商业信息，如商业、金融或工业重要性信息。"

[105][105] F. Dessemontet, Arbitration and Confidentiality, The American Review of International Arbitration 7 (1996): 301.

不过，与仲裁庭进行任何形式的单方沟通都会引起程序公平问题，有可能使仲裁裁决受到不良影响。[109] 因此，这种做法并不适合所有案件。

3.3.2 对文件的修订

在需要披露文件的情况下，信息披露方可能会要求仲裁庭允许对保密信息进行修订。不过修订会引起当事人之间的潜在争议，例如，修订的原因在另一方看来不清楚时。为了解决这种潜在问题，提交文件的当事人可以，比如允许另一方的顾问以"律师眼光"的标准对未修订文件进行检查。如果仍无法达成一致，或者提交文件一方不想对修订原因作出解释，将由仲裁庭解决这个问题。在这种情况下，仲裁庭将采取其他措施对相关文件的保密性进行评估，包括通过指定"保密顾问"的方式。

3.3.3 保密顾问

信息披露方可能会要求指定独立的第三方来确定某些文件是否应当披露给对方或者披露给仲裁庭。例如，WIPO 仲裁规则第 52（c）条（译者注：2014 年版第 54（c）和（e）条）（WIPO 快速仲裁规则第 46（c）条）以及 IBA 证据规则第 3（8）条均对"保密顾问"作出了规定。

3.3.4 保护保密信息的指令

当事人可以对"保密性指令"提出要求，根据这种指令，保密信息只能由特定的个人或特定类别的个人获得。而且，这种指令可以明确将可能滥用仲裁中所披露信息的个人排除在外。比如这样的情况，对方当事人的雇员参与到专利申请或者新产品的开发中。

在涉及知识产权的国际仲裁中，保护性指令的使用比较常见。确实，知识产权争议中要求对文件进行公开的情况下，仲裁庭有时会发出保护性指令，而这种指令与其他指令相比，通常定义了哪些材料被视为保密，同时罗列出能够获取保密材料的个人，并且在对关于相关文件进行描述的基础上提供了解决潜在争议的机制。例如，因亚洲发明者和美国制造商之间根据其许可协议的许可费用而发起的 WIPO 快速仲裁中，发明者主张其专利被侵权了，在仲裁的证据阶段，美国制造商认为该发明者可能在与该美国制造商的竞争者之一进行协商。基于此，仲裁员签发了一份保护性指令，使发明者不能获取对美国制造商的商业秘密造成泄露的文件。[110]

---

[109] F. Dessemontet, Arbitration and Confidentiality, The American Review of International Arbitration 7 (1996): 301.

[110] WIPO 仲裁和调解中心引用了这个案例，Update on the WIPO Arbitration and Mediation Center's Experience in the Resolution of Intellectual Property Disputes, Les Nouvelles, Journal of the Licensing Executives Society International (March 2009): 49–54, at 54.

3.3.5 保密协议和保密俱乐部

从法律角度来讲，要想减轻信息披露方当事人的忧虑，最简单的方法就是与对方签订不适用这些信息的保密协议。[11] 而且，保密协议可以对保密信息的使用、获得这些信息的人员、允许的披露等作出规定。由于根据一些协议，只有某些个人（或某类人）有权获得保密信息，因此在英国，实践中这种安排被称为"保密俱乐部"。

如果当事人不能就"保密俱乐部"的成立达成一致，信息披露方可以要求仲裁庭协助促成一致。例如，在本书作者之一参加的某知识产权仲裁中，仲裁庭要求被申请人提交某些包含专属信息的文件。考虑到双方当事人并不是直接竞争对手，这种文件的提交会导致滥用或非法使用信息的严重风险。因此，在双方签订了详细的保密协议后，仲裁庭要求文件的披露仅限于某些个人。

因为"保密俱乐部"的成立需要当事人之间某种程度上的合作，所以如果争议进一步发酵或者恶化，最好要求仲裁庭发出指令，对程序中披露的保密信息的使用作出详细的规定。

3.3.6 仅对外部律师的披露

减轻信息披露方当事人忧虑的另一种可能的方法是仅对对方当事人的律师披露保密信息。例如，在某涉及商业秘密的 WIPO 仲裁中，仲裁庭首先仅将其裁决发给当事人的律师，供其检审。仲裁庭要求律师依照程序中在先发出的保护性指令确定裁决中是否有可视为保密的信息。只有在其外部律师确认裁决并未披露当事人自己无权获知的信息后，仲裁庭才将裁决发送给了当事人。[12]

不过这种潜在解决方法并不适用于所有案件。例如信息披露方如果不信任代表对方的律师，其也不会支持这种做法（此时指定一名保密顾问可能更好）。而且，代表对方当事人的律师也可能反对这种做法，律师会认为这种仅基于"律师视角"的标准可能会使其从自己的客户处获得指示。[13]

---

[11] F. Gurry. Breach of Confidence [M]. Oxford: Oxford University Press, 1984: 463.

[12] 由 E. Min 提及的案件，Resolution of Intellectual Property Disputes Through Arbitration, 442（与作者一起提交的手稿）。

[13] 对此类问题采取的态度往往反映了所涉及法律顾问的国内诉讼传统。因此，虽然在美国诉讼中，通常会签署保护令以限制向外部律师披露，但这不是英国诉讼中的惯例，在英国认为客户中至少应有一个人获取此类信息，以便他们能够正确地指导其外部律师。在知识产权纠纷中有大量的英国判例法，从 Warner Lambert v. Glaxo Laboratories [1975] RPC 354 专利案开始。当然，不仅从披露方的角度来看，而且从接收专有信息的一方的角度来看，在确定谁应该被提名访问该信息时需要特别注意。这是因为这样的个体信息接受者，例如一名科研人员，有被这样的披露影响的风险，以至于可能使他们遭受这样的指控，即他们的后续研究是潜意识里受到他们通过这样的披露所了解到信息的影响。

4. 对保密性义务以及保护性措施的违背和执行

如上文所述，在国际仲裁中，保持某些信息的保密状态或避免对其进行适用的不同义务交织形成的网络开始起效。这些义务存在的必然性决定了我们必须处理对其的违背。下文中将对这一问题进行讨论。

4.1 违约分析中的相关因素

在国际仲裁背景下，如果出现了违反保密义务或不使用某些信息的义务的行为，那么将与以下违约因素有特别的关联性。

4.1.1 违反义务的范围

违约分析的起点是确定所说义务的范围，查明可能的例外以及明确义务人。根据来源，义务的范围也各不相同。例如，在根据WIPO规则的仲裁中，对程序的存在进行披露就有可能构成可诉的违规行为。相反，根据大多数其他仲裁规则和国家法律，这种披露达不到泄密的程度。另一个例子（不考虑可能的道德义务的情况下），虽然当事人的答辩意见被对方当事人的律师泄露出去并未违反WIPO规则或LCIA规则，但这种披露确实触犯了CIETAC规则和DIS规则。

可能的例外也有很多。例如，在英国和法国都承认的默示保密义务中，英国法院会比法国法院允许更多的信息披露。

原则上，所有的仲裁规则都允许仲裁当事人的雇员获悉仲裁中产生的所有文件和证据。就算有保护性指令的情况下，这种获取也可能构成违约。

4.1.2 适用法

以上所说的义务并不存在于法律真空中。即使这些义务具有契约性质，也要根据具体国家的法律进行解释（例如关于救济）。相应地，当存在违约情况时，作出决定的人就要确定相关适用法，这就取决于所违背的义务的来源。如果提交的协议明确规定了保密性义务，那么问题将通过适用规制该协议的法律来解决。

在当事人通过仲裁条款的方式对义务进行明确约定的情况下，违约问题在多数情况下可以根据仲裁协议的适用法解决。[11]

如果当事人通过引用的方式在其提交的协议或仲裁条款中嵌入了对保密性作出规定的机构规则，至少在当事人之间，做法与上述方法相同。

---

[11] 参见 G. Born. International Commercial Arbitration [M]. Hague: Kluwer Law International, 2009: 2272.

在仲裁地法对保密性作出了规定的情况下，在大多数情况下，解决违约问题的适用法为仲裁地法。[15]

最后，对要求国内法院作出的临时措施而言，对该特定问题所适用的法律为相关法院地法。

4.1.3 被披露信息的属性

多数情况下，受到大部分规则和适用法保护的保密性义务保护了当事人私下解决其争议的决定，因此被披露信息的属性通常与确定是否存在违约没有关系（虽然与可获得的救济有关）。基于这种考量，存在保密性义务的前提下，某些信息不具备内在价值的事实（例如，其不构成商业秘密或者技术诀窍）并不能授予对方当事人将其传播到仲裁范围之外的权利。相应地，例如，根据大部分对保密性作出规定的规则、法规和判例法，当事人不能披露答辩意见，即使任何有内在价值的信息被披露。当然，如一些机构规则和法律明文规定的，一般而言，属于公共领域的信息不受保护。[16]

相反，对于"保密俱乐部"或保护性指令的设置，相关信息的属性具有最重要的地位。在很多情况下，当事人可以通过证明相关信息不具有保密性（根据当事人的协议或者保护性指令）来对违反保密条款的主张进行反驳。

4.1.4 违约的种类

对仲裁中不同信息保护义务的违背行为进行考虑也是很重要的。在多数情况下，仅仅是非法披露的表现就可能导致可诉的违约。

尽管如此，特别在知识产权领域，违约行为可能更加微妙，更加难以监督，用下面的例子进行说明。假设在仲裁程序中要求对文件进行披露，A 签订了承诺书，承诺不对 B 披露的专属信息进行使用。然而 C 女士（A 的内部专利代理人，其知晓承诺书的存在）协助参与了仲裁的 A 的上司检查了 B 提交的保密文件。随后，C 女士在为 A 起草专利申请书时下意识地使用了 B 专属信息的一部分。原则上，尽管是无意的，这种对信息的使用也构成对 A 签署的承诺书的违约。[17]

---

[15] 在这方面，有人说，"仲裁和仲裁程序的保密性可以被说成是受仲裁的程序法推定的，通常受仲裁地的程序法管辖。这符合这样一种观点，即保密义务来自于仲裁听证会和相关仲裁程序的隐私"。（G. Born. International Commercial Arbitration [M]. Hague：Kluwer Law International，2009：2271（脚注省略）.）无论如何，有些人可能怀疑，当仲裁地法例如在某些情况下在英格兰认为保密性是实际上隐含的一个术语。

[16] 参见 WIPO 仲裁规则第 74（a）条和 LCIA 规则第 30.1 条，也可参阅 2010 年（苏格兰）仲裁法（表1）第 26 条。

[17] 在作者之一参与的知识产权仲裁中，仲裁庭认为，由于存在潜在的机密信息滥用风险，内部专利代理人不适合访问另一方披露的包含专有信息的文件。

4.2 追究违反保密义务的管辖权和保护措施

确定主张违约的具体时机取决于谁违约以及何时违约。

一般而言，要注意来自仲裁、保护性指令以及"保密俱乐部"的义务具有延续性，直到程序得出结论后依然存在。结果是，违约可以在仲裁程序期间或仲裁程序后发生。

当事人违约的情况下，如果仲裁协议比较宽泛，除非当事人另有约定，违约将通过仲裁解决。在这种情况下，违约发生的时机将决定是否需要成立新的仲裁庭。如果在仲裁程序中得知违约的发生，受害方可以要求处理争议的仲裁庭进行干涉。对于仲裁庭的管辖权结束后才发生或才得知的违约，受害方可以提起新的仲裁程序来获得救济。

如果参与仲裁程序的第三人违反了明文约定的义务（如在获取仲裁文件前签订的保密协议），或者他或她（在某种程度上）接受的义务（例如通过参与到其规则对他或她施加了保密义务的仲裁中，或者对程序性指令的内容默许来论证），被害方仅有的选择就是向国内法院寻求救济。[18] 这就是仲裁契约属性的结果，对这种情况而言，违约出现的时机并无相关性。

4.3 临时救济

受害方会向仲裁庭[19]或国内法院提出临时救济的要求——通常为禁令——来避免或消除对保密信息非法披露或使用造成的不利影响。仲裁庭会根据仲裁规则（适用的）或适用法来发出针对一方当事人的临时禁令。只有国内法院能发出针对第三人的指令。[20]

4.4 长期救济

当出现了违反禁止使用某些信息的义务或保密性义务的行为时，可获得的救济取决于决策者（仲裁庭或者法院）、被披露信息的属性、适用的仲裁规则（如果有的话）以及管辖该问题的法律。以下小节将对一些可能的救济进行讨论。

---

[18] 除非第三方接受禁止进入正在进行的仲裁的要求。如第 8 章第 8.2 条所述，根据大多数仲裁规则和国家法律，仲裁法庭无权命令第三方加入仲裁。因此，新的加入方需要得到仲裁庭和所有当事方的同意。

[19] 在这方面，一位知名评论员曾表示："确实如此……对于仲裁庭来说，发布临时措施以要求遵守保密义务，特别是维护仲裁过程本身的保密义务方面是适当的，而且通常是必要的。" G. Born. International Commercial Arbitration [M]. Hague：Kluwer Law International，2009：2008.

[20] 关于临时措施的讨论，参见第 8 章第 9.2 节。

4.4.1 损害赔偿

当事人可对违反仲裁保密义务提出损害赔偿要求。根据许多司法管辖区中常规的合同义务规则，当事人要想获得损害赔偿应当对保密义务的存在、违约行为的存在以及违约导致的损失进行证明。[120]

例如，法国法院就对违反仲裁保密性义务判定损害赔偿作出了准备。在上文介绍过的1986年G. Aïta诉A. Ojjeh[121]案件中，巴黎上诉法院认为上诉人在错误的法院提起撤销裁决的行为破坏了源自仲裁的保密性，因此判给了异议答辩方损害赔偿。[122]

4.4.2 永久禁令及相似措施

进一步，根据适用法，当事人可以要求仲裁庭下达措施以阻止其他违约行为。如果是英美法系司法管辖区对这个问题进行管辖，原则上，仲裁庭可以作出处以永久禁令的裁决。[123] 在英美法系国家，违反处以禁令的裁决（在得到承认或认可后）会构成藐视法庭罪。尽管如此，如第10章将要说到的，在许多国家（特别是具有法国司法传统的那些国家），不存在民事藐视法庭罪。在没有对藐视法庭罪作出规定的司法管辖区，要求禁令作为裁决的一部分进行执行，通常优选损害赔偿金。

一般而言，拥有法国传统的大陆法系国家，保密义务以"不作为义务"为特征。除非当事人能够"撤销"其违背该义务所做的事，这种违约的救济可以为金钱赔偿。[125] 基于此，如果一国法律是用法国传统对违反保密性进行管辖，有利害关系的当事人可以向相关仲裁庭寻求金钱赔偿。

4.4.3 仲裁协议的无效和废除

在某些情况下，违背保密性义务会影响到整个仲裁协议，甚至导致仲裁协议的无效。[126] 依照一些国家的法律，违约（通常为实质性违约）构成协议无效的理由。[127] 在仲裁背景下，如果存在违背保密义务的情况（特别是实质性违约的情况下），非违约方有权宣告仲裁协议无效。

---

[120] 然而，在许多情况下，损害赔偿并不构成适当的救济方法。因此，根据某些国家法律，例如在一些大陆法国家，当事方可以同意在有关保密的合同安排中加入"违反行为的惩罚"。参见C. Müller, La confidentialité en arbitrage commercial international: un trompel'oeil? On est souvent satisfait d'être trompé par soi-même, ASA Bulletin 23, no. 2 (2005): 216-240。

[121] [1986] 4 Revue de l'Arbitrage, 583-584.

[122] 200000法郎的赔偿损失和20000法郎的费用。

[123] 参见国际预防和解决冲突研究所专利与商业秘密争端非管理仲裁规则第17.6条。

[124] 参见法国民法典1142条和1143条。

[125] 在这方面，通常参见H. Smit. Breach of Confidentiality as a Ground for Avoidance of the Arbitration Agreement [J]. The American Review of International Arbitration, 2000, 11 (4): 567-583.

[126] 例如，法国民法典（决议）第1184条。

鉴于这种救济的严重性，当事人应当在采取行动前考虑多种因素。首先，对仲裁协议的无效将迫使申请人在国家法院提起司法程序。大部分情况下，这只不过会拖慢争议解决的时间，因为，除非启用时效制，仲裁协议的无效并不足以废除申请人在仲裁程序中提出的诉因。

其次，虽然多数情况下适用于仲裁协议有效性的法律即为管辖该协议的法律，但是有的法院会适用其自己的法院地法，[128] 这会进一步增加解决问题的复杂性。

瑞典法院曾在 A. I. Trade Finance Inc. 诉 Bulgarian Foreign Trade Bank（Bulbank）案[129]中讨论过无效性问题。在该案中，斯德哥尔摩城市法院认为损害了仲裁协议的披露行为构成对约束当事人的保密性义务的违约行为。随后，法院宣布仲裁协议无效。瑞典最高法院最终撤销了该无效宣告，理由是根据瑞典法律没有源自仲裁的默示保密义务。因此，如果确实存在这种义务，该判决也没有解决非法披露是否构成实质违约的问题。不过一些评论家认为，在违背了保密性义务的情况下，仲裁协议的无效会构成一种失衡的制裁。[130]

4.5 其他可能的救济

基于适用的规则和法律，仲裁庭或者国内法院可以发出指令，要求违约方实施某种行为或停止某种行为。这些措施包括，例如，要求违约方宣誓将所有违背了相应保密性义务的披露材料交出或销毁，以及禁止违约者在程序中对违约提交或使用的信息进行使用。

---

[128] 例如，瑞典法院在 Bulbank 案中所作的判决。

[129] A. J. van den Berg ed. Yearbook Commercial Arbitration（XXVI）[M]. Hague：Kluwer Law International，2001：291 - 298（Judgment of 27 Oct. 2000）.

[130] 在这方面，市法院的判决受到了批评："毫无疑问，判决过于严厉，1999 年 3 月 30 日 Svea 上诉法院正确地撤销了这一判决。不过，这起事件表明，仲裁程序的保密性不应被轻视。" E. Gaillard, J. Savage. Fouchard Gaillard Goldman on International Commercial Arbitration [M]. Hague：Kluwer International，1999：774 - 775.

第 *10* 章
仲裁裁决的作出、撤销、承认和执行

1. 介　　绍

　　国际仲裁的裁决性意味着仲裁员就像法官一样，本质上是决策者。当事人雇用仲裁员的服务，目的是通过有约束力的决定为其争议画上一个句号。

　　一般来说，仲裁庭会根据待处理问题的属性通过裁决或命令（后者通常称为指令或程序性决定）的方式对当事人之间的争议作出决定。"裁决"一词确定的是解决当事人之间实体问题的仲裁决定。另一方面，如"命令"或"指令"的用语是用于表示对程序性或管理型问题的仲裁决定。更重要的是，在主要司法管辖区的案例法中还保留着对"指令"或"裁决"标签的使用，根据其属性用于区分非结论性决定。❶

　　在国际仲裁中，区分裁决和程序性指令是至关重要的。只有仲裁裁决，才能根据《纽约公约》在海外得到承认和执行。而且，在多数司法管辖区，当事人只能针对裁决发起撤销行动。如下文所述，根据国际仲裁实践经验，裁决应当书面作出，并且包括说理。

　　进一步说，只有仲裁庭能作出裁决。因此，（例如程序所在地相关的，或指定仲裁员相关的）仲裁机构作出的决定并不能构成裁决。

　　仲裁裁决通过对相关请求和答辩作出（全部或部分的）决定而使仲裁庭

---

❶ 参见 Brasoil v. GMRA, A. J. van den Berg (ed.), Yearbook Commercial Arbitration, vol. XXIVa (The Hague: Kluwer Law International, 1999), 296 (Paris Cour d'appel); Resort Condominiums International Inc., v. Bolwell, A. J. van den Berg (ed.), Yearbook Commercial Arbitration, vol. XX (The Hague: Kluwer Law International, 1995), 628 (Queensland, 1993) and Publicis Communications and Publicis S. A. v. True North Communications Inc., A. J. van den Berg (ed.), Yearbook Commercial Arbitration, vol. XXV (The Hague: Kluwer Law International, 2000), 1152 (United States, 7th Circuit).

的裁决过程告终。裁决是仲裁程序的"最终产物",也是仲裁庭作出的最重要的"文件"。如果败诉方没有主动遵守裁决,胜诉方只能在仲裁地或其他地点申请执行裁决。如果裁决有缺陷或者来自非常规程序,仲裁地法院可以撤销该裁决,或者其他地方的法院可以拒绝承认和执行该裁决。

本章将探讨四个主题,包括(a)国际仲裁裁决的作出、内容和特点;(b)针对仲裁裁决发起的撤销行动;(c)(特别是根据《纽约公约》)对仲裁裁决的国际承认和执行;以及(d)某些非金钱救济的执行导致的潜在问题。虽然本章的主要内容对大多数国际商事仲裁而言是一般的,但对知识产权争议引起的具体问题应特别注意。

2. 国际仲裁裁决

以下小节将对国际仲裁最重要的方面进行讨论,包括裁决的类型、与作出裁决相关的决策过程、仲裁裁决的正式格式和内容及其效力。

2.1 裁决的类型

仲裁庭、机构规则以及国内法律使用许多术语对不同类型的仲裁裁决进行区分,但没有达成统一。这些术语包括最终裁决、部分裁决、临时裁决、缺席裁决和合意裁决等。

2.1.1 最终裁决

实际上,在谈到仲裁裁决时,"最终"一词可以用来表达不同的含义。有时,该词用于确定解决了所有请求的仲裁庭决定,或者如果在已经作出部分裁决后,仲裁庭解决了争议中剩余所有请求的仲裁庭决定。因此从这个意义上来说,对当事人发出"最终裁决"终止了仲裁庭解决相关争议的管辖权。此时,仲裁庭完成了其使命(即通常所说的"履职期满")。UNCITRAL 示范法❷和许多仲裁规则就是在这种意义上使用"最终裁决"一词的。❸

在其他情况下,"最终"一词可以意味着由仲裁庭作出的决定具有排他性效力。从这个意义上来说,仲裁庭在仲裁进行过程中作出的几乎所有裁决(包括临时裁决和部分裁决)都是最终的。

一方面,由于"最终"一词的多种含义,另一方面,由于目前的一种趋势,即将问题划分为几块,通过不同裁决分别解决,仲裁庭在使用"最终裁

---

❷ 参见 UNCITRAL 示范法第 32(1)条。
❸ 参见 WIPO 仲裁规则第 63 条,ICC 规则第 24 条和 LCIA 规则第 27(3)条。

决"时要特别注意。例如，假设当事人要求仲裁庭用不同的裁决解决涉案知识产权的无效性问题和侵权问题。如果同时作出这些裁决，那么将很难区分到底哪一份裁决才是最终的。在这种情况下，仲裁庭要么应将所有决定都简单称为"裁决"，要么在名称中简述这些决定的内容（例如"针对所主张知识产权的有效性的裁决""关于责任划分的裁决"）。

2.1.2 部分裁决

部分裁决是指仲裁庭仅对争议的某部分请求进行最终解决的决定。令人困惑的是，"临时裁决"有时与"部分裁决"是同义词。为了避免误解，"临时裁决"最好应当用于确定仲裁庭作出的初步决定，使其能接受随后的复审（即"中间裁决"）。

部分裁决在涉及其处理的请求上具有与最终裁决相同的效力。根据很多机构规则，明文允许仲裁庭作出这种类型的裁决。❹ 即使没有相关明文条款，一般也认为仲裁庭有权作出部分裁决。❺

在知识产权背景下，部分裁决的使用具有突出的优势。例如，如果担心涉案知识产权的无效性问题在需要承认的裁决的国家引起不可仲裁性或公共政策的异议，当事人可以要求仲裁庭在不同的裁决中对无效性问题和责任问题分别进行解决。如果申请人在仲裁中胜诉了，只有关于责任的裁决才需要执行。而且，在面对潜在的执行性问题时，对于涉及在不同国家的相同知识产权的情况，知识产权持有者可以要求仲裁庭作出部分裁决对在每个国家的权利进行分别处理。

一般而言，部分裁决的作出适于仲裁程序的划分或分步操作联系在一起的情况。如前文所述，如果具体问题存在内在的联系，将争议划分处理并不具有可行性。❻

2.1.3 中间裁决

"中间裁决"或"临时裁决"（适当的）解决的是仲裁庭随后会复审的特别要求。对临时救济发出的裁决通常被认为是中间裁决。

由于中间裁决实质上可以由仲裁庭修改，因此一些司法体系不仅不允许针对中间裁决提起撤销行动，也不会接受基于仲裁裁决提起的承认和执行

---

❹ 参见 WIPO 仲裁规则第 62（a）条、ICC 规则第 2（iii）条和 LCIA 规则第 26（7）条。
❺ G. Born. International Commercial Arbitration [M]. Hague：Kluwer Law International，2009：2431.
❻ 见第 8 章第 2.3 节。

请求。❼

对于通过国际仲裁解决的知识产权争议来说,作出中间裁决并不罕见,而且确实有突出的优势。例如,在本书作者作为仲裁员的一个仲裁案中,在程序开始,当事人就要求仲裁庭作出对涉案专利进行解释的决定。当事人认为这种裁决能够有助于确定争议焦点,并且缩小争议范围。然而在程序开始就作出部分裁决(而且是排他性的)有在涉案知识产权的解释上预断当事人最终立场的风险。因此,在当事人默许的情况下,仲裁庭在临时(无约束力)的基础上对涉案专利的解释作出了决定。

2.1.4 缺席裁决

如第8章中讨论过的,在多数情况下,如果当事人未能参加仲裁程序,并不会解除对方当事人答辩和证明的义务。基于此,在被申请人缺席的情况下作出的仲裁裁决与所有当事人都参加的裁决并无不同。需要注意的是,仲裁庭需要在裁决的案由部分对其采取的措施进行解释,包括为确保缺席当事人意识到程序进展,以及如果其选择参与仲裁的话将处于何种状态的措施。

2.1.5 合意裁决

合意裁决本质上并不是仲裁裁决,因其并不包含仲裁庭针对争议所作的决定。实际上,这种裁决将当事人的和解以仲裁裁决的形式表现出来。一些机构规则明文授予仲裁庭作出这种裁决的权力。WIPO仲裁规则第65(b)条❽(译者注:2014年版第67(b)条)对此规定:

> "当事人在裁决作出前就争议达成和解的,仲裁庭应当终止仲裁,并在当事人共同提出申请时,将和解以合意裁决的形式作成记录。仲裁庭无须对合意裁决说明理由。"❾

当事人通常要求仲裁庭作出合意裁决是为了依据《纽约公约》的机制执行合意条款。不过《纽约公约》并没有对这种裁决进行规定,而且对根据《纽约公约》而作的合意裁决进行承认的司法判决似乎也从未报道过。

---

❼ 显然,澳大利亚、奥地利和德国的情况也是如此。(参见 G. Born. International Commercial Arbitration [M]. Hague: Kluwer Law International, 2009: 2435.)

❽ 类似地,参见 ICC 规则第26条和 LCIA 规则第26(8)条。

❾ 例如,WIPO 在涉及艺人推广争议的仲裁中就使用了这一条款。在该案中,在双方同意的情况下,仲裁庭发表了一份初步评估报告,鼓励双方恢复在较早阶段试图进行的和解谈判。双方达成和解,并要求法庭作出和解裁决,并纳入双方的和解协议。参见 WIPO 仲裁案例 No. A10(www.wipo.int/amc/en/arbitration/case-example.html), 11 Jun. 2010.

尽管是这种情况，UNCITRAL 示范法第 30（2）条依然规定了合意裁决"拥有与其他针对实体问题的裁决相同的地位和效力"。如果这样的话，似乎示范法国家的法院应该倾向于承认和执行合意裁决。❿

2.2 决策过程

2.2.1 独任仲裁、多人仲裁及审议

一般来说，仲裁庭在裁决一个案件时要根据适用的法律或法规来考虑当事人的答辩意见以及在案证据。如果当事人（一般都）认为仲裁庭是作为友好公断人或依公约善良原则对案件进行裁决，那么他们可以不用要求仲裁庭根据适用的法律（或法规）解决争议。⓫

仲裁庭由独任仲裁员构成时，对涉案争议作出决定是仲裁员的一种内在的努力。当仲裁庭由几个成员组成时，决策过程往往需要对争议实体问题的观点进行交流（"审议过程"）。依照多数仲裁规则和仲裁法，审议过程是保密的。⓬

虽然大多数的机构规则和国内法律都没有明文要求仲裁员进行审议过程，但是通常认为未经审议的裁决易被撤销，还会因程序性理由而得不到承认。⓭ 尽管如此，在多数情况下，如果一名仲裁员有机会参加而未能参加审议，也不会引起程序公平问题。

仲裁员未参加审议的行为有可能引起对如某些机构规则中规定的缺员仲裁庭条款的适用。⓮ 对此，LCIA 规则第 26.2 条关于裁决的作出部分作出了具体规定：

如果任何仲裁员有合理的机会遵守，却未能遵守涉及适用法关于作裁决的强制规定，剩余仲裁员可在其缺席的情况下进行程序，并在作出的裁决中说明其他仲裁员未能参加裁决作出环节的情况。

审议过程一般是非正式的。该过程通常根据案件的具体特点（如复杂性、涉案请求的个数以及证据的数量）和相关可操作性（如仲裁员是否能在作出

---

❿ 在这方面，参见 E. Gaillard, J. Savage. Fouchard Gaillard Goldman on International Commercial Arbitration [M]. Hague：Kluwer Law International, 1999：745-746. 也可参见 G. Born. International Commercial Arbitration [M]. Hague：Kluwer Law International, 2009：2439.（"更好的观点是，就仲裁当事方的权利而言，和解裁决应被视为《纽约公约》所指的裁决。"）

⓫ 许多制度规则设想了这种可能性，例如参见 WIPO 仲裁规则第 59（a）条。

⓬ 关于机构规则和国内法律下审议的保密性，见第 9 章第 2 节。

⓭ 参见 E. Gaillard, J. Savage. Fouchard Gaillard Goldman on International Commercial Arbitration [M]. Hague：Kluwer Law International, 1999：746-747. 也可参见 G. Born. International Commercial Arbitration [M]. Hague：Kluwer Law International, 2009：1869, n. 651.

⓮ 例如参见 WIPO 仲裁规则第 35 条和 ICC 规则第 12（5）条。也可参见第 7 章第 7 节。

裁决前面谈）来进行。仲裁员可以面谈审议，也可以通过电话或者网络进行审议。他们可以书面交换审议观点，例如使用邮件或传真发送草拟裁决、调查表以及问题单的方式进行。[15]

在实践中，考虑到许多参与国际仲裁的仲裁员是在不同的国家，仲裁庭通常会在证据听证会（或者最后一场针对实质问题的庭审）结束后马上碰头进行讨论。仲裁员对问题的印象还很清晰时进行碰面讨论通常有利于决定的作出。

鉴于有许多既存在区别又相互联系的问题，对一些知识产权争议的审议相当有挑战性。例如，在提起仲裁的专利争议中，仲裁庭可能需要解决违约、侵权、损害赔偿以及（有时）涉案知识产权的无效等问题。如果主张了无效请求，仲裁庭就需要处理涉及无效答辩或者反诉的每一个具体理由，例如包括，根据一些引用的"现有技术"的显而易见性（即缺乏创造性）。如果不同国家的相同知识产权同时涉案，将大大增加案件的复杂性。对于这种复杂案件，仲裁庭审议的主要部分一般是书面进行的。

2.2.2 一致裁决、多数裁决和首席仲裁员裁决

多人仲裁庭的大多数仲裁员的目的都是得到一致裁决，而且，败诉方不大会对这种裁决提出异议或者拒绝承认和执行。[16]

但是根据具体案件，要获得这种结果多少比较复杂。有时，所有仲裁员在程序早期就能对结果达成一致意见。而在一些情况下，审议类似于对争议的结果进行"谈判"。[17]在实践中，如果所有仲裁员都对争议结果达成一致，将由其中一名仲裁员（通常为首席仲裁员）为最后回顾草拟一份裁决并且由仲裁庭的其他成员签署。

不过有时，仲裁员无法达成一致意见。在大多数情况下，仲裁庭没有作出一致裁决的义务。许多机构规则和国内法律允许基于多数人的意见作出裁决。如WIPO仲裁规则第61条（译者注：2014年版第63条）的第一句话规定的"除非当事人另有约定，仲裁员有一名以上的，仲裁庭的任何裁决、命令或其

---

[15] 例如，瑞士联邦法院认为"通过在仲裁员中分发草案而作出的裁决符合审议的要求"。（E. Gaillard, J. Savage. Fouchard Gaillard Goldman on International Commercial Arbitration [M]. Hague: Kluwer Law International, 1999: 749.）

[16] 在这方面，有人指出，"意见一致的判决在自愿基础上比有异议的仲裁员更容易执行，而且无疑有助于国内法院承认和执行裁决"。（W. Craig, W. Park, J. Paulsson. International Chamber of Commerce Arbitration [M]. 3版. New York: Oceana Publications, 2000: 368 - 369.）

[17] G. Born. International Commercial Arbitration [M]. Hague: Kluwer Law International, 2009: 1870.

第 10 章　仲裁裁决的作出、撤销、承认和执行

他决定应当由多数作出。"⓲

在每个仲裁员的意见都不相同的情况下，有些机构规则和国家法律允许仅根据首席仲裁员的意见作出裁决。如 WIPO 仲裁规则第 61 条（译者注：2014 年版第 63 条）的第二句话规定的"未形成多数（意见）的，裁决、命令或其他决定由首席仲裁员按照只有独任仲裁员的情况作出。"⓳

由于在知识产权仲裁中可能的问题多样性，确实会造成这样的情况，即每名仲裁员都不能完全同意其他人关于结果的意见。举个例子，在某案件中，仲裁员 A 认为所主张的知识产权有效且被侵权了，并且准备签发永久禁令。仲裁员 B（首席仲裁员）也认为所主张的知识产权有效且被侵权了，但认为请求方无权拥有永久禁令，而应该享受损害赔偿。最后，仲裁员 C 认为该知识产权是无效的，但如果有效，被申请人的行为就会对涉案知识产权造成侵权。在这种情况下，根据允许首席仲裁员按照独任仲裁员的情况作出裁决的法律法规，仲裁员 B 将决定案件的结果。

虽然首席仲裁员作出的裁决并不一定会引起程序不公的问题，但作为后见之明，胜诉方有理由担心败诉方可能会针对裁决提出异议。为了缓和这种担忧，可能的措施之一是当事人事先约定如果没有达成一致意见，独立的"问题"（相对于作为整体的问题）可以由多数人投票解决或者由首席仲裁员解决。⓴ 在以上假设情形中，仲裁员 A 和 B 在有效性和侵权问题上是持一致意见的。因此，如果采用问题导向方法，仲裁庭在侵权问题上意见是一致的，在有效性问题上是多数意见。

2.2.3　独立意见和不同意见

根据机构规则和仲裁法，仲裁裁决不需要达成一致意见的事实会导致产生独立意见和不同意见的可能。如果一名仲裁员主要同意裁决中决定性的部分，但是不同裁决中的说理和分析，该仲裁员可以起草一份独立意见或协同意见，在其中阐述其不同观点。相反，如果一名仲裁员不同意仲裁的结果，他或她可以撰写一份不同意见，对其反对意见进行解释。

一般来说，独立意见和不同意见是英美法的一种技巧，并在某种程度上反

⓲　类似地，参见 ICC 规则第 25（1）条和 LCIA 规则第 26（3）条。也可参见 UNCITRAL 示范法第 29 条、1996 年英国仲裁法第 52（3）条、法国新民事诉讼法典第 1470 条和瑞士国际私法第 189（2）条。

⓳　类似地，参见 ICC 规则第 25（1）条和 LCIA 规则第 26.3 条。也可参见 1996 年英国仲裁法第 20（4）条和瑞士国际私法第 189（2）条。

⓴　LCIA 规则第 26.3 条采取的方式是："当有 3 名仲裁员，仲裁庭没有就任何问题达成一致意见的，由仲裁员以多数票作出裁定。仲裁庭对任何问题无法作出多数裁定的，由仲裁庭庭长裁定。"

映在国际商事仲裁中。而一些大陆法作者认为这种观点会损害到仲裁庭审议的保密性。[21] 不过这种观点并不准确，因为它错误地预设独立意见或者不同意见的部分特质就是对审议的披露。[22]

主要由于其会损害裁决的可执行性，确实存在关于书面不同意见的便利性或适当性的争议。尽管如此，仲裁员也会因真正的顾虑而使其作出不同意见；例如，他或她可能认为仲裁庭在作出决定时完全罔顾证据和适用法。[23]

涉及知识产权仲裁的某些情况会让仲裁员不得不写下不同意见。正如本书其他部分曾说过的，只有很小一部分机构规则和仲裁法对仲裁当事人提出保密性义务。[24] 假设在非保密仲裁的情况下，大多数仲裁员认为所主张的知识产权在当事人内部无效或者无法对抗被申请人。假设持有不同意见的仲裁员认为这种主张完全错误。在这种请求下，为了对抗向第三方披露裁决的潜在负面效果（例如申请人的被许可方），持不同意见的仲裁员会倾向于书面提交不同意见。

考虑到不同意见可能引起的潜在负面影响，总的来说，仲裁员要撰写这种意见，最安全的做法是仅仅在决定完全错误而且可能严重损害一方当事人的知识产权时。

2.3 裁决的正式格式

以下小节将介绍仲裁裁决的一些正式格式，包括一些机构规则或仲裁法规定的要求，以及国际仲裁实践中仲裁裁决的"常规"内容。

2.3.1 大多数法律法规中的要求

2.3.1.1 一般要求

多数机构规则和仲裁法对仲裁裁决进行了正式的要求，这些要求都比较类似。对此，WIPO 仲裁规则第 62（b）至（d）条（译者注：2014 年版第 64（b）至（d）条）规定：

---

[21] 有关这个问题的不同观点的讨论，请参见 E. Gaillard, J. Savage. Fouchard Gaillard Goldman on International Commercial Arbitration [M]. Hague: Kluwer Law International, 1999: 765.

[22] 拒绝这些针对不同的批评的意见，请参阅 G. Born. International Commercial Arbitration [M]. Hague: Kluwer Law International, 2009: 2467; E. Gaillard, J. Savage. Fouchard Gaillard Goldman on International Commercial Arbitration [M]. Hague: Kluwer Law International, 1999: 765.

[23] G. Born. International Commercial Arbitration [M]. Hague: Kluwer Law International, 2009: 2469.

[24] 参见第 9 章第 2.3 节。

第 10 章 仲裁裁决的作出、撤销、承认和执行

> "（b）裁决应当以书面作出，写明作出裁决的日期以及依照第 38（a）条确定的仲裁地。
>
> （c）裁决应当写明所依据的理由，但当事人约定不写明理由而且适用于仲裁的法律不要求写明理由的除外。
>
> （d）裁决应当由仲裁员署名。裁决由多数仲裁员署名即可，有第 63 条第二句所述情形的，由首席仲裁员署名即可。仲裁员未署名的，裁决应当说明未署名的理由。"

UNCITRAL 示范法第 31 条作出了基本相同的要求。

下文将详细介绍裁决的一些形式要件和内容。

2.3.1.2 裁决作出日

裁决必须有日期。然而，裁决必须包括日期的实际重要性根据相关仲裁的程序框架的不同而不同。如果当事人的协议、规则或者仲裁地法对作出决定的时间限制作出了规定，那么对这些要求的遵守决定了裁决上必须有裁决作出日（不是当事人收到日）。[25]

依据一些仲裁法，败诉方对裁决提起撤销程序的日期从裁决作出日起算（而不是当事人收到裁决的日期起算）。[26]

2.3.1.3 裁决作出地

裁决作出地通常为仲裁程序所在地。在当前国际仲裁实践中，仲裁员在签发裁决时并不需要身处仲裁程序所在地的领域内。而且 WIPO 仲裁规则同其他主要机构规则和仲裁法一样，都规定了裁决应在仲裁程序所在地作出。[27] 即使仲裁的规范性框架没有在这方面作出特别规定，目前的主流观点认为仲裁员签署裁决的物理地点并不能用于确定裁决的"国籍"。[28]

2.3.1.4 理由

大多数机构规则和仲裁法都要求仲裁庭在裁决中提供理由。然而，在大多数情况下，当事人可以明文规定或者通过合同的方式去除对说理的要求。[29] 换

---

[25] 参见 WIPO 仲裁规则第 63（a）条。

[26] 例如，根据 1996 年英国仲裁法第 70（3）条，"（针对裁决的）任何申请或上诉必须在裁决之日起 28 天内提出"。

[27] WIPO 仲裁规则第 39（c）条，也可参见 ICC 规则第 25（3）条和第 26（1）条、AAA/ICDR 规则第 27（3）条、UNCITRAL 示范法第 31（3）条和 1996 年英国仲裁法第 53 条。

[28] 参见 G. Born. International Commercial Arbitration [M]. Hague：Kluwer Law International, 2009：2448.

[29] WIPO 仲裁规则第 62（c）条和 UNCITRAL 示范法第 31（2）条是这种方法的代表。

句话说，说理的裁决构成一种默认规则。而美国是唯一一个默认规则是仲裁庭允许作出非说理裁决的主要司法管辖区。[30]

在涉及知识产权的情况下，一些评论家提出，作出非说理性裁决是用于保护程序过程中披露的保密信息的一种措施。[31] 然而非说理性裁决在国家法院之前，通常以公共政策为理由对其提出的不执行异议很可能会成功。[32] 因此，用非说理性裁决保护保密信息是下策。仲裁庭最好应在其作出的仲裁裁决中避免使用可能拥有内在价值的信息（例如商业秘密或者专属技术诀窍）。如果仲裁庭在说理时必然导致对保密信息进行讨论，那么仲裁庭可以将这些内容放在一份单独的声明性裁决中，这份裁决在撤销或承认和执行程序中不需披露。[33]

2.3.1.5 签署

根据大多数机构规则和仲裁法，独任仲裁员必须在裁决上签名。相反，多人仲裁庭作出的裁决只需要多数仲裁员或者首席仲裁员签名。这可以避免不想签署裁决的仲裁员造成的混乱。

2.3.2 实践中裁决的内容

仲裁裁决的内容和结构在实践中各有不同。这取决于争议的特征（例如要解决的问题、请求的数量、答辩意见和反请求）和仲裁员的背景（例如培训、法律传统和经验）。不过对于裁决的基本内容，国际实践有一定程度的一致性。[34] 虽然结构不同，但大多数解决所有或主要争议问题的仲裁裁决包括以下几个方面：[35]

——当事人及其代理人的身份。
——仲裁的背景，包括导致争议的因素。

---

[30] 不过，这种做法受到了批评："美国国内的做法与当代国际观点不一致，不应适用于国际仲裁（包括美国国内的国际仲裁）。" G. Born. International Commercial Arbitration [M]. Hague：Kluwer Law International, 2009：2457.

[31] C. Baldwin. Protecting Confidential and Proprietary Information in International Arbitration [J]. Texas International Law Journal, 1996 (31)：488.

[32] 例如，可参阅 Mut. Shipping Corporation v. Bayshore Shipping Co, the Montan [1985] 1 Lloyd's Rep. 189. 也可参见 Abati Legnami S. p. A. v. Fritz Häupl in A. J. van den Berg, Yearbook Commercial Arbitration, vol. XVII (The Hague：Kluwer Law International, 1992), 529–533 (Italian Corte de Cassazione).

[33] 参见第9章第2.7节。

[34] 对于哪些不构成裁决的部分内容，也有某种程度的一致意见；例如，异议、独立或一致的意见不构成裁决的一部分。

[35] 参见 J. Lew, L. Mistelis, S. Kroll. Comparative International Commercial Arbitration [M]. Hague：Kluwer International, 2003：644.

——仲裁庭管辖权的基础。

——对程序的叙述("程序性历史"部分)。

——对当事人的立场、请求和救济请求进行简述。

——仲裁庭决定中所要解决的问题。

——仲裁庭对所要解决的问题进行一一分析(除非如前所述,当事人不要求进行"说理")。

——仲裁庭对问题作出的决定。

——对费用的决定(除非将该问题留到随后的决定中处理)。

2.4 裁决中的救济

2.4.1 总体特征

大多数最终决定包括仲裁庭对程序中主张的永久救济作出的决定。这种救济的可用性首先取决于当事人之间的约定,这种约定能够确定在发生争议的情况下获得救济的空间。而造成的结果是仲裁庭在给予救济时拥有的权力可能比国内法院还大。因此对仲裁庭的这种权力有一些限制——根据大多数国家的法律,原则是仲裁庭不能作出刑事制裁。

如果当事人没有约定,仲裁庭应当依照适用法考虑可用的救济。在大陆法国家,救济被视为实质性问题。[36] 历史上,在英美法国家,救济被认为是程序性问题。[37] 在一些大陆法国家,程序所在地法律或者机构规则确实可能提供了关于该问题的具体条款。[38] 为了避免复杂的法律选择问题,建议最好将国际仲裁中的救济作为实质问题进行处理。[39]

如前文所述,大量仲裁条款同时涵盖了源自或涉及相关合同的合同性争议及侵权争议。事实上一些涉及知识产权的争议同时包含合同性请求和侵权请求。

根据知识产权争议的规范性框架,对于合同性和侵权问题,仲裁庭可以判定一系列救济,包括:(a)经济赔偿;(b)利息;(c)要求当事人进行什么活动,或者禁止当事人从事什么活动;(d)声明性救济(例如存在对涉案知

---

[36][37] G. Born. International Commercial Arbitration [M]. Hague:Kluwer Law International,2009:2150.

[38] 例如参见1996年英国仲裁法第48条和AAA仲裁规则第43(a)条。

[39] G. Born. International Commercial Arbitration [M]. Hague:Kluwer Law International,2009:2150.

识产权的损害、涉案知识产权的无效性，以及对涉案知识产权侵权或不侵权）；(e) 惩罚性赔偿以及其他惩罚（例如逾期罚款）；(f) 相关合同的无效、解除和终止；(g) 相关合同的改写和填补漏洞；以及 (h) 诉讼费。

以下小节将进一步详细讨论救济（a）至（e），其与知识产权争议相关性更大。费用的裁决将在第 2.5 节中进行讨论。

2.4.2 经济赔偿

经济赔偿是国际商事仲裁中最受欢迎的救济。虽然仲裁的国际框架（包括《纽约公约》）没有排除其他形式的救济，但是这个框架主要就是为了方便承认和执行损害赔偿而设计的。因此，这种类型的救济（本身）不会在涉及知识产权的国际仲裁中引起问题，也不会在仲裁庭或者在承认和执行层面上引起问题。

从实体法律的角度看，管辖救济问题的法律并不总是中立的。例如，一些国家的法律允许以侵害方获利数额来计算赔偿金额，通常如知识产权的"权利"在被非法利用的时候。[10] 在大多数大陆法国家，这个数额将远超过损害的赔偿性质。而受害方可以根据不当得利原则要求对这些利润进行追缴。[11]

正如作者解释过的，当事人有权在其仲裁协议中对涉及救济的问题进行设计。因此对于某争议，管辖该争议的法律并没有对合同性争议中的利润追缴进行规定，当事人可以约定对合同的损害可以自动授予被害方追缴所有侵害方所得利润的权利。

2.4.3 利　息

在现代国际仲裁实践中，裁定支付利息总数是一种普遍做法。仲裁庭准予支付利息及其金额的权力取决于当事人的约定（明文或包含在适用的机构规则中）或者适用法。

大多数机构规则并没有对利息进行规定的条款。WIPO 仲裁规则和 LCIA 规则是例外，并进行了具体的规定。[12] WIPO 仲裁规则第 60（b）条（译者注：2014 年版第 62（b）条）规定：

"仲裁庭可以裁定当事人为其被裁定支付的金额支付单利或复利。仲裁庭在确定利息时，可以采用其认为适当的利率，不受法定利率的约束，并可以确定应计利息的期间。"

---

[10] 参见 S. Smith. Atiyah's Introduction to the Law of Contract [M]. 6 版. Oxford: Clarendon Press, 2005: 415.

[11] 参见 K. Zweigert, H. Kotz. An Introduction to Comparative Law [M]. 3 版. Oxford: Clarendon Press, 1998: 538–551.

[12] WIPO 仲裁规则第 60（b）条和 LCIA 规则第 26（6）条。

如果没有约定，仲裁庭准予支付利息的权力取决于适用法。然而，确定适用于利息的法律会引起一些困难，因为一些国家法律将利息问题视为实质性问题（大陆法司法管辖区），而其他一些国家将其视为程序性问题（英美法系司法管辖区）。❸ 在实践中，由仲裁庭考虑这个问题是不是实质性问题。❹

2.4.4　命令或禁止从事某种活动，强制履行

正如作者解释过的，在大多数提起仲裁的争议中，当事人寻求的是经济赔偿。对提起仲裁的知识产权争议而言也不例外，但是对某些知识产权案件而言，获得强制当事人做什么或者禁止当事人做什么的命令可能是至关重要的。而且，对一些具体情况，执行这种措施也会有困难。鉴于这些原因，以下小节和本章最后一个小节将主要探讨这种救济。

2.4.4.1　英美法和大陆法

英美法和大陆法国家的法院（以及根据适用法、仲裁庭）都有权命令当事人不做什么或者对合同和侵权争议做什么。

在英美法国家，这种命令通常称之为禁令，并且构成"衡平法上的救济"。❺ 禁令可以是禁止性的，也可以是强制性的。前者用于停止或阻止某些不制止就会重复的行为。❻ 责令被告（或者知识产权仲裁中的仲裁被诉方）停止对某知识产权的侵权行为就是禁止性禁令的典型例子。而强制性禁令是命令被告（或者仲裁被申请人）实施某一行为，例如拆除建在别人地盘上的篱笆或者撤销某事。❼ 关于禁令的效力，可以是永久的，也可以是临时的。作出的永久或无限期禁令（通常在最终裁决中）作为明确的救济，临时禁令实质是双向的，而且是在条文性基础上作出的。

对于合同性争议，依照许多英美法国家的法律，法院（以及仲裁庭）可以命令对合同义务进行强制履行（即实质履行或按规定履行）。从强制履行要求做某事的意义上来说，它也是一种禁令。❽ 依照许多英美法国家的法律，强制履行的作出需要满足严格的要求，因而对大多数类型的案件来说，强制履行

---

❸ A. Redfern, M. Hunter. Law and Practice of International Commercial Arbitration [M]. 4版. London: Sweet and Maxwell, 2004: 466.

❹ G. Born. International Commercial Arbitration [M]. Hague: Kluwer Law International, 2009: 2505–2506.

❺ 这意味着在大多数情况下，这些救济措施的批准取决于法院（或仲裁庭）的酌处权。例如，根据大多数大陆法国家的法律，如果禁令是强迫性的，禁令将不会被批准。

❻❼ 参见 S. Deakin, A. Johnston, B. Markesinis. Markesinis and Deakin's Tort Law [M]. 6版. Oxford: Clarendon Press, 2008: 1030.

❽ G. Hazard, M. Taruffo. American Civil Procedure [M]. New Haven: Yale University Press, 1993: 199.

是很少出现的。[19] 因此在英美法国家，经济赔偿构成合同违约的主要救济形式。

此外，如果合同中包含不能做什么的义务，违背这种义务就会受到禁令的约束。在这种情况下，除非认为对败诉方不公，提出禁令则是理所应当的。[20]

在大多数英美法国家，不遵守禁令和强制履行的命令将以藐视法庭罪受到惩罚（将在本章第5节进行讨论）。

而根据许多大陆法国家的法律，对于侵权和合同性问题，法院（以及仲裁庭）都可以发出针对某行为的禁令，有时还可以命令当事人从事某种行为。根据大多数大陆法国家的法律，对于合同性争议的主要救济是实质履行或强制履行。[21] 而且，在大陆法国家，强制履行的作出并不受制于法律提出的严格要求，因此可自由作出这种救济。[22]

在许多遵循法国传统的大陆法国家，对于违反命令的行为并没有藐视法庭罪（这一问题将在本章第5节进行详细阐述）。

2.4.4.2 仲裁行为

原则上，根据适用法，仲裁庭有权命令当事人做什么或者禁止当事人做什么。正如前文解释过的，救济问题通常被视为实质性问题，原则上受准据法（即管辖相关合同的法律）管辖。基于此，大多数机构规则和仲裁法都没有对救济作出规定。1996年英国仲裁法是一个例外，其第48（5）条明文授予仲裁庭"命令当事人做或不做任何事"的权力以及"命令对合同（除了涉及土地的合同）强制履行"的权力。

下文将要说到，对提起仲裁的知识产权争议，仲裁庭有时会裁定责令当事人做什么、不做什么或者依规履行合同。

例如，2010年涉及对保密信息和专属技术非法使用的SIAC仲裁中，仲裁庭发出一份永久禁令，禁止被申请人在除中国以外的所有国家使用申请人的技

---

[19] 具体执行是一种公平的救济办法，即大陆法国家的法院只在金钱赔偿不足的情况下才给予补偿。此外，作为一项公平的救济办法，作出具体执行的命令须由法院酌情裁定。最后，有些合同是不能通过具体履行来执行的；例如，涉及个人服务的合同和需要经常监督的合同。参见 K. Zweigert, H. Kotz. An Introduction to Comparative Law [M]. 3版. Oxford: Clarendon Press, 1998: 479-482. 关于英国法律下的具体履行的讨论，参见 E. Peel. Treitel on the Law of Contract [M]. 12版. London: Sweet and Maxwell, 2007: 1100-1123.

[20] E. Peel. Treitel on the Law of Contract [M]. 12版. London: Sweet and Maxwell, 2007: 1123.

[21] 参见 K. Zweigert, H. Kotz. An Introduction to Comparative Law [M]. 3版. Oxford: Clarendon Press, 1998: 479.

[22] 在大陆法系国家，衡平法上的救济与法律上的救济之间没有区别，这意味着在许多情况下，法院（和仲裁庭）没有拒绝给予具体执行或禁令救济的裁量权。

第10章 仲裁裁决的作出、撤销、承认和执行

术。由于被申请人在中国非法使用了申请人的技术，因此认为造成了实质损害。仲裁庭显然考虑到由于没有证据证明这项技术在中国以外得以使用，因此作出了长期禁令的决定而不是损害赔偿。㊹

ICC 在 2005 年作出决定的一个仲裁案中，仲裁庭是在法国，除了裁定损害赔偿，仲裁庭还对被申请人（Liv Hidravlika D. O. O，一家斯洛文尼亚公司）施以未经申请人（S. A. Diebolt，一家法国企业）允许不得使用某项专利的禁令。此外，仲裁庭还设置了每违背一次禁令处 2000 欧元罚款的民事处罚措施（违约罚款）。败诉的被申请人以不可仲裁性和违法合法程序为理由在巴黎上诉法院提起的宣告裁决无效的诉讼未能成功。㊺

在更早的一些案件中，仲裁庭也针对知识产权争议作出过永久禁令。例如在 Kamakazi Music Corp. 诉 Robbins Music Corporation 案㊻中，美国第二上诉巡回法院驳回了针对裁决的上诉，该裁决对被申请人施加了永久禁令。这个争议来自于一份签订于 1976 年 11 月的许可协议，其中 Kamakazi 许可 Robbins 在 1979 年 12 月 31 日前可以印刷和售卖 Barry Manilow 作曲的散页乐谱。然而，协议到期后 Robbins 仍在售卖 Barry Manilow 的一些作品。1980 年 8 月，Kamakazi 提起了侵犯版权的仲裁。1981 年 3 月，仲裁庭作出了裁决，认为 Robbins 侵犯了 Kamakazi 拥有的 25 件作品的版权，裁定法定赔偿并且作出禁止 Robbins 对 Kamakazi 版权作品进行传播或销售的永久禁令。㊼

在 The Saturday Evening Post Company 诉 Rumbleseat Press, Inc 案中，美国第七上诉巡回法院确认了一份仲裁裁决，其中命令 Rumbleseat 支付损坏赔偿，同时停止对版权作品进行复制，并将版权让与申请人。㊽ 该案的事实基础与 Kamakazi 案在某种程度上有些相似，争议的起因是 Rumbleseat 在相关许可协议到期后仍继续制作销售涉及版权的作品的复制品。㊾

一件涉及商标争议的 ICC 仲裁也很相似，仲裁庭在永久禁令的基础上作出了一系列命令，责令当事人做或不能做什么。在这种情况下，当事人签订了两份协议，允许申请人在一些国家注册与被诉方相似的商标。而被申请人违反约

㊹ Alstom Technology v. Insigma Technology (unpublished award), U. Sulaiman, Swiss Company Wins 'Hybrid' Case, Global Arbitration Review, 22 Feb. 2010.

㊺ 该裁决的执行部分在 2 月 28 日的巴黎上诉法院判决中概述。2008 Liv Hidravlika D. O. O. v. S. A. Diebolt, JCP E, 2008, 1582.

㊻ 684 F. 2d 228 (1982).

㊼ 684 F. 2d 228 (1982).

㊽ 816 F. 2d 1191 (1987).

㊾ 同样可参阅 J. J. Gregory Gourmet Services v. Antone's Import, Co., 927 S. W. 2d 31 (Tex. App. Houston) (1995).

— 251 —

定，对请求方的商标提出了异议申请。申请人依据相关协议提起由比利时法律管辖的仲裁。申请人在仲裁中胜诉，仲裁庭责令被申请人：（a）撤回商标异议申请；（b）如果需要的话，撤销其部分注册；（c）帮助申请人获得相关注册；以及（d）停止使用撤销后的商标。[59]

有一些仲裁裁决命令对知识产权进行转让。在1992年的Engis Corp.诉Engis Ltd.案[60]中，依据Engis Corp.（申请人，一家美国企业）与Engis Ltd.（被申请人，一家英国公司）签订的许可协议而进行了国际仲裁，其中，Engis Corp.将其知识产权许可给了Engis Ltd.，包括涉及钻石研磨剂的商标和商业秘密。该许可协议包含仲裁条款，并且规定相关合同"应当依据美国伊利诺伊州法律生效和解释"。[61]在独任仲裁庭作出的裁决中，特别命令被申请人在12个月的期限内逐步停止在其企业名称中使用"Engis"一词，并且将一些专利让与申请人。[62]专利转让命令的作出是基于被申请人在许可协议中的义务作出的，其中要求被申请人将其某些（在许可协议中规定的）研究和开发获得的权利转让给申请人。[63]

虽然经济救济是WIPO仲裁中的一种普遍救济形式，但是在WIPO进行知识产权仲裁的当事人经常要求仲裁庭作出禁止对方当事人做什么或者强迫对方当事人做什么的命令（单独的或者与经济救济一起）。[64]这种救济可以包括，比如获得保持证据保密性的保护措施、提供担保条款、提供特定数据、交付特定货物或者签订新协议。[65]比如，一家亚洲公司（申请人和被申请人）和一家欧洲软件开发商（被申请人和反请求申请人）之间的争议中，仲裁庭没有采取与法院相同的做法，而是命令亚洲公司提供以欧洲开发商为收款人的银行担

---

[59] ICC Mazza Report, Non – monetary Relief in Selected ICC Arbitration Cases, presented at ASA Conference, Specific Performance as a Remedy – Non – monetary Relief in International Arbitration (2008), 3.

[60] 800 F. Supp. 627 (1992) (United States District Court, N. D. Illinois, E. D.).

[61] 800 F. Supp. 631.

[62] 800 F. Supp. 630.

[63] 800 F. Supp. 630 – 631.

[64] 参见 WIPO Arbitration and Mediation Center, Update on the WIPO Arbitration and Mediation Center's Experience in the Resolution of Intellectual Property Disputes, in Les Nouvelles, Journal of the Licensing Executives Society International (March 2009): 49 – 54, available at 〈www. wipo. int/export/sites/www/amc/en/docs/nouvellesmarch2009. pdf〉, 11 Jun. 2010.

[65] 参见 S. Theurich, Efficient Alternative Dispute Resolution in Intellectual Property, WIPO Magazine, June 2009 〈www. wipo. int/wipo_magazine/en/2009/03/article_0008. html〉, 11 Jun. 2010. 同样可阅 Annex to WIPO Letter to Messrs. M. Schneider & J. Knoll of 27 Nov. 2007 on the WIPO's Center experience in relation to non – monetary relief, presented at ASA Conference, Specific Performance as a Remedy – Non – monetary Relief in International Arbitration (2008) (on file with the authors).

保。亚洲公司按照命令提供了银行担保。❻❻

如下面引用的内容,在涉及欧洲制药公司和在美国制药公司 WIPO 专利仲裁中,仲裁庭命令被申请人采取一系列行动:

"许可要求美国公司有义务定期获得美国药品管理局(FDA)关于药物制品的许可。欧洲公司申请进行 WIPO 仲裁,要求裁定宣布美国公司违反了许可协议,因而欧洲公司有权终止该协议。欧洲公司进一步要求美国公司交出涉及药品开发的信息,并且进行损害评估。在关于责任问题的部分最终裁决中,独任仲裁员命令美国公司提供条件,使欧洲公司能获知其开发进展以及定期获得 FDA 许可的情况,其中还包括开发以及临床实验结果信息的条款。独任仲裁员还命令美国公司提供某些专利申请的报告。"❻❼

以上案例说明在一些具体情况下,仲裁庭是可以在涉及知识产权的仲裁中作出如禁令以及强制履行等命令的。❻❽ 不过有时,这些类型的救济也会引起对需要执行强制性措施的忧虑。这些可能的忧虑将在本章第 5 节中详细阐述。

2.4.5 宣告性救济

宣告性救济在商事争议中很常见(例如宣告有权终止协议、宣告违约或不违约或者宣告责任的存在)。此外,在一些知识产权仲裁中,宣告性救济的例子包括宣告相关知识产权无效,或者宣告侵权或不侵权。

一般来说,这些宣告——包括对涉案知识产权有效性的宣告——并不需要执行。如前文说过的,由于在仲裁裁决中作出的对知识产权"无效性"的宣告(在大多数情况下)不会产生普遍效力,因此,胜诉方也无权要求相关注册机构(知识产权局或类似机构)去除或撤销相关知识产权。

也有例外情况,少数司法管辖区确实赋予了仲裁裁决对无效性的普遍效力(比利时(仅针对专利)和瑞士(所有类型的知识产权)),在对裁决进行承认或许可后,胜诉方可以在相关机关直接"执行"仲裁庭的决定,获得对相关

---

❻❻ Annex to WIPO Letter to Messrs. M. Schneider & J. Knoll of 27 Nov. 2007 on the WIPO's Center experience in relation to non – monetary relief, presented at ASA Conference, Specific Performance as a Remedy – Non – monetary Relief in International Arbitration (2008), 2.

❻❼ WIPO 中心引用了这个案例, Update on the WIPO Arbitration and Mediation Center's Experience in the Resolution of Intellectual Property Disputes, in Les Nouvelles, Journal of the Licensing Executives Society International, March 2009, 54, at ⟨www.wipo.int/export/sites/www/amc/en/docs/nouvellesmarch2009.pdf⟩, 11 Jun. 2010.

❻❽ 值得注意的是,知识产权争议中的永久性禁令的典型范围因不同的法律传统而存在差异。因此,在英国传统中,通常会颁发禁止侵犯特定知识产权的禁令——试图改变这种做法的尝试,在该专利侵权案中被驳回(Colflexip v. Stolt Comex Seaway [2001] 1 All ER 952 at paras 56 – 67)。在其他传统下,例如在德国,涉及具体的侵权行为,通常用更狭窄的措辞来表达此类禁令。

知识产权的撤销。

2.4.6 惩罚性赔偿、法定损害赔偿、违约惩罚和违约赔偿

依照某些英美法国家的法律，特别是美国，法院有权裁定赔偿额，从而对某种行为进行惩罚，通常带有威慑性目的。而且，在一些案例中（包括知识产权争议），法院有权不要求提供损害或伤害证明（法定损害）或当事人实际遭受的"多种"伤害就对损害赔偿作出裁定。

考虑到这些损害赔偿的惩罚性属性，英美法司法管辖区就存在仲裁庭是否有权作出损害赔偿的争论。目前，至少在美国，仲裁庭似乎是可以对惩罚性赔偿请求作出决定的。[69] 而且，还是在美国，法院对知识产权侵权案件中作出侵权赔偿的仲裁裁决是认可的。[70]

在许多大陆法国家，至少理论上，赔偿只能用于补偿当事人遭受的损失。惩罚和威慑是刑罚的目的，而不是仲裁的领域。因此，基于公共政策的理由，一些大陆法国家对作出惩罚性赔偿的仲裁裁决不予承认。[71]

不考虑赔偿职能用于补偿损害的原则，根据一些遵循法国传统的大陆法国家的法律，法院不仅认可对违约行为的惩罚，而且会对不遵守要求做什么或不做什么的命令的行为作出民事处罚（违约赔偿）。因此原则上根据适用法，仲裁庭可以作出违约赔偿。如前面讨论过的，在 ICC 仲裁庭进行的 S. A. Diebolt 诉 Liv Hidravlika D. O. O 案中，如果败诉方"使用了"涉案的欧洲专利，就将面临违约赔偿。[72]

在 2009 年涉及两家欧洲公司商标争议的 WIPO 快速仲裁的最终裁决中，独任仲裁员禁止一方当事人对争议商标进行任何形式的使用。该禁令是基于计算每天对该商标进行持续性使用而得出的固定金额作出的违约赔偿作出的。该案的独任仲裁员依照实体法和仲裁法有权基于"违约赔偿"作出救济。[73]

2.5 费用裁决

如前面讨论过的，国际仲裁通常并不是一种便宜的争议解决方式。因此在

---

[69] 参见 Mastrobuono v. Shearson Lehman Hutton, Inc., 514 U.S. (United States Supreme Court) (1995).

[70] Kamakazi Music Corp. v. Robbins Music Corporation, 684 F. 2d 228 (1982).

[71] 德国和意大利的情况就是如此（G. Born. International Commercial Arbitration [M]. Hague: Kluwer Law International, 2009: 2484, n. 346.）。

[72] Paris Court of Appeal Judgment of 28 Feb. 2008 Liv Hidravlika D. O. O. v. S. A. Diebolt, JCP E, 2008, 1582.

[73] 该信息由 WIPO 中心提供。

第 10 章 仲裁裁决的作出、撤销、承认和执行

很多情况下，裁决将一方当事人缴纳费用的义务施加到另一方当事人身上确实是需要考虑的重要问题。

在国际仲裁领域，"费用"一词通常指的是在程序进行中当事人发生的所有费用和支出。为了区分清楚，将仲裁费用和当事人的代理费进行区分是很有必要的。

一般地，仲裁费用包括仲裁员的费用、仲裁机构的费用（如果有的话）、仲裁庭指定的专家费、仲裁员的差旅费、住宿费和通信费，以及仲裁程序进行中所需的其他费用（例如为证据听证会而租的会议室）。

为当事人代理案件发生的费用包括律师费和其他相关支出（通常称为"代理费"）。

原则上，当事人可以自由约定如何负担程序中的费用。他们可以约定所有或者部分费用由败诉方承担（费用转移）或者各方当事人负担自己的费用（所谓的"美国规则"）。[74]

虽然大多数仲裁机构规则的条款赋予了仲裁庭裁定胜诉方费用的权力，但是只有少数规则（例如 WIPO 仲裁规则和 LCIA 规则）对费用分配的标准作出了规定。[75]

WIPO 仲裁规则第 71 条（译者注：2014 年版第 73 条 (c) 条）规定仲裁庭"应当根据所有情形和仲裁结果，在当事人之间分摊仲裁费用和中心的立案费与管理费，但当事人有约定的除外。"

对于代理费，WIPO 仲裁规则第 72 条（译者注：2014 年版第 74 条）规定：

"仲裁庭可以根据所有情形和仲裁结果，在裁决书中命令一方当事人支付另一方当事人因陈述主张而发生的全部或部分合理支出，其中包括为法律代理人和证人发生的支出，但当事人有相反约定的除外。"

虽然 WIPO 仲裁规则没有规定胜诉方有权推定费用裁决（相反，根据 LCIA 规则是明确规定的[76]），但是似乎"仲裁结果"构成了确定费用最重要的因素。

---

[74] 1996 年英国仲裁法第 60 条，构成了主要仲裁管辖区中少数几个限制当事人在成本分配方面自主权的规定之一："在任何情况下，一项协议，其规定当事人应支付仲裁的全部或部分费用，只有在争议产生后才能生效。"

[75] 例如，ICC 规则第 31（3）条和 UNCITRAL 规则第 38 条的有关规定都没有规定这种标准。

[76] LCIA 规则第 28.4 条，"除非当事人另有书面协议，仲裁庭应按照一般原则下达仲裁和法律费用的命令，即费用应反映当事人在裁决或仲裁中的相对胜诉和败诉，除非仲裁庭认为在特定情况下这种一般方法不合适。任何关于费用的命令都应在包含该命令的裁决中依据理由作出。"

国内法律使用不同的方法来解决费用问题。一般来说，英国、德国和中国香港的法律授予了仲裁庭裁决费用的权力。[77]一些案件提供了分配费用的具体标准。例如，1996 年英国仲裁法规定："除非当事人另有约定，仲裁庭应裁决承担仲裁费用的一般原则是：仲裁费用的承担应符合案件结果，除非仲裁庭认为，根据具体情况，一方当事人承担全部或部分仲裁费用是不合适的。"[78]

与之相反，法国和瑞士的判例法和仲裁法并未包含关于费用的条款。尽管如此，在这两个司法管辖区，仲裁庭拥有裁决费用的内在权力这一观点已被普遍认可。[79]

美国联邦仲裁法也没有对这个问题作出规定。而在美国的国家法律层面，对于大多数案件没有代理费转移一说。不过，据说由于美国规则是特别为美国国内法律而设计的（而且并不构成国家政策规则），因此对仲裁地在美国的国际仲裁庭并没有约束。[80]

实践中，仲裁庭在大多数情况下会对胜诉方的至少部分费用作出裁定。[81]涉及知识产权的仲裁也是一样。不过有时，如果在程序中败诉方提出了合理的诉求或者答辩意见，并且积极配合程序，WIPO 仲裁的一些仲裁庭会倾向于作出双方当事人均摊仲裁费用的决定。[82]

最后，一般来说，许多仲裁庭用两种不同的程序对费用作出决定。一些仲裁庭要求当事人在涉及实质性问题的裁决作出前对费用问题作出案情摘要。其他仲裁庭，特别是对"依仲裁结果定仲裁费"的方法作出规定的程序框架来说，是将涉及实质性问题的裁决发送给当事人后才要求其对费用提供案情摘要。

---

[77] 1996 年英国仲裁法第 61（1）条和第 61（2）条、德国民事诉讼法第 1057（1）条和中国香港仲裁条例第 34D（1）条。

[78] 第 61（2）条。

[79] 参见 G. Born. International Commercial Arbitration [M]. Hague：Kluwer Law International，2009：2491. 也可参见 E. Gaillard, J. Savage. Fouchard Gaillard Goldman on International Commercial Arbitration [M]. Hague：Kluwer Law International，1999：685.

[80] G. Born. International Commercial Arbitration [M]. Hague：Kluwer Law International，2009：2493.

[81] 例如，如国际商会仲裁评论所示，根据国际商会仲裁庭秘书处关于在 1989 年 3 月至 1991 年 9 月间对 ICC 仲裁作出的最终裁决的研究，"在申请人赢得其所申请的全部或大部分案件的情况下（如在 48 个被调查的裁决中），仲裁员常常（在 39 个案件中）命令被申请人承担全部或大部分（通常成功索赔的比例）的仲裁员费用和开支以及国际商会的行政费用，尽管仲裁员偶尔会在这种情况下要求双方分摊费用。"（Y. Derains, E. Schwarz. Guide to the ICC Rules of Arbitration [M]. 2 版. Hague：Kluwer Law International，2005：371-372.）

[82] 信息由 WIPO 中心提供。

2.6 作出裁决的时间限制

作出仲裁裁决的时限可由当事人明文约定,或者从适用的机构规则或仲裁地法中作出的规定。

通常,为了使解决争议的速度加快,当事人会明文规定仲裁庭应当在某一具体时间内作出最终裁决。虽然设置一个较短的最终期限有助于当事人实现缩短时间的目的,但是如果仲裁庭在相关期限结束后才作出裁决也会引起问题。例如,在法国,根据新民事诉讼法典第1502-1条:"在当事人确定的最终期限到期后才作出的裁决,可以该裁决是在失效协议的基础上作出为理由进行撤销。"[83]显然,法国法院也可以基于相同理由拒绝对外国裁决进行承认和执行。[84]

而且,一些机构规则也对裁决(通常是最终裁决)的作出设定了时间限制。考虑到在相关最终期限到期后才作出决定而引起的潜在问题,这些时间限制通常比较灵活。在一些案件中,仲裁机构有权延长这些期限(例如ICC规则第24(1)条以及SCC规则第37条)。其他一些机构规则则避免在时间限制上使用绝对性用语。对于后一种做法,其中一个例子是WIPO仲裁规则第63(a)条规定的"最终裁决应当尽可能地在"宣布程序结束的"3个月内作出"(或根据WIPO快速仲裁规则第56(c)条,在"1个月内作出")[85]。此外,依照WIPO仲裁规则第63(c)条(译者注:2014年版第65(c)条),拖延期限的仲裁员将受到WIPO中心的详细审查:

> "最终裁决未在程序结束后3个月内作出的,仲裁庭应当向中心提出书面逾期说明,并将副本抄送各方当事人。此后在最终裁决作出前,仲裁庭应当每经过1个月再发出一份说明,并将副本抄送各方当事人。"

也有少数国家法律对作出裁决的时间限制进行了规定,例如法国[86]和意大利[87]的法律。

---

[83][84] E. Gaillard, J. Savage. Fouchard Gaillard Goldman on International Commercial Arbitration [M]. Hague: Kluwer Law International, 1999: 759.

[85] WIPO快速仲裁规则第56(a)条规定了1个月的最终裁决时限。

[86] 在国内仲裁方面,法国新民事诉讼法典第1456(1)条规定,作出最后裁决的期限为6个月。尽管如此,根据法国新民事诉讼法典第1456(2)条,国内法院或当事方可以延长这一期限(E. Gaillard, J. Savage. Fouchard Gaillard Goldman on International Commercial Arbitration [M]. Hague: Kluwer Law International, 1999. 753-754.)。

[87] 关于国内仲裁,意大利民事诉讼法典第820条规定,作出最后裁决的时限为240天,可延长一次。

2.7 由仲裁机构对裁决进行审查

少数机构规则明文规定了仲裁机构在某种程度上要干预仲裁裁决的形式内容。其中最引人注意的是，根据 ICC 规则，仲裁庭必须向 ICC 仲裁院提交一份裁决草案用于正式审查和批准。ICC 规则第 27 条对此是这样规定的：

> "仲裁庭在签发任何裁决前都应当将裁决以草案形式提交给仲裁院。仲裁院可以对裁决的形式进行标注修改而不会影响仲裁庭裁决的自由，也可以让仲裁庭将关注点集中在实质问题上。只有仲裁院对裁决的形式进行批准后，仲裁庭才可发出裁决。"

其他机构规则将决定权留给了仲裁庭，让仲裁庭自己决定是否希望与相关机构讨论裁决的某些形式问题。WIPO 仲裁规则第 62（e）条（译者注：2014 年版第 64（e）条）规定"仲裁庭可以为确保裁决可执行等目的，就形式事项征求中心的意见。"而且在实践中，仲裁员也确实经常在签发裁决前就形式问题向 WIPO 仲裁中心咨询意见。因此 WIPO 仲裁中心的参与通常能够确保裁决完全符合形式要求。反过来，这也能减小裁决以形式问题为由被撤销或者被拒绝承认和执行的风险。

2.8 向当事人通知裁决

许多机构规则和仲裁法都有关于通知和发送仲裁裁决的条款。

在大多数的机构仲裁中，由仲裁机构向当事人通知裁决。比如 WIPO 仲裁规则第 62（f）条（译者注：2014 年版第 64（f）条）规定：

> "仲裁庭应当将裁决书正本发送给中心，份数应当足以发给当事人每方一份、仲裁员每人一份和中心一份。中心应当向每方当事人和每名仲裁员正式发出一份裁决书正本。"

根据大多数仲裁法，仲裁庭有义务将裁决发送给当事人（对于大多数临时仲裁而言是由仲裁庭自己发送）。[18]

---

[18] 例如可参阅 UNCITRAL 示范法第 31（4）条、1996 年英国仲裁法第 55（2）条、德国民事诉讼法第 1054（4）条、瑞士国际私法第 190 条。

虽然多数机构规则没有对发送裁决的含义作出具体的规定，但是这些规则都不约而同地规定当事人应当收到纸质的裁决：要么是裁决的"正本"（即根据 WIPO 仲裁规则第 62（f）条（译者注：2014 年版第 64（f）条）由仲裁员签名的裁决），要么是裁决的有效复印件（例如根据 LCIA 规则第 26.5 条规定的）。[89] 纸质版本通常通过挂号信或者快递的方式送达。

不过只有少数仲裁法包含专门处理送达裁决形式的条款。一旦有明文条款，当事人就会开始考虑国家法作出的要求。这是由于根据一些仲裁法，开始撤销行动的时间显示仅仅始于仲裁裁决开始"正式服务"。依据德国和法国的法律就是这种情况。[90] 在这种情况下，以不那么正式的方式发送裁决并不足以触发对相关时间限制的起算。[91]

一些机构规制和国内法律规定只有当事人收到裁决后，该裁决才对当事人起效。WIPO 仲裁规则第 64（b）条（译者注：2014 年版第 66（b）条）对此规定的是"裁决自中心依照第 62 条（f）条（译者注：2014 年版第 64（f）条）第二句发出之日起生效，对当事人具有约束力。"可见，WIPO 仲裁规则第 4（a）条、第 62（f）条（译者注：2014 年版第 64（f）条）和 64（b）条（译者注：2014 年版第 66（b）条）是建议根据 WIPO 规则，在当事人"通过挂号信或快递服务"实际接收到正本裁决时裁决才得到有效通知。

2.9 仲裁裁决的效力

正如前文所述，根据相关规范性框架，仲裁裁决在其作出日或者在大多数情况下通知到当事人之日就会立即生效。

仲裁裁决的主要效力包括（部分或全部）终止仲裁庭的管辖权，以及不再允许当事人向仲裁庭再提出（部分或全部）需要解决的诉求。而且，仲裁裁决使胜诉方能通过国内法院执行裁决。前两个问题将在下文中进行阐述，第三个问题将在本章第 4 节进行阐述。

2.9.1 仲裁庭管辖权的终止

2.9.1.1

根据适用的规范性框架，一旦裁决被作出、签发或者向当事人发出，仲裁

---

[89] 在这方面，有人说："关于裁决通知的基本规则是，它应始终以纸件形式发送。为方便起见，可以以电子形式发送预先复印件。但电子形式裁决的有效性仍然不确定，这表明在执行或承认阶段，没有纸质文件可能会导致困难，因此需要以书面形式通知。" T. Schultz. Information Technology and Arbitration, A Practitioner's Guide [M]. Hague: Kluwer Law International, 2006: 185.

[90] H. van Houtte. The Delivery of Awards to the Parties [J]. Arbitration International, 2005, 21（2）: 179.

[91] 出处同上。重要的是，根据某些法规，某些条款从作出裁决的日期开始生效，而不是从当事各方收到裁决的日期开始起算（例如 1996 年英国仲裁法第 70（3）条）。

庭就失去了对当事人再提出的问题进行解决的管辖权。大多数机关对待仲裁裁决的效力时是依据履职期满原则。根据这一原则，仲裁庭通过作出裁决而完成任务（因此履职期满），并且从这一刻起，仲裁庭就不再重提相关争议。

国际仲裁中对部分裁决的使用日益增加，许多争议是通过一个以上的仲裁裁决解决的。这是由于除非仲裁庭明文保留管辖权[92]，否则仲裁庭就不能再使用部分裁决重新解决问题了。相应地，目前用仲裁裁决将"排除"效力施加在仲裁庭对特定问题的管辖权上（在某些司法环境下已经这么做了[93]）来对仲裁裁决的效力进行解释要比用"履行职责原则"进行解释更为准确。

特定问题管辖权终止的准确含义是这样的，如果仲裁庭未能解决某些诉求（裁决不全），在很多情况下，仲裁庭将被迫作出一份附加裁决，如下文将要解释的。

而且，下文将讨论两种情况，有可能可以对仲裁庭管辖权终止的原则进行"评估"，即对裁决的修正和解释。

2.9.1.2 附加裁决或补充裁决

许多机构规制和仲裁法明文授权仲裁庭可以在对所有争议相关问题进行解决的裁决（"最终裁决"）作出后发出附加裁决，并且指出适用条件。[94] 这么做的目的是避免以对程序中主张的诉求漏裁（裁决不全）为由在仲裁地提起的撤销行动。

WIPO仲裁规则第66（c）条（译者注：2014年版第68（c）条）款对此规定当事人可以在收到裁决书后30日内，就仲裁程序中提出而裁决书中漏裁的仲裁请求通知仲裁庭，申请仲裁庭作出补充裁决。依照WIPO仲裁规则，仲裁庭应当在对申请作出决定前，给各方当事人发表意见的机会，仲裁庭认为申请有正当理由的，应当尽可能在收到申请60日内作出补充裁决。其他主要规则也包括相似的条款。[95]

---

[92] 这是本章上文所讨论的案件，当事各方同意，仲裁庭关于赔偿问题的决定将不具有约束力。

[93] 在一些大陆法系国家，法院管辖权的终止被概括为"法院管辖"的概念。这一概念已在仲裁领域得到应用（参阅 J. F. Poudret, S. Besson, Comparative International Law of International Arbitration [M]. London: Sweet and Maxwell, 2007: 645.）。

[94] 如果"通知"是具有里程碑意义的，仲裁庭在签署之后但在通知当事方之前，可以修改其裁决，参见 G. Born. International Commercial Arbitration [M]. Hague: Kluwer Law International, 2009: 2475.

[95] 例如，LCIA规则第27（3）条和AAA/ICDR规则第30（1）条。相对而言，ICC规则不包含关于额外或补充裁决的条款。

UNCITRAL 示范法和国家法律也对补充裁决的提出进行了规定。[96]

2.9.1.3 裁决的修正

仲裁裁决可能有一些书写错误或者计算错误，使仲裁庭的裁决出现歧义。根据上文提到的管辖权终止原则，如果进行宽泛解释，那么当事人不能获得对裁决的修改。不过，与 UNCITRAL 示范法[97]相同，大多数的机构规则[98]和一些仲裁法[99]均允许对这些错误进行修改。

WIPO 仲裁规则第 66（a）条（译者注：2014 年版第 68（a）条）规定当事人可以在收到裁决书后 30 日内，就裁决书中的书写、打印或计算错误通知仲裁庭，申请仲裁庭作出更正。仲裁庭认为申请有正当理由的，应当通过独立备忘录的形式进行更正，更正构成裁决书的一部分。依照 WIPO 仲裁规则第 66（b）条（译者注：2014 年版第 68（b）条）款规定，仲裁庭可以在裁决日期后 30 日内自行更正以上所述类型的任何错误。

2.9.1.4 裁决的解释

有时，裁决中的操作性部分可能不清楚，导致当事人对其含义无法达成一致。虽然这种损害裁决的情况极少发生，但是也有可能，例如，永久禁令的范围（优势在提起仲裁的知识产权争议会作出的一种救济）。

不过并不是所有的主要机构规制都授予仲裁庭解释裁决的权力。[100] 大部分的国家性仲裁法规中也没有相关规定。[101] 但是据称，即使没有明文规定，对仲裁裁决解释也属于仲裁员职权范围内的能力。[102]

2.9.2 排除当事人：已决案件和问题排除

仲裁裁决对当事人产生的排他效力构成国际仲裁的一种确定原则。尽管如此，排他的范围和效力会在法庭上进行讨论。例如，当事人试图重启已作出仲裁裁决的诉求，可以在仲裁地或其他地方提起司法程序，或者开始新的仲裁程序。

---

[96] UNCITRAL 示范法第 33（3）条、1996 年英国仲裁法第 57（3）（b）条、法国新民事诉讼法第 1475（2）条和意大利民事诉讼法第 826 条。

[97] UNCITRAL 示范法第 33 条。

[98] ICC 规则第 29 条和 LCIA 规则第 27 条，类似地，参见 AAA/ICDR 规则第 30 条、UNCITRAL 规则第 36 条。

[99] 例如，1996 年英国仲裁法第 57 条、德国民事诉讼法第 1057（2）条、西班牙仲裁法第 39（5）条和瑞典仲裁法第 32 条。

[100] 虽然 ICC 规则（第 29 条）和 UNCITRAL 规则（第 35 条）载有关于裁决解释的规定，但 WIPO 仲裁规则和 LCIA 规则在这方面并无规定。

[101] 例如，英国、瑞士和美国的法律不存在这种规定。

[102] G. Born. International Commercial Arbitration [M]. Hague：Kluwer Law International, 2009：2541.

这些行为会迫使在已结仲裁程序中胜诉的当事人将该裁决作为"保护罩"来使用。根据不同法庭具体程序也各有不同。在一些司法管辖区，当事人用仲裁裁决的排他效力要求得到国内法院的"承认"和"执行"，而不管法律程序在哪里进行。[103] 在其他一些国家，如果裁决是在与法律程序相同的地方作出，那么无需要求承认就可有排他效力——在这些司法管辖区中，只有"外国"裁决需要得到承认（通常根据《纽约公约》的条款）。[104] 如果不考虑承认的需要，在大多数司法管辖区，仲裁裁决的排他效力与国家法院作出的判决有相似性。

如果裁决在随后的仲裁中用作保护性理由，那么不需要对该裁决进行承认或者确认。

根据适用法，也有可能在某些特定的法庭对排他性问题进行讨论。如果在随后的仲裁程序中主张了之前的裁决，这个问题将根据程序的具体规范性框架来解决（第5章进行了阐述）。[105]

如果当事人在国内诉讼中使用了仲裁裁决，国内法院有可能根据其自己的法律来确定裁决的效力，特别是裁决与法院判决相似的国家。在国内诉讼阶段，排他性的具体内容和范围并不统一。

英美法体系承认两大类来自判决的排除：（a）请求排除或者已决案件；以及（b）问题排除（也被称为间接的禁止反言或者一事不再理）。但即使在英美法体系内，这些术语的范围并不相同。在美国，已决案件不仅排除对诉因的再诉讼，还排除了因与前一诉因关联而提出诉讼的诉因。而且，在美国，在某些情况下（包括涉及专利争议的情况），问题排除可以对未参加相关诉讼的当事人提出（"非相关间接禁止反言"）。与之相反，在英国，已决案件要求对诉因（包括相关事实）和相关时空进行确认。[106] 而且在英国，问题的排除在所有情况下都需要相互关联。[107]

---

[103] 例如可参见示范法第35~36条。在其他国家，胜诉方必须在确定的时间框架内获得对裁决的承认，以保留裁决的排他性效果，例如，美国联邦仲裁法第9条（允许各方仅在作出裁决之日起1年内获得仲裁裁决的确认）。

[104] 例如，德国民事诉讼法第1055条。关于这个问题的评论，请参阅 S. Kröll. Commentary on the German Arbitration Law (10th Book of the German Code of Civil Procedure), in Arbitration in Germany: The Model Law in Practice, ed. K. H. Böckstiegel, S. Kröll et al. (The Hague: Kluwer Law International, 2008), 483–484.

[105] 尽管如此，有人认为，不应适用任何国家法律制度来解决排他性问题，而应采用国际标准来规定既判力和诉讼禁反言。(G. Born. International Commercial Arbitration [M]. Hague: Kluwer Law International, 2009: 2912.)

[106][107] G. Born. International Commercial Arbitration [M]. Hague: Kluwer Law International, 2009: 2905–206.

大多数大陆法国家的法律只排除了以下诉因的再诉讼：（a）相同诉因；（b）诉因是基于源自前程序的相同理由；以及（c）参与程序的当事人相同。[108]

在许多情况下，特别在国内环境下，法院判决的排他效力适用于仲裁裁决。只有美国（在问题排除上）是一个例外，很明显所有仲裁裁决都没有对第三方的排他效力，也就是说仲裁裁决只有当事人内部效力。不过即使在美国，"法院也很难直接将仲裁裁决的排他性效力延伸到仲裁程序当事人以外的人身上"。[109] 本书其他部分提到过，美国的非相关间接禁止反言有助于解释为什么美国没有对专利无效性所作裁决仅有当事人内部效力作出明文法律规定。[110]

3. 仲裁裁决的撤销和废除

3.1 介 绍

国际仲裁与任何形式的司法性争议解决机制相同，都有胜诉方和败诉方。原则上，当事人在面对不利裁决时有4种可选择的做法。第一种，当事人可以自愿遵守裁决——这是绝大多数案件中出现的情况。[111] 第二种，在仲裁的规范性框架允许的情况下（一般都允许），败诉方可以"内部"提交针对裁决的上诉请求，或者向国内法院提交针对裁决的上述请求。第三种，在几乎所有的司法管辖区败诉方都可以到仲裁地法院请求撤销或废除裁决。[112] 第四种，败诉方可以先等待胜诉方到第三国（非仲裁地）法院提请执行裁决时再请求不承认该裁决。本节将对第三种和第四种做法进行探讨。本章第4节再讨论裁决的承认和执行问题。

---

[108] 例如，可参阅法国新民事诉讼法第480条。

[109] G. Born. International Commercial Arbitration [M]. Hague: Kluwer Law International, 2009: 2901.

[110] 参见第4章第3.2.1节。

[111] 正如本书第3章所讨论的，在历史上，90%的仲裁裁决是自愿遵守的，这似乎被伦敦大学玛丽皇后学院（Queen Mary, University of London）国际仲裁学院2008年进行的一项研究所证实，（L. Mistelis, C. Baltag. International Arbitration: Corporate Attitudes and Practices 2008, 8, available at www.pwc.co.uk/pdf/PwC_International_Arbitration_2008.pdf, 11 Jun. 2010.）可以说是由于人们普遍认为仲裁裁决很容易通过《纽约公约》来执行。

[112] 在大多数情况下，排除撤销诉讼可能违反论坛的公共政策。作为例外，瑞士国际私法第192条允许排除在诉讼各方都不是瑞士人的情况下撤销诉讼。比利时司法法典第1717（2）条与上述规定类似。

3.2 上诉机制：对决定理由进行再审

本书其他地方曾说过，在大多数情况下，仲裁裁决并没有上诉机制[13]——"终局性"原则。设计这个原则的主要目的是避免对仲裁裁决进行司法的事后评价。

因此，几乎所有的机构规则都规定当事人没有针对仲裁裁决提起合理上诉的可能。[14]

不过如前文所说，一些评论家认为终局性是仲裁的一种潜在的弊端，特别对知识产权领域的仲裁。[15]但考虑到仲裁的当事人内部效力和能够选择专家进行决策，许多忧虑其实就不存在了。在任何情况下，想要在仲裁程序范围内诉诸上诉机制的当事人需要采取一些措施。例如，当事人可以明文规定一个内部上诉机制，如前文提到过的 WIPO 仲裁案件。[16]我们也解释过，这种内部上诉机制并不值得推广。

当事人还可以约定特定的法院（通常是仲裁地的法院）有权对裁决的理由进行重审。不过在很多情况下，国内法律并不会允许这种约定。似乎英国是少数几个允许对仲裁裁决的理由进行重审的国家之一（基于选择退出）。[17]

3.3 国际仲裁裁决的撤销或废除

3.3.1 一般原则、法院和时间限制

在大多数情况下，对裁决不满的当事人有权到国内法院（通常为仲裁地的法院[18]）提起对相关裁决的废除或撤销。撤销仲裁裁决的程序和理由基本上是由国家法律来处理的。

请求撤销裁决的前提是当事人已经诉诸其他可能的方式来获得救济，包括对裁决进行可能的修正或解释，或者作出补充裁决。[19]

对大多数案件，撤销仲裁裁决的可能性要受制于时间限制。大多数范例法

---

[13] "上诉"在这里被理解为需要就仲裁裁决的案情进行审查。参见第3章第2.3节。

[14] 第64（a）条。

[15] 参见第3章第2.3节。

[16] 参见第6章第3.12.3节。

[17] 1996年英国仲裁法第69条。

[18] 例如，参见 UNCITRAL 示范法第34（1）条和第34（6）条、1996年英国仲裁法第67~71条、法国新民事诉讼法第1486条和第1505条、瑞士国际私法第191条。在大多数情况下，国家法院拒绝审理其他国家的裁决。参见 J. Lew, L. Mistelis, S. Kroll. Comparative International Commercial Arbitration [M]. Hague: Kluwer International, 2003: 667-668.

[19] 例如，1996年英国仲裁法第70（3）条。

国家使用的 UNCITRAL 示范法第 34 条（3）款规定"提出撤销请求不得晚于自该提出请求的当事人收到裁决之日起 3 个月"。依据美国联邦仲裁法 section 12："对裁决提起的撤销、修正或改动的动议应在裁决作出或收到 3 个月内向对方当事人或其代理律师提出。"

其他法律规定了更短的时间限制。例如法国，当事人有 1 个月来提起撤销行动[120]，而英国该期限只有 28 天。[121]

3.3.2 撤销裁决的理由

如上文提到的，国家法律确定了撤销仲裁裁决的理由，由此可产生不同的处理方式。不过在实践中撤销或废除裁决的理由在一定程度上是统一的。这主要由于《纽约公约》第 V 条规定的不承认/执行仲裁裁决的理由已经被大多数主要司法管辖区的法律吸收进了撤销规定中。许多案件也通过采用 UNCITRAL 示范法进行，其规定与《纽约公约》第 V 条很接近。

因此，依照大多数的国家法律，对仲裁裁决的撤销是基于程序问题和管辖权问题的理由，而不是实体问题（例如对管辖争议的法律的错误适用）。

而且，依照大多数国家法律，败诉方可以基于以下理由对仲裁裁决提起撤销：（a）没有仲裁协议或者仲裁协议无效；（b）管辖权问题；（c）程序性问题；（d）不可仲裁性；以及（e）公共政策问题。以上理由将在以下小节中逐一介绍。

3.3.2.1 没有仲裁协议或者仲裁协议无效

仲裁庭管辖权的直接源头就是当事人的协议。因此，如果因无法执行或其他原因导致仲裁协议无效，那么仲裁庭将无法获得处置相关争议的管辖权。

UNCITRAL 示范法对此进行了说明，第 34（2）（a）（i）条规定当事人根据法院地法提出撤销请求时，只有同时提交证据证明仲裁协议的一方当事人无法执行；或者根据当事人遵守的法律所述协议无效，或者没有迹象表明该协议有效，那么该仲裁协议可以被撤销。

非判例法国家的仲裁法与之相似。[122]

关于仲裁协议的可执行性和有效性问题在本书其他部分已经讨论过了。[123]考虑到仲裁协议的生效原则，国内法院应当对前面提到的这种条款进行更为严格的解释。

---

[120] 法国新民事诉讼法第 1505 条。
[121] 1996 年英国仲裁法第 70（3）条。
[122] 参见第 6 章第 2.3.1 节。
[123] 参见第 6 章第 2.3 节。

3.3.2.2 管辖权问题：超出诉愿和裁决不全

一般来说，有两种管辖权问题会导致仲裁裁决被撤销：（a）超出管辖权（也被称为超出诉愿）；和（b）没有对一些诉求进行裁决（也被称为裁决不全）。

大多数仲裁法规定超出诉愿的裁决可以被撤销。[124] 很明显，仲裁庭对不包括在职权内的问题没有管辖权。不过对仲裁庭裁决职权到底包含多大的范围也存在一些争议。

一些评论家认为仲裁庭的职权本质上是由当事人提出的意见（特别是其诉愿）决定的，结果就是如果仲裁庭裁决了当事人未在程序中提出的问题，那么裁决就可以被撤销。[125] 其他评论家建议，仲裁庭可以对当事人没有明确提出但落入相关仲裁协议范围内的问题进行裁决。[126]

本质上，超出诉愿（也就是"超出诉求"[127]）与当事人所提意见的范围有关。基于此，在特定情况下，仲裁庭的管辖权在根本上是由当事人在其仲裁协议框架范围内提出的诉愿决定的（在大多数情况下如此，但不绝对）。很明显仲裁庭不应对落入仲裁条款范围内但当事人未主张的问题进行裁决。比如，即使一件版权作品的名称落入了仲裁条款的范围内，如果任一方当事人没有主张对该名称的争议诉愿，仲裁庭也不能对其作出裁决。

另一方面，当事人可以在其提交的意见中明文或默认同意将仲裁庭的管辖权扩大到超出仲裁协议的范围。[128] 假设一份仲裁协议仅涉及在两个国家的相同知识产权，但申请人主张该知识产权也在第三国存在。根据仲裁协议，仲裁庭没有裁决这一问题的管辖权。但是，如果被申请人——没有对这种增加的诉愿表示反对——对该附加诉愿的理由进行了论述，那么仲裁庭就获得了对这个问题的管辖权。

当然，考虑到作出裁决所采取的推导方法，有时仲裁庭需要对仲裁协议中暗示的某些问题作出决定才能对争议进行裁决。在涉及专利侵权主张时，对专

---

[124] 例如，UNCITRAL 示范法第 34（2）(a)（iii）条规定，如果符合以下条件，可以撤销裁决："该裁决涉及未提交仲裁或不属于提交仲裁条款的争议，或包含超出提交仲裁范围的事项的决定。"

[125] 参见 A. J. van den Berg, Ground c: Excess by Arbitral Tribunal of Its Authority, in Yearbook Commercial Arbitration, ed. A. J. van den Berg, vol. XXVIII (The Hague: Kluwer Law International, 2003), 657.

[126] 参见 G. Born. International Commercial Arbitration [M]. Hague: Kluwer Law International, 2009: 2611.

[127] B. Garner. Black's Law Dictionary [M]. 8 版. St Paul: Thomson West, 2004: 1559.

[128] A. J. van den Berg, Ground c: Excess by Arbitral Tribunal of Its Authority, in Yearbook Commercial Arbitration, ed. A. J. van den Berg, vol. XXVIII (The Hague: Kluwer Law International, 2003), 657.

利的权利要求进行解释就是这个问题的典型例子。

关于超出诉愿这一议题，另一个经常提出的问题是关于仲裁庭是否应当在当事人提交的意见以外对适用法进行调查。实际上，这个问题可能并不是超出诉愿问题（例如，仲裁庭为了解决某些诉愿而要求附加信息）而是程序公平问题：通过自行调查，仲裁庭可能会阻止当事人对相关问题提交答辩意见和提出自己的专家。考虑到这一点，仲裁庭更明智的做法是要求当事人基于需要进一步澄清和阐述的法律要点进行简述。

对于裁决不全，只有少数国家法（例如英国和瑞士[129]）认为这是撤销仲裁裁决的理由之一。

不过 UNCITRAL 示范法并没有将裁决不全列为撤销理由。基于裁决不全的理由寻求对裁决进行撤销是不可能的，因此对裁决不满的当事人可以要求仲裁庭作出补充裁决——这些在主要机构规制中明确作出了规定（本章第 2.9.1 节中讨论过）。

3.3.2.3 程序性问题

对于程序性问题，许多国家的法律规定如果仲裁庭没有遵守程序公平原则，无视当事人约定的程序，或者在仲裁庭的成立和指定中存在违规行为，那么可以撤销裁决。这些问题将在下文中阐述。

对于一般性程序问题，要特别注意许多机构规制都包括放弃条款。例如，WIPO 仲裁规则第 58 条（译者注：2014 年版第 60 条）规定：

> "当事人知道本规则的任何规定、仲裁协议的任何要求或者仲裁庭发出的任何指令未被遵守，但仍参加仲裁程序而且不对不遵守情况立即提出异议的，视为放弃其提出异议的权利。"[130]

但是这种放弃条款并不能赦免违反管辖程序的强制性条款的行为。

程序公平

大多数司法管辖区的法律规定可以撤销未遵循程序公平原则仲裁程序中的裁决。[131] 一般来说，对于程序公平的标准应当是国家性的还是国际性的没有统

---

[129] 1996 年英国仲裁法第 68（2）(d) 条、瑞士国际私法第 190（2）(c) 条。

[130] 类似地，参见 ICC 规则第 33 条和 LCIA 第 32（1）条。也可参见 UNCITRAL 规则第 30 条。

[131] 例如，UNCITRAL 示范法第 34（1）(a)(ii) 条（如果"提出申请的一方没有就仲裁员的任命或仲裁程序得到适当的通知，或在其他方面无法陈述其案件"，则该裁决可被撤）；1996 年英国仲裁法第 68 条、法国新民事诉讼法第 1484（4）条和第 1502（4）条、美国联邦仲裁法第 10（c）条。

一观点。这是因为国内程序法并不适用于仲裁程序的进行,对于国内法院适用国际标准来评判程序公平问题又过于敏感。[132]比如法国的法院就持这种观点。[133]

以违反程序公平行为是否会对裁决产生实质性影响来作出撤销决定,这种做法是有争议的。[134]某些国家法律对这一问题作出了明文规定。比如1996年英国仲裁法就要求了实质性影响:英国法院可以根据该法第68(2)条的规定,以违规行为对申请人造成或将造成实质性不公("严重违规")为理由撤销裁决。

无视当事人的程序性约定

UNCITRAL示范法以及许多仲裁法规定,如果仲裁庭没有遵守当事人约定的程序,例如违反了作出最终裁决的时间期限,仲裁裁决可以被撤销。[135]这种条款反映了仲裁的契约属性。不过在实践中,很少用这种理由来撤销裁决,特别是在机构仲裁中。[136]这是由于根据大多数机构规制,仲裁庭有决定如何进行程序的自由裁量权,这在本书其他部分也进行过阐述。

有这样一个例子,2007年,一方当事人在依照WIPO仲裁规则的专利许可仲裁中败诉了,于是该当事人以仲裁庭没有遵守当事人约定的程序为由向瑞士联邦最高法院提出撤销相关裁决的请求。相关争议解决条款规定通过调节来解决争议,没能解决争议,则通过仲裁解决。因此,虽然被申请人参加了仲裁,但在其败诉后,其就提起了撤销异议,称仲裁程序开始过早。法院驳回了撤销请求,并认为由于败诉方已经接受仲裁了,即使其想诉诸调解,也没有可能了。对仲裁程序的接受是仲裁庭在仲裁过程中就已向当事人表明了的。[137]

成立和指定仲裁庭过程中的违规

根据UNCITRAL示范法和许多司法管辖区的法律,如果仲裁庭是违规指定的,或者指定程序没有遵守当事人的约定,或者没有这种约定或者管辖仲裁的

---

[132] G. Born. International Commercial Arbitration [M]. Hague: Kluwer Law International, 2009: 2577.

[133] E. Gaillard, J. Savage. Fouchard Gaillard Goldman on International Commercial Arbitration [M]. Hague: Kluwer Law International, 1999: 948.

[134] 支持需要实质性的观点,例如,参见J. Lew, L. Mistelis, S. Kroll. Comparative International Commercial Arbitration [M]. Hague: Kluwer International, 2003: 675; G. Born. International Commercial Arbitration [M]. Hague: Kluwer Law International, 2009: 2594. 相反,可参见E. Gaillard, J. Savage. Fouchard Gaillard Goldman on International Commercial Arbitration [M]. Hague: Kluwer Law International, 1999: 929 et seq.

[135] 例如参见UNCITRAL示范法第34(2)(a)(iv)条、1996年英国仲裁法第68(2)(a)条和荷兰民事诉讼法第1065(1)(c)条。也可参见《纽约公约》第V(1)(d)条。

[136] 参见G. Born. International Commercial Arbitration [M]. Hague: Kluwer Law International, 2009: 2598.

[137] Swiss Federal Supreme Court, decision of 6 Jun. 2007, 4A_18/2007.

法律，那么作出的裁决可以被撤销。[138] 在一些案件中，裁决是以仲裁庭为缺员仲裁庭为由被撤销的。[139]

3.3.2.4 不可仲裁性

示范法和一些非示范法国家明文规定，当争议主题不能通过仲裁解决时，可以撤销裁决。[140]

如本书其他部分说过的，不能通过仲裁解决的问题日益减少，因此在许多司法管辖区，只有少数争议被认为是不能仲裁的（例如刑事案件以及家庭关系争议）。对于知识产权争议，大多数国家都没有明确限制当事人将所有类型的知识产权争议提起国际仲裁的权利。[141]

3.3.2.5 公共政策

根据示范法和其他国家法律，法院可以撤销会引起公共政策问题的裁决。[142]

在国际仲裁范畴内，许多国家法庭作出撤销判决的依据要么是限制性地对公共政策进行了解释，要么适用了公共政策的国际标准（国际公共政策）。在实践中，一般来说，对以公共政策理由撤销裁决的做法趋势是相似的：在大多数情况下，只有对相关司法管辖区公平公正概念或者"国际社区"概念造成极其恶劣的触犯，才会撤销裁决。[143]

本书第 4 章已经围绕提起仲裁的知识产权争议相关的公共政策之争进行了阐述。正如我们说过的，考虑到仲裁裁决的效力，知识产权争议（即使涉及涉案知识产权的有效性问题）在绝大多数情况下并不会（也不应当）引起有价值的公共政策问题。[144]

不过也有这种情况，仲裁庭作出的永久禁令或者强制履行会引起公共政策方面的担忧，特别在某些国家，违反这些措施会触犯藐视法庭罪。本章第 4 节阐述了这个问题。

---

[138] 示范法第 34（2）（a）（iv）条、1996 年英国仲裁法第 68（2）（c）条、法国新民事诉讼法典第 1502（2）条及第 1504 条、瑞士国际私法第 190（2）（a）条，也可参见《纽约公约》第 V（1）（d）条。

[139] J. Lew, L. Mistelis, S. Kroll. Comparative International Commercial Arbitration [M]. Hague：Kluwer Law International，2003：675.

[140] 示范法第 34（2）（b）（i）条，也参见比利时司法典第 1704（2）（b）条。

[141] 有关知识产权争议的可仲裁性的一般讨论，请参阅本书第 4 章。关于与不可仲裁问题有关的法律问题的选择，见第 4 章第 2.1.1 条。

[142] 示范法第 34（2）（b）（ii）条；1996 年英国仲裁法第 68（2）（g）条和法国新民事诉讼法典第 1502（5）条。

[143] 参见第 4 章第 3.2.3 节。

[144] 参见第 4 章第 3.2.2 节。

3.3.3 法院作出撤销判决的后果

国内法院当然可以驳回或接受不满仲裁的当事人提出的撤销请求。如果法院驳回了这一异议，那么裁决自然可以在法院所在地得以执行。而且，在大多数情况下，承认和执行裁决的国内法院基本上做法是相同的——除非法庭考虑了公共政策问题。

如果法院撤销了裁决，那么该裁决（或者部分裁决）将在撤销所在地失去效力。而且，在该法律体系中，裁决对当事人也没有了排他效力，因此（除了时间限制问题）当事人有权针对同一争议提起新的解决程序。除非相关法院是以仲裁协议无效为理由将裁决撤销的，那样的话，当事人可以提起新的仲裁程序来对相关争议进行解决。

一部分是由于撤销裁决带来的严重后果，一些法律体系允许法院将案件撤回仲裁庭，这样仲裁庭就可以针对所提出的撤销理由采取补救措施。撤回制度是最初在英美法系司法管辖区发展起来的一种机制，❶ 而在大陆法国家，UNCITRAL 示范法的实施使这种机制得到了发展，UNCITRAL 示范法第 34（4）条款规定：

当事人适当地要求法院撤销一份裁决时，法院可以先将撤销程序中止一段时间，从而使仲裁庭有机会对仲裁程序进行补救，或者采取其他措施消除撤销理由。

对于在其他法律体系中撤销裁决的效力，情况就更加复杂了。在实践中，外国法院可以对仲裁提法院已经撤销的裁决进行承认和执行。这个问题在下文中对《纽约公约》第 V（1）（e）条关于不承认理由规定的阐述中进行详细讨论。

4. 仲裁裁决的承认和执行

4.1 介　　绍

仲裁裁决可以用作武器，也可用作防御。但是用作武器要求国内法院的配合来获得对裁决的强制性遵守。大多数国内法院在裁决完全释放强制权力前会对仲裁裁决施以某种形式的控制。基于这个原因，在大多数情况下，对裁决的承认或确认（一般而言为"许可证书"）需要以执行为目的——无论裁决是在哪国作出的。因此，在法院属地范围内作出的裁决需要得到法院的协助，而在法院属地外作出的裁决（外国裁决）需要得到法院的承认。"国家"裁决的承

---

❶ 例如参见 1996 年英国仲裁法第 68（3）条和第 69（7）（c）条、中国香港仲裁条例第 23 条。

认完全受制于国家法律。一些国家的法律（特别是示范法国家）已经采用了《纽约公约》中关于所有类型裁决的标准。其他国家可能对在其领土范围内作出的裁决的承认有不同的要求。[14]

对外国裁决的承认受制于不同的国际规则，包括 1927 年《日内瓦公约》（目前主要存在历史关联性）、1958 年《纽约公约》、1961 年《欧洲公约》、1972 年《莫斯科公约》以及 1975 年《巴拿马公约》。

由于其广泛的接受度，《纽约公约》毫无疑义是处理外国仲裁的承认和执行方面最重要的国际规则。因此，本章以下几个小节将对依照《纽约公约》承认仲裁裁决进行进一步的详细阐述。

4.2 依照《纽约公约》承认和执行外国裁决

4.2.1 一般性问题

如上文所讨论过的，《纽约公约》的首要目的（"关于承认和执行外国仲裁裁决的公约"）是双重的。它处理政策协议的执行（第Ⅱ条），而在其大多数的条款中，处理的是外国仲裁裁决的承认和执行。《纽约公约》在这两方面都取得了很大的成功。

对于承认和执行，《纽约公约》机制的快捷性使大多数的当事人不会拒绝承认和执行仲裁裁决。而且，在记录绝大多数案件中，当事人均自愿遵守仲裁裁决——通常认为（一般基于传闻）当事人自愿承认裁决有效率达90%。[15]

如下文中将进一步陈述的，《纽约公约》成员承诺承认外国仲裁，除非属于《纽约公约》第Ⅴ条对裁决或程序相关规定的情况。由于公约中不承认理由的范围很窄，因此据推测在历史上只有10%有记载的案件是根据公约被国内法院拒绝承认。[16] 重要的是，这些理由都没有允许承认裁决的法院对仲裁裁决的理由进行重审。

根据《纽约公约》，"裁决"表示仲裁庭对具体问题作出最终的有约束力

---

[14] 例如，德国民事诉讼法规定了提出异议的明确时限——这是《纽约公约》或示范法所没有考虑到的时限（S. Kröll. Commentary on the German Arbitration Law (10th Book of the German Code of Civil Procedure), in Arbitration in Germany: The Model Law in Practice, ed. K. H. Böckstiegel & S. Kröll (The Hague: Kluwer Law International, 2008), 483–484).

[15] 例如参见 F. Eisemann, Arbitrations under the International Chamber of Commerce Rules, ICLQ 14 (1963): 734–735 and L. Mistelis & C. Baltag, International Arbitration: Corporate Attitudes and Practices 2008, 8, available at www.pwc.co.uk/pdf/PwC_International_Arbitration_2008.pdf, 11 Jun. 2010.

[16] 参见 A. J. van den Berg. Why Are Some Awards Not Enforceable? [J]. ICCA Congress Series, 2005 (12): 291–326.

— 271 —

的决定。"外国"是指裁决不是在需要得到承认和执行的国家领土范围内作出的。⓴ 尽管如此,依照公约,"外国"一词还可表示在需要得到承认和执行的国家领土范围内作出的,但不被视为国内裁决的裁决。㊛

《纽约公约》(和示范法)在某种程度上并不使用"承认"和"执行"的表达方式。在实际上,当外国裁决作为武器或防御手段进行使用时才需要承认。在许多情况下,法院依照公约对外国裁决进行承认后,裁决就视为国内法院判决对待。而且,执行,在大多数情况下,严格意义上来说是依照国家民事诉讼规则来进行的。在许多国家,这尤其使根据公约执行裁决受制于时间限制。㊝

换句话说,依照《纽约公约》,承认意味着国家法院在程序上承认了仲裁及其裁决的存在。㊞ 当事人想将裁决用作防御武器时,常常只要求对裁决进行承认,主要基于裁决的排他效力。㊟

裁决的执行预设了承认这一环节,执行的裁决可以用作"武器",也就是说,申请人要求法院使用强制权逼迫败诉方遵守涉案裁决。㊠

《纽约公约》第 I(3)条为缔约国批准公约提供了两个保留条款,即互惠和公约仅适用于认为属于商事的争议。虽然公约没有对"商事"作出定义,但是一般认为这一用于应当宽泛解释为涉及认为当事人"意识到有利益或者其他经济收益"的约定。㊡ 相似地,示范法也规定:

"'商事'一词应当解释得较宽以覆盖来自所有商业属性关系的主题,无论是否是契约性的。商事属性关系包括但不限于以下业务:所有用于供应或交换商品或服务的交易业务;经销协议;商业代表或代理;保理;租赁;建设;

⓴㊛ 尤其参阅《纽约公约》第 I(1)条。

㊝ 例如,美国联邦仲裁法第 207 条规定了执行外国裁决的 3 年时限。英国法院认为,不履行仲裁裁决构成违约,因此采用了 1980 年限制法案所设想的相关 6 年时限(Agromet Motoimport Ltd. v. Maulden Engineering Co. (Beds) Ltd. [1985] 2 All ER 436)。类似地,在 2010 年案件判决中 Yugraneft Corp. v. Rexx Management Corp. (2010 SCC 19),加拿大最高法院认为,外国赔偿的时限与合同债务诉讼的时限相同(因此,在相关案件中,根据阿尔伯塔省法律,外国赔偿的时限为 2 年)。然而,其他法院似乎并不基于时限来限制外国判决的执行。例如,在他们 1985 年的判决中(SEE v. Yugoslavia [1985] Revue de l'Arbitrage, 115),法国法院承认并执行由 1956 年瑞士的两人仲裁庭作出的仲裁裁决。

㊞ J. Lew, L. Mistelis, S. Kroll. Comparative International Commercial Arbitration [M]. Hague: Kluwer Law International, 2003: 690.

㊟ 参见 A. Redfern, M. Hunter. Law and Practice of International Commercitratial Arbion [M]. 4 版. London: Sweet and Maxwell, 2004: 516.

㊠ 参见 J. Lew, L. Mistelis, S. Kroll. Comparative International Commercial Arbitration [M]. Hague: Kluwer International, 2003: 691; A. Redfern, M. Hunter. Law and Practice of International Commercial Arbitration [M]. 4 版. London: Sweet and Maxwell, 2004: 516 – 517.

㊡ G. Born. International Commercial Arbitration [M]. Hague: Kluwer Law International, 2009: 266.

咨询；设计；许可；投资；金融；银行业务；保险；开发协议或特许；合资及其他形式的工业或商业合作；航空、海运、铁路或公路运输货物或旅客。"⑮

同样地，涉及知识产权的绝大多数协议通常都包括仲裁条款，例如许可、研究开发协议以及合作协议都是"商事"主题。解决知识产权争议的调解书也落入了"商事"宽泛的范围内，因为调解书（直接或间接的）向当事人提供的经济利益。因此，在大多数情况下，在使用"商事"保留条款的国家，法院不可能认为裁决知识产权问题的裁决在《纽约公约》的范畴外。⑯

4.2.2 承认和执行裁决国家的管辖权

一般来说，胜诉方可以选择一个或多个国家执行裁决。在大多数情况下，这种决定取决于败诉方所在地。大多数国内法院认可基于属地的管辖权。

对于作出永久禁令救济或者强制履行（在涉及知识产权的仲裁中，这些救济比较普遍）的裁决，胜诉方应当到败诉方永久居住地法院或者相关措施生效地法院起诉。⑯

4.2.3 所需文件

根据《纽约公约》第Ⅳ条，当事人要求对外国裁决进行承认和执行，应当提供裁决和相关仲裁协议。这些文件应当是经鉴定的正本或者经认证的副本。由于公约没有规定这些原始文件如何鉴定或者副本如何认证，因此认为"裁决作出国的法院、公证人以及外交官或领事官员可以对正本进行鉴定或对副本进行认证。"⑯

如果裁决不是以承认和执行裁决国家的官方语言作出的，那么还应当提交以上文件的官方翻译件（由官方译员或宣誓过的译员认证）。

4.2.4 拒绝承认的理由

根据《纽约公约》第Ⅲ条，国内法院有义务承认外国仲裁裁决，除非这些裁决受到公约第Ⅴ条中列出的一种或多种不予承认理由的影响。重要的是，如果存在不承认理由，承认和执行裁决国家的法院不是必须拒绝承认裁决，是可以拒绝承认。

---

⑮ UNCITRAL 示范法第 1（1）条的脚注。

⑯ 然而，有时一些法院对"商业"保留有限制性的解释。例如，在 1993 年，突尼斯最高法院裁定，一份有关两名建筑师专业服务的合同不能被定性为商业合同（10 Nov. 1993, Societe d'Investissement Kal v. Taieb Haddad and Hans Barett, A. J. van den Berg (ed.), Yearbook Commercial Arbitration, vol. XXIII (The Hague: Kluwer Law International, 1998), 770）。

⑯ 本章第 5 节讨论了与具体表现和禁令救济有关的问题。

⑯ E. Gaillard, J. Savage. Fouchard Gaillard Goldman on International Commercial Arbitration [M]. Hague: Kluwer Law International, 1999: 970.

《纽约公约》第 V（1）条规定仲裁裁决可以下述理由被拒绝承认：（a）相关仲裁协议无效；（b）相关程序的实施违反程序公平原则；（c）仲裁庭超出了管辖权；（d）程序进行中未尊重当事人的约定；以及（e）裁决被撤销或中止了，因而不具有约束力。而且，该国法院不能自发地对这些不承认理由进行重审。

相反，这些国家的法院有权对裁决提出公约第 V（2）条规定的不承认理由，即不可仲裁性和公共政策问题。

许多国家的法律在其关于撤销裁决请求的理由相关规定中复制了公约第 V 条。因此，对许多第 3.3.2 节中提出的观点加以必要的修正就可用于下面将讨论到的拒绝承认的理由。

4.2.4.1 仲裁协议无效

《纽约公约》第 V（1）（a）条规定，可以基于当事人的请求拒绝对一份裁决进行承认和执行，如果该当事人能证明：

> "第二条所称协定之当事人依对其适用之法律有某种无行为能力情形者，或该项协定依当事人作为协定准据之法律系属无效，或未指明以何法律为准时，依裁决地所在国法律系属无效者。"

根据这一条款，国内法院可以不承认依无效仲裁协议作出的裁决（例如因无法实施或仲裁协议有形式缺陷等原因）。[160]

当事人通过主张仲裁协议无效而拒绝承认仲裁裁决的情况并不少见。即使大多数的这种主张都失败了，但是偶尔也有一些挑战成功了，主要是基于未能满足形式要求的理由。[161]

在上文的撤销部分和其他部分对仲裁协议的权限和无效性问题已经作过阐述了。[162] 一般来说，考虑到公约的支持仲裁原则，要严格控制对这些不承认理由的使用。如果依照相关合同所在地的法律或者依照仲裁地法，仲裁条款是有效的话，国内法院就应当认可仲裁条款的有效性（"有效性原则"）。

---

[160] 虽然合同的能力和权力问题有所不同，但有人说"普遍认为，在'公约'中，无行为能力一词也包括没有合同权"。E. Gaillard, J. Savage. Fouchard Gaillard Goldman on International Commercial Arbitration [M]. Hague: Kluwer Law International, 1999: 984.

[161] 例如，参见 Agrimpex S. A. v. J. F. Braun and Sons, Inc.，其中，希腊法院拒绝承认裁决，因为仲裁协议是由未经授权的代理人订立（A. J. van den Berg (ed.), Yearbook Commercial Arbitration, vol. XX (The Hague: Kluwer Law International, 1995), 269）。

[162] 参见第 5 章第 2.3 节。

4.2.4.2 程序公平原则

《纽约公约》第Ⅴ(1)(b)条规定，所在国法院可以拒绝承认裁决，如果：

"裁决援引针对的当事人没有获得指定仲裁员或仲裁程序的适当通知，或者因其他原因无法出席申辩。"

该条款主要针对的是程序公平问题，这个问题在上文撤销中已经讨论过了。但是为了完整起见，需要进一步分析该条款中的一些具体特点。

公约没有对程序或者指定仲裁庭的方式作出规定。结合公约中承认程序的上下文，法院通常倾向于对送达程序适用国家法律标准。[164] 尽管如此，出于谨慎考虑，当事人应当（仲裁庭也希望）至少通过有回单的邮寄或挂号信的方式提交重要文件。[165]

根据使用的法律来确定程序公平标准时，最好这种标准要有国际性（而不是适用诉讼所在国家的法律或者仲裁程序所在地法律）。[166]

违反程序公平原则本身是否能够成为拒绝承认的理由，而不考虑对裁决产生的影响，这是有一定的争议的。[167] 但不论争议如何，能明确的是，在某些具体情况下，程序被扭曲到不用证明对裁决产生损害就可以直接拒绝承认了（例如仲裁庭明确缺乏公正性或独立性、贿赂以及欺诈）。

4.2.4.3 管辖权问题：超越诉愿

《纽约公约》第Ⅴ(1)(c)条规定法院可以拒绝对裁决进行承认，如果：

"裁决所处理之争议非为交付仲裁之标的或不在其条款之列，或裁决载有关于交付仲裁范围以外事项之决定者，但交付仲裁事项之决定可与未交付仲裁之事项划分时，裁决中关于交付仲裁事项之决定部分得予承认及执行。"

这一条款处理的是超越诉愿（或超出诉愿）的问题，这个问题在撤销相关内容中已经讨论过了。对不承认异议，大多数国内法院对《纽约公约》第Ⅴ

---

[164] G. Born. International Commercial Arbitration [M]. Hague: Kluwer Law International, 2009: 2750.

[165] J. Lew, L. Mistelis, S. Kroll. Comparative International Commercial Arbitration [M]. Hague: Kluwer International, 2003: 712.

[166] G. Born. International Commercial Arbitration [M]. Hague: Kluwer Law International, 2009: 2743.

[167] 在这方面，有人说："公约谴责违反正当程序的行为，而不会拒绝承认或执行，但须经反对执行因违约而遭受损失的当事一方的证明。"(E. Gaillard, J. Savage. Fouchard Gaillard Goldman on International Commercial Arbitration [M]. Hague: Kluwer Law International, 1999: 987.) 尽管有不同的立场，但有理由认为，"更好的观点是，除非涉及严重违反程序公平基本原则的行为，否则裁决不应被拒绝承认，除非违反程序可能影响仲裁庭的决定"。(G. Born. International Commercial Arbitration [M]. Hague: Kluwer Law International, 2009: 2763.)

(1)(c)条采取的是限缩性解释，不对裁决的理由进行重审——即使要求确定仲裁庭的管辖权范围。而且，法院通常会拒绝分析合同性条款，比如责任限制条款或排除救济条款，这样会缩小仲裁庭的管辖权范围。[16]

举个例子，假设嵌入一份知识产权许可协议的仲裁条款包括在特定情况下排除作出永久禁令的条文。假设仲裁庭基于对主张知识产权侵权行为的发现而发出永久禁令。在这种情况下，要判断仲裁庭作出永久禁令这一行为是否超出了管辖权就要求对涉案协议、相关术语和具体情况进行解释，同时考虑适用的知识产权法和分析具体案情。而这些是大多数国家法院不能做到的。

而且，《纽约公约》第V(1)(c)条允许当事人对未超越诉愿的内容进行承认和执行。

不过公约对没有裁决当事人提出的诉愿情形（裁决不全）未作出规定。对此，一位重要权威人士主张：

"理由c（或其他公约第V条列出的可拒绝执行的理由）都没有提到未对当事人向仲裁庭提出的所有诉愿（包括反请求）进行作出决定的仲裁裁决（也就是所谓的裁决不全）。如果认为第V条的主要特点是其穷举了拒绝理由，那么一份裁决不全的裁决就达不到拒绝执行的要求。要指出的是，大多数现代仲裁法都规定了对仲裁程序中提出过但未在仲裁裁决中提到的诉愿进行补充裁决的可能（参见如UNCITRAL示范法第33(3)条）。补充裁决相应地也能依照公约得以执行。卢森堡法院就认为根据公约，裁决不全的裁决并不会导致拒绝执行（Luxembourg no. 1 sub 20，刊于《商事仲裁年报》第11卷第617-626页；Luxembourg no. 2 sub 17，刊于《商事仲裁年报》第14卷第714-717页）。"[17]

4.2.4.4 仲裁程序或未依据仲裁协议或相关法进行的程序组合

《纽约公约》第V(1)(d)条规定法院可以拒绝承认裁决，如果：

"仲裁机关的组成或仲裁程序与当事人的协议不符，或无协议而与仲裁地所在国法律不符。"

该条款明显将当事人对仲裁程序进行的意愿放在了首要位置。涉及该条款

---

[16] 参见Parsons Whittemore Overseas Co. Inc. v. Societe Generale de l'Industrie du Papier (RAKTA), 508 F2d 969 (2nd Cir 1974); Libyan American Oil Company (Liamco) v. Socialist Peoples Libyan Arab Yamahirya, formerly Libyan Arab Republic; P. Sanders (ed.), Yearbook Commercial Arbitration, vol. VII (The Hague: Kluwer Law International, 1982), 382 (United States Court of Appeal for the District of Columbia); Lesotho Highlands Development Authority v. Impreglio S. p. A. [2006] 1 A. C. 221 (House of Lords).

[17] A. J. van den Berg, Ground c: Excess by Arbitral Tribunal of Its Authority, in Yearbook Commercial Arbitration, ed. A. J. van den Berg, vol. XXVIII (The Hague: Kluwer Law International, 2003), 657.

的大多数问题已经在撤销部分讨论过了。

4.2.4.5 裁决没有约束力,撤销或中止的裁决

《纽约公约》第Ⅴ(1)(e)条规定法院可以拒绝对裁决的承认和执行,如果:

"裁决对各方当事人尚无拘束力,或已经由裁决地所在国或裁决所依据法律之国家主管机关撤销或停止执行。"

显然,这个拒绝执行的理由与撤销行为并不相同,因此以下部分将对此进行详细讨论。

裁决没有约束力

依照公约,到底什么决定了裁决成为"有约束力的",这会引起一些潜在的争议。公约的起草历史并没有将这一要求的具体含义阐明。[16] 可能从其起草历史得到的唯一结论就是,有一些协议违背了1927年《日内瓦公约》的要求,导致在一些裁决先在程序所在地法院得到确认,这样外国法院就只能承认这份裁决了("双重许可")。[17]

在实践中,想要在某一司法管辖区执行裁决的当事人应当调查清楚该国法院是否明白依照公约进行承认请求时"有约束力的裁决"的含义。

一些法院采取的观点是,如果当事人对什么构成"有约束力的裁决"进行了定义(明文或通过引用相关仲裁规则的方式),那么将一直沿用这种定义,而不管是不是存在针对该裁决的撤销请求或是异议。[18] 许多机构规制规定,一旦仲裁庭作出裁决,或者通知作出裁决,那么裁决对当事人将是最终的或是有约束力的。例如,WIPO 仲裁规则第64(b)条(译者注:2014年版第66(b)条)规定"裁决自中心向当事人发出之日起生效并有约束力。"

其他国内法院认为用最初作出裁决的国家的法律来确定裁决是不是具有约

---

[16] G. Born. International Commercial Arbitration [M]. Hague: Kluwer Law International, 2009: 2817.

[17] 参见 E. Gaillard, J. Savage. Fouchard Gaillard Goldman on International Commercial Arbitration [M]. Hague: Kluwer Law International, 1999: 970.

[18] 例如,参见 Judgment of 24 January 1997, Inter-Arab Inv. Guarantee Corp. v. Banque Arabe et Internatinonale d' Investissements, A. J. van den Berg (ed.), Yearbook Commercial Arbitration, vol. XXII (The Hague: Kluwer Law International, 1997), 643 (Brussels Court of Appeal); and Judgment of 20 July 2004, A. J. van den Berg (ed.), Yearbook Commercial Arbitration, vol. XXXI (The Hague: Kluwer Law International, 2006), 846 (Spanish Supreme Court). 也可参见 G. Born. International Commercial Arbitration [M]. Hague: Kluwer Law International, 2009: 2821-2822; E. Gaillard, J. Savage. Fouchard Gaillard Goldman on International Commercial Arbitration [M]. Hague: Kluwer Law International, 1999: 977.

束力（通常限定了处于撤销诉讼中的裁决没有约束力）。[12]

最后，其他国内法院主张裁决是否有约束力并不取决于国家法律，而是取决于公约构建的"自治"。对此，最广为接受的观点是只有实质理由被重审的裁决没有约束力。相反，（以程序性理由或管辖权理由）被撤销的裁决也可能是有约束力的。[13]

撤销的裁决

考虑到《纽约公约》第 V 条内容（"可以被拒绝"），国家法院没有义务一定要拒绝承认被撤销的裁决。而且，《纽约公约》第 VII 条规定，公约不应当"剥夺任何利害关系人可依援引裁决地所在国之法律或条约所认许之方式，在其许可范围内，援用仲裁裁决之任何权利"。

因此，对（通常被程序所在地法院）撤销的裁决进行承认和执行完全取决于法院的立场。虽然有人说"全世界的法院……都倾向于拒绝执行撤销的裁决"，[14] 但也有法院判决确实承认和执行了之前在程序所在地法院被撤销的裁决。例如，法国法院就在 Hilmarton Ltd 诉 Omnium de Traitement et de Valorisation（OTV）案（裁决在瑞士被撤销）[15]、Societe PT Putrabali Adyamulia 诉 Societe Rena Holding et Societe Mnogutia Est Pieces 案（裁决在英国被撤销）[16] 中拒绝了依照《纽约公约》第 V（1）（e）条为理由的不承认异议。在 Chromalloy Gas Turbine Corp 诉 Arab Republic of Egypt 案[17]中，美国联邦法院哥伦比亚地区法庭承认了在埃及被撤销的裁决。

中止的裁决

有时，通常在撤销程序中，程序所在地法院可以中止裁决的即时效力。[18]

---

[12] 据一位知名评论员称，法国、意大利和瑞士的判例法似乎支持这一观点。E. Gaillard, J. Savage. Fouchard Gaillard Goldman on International Commercial Arbitration [M]. Hague: Kluwer Law International, 1999: 975.

[13] 比利时、荷兰和瑞典的法院都认为"具有约束力"这一概念是自主的（这不是一个国家法问题）。E. Gaillard, J. Savage. Fouchard Gaillard Goldman on International Commercial Arbitration [M]. Hague: Kluwer Law International, 1999: 975. 支持将对案情的审查和搁置诉讼（以程序或管辖权为由）区分开，参见 A. Redfern, M. Hunter. Law and Practice of International Commercial Arbitration [M]. 4 版. London: Sweet and Maxwell, 2004: 537.

[14] N. Blackaby, C. Partasides. Redfern and Hunter on International Arbitration [M]. 5 版. Oxford: Oxford University Press, 2009: 653.

[15] A. J. van den Berg (ed.), Yearbook Commercial Arbitration, vol. XXII (The Hague: Kluwer Law International, 1997), 696.

[16] (2007), Revue de l'Arbitrage, 507.

[17] 939 F. Supp. 907 (D. D. C. 1996).

[18] 参见 A. Tweeddale, K. Tweeddale. Arbitration of Commercial Disputes, International and English Law and Practice [M]. Oxford: Oxford University Press, 2005: 420-421.

4.2.4.6 不可仲裁性

《纽约公约》第 V（2）(a) 条规定如果争议的主题无法依照国家法律通过仲裁的方式得到解决，那么法院可以拒绝承认裁决。

依据这个条款，法院可以自发地对认为在执行地无法仲裁的主题作出决定的裁决拒绝承认。而目前认为不能裁决的主题范围急剧减小。对于知识产权争议，正如在本章其他部分讨论过的，在大多数国家都没有明文条款阻止当事人对知识产权争议提起仲裁。[69]

4.2.4.7 公共政策

依照《纽约公约》第 V（2）(b) 条，如果对裁决的承认和执行有悖于该国的公共政策，那么法院可以依职权拒绝承认该裁决。

在实践中，这一条款与《纽约公约》第 V（2）(a) 条有紧密的联系。在没有明文条款规定争议的不可仲裁性的情况下，通常需要举证说明以公共政策为由争议不能通过仲裁解决的理由。

如前文论述过的，许多司法管辖区的国内法院只在对公平和道德的基本准则被明显侵害的情况下才会以公共政策为理由拒绝对国际仲裁进行承认。这一般是应用"国际公共政策"概念或是该国公共政策的狭义概念（被争议的国际属性狭义化）的结果。可见要以狭隘或特殊观点来使裁决得以承认是比较困难的。因此，大多数以公共政策理由拒绝对裁决作出承认的请求都失败了。

特别是考虑到仲裁裁决的当事人内部效力，很难看出对知识产权争议进行仲裁（或争议本身）会触犯国际公共政策或者触犯一国最基本的公平或道德准则。下文将要说到，在一些具体情况下，执行禁令性救济或者强制履行会引起一些公共政策方面的担忧，因此，可能影响依照公约对裁决的承认。

5. 与作出可能强制执行做某事或不做某事的裁决相关的问题

5.1 介　　绍

对命令一方当事人做什么或禁止其做什么的仲裁裁决的执行可能会引起一系列的问题，这是由于不同法律体系之间存在"重叠"，而这些法律体系是以完全不同的方法来实施强制措施的。鉴于禁令和强制履行对某些知识产权争议

---

[69] 参见第 4 章第 1.2 节。

的重要性，本节将明确这些潜在的问题并且对解决这些问题提出一些建议。[180]

历史上，国际仲裁在程序上和对仲裁裁决的潜在执行之间有着明确的区分。仲裁程序主要单独地对案件的理由作出裁决，仲裁庭（原则上）不需要国内法院的协助。用强制手段保障对裁决的遵守，这一可能的阶段（原则上）并不要求仲裁庭（因为此时仲裁庭已经履职期满了）或仲裁机构（如果有的话）的参与。

在许多案件中，提交仲裁庭的争议实体和强制执行问题是受不同法律体系管辖的。例如，在瑞士日内瓦进行的一个仲裁，其实体问题受法国法律管辖，而得到的裁决有可能需要在纽约执行。[181] 在这种情况下，潜在困难的主要在于，不同的法律体系对做什么和不能做什么的强制性规定的性质完全不同。[182]

如下文解释的，在一些法律体系中（即英美法和属于日耳曼传统的大陆法），违反这种命令将受到刑法的制裁（罚款和收监）。而在大多数遵循法国法律传统的国家，没有这种刑罚。

5.2 英美法国家和日耳曼大陆法国家的强制性措施

在英美法国家，当事人不遵守法庭作出的（以及被法庭判决同化的仲裁裁决）强制性禁令或者强制履行的行为构成"藐视法庭罪"。一般而言，有两种藐视法庭罪：刑事的和民事的。刑事藐视法庭罪是用来保护"正常司法的多种需要"。[183] 因此，其目的是防止扰乱法律程序的进行（刑事或民事程序），防止对公正审判的损害，或者防止个体因参与诉讼（例如作为证人、陪审员、法官或当事人）而受到伤害。[184] 刑事藐视法庭将受到监禁的惩罚。[185]

民事藐视法庭主要是为了帮助法庭指令的执行，其惩罚的是当事人未遵守法庭指令的行为。英国法律的做法较有代表性，且被许多英美法国家所采用，

---

[180] 重要的是，强制执行这些措施可能带来某些困难，这一事实并不足以成为对这些措施提出指控的理由。在这方面，对在国际仲裁中给予具体履行的某些批评似乎是错误的（参见 T. Elder. The Case Against Arbitral Awards of Specific Performance in Transnational Commercial Disputes [J]. Arbitration International, 1997, 13 (1): 1-32）。

[181] 如上所述，一般而言，仲裁庭没有义务考虑可能的执法地的法律（尽管仲裁员至少有道德义务努力作出可执行的裁决）。

[182] 因此，在许多情况下，适用于争议案情的法律可能对于执行裁决不具有中立性。这是因为在许多法律制度中，颁发永久禁令和具体执行情况与作出决策的过程密切相关。在这些情况下，救济措施与可能的违约制裁密不可分。

[183] C. J. Miller. Contempt of Court [M]. 3 版. Oxford: Oxford University Press, 2000: 3.

[184] C. J. Miller. Contempt of Court [M]. 3 版. Oxford: Oxford University Press, 2000: 3-4.

[185] G. Hazard, M. Taruffo. American Civil Procedure: An Introduction [M]. New Haven: Yale University Press, 1993: 202.

"处罚的形式原则上是收监,如果是公司,则处以罚款或扣押资产"。这是一种十分严重的执行方式,因此在涉及债务判决上不可用。禁令和强制履行的作出要看法院的自由裁量权,因为它们构成衡平法救济。而且,由于历史原因(包括可用于执行这些指令的方法的严重程度的原因),特别在经济赔偿——英美法国家最受欢迎的救济方式——并不够的情况下,强制执行仅在相当小的范围内可以适用。

日耳曼大陆法体系遵循的是相似的方式。例如,根据德国法律,如果判决命令当事人:(a)做只有他或她能做的事(排除个人服务);(b)禁止某些行为;或(c)允许其他个人采取行动,而该当事人不遵守上述命令,那么该当事人可以被罚款或收监。

5.3 基于法国的大陆法国家的强制措施

与前述情况不同,遵循法国司法传统的大陆法国家并没有规定相同的民事藐视法庭罪。一位重要权威人士如此总结法国的情况:

"不考虑对付款请求的执行,只有对交付特殊货物的判决被执行的具体规则覆盖了:执达员可对这些判决直接执行。如果判决中考虑的其他行为或弃权在民法典或民事诉讼法中均没有规定相关具体执行方式,即使承诺行为不是个人行为,债权人也可以依民法典第1144条向法庭请求做或要求别人做债务人应做之事并收费的权利。"

相应地,根据法律框架,当事人无法强迫对方遵守法庭指令(以及可适用的仲裁裁决)作出行为或弃权行动。为了对这种情况进行救济,法国法庭设计出一种"民事惩罚"的强制性机制,称为"逾期罚款"。一般来说,这个措施能确保如不执行相关指令,那么不执行的每一天(或星期或月),不执行方当事人都必须向胜诉方支付一定金额。逾期罚款可以是暂时的(由法院进行调整)或是最终的(未修正就发出,支付金额以时间单位计(例如不履行的每天、每周或每月))。对于后者的情形,逾期罚款的数额需要通过简单的数学计算来确定。重要的是,只有一些遵循法国传统的大陆法体系规定了逾期

C. J. Miller. Contempt of Court [M]. 3版. Oxford: Oxford University Press, 2000: 4.

参见第10章第2.4.4.1节。

K. Zweigert, H. Kotz. An Introduction to Comparative Law [M]. 3版. Oxford: Clarendon Press, 1998: 474.

K. Zweigert, H. Kotz. An Introduction to Comparative Law [M]. 3版. Oxford: Clarendon Press, 1998: 475–476.

出处同上,476。

罚款（例如比利时和荷兰）。未对逾期罚款作出规定的法国传统大陆法国家，通常规定了经济赔偿，以经济赔偿作为执行指令的直接机制。[101]

而且，在大多数的大陆法体系（基于法国和德国法律）中，强制履行构成对违约最常用的救济形式。[102]依照大多数大陆法国家的法律能获得强制履行指令，但依照英美法国家的法律简直是不可能的。

5.4 不同法律体系共存时的潜在问题

由于不同法律之间存在的差异，有时作出救济适用的法律和强制执行地的法律的"组合"可能会引起不期望的情况。一般而言，有两种法律"组合"会造成特别的困难：(a) 胜诉方想在英美法国家执行命令对方做什么或不做什么的裁决，而该裁决是基于某些大陆法国家的法律作出的；以及 (b) 当事人想在某些大陆法国家执行禁令性救济和强制履行，而上述指令是依照英美法国家的法律作出的。这两种情形将在下文中详细介绍。

5.4.1 在英美法国家执行依照大陆法国家法律作出的救济

在英美法国家，得到承认或确认的裁决是视作法院判决的，这些国家规定了藐视法庭罪或类似的强制性措施，原则上，如果不遵守仲裁裁决中关于做什么或不做什么的指令，将以民事藐视法庭罪（或以类似的强制性措施）受到惩罚。在这个方面，可能出现的问题是，基于适用法作出这种指令的要求也许并不严格（例如根据许多大陆法国家的法律，作出强制履行是相当理所应当的），而这与英美法国家的法律框架是有冲突的，会引起不公平的情况。特别考虑到藐视法庭罪的刑法属性，作出做什么、不做什么指令的裁决会引起公共政策上的忧虑。

在加拿大的 Adamas Management & Services Inc. 诉 Aurado Energy Inc. 案[103]中，败诉的被申请人（Aurado）根据《纽约公约》第 V（2）（b）条（公共政策）提出对一份瑞士裁决不承认。该裁决是 ICC 仲裁作出的，其按照公平合理原则命令 Aurado，除其他事项以外，向申请人（Adamas）转让一部分 Aurado 的普通股。判决 Adamas 承认请求的法院概述了 Aurado 的理由：

Aurado 是一家多伦多股票交易所（TSX）的公共交易公司。为了发行新

---

[101][102] K. Zweigert, H. Kotz. An Introduction to Comparative Law [M]. 3 版. Oxford: Clarendon Press, 1998: 475-476.

[103] Judgment of 28 July 2004, Adamas Management & Services Inc., v. Aurado Energy Inc. (New Brunswick Court of Queen's Bench, Trial Division, Judicial District of Saint John, Docket No. S/M/57/04) in A. J. van den Berg (ed.), Yearbook Commercial Arbitration, vol. XXX (The Hague: Kluwer Law International, 2005), 479-487.

第10章 仲裁裁决的作出、撤销、承认和执行

股，Aurado 称需要得到 TSX 的批准，而批准的条件是股东表决同意进一步发行新股。由于这些情况不在 Aurado 掌控范围内，其辩称执行该裁决有可能导致 Aurado 藐视法庭，但其并无过错。因此，Aurado 的辩护律师称这有悖于公共政策，根据 ICAA 第 V（2）（b）条应当拒绝执行该裁决。[194]

加拿大法院拒绝了 Aurado 的理由，认为"Aurado 需要获得发行股票的规范性批准并相应有可能藐视法庭的事实并不违背公共政策"。[195]

我们说过，虽然使用了国际公共政策概念或不那么严格的国家公共政策，以公共政策为由的撤销裁决异议或不执行裁决异议往往都会失败（如上文中的例子），申请人会期望避免进行可能的答辩。特别对知识产权拥有者，其预见在一些对不履行行为处以刑罚的国家要强制执行某禁令或强制履行，他或她就会考虑一些先发制人的措施。如果该知识产权拥有者想得到一份永久禁令（除非当事人合法同意扩大救济范围），他或她就会期望该永久禁令明确契合需要保护的涉案知识产权的范围和有效期。不过要避免范围过宽的禁令。

如果知识产权拥有者想要得到强制履行，他或她则会期望将救济收缩到适当且可强制执行的范围。

而且，为了使裁决的执行更加便利，仲裁庭在作出禁令性救济或强制履行时要特别注意使用的措辞。这些措施的效力很大程度上取决于裁决中实施部分的具体用语。一些国家法院强调了谨慎撰写的重要性。例如，在对根据 1996 年英国仲裁法第 66 条所作裁决的执行中（依照《纽约公约》承认和执行裁决的替代性方法），英国法院认为"为了确保依照 1996 年英国仲裁法第 66 条所作判决的可执行性，裁决应当清楚撰写到直接转移到判决主题上也合情合理的程度"。[196]

虽然这看起来是显而易见的，但是在有选择的情况下，申请人还是倾向于经济赔偿，强迫当事人做什么或禁止做什么。

---

[194] Judgment of 28 July 2004, Adamas Management & Services Inc., v. Aurado Energy Inc. (New Brunswick Court of Queen's Bench, Trial Division, Judicial District of Saint John, Docket No. S/M/57/04) in A. J. van den Berg (ed.), Yearbook Commercial Arbitration, vol. XXX (The Hague: Kluwer Law International, 2005), 484.

[195] Judgment of 28 July 2004, Adamas Management & Services Inc., v. Aurado Energy Inc. (New Brunswick Court of Queen's Bench, Trial Division, Judicial District of Saint John, Docket No. S/M/57/04) in A. J. van den Berg (ed.), Yearbook Commercial Arbitration, vol. XXX (The Hague: Kluwer Law International, 2005), 484 – 485.

[196] Tongyuan v. Uni – clan Ltd. (High Court, Queen's Bench Division Commercial Court) in A. J. van den Berg (ed.), Yearbook Commercial Arbitration, vol. XXVI (The Hague: Kluwer Law International, 2001), 889.

申请人也可以约定或要求仲裁庭保留管辖权来监督对禁令或强制履行措施的遵守行为，通过这种形式回避对这些措施进行强制执行的需要。（该问题将在下面的第 5.5 节中阐述）

5.4.2 在大陆法国家执行依照英美法国家法律作出的救济

如果仲裁庭依照英美法国家的法律作出禁令性救济或强制履行救济，而需要在大陆法国家得到执行，我们前面说过，一般来说，没有直接的强制性方式来强迫败诉方遵守这种指令。在一些情况下，考虑到所在司法管辖权的法律，并不需要用强制性手段来执行。特别对涉及所有权相关权利转移的情况（一般来说就是"obligations de donner"），有时可以直接通过仲裁庭或者法庭官员来完成（即无需败诉方、相关权利人参与）。

无限期禁令（在大多数情况下）和强制履行（特别是"作为义务 obligations de faire"）可能需要强制执行。对于这种情况可能的解决方式是当事人明文约定对不遵守的一方进行私力惩罚（逾期罚款）。如果没有明文约定，仲裁庭自然就会按照英美法管辖区法律进行裁决，可能会无权作出逾期罚款决定。

在任何情况下，逾期罚款在某些英美法国家有可能造成公共政策问题，特别是不遵守裁决的行为被视为违约时（例如在英国和加拿大[107]就是这种情况）。这是因为在英美法国家，对违约进行惩罚是不被接受的，而逾期罚款就有可能被归为不能接受的惩罚中。[108] 因此，如果仲裁庭是在英美法司法管辖区，即使当事人对逾期罚款作出了明文约定，不满的一方当事人可以公共政策为由对作出这种措施的裁决提出无效。

另外，原则上，作为实际操作问题，计算逾期罚款的最终数额需要国内法院的参与，这种计算要确定违反相关指令的持续期从而计算出应付数额，而不熟悉逾期罚款救济的法院可能无法参与到这一程序的进行过程中。

还是在大陆法国家执行裁决的情况，申请人只有在经济补偿无法实施的情况下才能要求永久禁令和强制履行。如前文提到的，对于提交仲裁的知识产权争议，知识产权拥有者有时确实会请求永久禁令和（在较低的程度下提出）

---

[107] 例如，可参见 Agromet Motoimport Ltd. v. Maulden Engineering Co. (Beds) Ltd. [1985] 2 All ER 436 (considering the lack of compliance with an award as a breach of contract). 类似的，可参见 Yugraneft Corp. v. Rexx Management Corp. (2010 SCC 19)（加拿大高等法院）。

[108] 即使在一些大陆法系国家，关于仲裁庭授予财产的权力也存在争议，特别是在当事方未就这些措施的适用达成一致的情况下。参见 G. von Segesser & C. Kurth, Chapter 5 – Interim Measures, in International Arbitration in Switzerland: A Handbook for Practitioners, ed. G. Kaufmann – Kohler & B. Stucki (The Hague: Kluwer Law International, 2004), 77.

强制履行。在存在藐视法庭罪或逾期罚款的地方，对这些不遵守这些措施可使胜诉方向不服从方主张损害赔偿，可以向国内法院提起或者，如果最初的仲裁协议范围够宽的话（现代国际仲裁实践中经常出现的情况）提起新的仲裁程序。

为了避免成立新仲裁庭以及对案件陈述要点所需的开支，同时考虑到当事人希望在一个法庭解决其争议的需要，可以建议当事人约定保留仲裁庭的管辖权，从而能对相关指令的履行情况进行监督以及对败诉方的违约行为施加损害赔偿。

在多管辖权的知识产权争议中，有时需要在属于不同司法传统的国家执行裁决，并且处理完全不同的强制性措施，此时成立"备用仲裁庭"可能有助于解决永久禁令和强制履行措施的执行引起的潜在困难。

5.5 仲裁庭保留管辖权

如上文所述，特别在多管辖权情况下，为了保证顺畅执行做什么、不做什么的强制性义务，更好的方式是让仲裁庭保留管辖权。理想情况下，仲裁庭保留管辖权的权力是当事人默许的。可以在仲裁协议中事先约定，如本书第6章中说过的。如果没有这种约定，在面对执行永久禁令或强制履行的请求时，仲裁庭在程序进行中会期望了解当事人对保留管辖权的意见。这有助于得到关于该问题的一致意见。而且，（至少在原则上）为了避免可能出现的藐视法庭惩罚，被申请人会默认这一机制。

在 WIPO 的经验中，一旦当事人约定成立备用仲裁庭，为了避免"履职期满"原则的生效，仲裁庭会作出部分裁决而不是最终裁决。

即使当事人没有约定，在知识产权争议中，仲裁庭也拥有保留的管辖权用于监督禁令性救济和强制履行措施的执行，国内法院也认可这种决定。例如，在 Engis Corp. 诉 Engis Ltd 案[109]中，除了作出禁令性救济和对某些专利进行分配，仲裁庭还对"后续涉及裁决的争议"保留了管辖权。败诉的被申请人（Engis Ltd.）在仲裁所在地法院起诉，辩称仲裁庭没有得到保留管辖权的授权。法院驳回了其诉求，理由是：

> "最终，Engis Ltd. 称仲裁员没有权力对后续涉及裁决的争议保留管辖权。为了支持其观点，Engis Ltd. 引用了两个案件，在这两个案件中主张仲裁员无权对发出的裁决进行修改或修正，其中一个案件的主张是仲裁员的授

---

[109] 800 F. Supp. 632 (1992) (United States District Court, N. D. Illinois, E. D.).

> 权最终结束了。但是 Engis Ltd. 不仅没能提供任何证据证明仲裁员不能在发出裁决后为裁决的执行保留管辖权，而且 Engis Ltd. 的主张实际上还被自己提出的一个援引案例削弱了。在 Dreis & Krump Mfg. 案［802 F. 2d at 250］中，美国联邦第七巡回法院默认批准了仲裁员为确保遵守裁决而保留的管辖权，但没有批准对请求再审而保留的管辖权。而 Engis Ltd. 实际上曲解了履职期满原则，该原则主张'仲裁员作出最终决定后，仲裁员就履职期满并且不再有权对决定再审或修改'。Anderson 诉 Norfolk & Western Ry. Co. 案，773F. 2d 880, 883（第七巡回院，1985 年）。该原则设计的目的是通过消除仲裁员对已发出的裁决进行重审或改变而确保仲裁裁决的终局性。然而，正如在 Dreis & Krump Mfg. 案中的情况，这个原则并没有禁止仲裁员为了确保执行其裁决而保留管辖权。绝对禁止保留执行管辖权会造成长期要求司法介入，或者要求选择另外的仲裁员来解决后续执行争议，而这些都会不必要地损害仲裁程序。
>
> 因此，具体到该案，仲裁员对解决执行争议保留的管辖权是适当的。"[200]

保留管辖权的仲裁庭针对败诉方违反禁令或强制履行的行为能够快速作出部分损害赔偿裁决。依照《纽约公约》这种部分经济赔偿裁决是有执行力的。在许多情况下，这能够提供一种有效（但不完美的）机制来确保对非经济裁决的执行。[201]

---

[200] 800 F. Supp. 632（1992）（United States District Court, N. D. Illinois, E. D.）（省略脚注）。

[201] 设立备用仲裁庭的有效性取决于案件的具体情况，例如相关禁令的时长和潜在的未来争议是否能有合适的仲裁员（例如，这可能会受到作出裁决后可能产生的利益冲突的影响）。

第 11 章
知识产权调解[1]

1. 概 述

曾经在知识产权界多多少少有这样的猜测，认为大部分知识产权的主题是无法调解的。这种推论是由某些权利人还是他们的律师挑起的，不得而知。但可以确定的是，这种猜测不再是真的了。调解已经成为涉及商业、组织和个人知识产权争议的解决方式之一。[2]

由于与生俱来的灵活程序，调解一直以来都受其使用者的法律文化以及争议类型的影响。本章中，笔者的目的是通过以往经验阐述，一般而言，为何调解是知识产权争议最有效的处理方式，无论其范围、涉案金额、国际化程度以及调解所在地的司法管辖。不过，笔者自己的观点和经验并不代表所有人对调解这一概念的认识程度。

2. 共 性

2.1 替代性争议解决方式（ADR）

近十几年来，许多可以用来解决争议而不必追诉——或为了补救——而提

---

[1] 本章由 Jane Player 和 Claire Morel de Westgaver 撰写。作者感谢 Matthew Pack 在本章的整理过程中提供的帮助。

[2] 最初指定于 1994 年并于 2002 年稍作修订的 WIPO 调解规则，确实促成了这一趋势。例如，可参见 the efforts which are being taken to develop the practise of mediation by the International Chamber of Commerce, Current and emerging intellectual property issues for business (10th edn) (Paris, 7 Apr. 2010), at 47, available at www.iccwbo.org/policy/ip/id2950/index.html, 21 May 2010. 也可参见 D. W. Plant, We must talk because we can – Mediating International Intellectual Property Disputes, ICC Publication No. 695, 2008.

交诉讼或仲裁程序的方法正不断涌现。这些新——或重新流行的——方法中的一部分非常适于知识产权争议的突出性特点，特别是考虑到技术专家作为第三方可能需要介入其中，便于解决争议或者为争议当事人提供解决方法。

诉讼、仲裁和专家裁决的一些替代性方法将在下文中概述，本章的重点是调解机制及其在知识产权争议中的应用（作为仲裁的补救或替代）。

2.1.1 早期中立评估

当事人可以要求独立的第三方对各方理由的优势和劣势提出不具有约束力的意见，通常是在意见书中提出，其中会对争议在法庭或仲裁庭如何解决作出预测性结论。同时，第三方还可以对可能的结果发表意见，例如一方当事人可能会被要求赔偿多少数额的损害赔偿，但是该第三方无权促成和解或促成达成和解的谈判。❸

对于主题相当复杂的争议，早期中立评估有着非常重要的作用，而当事人事实上也需要在进行和解谈判或其他方式的 ADR（包括调解）之前，在争议可能到达法庭或仲裁庭的情况下对结果可能的范围进行预测。

用早期中立评估知识产权争议有这样一个有趣的例子，英国知识产权局对 2004 年专利法（即 1977 年专利法第 74A 条和第 74B 条）引入的意见机制作出了规定，并于 2005 年 10 月 1 日生效。基于此，英国知识产权局可以应任何人的要求以极其优惠的价格在 3 个月内对在英国生效的专利的侵权问题、这些专利有效性的具体问题提出无约束力的意见，对于该意见，他人可以免费参阅，专利权人或其专属许可方可以在某些情况下对该意见提出异议。提出请求的专利具体信息以及对其作出的意见都在英国知识产权局网站上公布。❹

2.1.2 调解—仲裁

这种程序组合以及下面第 2.1.3 节中将要说到的仲裁—调解程序都是为了避免调解带来的不能得到最终结果的可能，确保结果的可执行性，以及最重要的是，为参与方节省时间和费用。❺

通常调解—仲裁在程序初始就需要一个独立的第三方担任调解员（不过

---

❸ 近年来，"英国技术与建设法院"（English Technology & Construction Court）（高等法院的一个分支机构）鼓励进行早期的中立评估，在该法院，当事人甚至可以任命一名 TCC 法官作出这样的初步意见（参见 para. 7.5.3 of the TCC Guide (Revised Edition, 1 Oct. 2007)）。

❹ 参见 www.ipo.gov.uk/types/patent/p-dispute/p-opinion.htm 和 www.ipo.gov.uk/types/patent/p-dispute/p-opinion/p-opinion-advert.htm.

❺ 参见 A.L. Limbury, Hybrid Dispute Resolution Processes – Getting the Best while Avoiding the Worst of Both Worlds (London, January 2010) at 6, available via the CEDR web portal at www.cedr.com/index.php?location/library/articles/20100128_274.htm, 21 May 2010.

担任不同角色的不同第三方也是可以的）。第一阶段以正常的调解程序进行，随后由调解员将程序引入下一个阶段，在这个阶段中，他或她将以仲裁员的身份对所有结果或所有争议遗留问题进行确定。如果当事人能在调解阶段将争议中的某些方面通过协商解决，那么这种方式将大有裨益，不过还有一些未决问题需要在程序中解决。

然而也要注意到，调解—仲裁有一个主要缺陷，即当事人如果认为当第三方作为仲裁员发布约束力的决定后，某些敏感的法律、技术或商业信息会用来"针对他们"，当事人就会不可避免地对需要向"第三方"仲裁员披露上述信息时持保留态度。基于上述以及涉及调解—仲裁员作出的仲裁裁决的执行力问题❻的原因，对调解—仲裁的具体操作根据不同的司法管辖区而不同，主要取决于该司法管辖区的法律文化和传统❼（特别是调解员（调停人）和仲裁员的身份可以互换时）。❽

2.1.3 仲裁—调解

与上面的情况相反，正如其名称——仲裁—调解——是与上文中所述程序反向设置的。第三方首先听取当事人陈词，然后在起草可能作出的约束性决定前根据需要进一步研究信息。该决定随后封存——双方当事人都不能得知其内容——然后第三方依据当事人已经披露的信息，承担起调解争议的帮助性角色。在这个过程中，第三方是以普通调解员的身份行事的，因此会与当事人进行秘密（单方）会议。如果在这个阶段无法得到协商解决的结构，那么当事人将以合同方式约定开启封存的决定，此时，该决定将作为仲裁裁决约束各方当事人。如果还没有走到这个阶段就达成和解，那么第三方将不再披露其决定的内容，且该封存的决定只有在所有当事人均同意的情况下才能启封。

仲裁—调解也因避免了调解—仲裁中的程序公平问题而受到称赞，特别是第三方可以仲裁员身份行使职权，然后可以在调解程序中听取当事人的不公开陈情。

---

❻ 有人建议，调解仲裁可能会对任何可能作出的仲裁裁决造成损害；例如，参见美国仲裁协会提出的证据陈述和交叉审查方面的仲裁，in Arbitration and Other Forms of Alternative Dispute Resolution – General Overview presented at the Worldwide Forum on the Arbitration of Intellectual Property Disputes（Geneva, 3–4 Mar. 1994），available at www.wipo.int/amc/en/events/conferences/1994/coulson.html, 21 May 2010.

❼ 例如，在专利权利诉讼的背景下英国上诉法院的 Jacob LJ 发表了附带评论，大意是说这种形式的裁定可能特别适合一般的调解，特别是调解仲裁。参见 IDA Ltd. v. University of Southampton [2006] RPC 21（CA），at para. 45（vi）.

❽ 有关更多信息和讨论，请参阅本章第 7 节。

2.2 调解的主要特点

2.2.1 仲裁员的中立性和独立性

无论是判决性还是促进性解决方式，中立性和独立性都是争议解决方式的基石，当然也对调解有着特别的重要性。[9] 虽然这两个词在本质上特性一致，但在具体操作上有所区别。[10]

中立性指的是在绝对客观的基础上调解员是否有何特别的经验或利益会有可能损害其解决争议时的公正性。例如，与当事人之前存在的任何联系或关系，或者与当事人集团中的公司有经济利益关系，或者任何类似的潜在利益冲突的客观威胁，这种客观威胁会损害仲裁员的公正性并导致仲裁员不足以中立地参与到调解中。而对这种联系、过往的关系或其他任何与争议有关的因素——例如某调解员曾经受雇担任一方当事人公司的执业律师——进行确定则完全取决于当事人。

相反，调解要想取得成功也取决于当事人对调解员独立性的信任，这个问题将在本章其他部分进行深入探讨。这种信任只有在调解员真的以公正的方式进行调解时才得以维持，调解员在进行调解时不能表现出对其中一方参与者的倾向性表示或认同，因此调解员的独立性是以主观标准进行评估的。感觉才是关键，而不是纯粹的事实，这正是由于当事人对仲裁员信任的需要。

除了将在下文概述的调解信任原则，当事人只有充分认识到该调解员不会不经其明确同意就把当事人的商业敏感信息透露给对方，才会自愿地将这些信息提交给调解员。这种认识也是完全依靠当事人对调解员独立性的信任，这确保了对调解员的选择是一种合作的程序，在这一过程中会对对方当事人推荐的个人及其职业背景等常规内容进行大量的"尽职调查"。[11]

2.2.2 自愿性

通常，调解当事人应首先通过解决未来争议的契约性争议解决条款（以及/或通信记录），或通过争议出现后提交的调解协议（也可参见第 4.2 节关

---

[9] 例如，WIPO 调解规则规定，调解员应是中立、公正和独立的，见第 7 条（译者注：应为规则第 8 条）。

[10] 为了进一步讨论中立和独立以及两者之间的关系，请参阅 the following transcript of plenary discussions at a joint seminar by the American Bar Association (Dispute Resolution Section) and CIArb, in association with CEDR and the LCIA: Third Session – Statutory Regulation of Mediation: An Outline of the Proposal for a Uniform Mediation Act in the USA and of UK Proposals and Procedure and Terms of Mediation, Selection of Mediators, Ethics and Confidentiality (London, 21 Jul. 2000), in Mediation post – Woolf: Can the American Experience Assist? Arbitration (2001) 35, 77–90.

[11] 有关调解员选择标准的更多细节，请参见下文第 6.1 节。

于调解协议的部分）来进入程序。⑫

　　虽然仲裁员也会（或者应当）采取措施辅助当事人进行和解，包括在某些情况下比较适当的做法是商议 ADR 程序以及提醒当事人调解的益处，但是仲裁程序的当事人永远不用必须调解，除非有合同约定这么做。⑬ 相似地，在诉讼程序中，法庭通常的立场是仅鼓励当事人以调节或其他形式的 ADR 解决争议，⑭ 而不会在不经当事人同意就命令他们加入这些程序。例外情况除外⑮，命令诉讼当事人进行调解被认为是可能违反了《欧洲人权公约》（ECHR）第 6 条（公平审判的权利）⑯，因为它限制了当事人进入法院程序。⑰

　　因此，作为一般规则，⑱ 即使当事人没有受到直接鼓动，也只能均同意的情况下才进行调解，⑲ 同时，在一些司法管辖区，如果法院认为当事人没有对

---

⑫　尤其可参见 2004 年奥地利民事仲裁法第 1（1）条，它认为当事人的协议是根据本法进行的任何有效调解的必要先决条件；以及比利时司法守则法典第 1724 - 1737 条（inclusive），as inserted by the Belgian Mediation Law on Mediation of 21 Feb. 2005，它规定了商业和民事争议的调解应在当事人鼓励下纯粹私下进行，或在讼前由法院协助进行。在这两种情况下，在比利时，是否参与调解的决定权完全在当事各方，并不强制执行。

⑬　Final Report of the Commission on Settlement in International Arbitration（CEDR, November 2009），para. 4.2.

⑭　参见 the New French Code of Civil Procedure, Art. 131 - 1, inserted pursuant to Art. 2 of Décret n° 96 - 652 of 22 Jul. 1996, J.O of 23 Jul. 1996（France）; r.1.4（2）（e）Civil Procedure Rules 1998（England & Wales）; and EU Mediation Directive（2008/52/EC）, Art. 5.1, at note 33.

⑮　例如，英国商事法院（高等法院的分支机构）可批准 ADR 命令，要求其中一个 ADR 表格中的某些程序步骤按规定日期进行，当事方有义务解释未遵守法院指令的行为，例如，在 Shirayama Shokusan Co. Ltd. & Others v. Danovo Ltd.［2003］EWHC 3006 案中，法院为这样一项命令辩护的理由，除其他外，是基于当事双方之间长期的贸易关系，因此，通过友好和解可以获得很多益处。

⑯　在英格兰和威尔士，参见 Halsey v. Milton Keynes General NHS Trust［2004］EWCA Civ 576（CA），适用欧洲人权法院宣布的原则，在 Deweer v. Belgium（A/35）［1980］ECC 169 案中，其确认允许某一方故意放弃其进入法院的权利，但"限制"可能损害这种放弃权力的有效性，从而导致违反《欧洲人权公约》（ECHR）第 6 条。

⑰　虽然应该指出，《欧洲人权公约》（ECHR）第 6 条的观点并未阻止要求加强法院对调解的态度；例如，the Gowers Review of Intellectual Property（HM Treasury, November 2006）呼吁加强英格兰和威尔士的法院程序规则，以鼓励调解（Recommendation 43）。

⑱　虽然该总则有一些变化，例如国家法律要求采取某些初步步骤，但实际上并没有强迫当事各方参加全面调解。例如，西班牙议会为实施欧盟调解指令（the EU Mediation Directive, 2008/52/EC）而讨论的调解法草案预计将包括要求申请人召开免费信息会议讨论具有商业索赔值小于 6000 欧元，作为开始正式程序的必要先决条件。但是，这并不妨碍各方实际进行全面调解。如果此类索赔的价值低于 300 欧元，也可通过电子方式进行调解。更多的信息请参见 the press release of the Spanish Ministry of Justice（Ministerio de Justicia）of 19 Feb. 2010 at www2.mjusticia.es/cs/Satellite/en/1215197775106/Medios/1215327459001/Detalle.html, 21 May 2010.

⑲　例如，英国法院可以应当事人的请求或者自行主动中止诉讼，以便在诉讼进行之前进行调解，并积极鼓励当事人进行调解，但这并不包括实际的强制调解；参见 Muman v. Nagasena［1999］4 All ER 178（CA）, per Mummery LJ.

调解给予应有的重视,可以在程序结束后,在诉讼费的最终裁决中对当事人进行间接惩罚。[20]

调解的进行一般由调解员和调解当事人之间的调解协议管辖(将在下面的第4.2节中进行详述)。考虑到调解的自愿性,在这种协议中使用的标准条款要能确保各方当事人在任何时间都能终止程序,并"离开"调解,那么这个时候争议中的调解员角色也就告终。即使认为调解员可以拥有与任意当事人相当的能力,或者能撤回当事人终止调解的管辖权,这些观点也不能用于惩罚撤回调解的当事人,使其受到如上文所述的费用上的惩罚。这反映了调解的自愿性——一旦当事人的双方合意被撤除,程序就依约结束。

2.2.3 保密性和无预断

如果当事人双方都将其业务和"底线"完全披露给了调解员,那么调解员和参与方之间谈话的保密性,以及在调解过程中的建议、条款及和解方式的保密性就显得极其重要了。如果没有这些披露,调解程序不管以评估为基础还是以便利为基础,调解员促进和解的能力都会大打折扣。例如,WIPO调解规则就包括了详细的保密性条款。[21]

在一些司法管辖区,与保密性的首要位置相关的是在调解的谈判过程中对"无预断"或"和解"特权的应用。[22] 这种特权典型地与当事人在调解中作出的声明和建议相关联。[23] 如果使用该特权,当事人为解决争议而作出的任何承诺、自认或其他声明都不能在涉及相同争议主题的后续程序的证据中引用(口头或文字)。[24] 不预断或和解特权通常是由和解谈判的参与方共同"拥有

---

[20] 请注意,根据比利时法律,比利时司法法典不适用于费用制裁,因为其基础是程序基于自愿同意;而根据英国法律,一方无理由地不参加调解,很可能在诉讼结束时在费用上受到惩罚。有关进一步讨论,请参见 Halsey v. Milton Keynes General NHS Trust [2004] EWCA Civ 576 (CA); specifically, in Dunnett v. Railtrack plc [2002] EWCA Civ 302 (CA),法院拒绝遵循通常的惯例,即胜诉一方的费用由败诉方支付,理由是尽管胜诉一方已经"赢得"诉讼中的每一个实质性问题,但其无理由拒绝调解的司法建议。

[21] WIPO调解规则第14~17条。

[22] 例如,在英格兰和威尔士,参见 Aird v. Prime Meridian Ltd. [2006] EWCA Civ 1866 (CA);根据纽约州法律,参见 N. Y. C. P. L. R. § 4547 (McKinney, 2007);也可参见 United States Federal Rules of Evidence, Rule 408 (a) (2),该条禁止在后续诉讼中援引"在和解谈判中作出的行为或陈述",但有限的例外情况除外。

[23] 在英格兰和威尔士,这一应用最近在 Reed Executive v. Reed Business Information [2004] EWCA Civ 887案中得到证实,其中,商标侵权和假冒案件提交至上诉法院,特别是关于ADR的审议和费用问题。

[24] 参见比利时司法法典第1728 (1) 条,在这种情况下,不得偏离将调解中交换的文件和通信作为证据的一般规则,须经双方同意才可放弃这种保护。该条款还明确规定,法官或仲裁员违反本规则在调解中披露交换的任何文件或通信的,可以判给无辜的一方赔偿损失,并命令在诉讼程序中不得受理此类通信。

的",因此只有经所有当事人同意才能在以后的程序中免除。[25] 而且,这种特权不会因与调解员的通信或其他特权文件被披露而放弃,虽然保密的双向义务将延伸至这些披露(参见下文第 4.2 节,其中将对调解协议条款进行进一步阐释)。

在无预断或和解特权不存在的司法管辖区,或者虽然存在但没有在调解中得到遵守,程序的保密性一般是通过以下方式保护的:特别调解特权[26]、法律条文[27],或最常见的,包含在调解协议或适用的调解规则中的契约性保密条款。[28]

根据举行调解的具体司法管辖区,可以保密到这种程度(如果真的出现的话),调解员可以对其听到或看到的材料要求任何不同的特权或其他保密性保护措施。例如根据英国法律,谈判方"拥有"特权,因此调解员不能利用这种法庭或仲裁庭的特权来强迫当事人提交证据,[29] 那么仲裁员只能依照调解协议和调解员任命条款利用当事人的以及当事人拥有的保密义务。英国法院认为可以拒绝这种保密义务,同时在考虑到司法利益的情况下传唤证人。[30] 与之相反,2004 年奥地利调解与民事案件法案对传唤调解员在后续程序中作证进行了更严格的限制,[31] 在一些情况下,调解员违反了保密性义务,这种披露的"受害者"有权针对该调解员提起刑事自诉。不过,这种诉讼会受制于存在具体的公私利益使这种披露合法化的辩护。[32]

调解的保密性和特权的首要地位在 2008 年 6 月生效的欧盟调解指南(2008/52/EC)中已得到承认,[33] 并在 2011 年 5 月 21 日移入国家法律中(针对保密性)。指南第 7 条要求成员国至少要对"参与调解程序的调解员"进行

---

[25] 在英格兰和威尔士,法院无权从一方拒绝放弃和解材料中的特权中得出任何不利推论,因为这会破坏无偏见特权的目的(Reed Executive v. Reed Business Information [2004] EWCA Civ 887)。

[26] 根据加州法律,参见 Cal. Evid. Code § 1119 (West 2009)。

[27] New French Code of Civil Procedure, Art. 131 – 14, inserted pursuant to Art. 2 of Décret n 96 – 652 of 22 Jul. 1996, J. O of 23 Jul. 1996.

[28] 尤其参见 WIPO 调解规则第 15 条。

[29] 这种情况最近得到了解决,Ramsey J. in Farm Assist Ltd. (in liquidation) v. The Secretary of State for the Environment, Food & Rural Affairs (No. 2) [2009] EWHC 1102 (TCC), 当宣布调解员不能在材料上援引特权以拒绝提供证据时,当事各方已经放弃了这种特权。

[30] 出处同上,第 21 – 29 段。

[31] 参见 n. 9, at Parts III and IV.

[32] 出处同上,第 31 (3) 条和第 31 (2) 条。

[33] Directive 2008/52/EC of the European Parliament and of the Council of 21 May 2008 关于民商事调解的某些方面(OJ L 136/3, 24 May 2008)。到目前为止,只有意大利、法国和葡萄牙通过立法来实施该指令:分别是 Act of 18 Jun. 2009, s. 60; n. 69; Act No. 2008 – 561 of 17 Jun. 2008 和 Act No. 29/2009 of 29 Jun. 2009.

保护，而该程序与民商事仲裁或诉讼阶段中强制提交证据中的某些要素存在交叉部分。与在英国使用的免责条款相似，指南规定，对和解后任何有可能被执行的调解条款，如会引起必要的公共政策考虑或对该条款进行评估，那么成员国有权反对遵守保密性义务。[34]

还应当注意到，当事人和其法律顾问之间以提供法律建议为目的的交流内容受到"律师－当事人"特权或"法律职业"特权的保护。[35] 这是以与调解特权相同的方式作用的，交流内容不允许在涉及争议的后续程序中使用，这种做法在大多数法律体系中也被广为接受和使用；不过，对律师－当事人通信和交谈记录进行保护的具体情形根据所适用的特权规则而有所不同。

2.3 调解的程序

为什么调解会在世界范围内迅速成为商业、组织和个人的争议解决方式之一？对于这种现象，有两个原因：其一，调解能在一定程度内获得想达成的结果；其二，是调解程序对双方当事人的控制能使争议解决。本节将对调解的程序和框架进行阐述，同时补充性地介绍准备调解和对待调解的态度的问题，并介绍调解程序的内在灵活性，以及为在调解中获得成功提供一些实用建议。

2.3.1 准备工作

虽然不是所有调解员都会推荐进行准备工作，而且实践中，在不同的司法管辖区有不同的做法，但为了更好地进行调节，准备工作相当重要，这能有助于当事人确保对调解结果行使最大的控制力，同时这一阶段的必要性不能因仲裁是自愿程序而削弱。周密的准备不仅对参加调解的当事人，对当事人的律师也是至关重要的，他们在准备时就要确定能对什么作出妥协。以下将详细阐述一些当事人在调解前可能需要考虑的问题。

2.3.1.1 地点

虽然对调解地点的选择看上去似乎无关痛痒，但这个问题有可能影响到和解的可能性。例如，如果参与调解的当事人及其律师是到另一方当事人的办公室进行调节，陌生的环境会让来访者不安，进而会暗中削弱其想要达成和解的关键性积极态度。在这种情况下，最好多花一点钱安排一个中立的地点，一般来说，在冲突最初发生或存在的环境下解决争议并不容易达成和解，相反，如

---

[34] 出处同上，EU Mediation Directive (2008/52/EC), Arts 7 (1) (a) and (b).

[35] 在英格兰和威尔士，调解一方（或其法定代表人）与第三方之间的任何通信也可能引来诉讼特权，因此在随后的诉讼中不被受理，前提是该通信是为了实际或预期诉讼的"主要目的"。关于最近重申这一立场，参见 Westminster International BV v. Dornoch BV [2009] EWCA Civ 1323 (CA). 也可参见第8章第5.2.6.4.3节讨论知识产权背景下特权的特殊方面。

果将当事人带离这种环境，到一个中立氛围的地点，那么解决争议的方式就会变得更加明确。另一个选择是调解员自己有可供使用的地点。

2.3.1.2 律师的地位

对调解没什么经验的当事人，其代理律师需要花一点时间向他们解释在调解中必要的准备与在诉讼或仲裁中是完全不同的。例如，最容易犯的错误就是像写给仲裁或法院那样起草调解意见书。调解意见书——如果需要的话——通常要用更多的时间来解释当事人之间关系的背景、诉求和商业目的，以及任何仲裁员需要注意到的潜在的、有影响力的问题。除此之外，推荐当事人在调解前对另一方的组织、目的，甚至潜在的商业计划提前进行调查。比如调查一家公司是否正要有所行动，或者是不是最近要寻求资金，不希望争议被拖长。同样地，争议不影响其商业的核心目的和争议的主体是商业中至关重要的内容，在这两者情况下，公司就应调整策略，采取完全不同的调解方式。这种商业智慧对找到双赢的解决方式是非常重要的。

律师应当向其当事人阐明调解员是中立的、独立的推动者，在保密状态下听取当事人的观点、需求以及期望值，因此只有律师和当事人之间建立起足够的密切关系后，律师才会在其认为有用且有效的情况下对当事人提出的主张提出异议。[36]

虽然这主要是行事方式或个人喜好方面的问题，精通调解的、有经验的律师也会建议深度涉及争议的参与方不要用发泄愤怒的方式绑架调解。这并不是说情感不能发挥作用（在下面的第2.3.4.3节中将要详细阐述），而是一旦表达了情感，律师和调解员应当引导当事人将注意力放在以后的结果和目的上，而不是执着于过去的行为和举动。

2.3.1.3 调解的期限

整个调解程序从开始、指定调解员到调停会，一直到调解结束，可能持续数月。[37]调停会本身是有时间限制的，在更加国际化和更大规模的调解中，调停会可能持续数天、数周甚至数月。不过正如我们说过的，调解的核心就在于其程序灵活性，因此调解的程序大部分可以根据争议来进行适应性调整。

对于正常的调节框架，公平地说，调解倾向于持续一天、至多两天。[38]由于当事人都有备而来且带着正确的态度，一整天的调解通常就能解决最复杂的

---

[36] 有关调解过程这一阶段的进一步信息，参见以下第2.3.4.4节和第2.3.4.5节。

[37] 例如，WIPO的调解平均需要一到五个月，而调解会议通常需要一天，有时两天。

[38] 就为期两天的调解而言，这确实存在一种风险，即真正的谈判只会在第二天开始，而第一天的讨论因各方的立场在一夜之间削减而中断。

争议。一整天的调解可能只持续一个普通工作日，或者持续到晚上。不过，目前绝大多数调解会考虑当事人在傍晚阶段的想法和情绪，基本不会在午夜时分达成解决，这样只会让当事人在和解后就后悔。出于相同的考虑，大多数调解员会引导当事人以合理的节奏解决争议，当然，调解员会持续推动谈话的进行，从而获得最合理的解决结果，特别是当调解员能看出当事人已经十分接近和解了，这时就值得继续进行谈判。除此之外，不可低估在调解进程中建立的和解势头，这种——调解员想尽力维持的——动力已经得到证明，是获得和解结果的决定性因素。

2.3.1.4 文件

这个问题也有不同的处理方式，但是作为一般性意见，用于调解和提交给调解员的文件应当足以"讲述完整的故事"，包括当事人之间相关的商业背景，而且能够使调解员理解所有相关的关键性法律文件。但是，提交过多的、带有无关细节的文件会让调解员不知所措，进而适得其反，而且这样做会使争议的问题变得混乱。[39] 因此，提交的文件应当反映调解员最关心的问题——如何推进争议解决情况。从这个角度上看，将注意力集中在历史性数据上是很不利的，在一些案件中，调解员会拒绝接受各方超过一定数量的文件。

2.3.2 当事人的态度

如果当事人是带着完全不接受妥协的态度进行调解的话，那么争议很有可能无法解决。当然，以一种非正式的方式向对方陈述事实，同时受到调解员的质疑和询问的时候，还是会导致偏向一方的结果，但这并不是说，如果当事人有很有力的理由就不要使用调解了。一方当事人如认为有很有力的理由，及早进行调解是很有优势的，因为这能提供向对方展示其强大理由的机会，这样就能确保对方当事人不会以可能很高的代价为一个相当薄弱的理由进行辩护。

还有一种情况，即使一方当事人拥有牢不可破的理由，通常也会为对方出价，从而尽早地解决问题。不用在法院或者仲裁上花费一年或者两年来获得最终听证，加上相关不利宣称和花费，即使是最大的商业也会因此获益。而且，如果能获得有"附加价值"的和解选择（将在第5.1.4节中进一步阐释）将对商业极其有利，这将有利于商业聚焦于未来的发展和机遇，而不是局限于过往的争议。

因此，妥协是所有当事人都应当考虑的选择，而且不要只关注当事人准备妥协的基础，而是要考虑在这种情况下对方可能愿意退让的程度。这是很重要

---

[39] 在实践中，调解员经常评论说，他们可能会在调解之前收到大量的文件，尽管他们只会在调解过程中咨询相对较少的部分。

的，这种情况大量存在：调解员发现一方当事人提出的妥协性出价所占价值明显较大，这样对出价方造成的损害要大于受出价方。❶ 再一次强调，调解前对双方妥协要价的准备是值得花费时间的。

2.3.3 出　　席

调解的实质是在独立的中立性的帮助下，为商业人士提供一个迅速而无约束地解决争议的机会。有许多优秀的谈判者可以进行调解，问题在于除了这些人可以做的，调解本身能获得什么呢，参加过调解的这些谈判者证明了调解这种中立辅助性谈判机制是有价值的。

因此，虽然有很多理由可以让别人参与仲裁，但主要负责人拥有"达成交易"的授权是最关键的；各方当事人的主要负责人（最好）特别是高级执行官或主管，其与争议没有直接联系，因而可以对事实、论点和掺杂的情感作出自己的评判，评估对方当事人的立场，随后对在这种情况下妥协是否优于在法院或仲裁中进行旷日持久的拼杀形成自己的观点。如果主要负责人已经深度参与到争议中形成了根深蒂固的观点并带有强烈的情绪，那么很难得到实际和客观的评估。同样地，可以说没人会知道和解出价的真实价值或是真实损害，因此涉及一方当事人商业的潜在解决方案或者继续争议最好由该方的高级人员决定。但是让高级执行官或者主管参加调解并不是在所有案件中都能实现。例如，当发明权属有争议时，通常推荐由发明者自己参加调解。到底由谁参加调解要根据每个具体案件和个人的特点进行仔细抉择。

对于证人、专家、客户的其他官员或任何其他个人，参加仲裁没有正式的限制——许多调解员主张应该由各方参与调解的主要成员选择其他参加人员，以保证其为了获得和解结果而尽可能的"舒服"。但是其他参加者也不能通过限制主要参与者扼杀和解的可能，特别是当参加者拥有强烈的观点或者情绪会与当事人的最佳利益发生冲突，或者由其他想让调解成功或失败的动机，这都需要避免。同样，太多人参与会导致过多的讨论，进而对和解的达成造成困难，最好使用精简的团队。

是否需要律师本人出庭调解仍然取决于具体情况。例如，当争议涉及高度技术性的问题时，例如通常在知识产权争议中遇到的问题，那么考虑到会对这些议题进行讨论，在适当的法律专家出席的情况下当事人可能会感觉更自

---

❶ 在国际调解中尤其如此，在国际调解中，遗憾甚至抱歉的表达可能比货币和解更有价值（例如，对设计人员努力的认可很少有真正的价格比较）。

在些。⓫

最后需要提醒的是，随着现代技术的进步，一些调解员会越来越希望通过互联网用电话会议的方式进行调解，一些价值较低的调解已经用这种方式成功进行了。对于相隔较远的当事人已经在探索使用电话调解这种方式，而且这种情况争议金额也不太高。虽然当事人不能当面会议会造成一些明显的局限性，在这种情况下，调解员则会以相对有效的方式运用其技能。

2.3.4 阶段和程序

如上文提到过的，调解没有固定的程序，也没有标准的调解模板。⓬ 有一种调解格式是受到广泛认可的，也有大量调解员遵循这种方式，本节将以此为基础进行阐述。

2.3.4.1 调解前与调解员接触

在一些司法管辖区，如英国，惯例是当事人会在调解前独立地与调解员进行接触，以确保各方当事人都对调解准备充分。这种接触可以在调解前几周通过电话或者面对面的会谈进行，而接触的频率和持续时间只有调解员和各方当事人自己知道。调解员至少可以独立地与各方进行一次接触，通常是调解员收到当事人的初次意见书（如果适用的话）后，为了澄清一些关键问题，也为了确保调解员开始与参与者建立联系并了解其个性。此外，调解员还会鼓励当事人通过补充当天所用文件的方式扩充其文件，例如在调停会过程中需要用来辅助复杂计算的电子表格。⓭

2.3.4.2 开始手续

到达调解地点后，当事人将被带到单独的会议室中，与当事人寒暄后，调解员会邀请他们签署一份调解协议（除非提前签署过），这将在下文的第 4.2 节中详细解释。

2.3.4.3 全体会议

开始手续后，调解员把所有当事人集中起来进行全体会议，作出开场陈词后开始调解。全体会议在一个稍大的房间进行，双方当事人分坐在桌子的两

⓫ 在知识产权争议的背景下，这种专业知识不一定由律师提供，也可以由非律师知识产权专业人员提供，例如在欧洲是专利律师，在英国是商标律师。

⓬ 在某些情况下，例如，可以采用类似于仲裁证据听证会的模式，其中，每天（或实际上午或下午会议）由调解员预先分配，例如每个当事方具有给定的"时段"在全体会议上提出其主要论点，然后是专门针对重大争议问题的时间段。同样，调解员被允许——实际上是被期望——领导和提出诸如此类调解的组织，但形式的最终决定权仍然归于双方当事人。

⓭ 此外，在这一阶段，调解员将鼓励双方律师确保在调解当日提供迄今为止发生的法律费用的说明，以及在调解不成功和审判或仲裁听证不可避免的情况下，对纠纷进展情况的详细估计和预算。

侧，调解员坐在双方中间位置的桌首，以此表示中立地位。

在全体会议中，要求各方当事人都要作一个开场陈词。当然，这还是主要取决于具体情况，一般来说，代表各方当事人的律师首先发言，然后由主要负责人在陈词的最后补充意见。❹ 但要是认为这个开场陈词与仲裁或法庭上的辩护相似那就错了；通常，全体会议是申请人利用其"申诉机会"的时机，而且这对于申请人和被申请人的商业和其他调解都有着极为重要的地位，通过允许各方当事人在程序早期就把愤怒和其他情绪发泄出来，而使随后的程序——可能的——向更加商业化的商谈推进。

开场陈词后，调解员将鼓励双方进行对话和互相询问，就笔者本人的经验，在可能的范围内，这种做法一般来说是比调解员在当事人各自的房间中穿梭传话更为有效的信息交流方式；这种各方当事人直接听取第一手问题的机会相当有用。

首次全体会议将持续到调解员认为已经推进到有效且有建设性的程度为止。一旦一方当事人问完了所有的问题，或者调解员感觉各方当事人的态度已经不再有利，例如当事人变得格外咄咄逼人❺或变得执拗，调解员就会建议各方回到各自的会议室。此时，调解进入第二阶段，调解员会在各个会议室中与各方当事人单独交谈，从而推动问题的解决。

普遍规律是，参与的律师说得越少，当事人主要负责人之间在谈判桌上说得越多，就有可能得到以下结果：最好的情况，为了以后的商业目的，双方可以合作；或者至少双方能获得足够的尊重，同意为解决当前争议而妥协。

2.3.4.4 探索阶段

一旦当事人回到自己的核心小组会议❻房间，刚开始调解员不宜太冒进地挑战各方当事人的立场，而是应当试着轮流了解各方当事人之间在争议以外的关系、争议缘起的具体情况、当事人之间的双向商业关系，以及各方当事人下一步的商业打算。❼ 为了掌控这一阶段，调解员要努力不在其中一方当事人身上花费超过另一方过多的时间，而且通常要把每次与一方当事人会谈的时间控

---

❹ 虽然许多调解员会鼓励当事各方的主要代表发表这一开场白。

❺ 在这方面，应该指出的是，全体会议经常成为激烈的讨论，而调解员允许情绪发泄是很重要的，因为一旦这种情绪被消耗，参与者就可以专注于每一方的未来要求和需要。

❻ 然而，应当强调的是，核心小组模式只是一种可能的调解形式，并非所有调解都遵循这种模式。WIPO调解规则第11条（译者注：应为第12条）规定了召开核心会议的可能性，并明确规定，在此类核心会议上提供的信息，未经提供信息的一方明确授权，不得向另一方披露。

❼ 此外，调解员将继续评价核心小组会议室中的每一个人。

制在 30~60 分钟。⓲

预期的信任关系建立起来以后，调解员就可以进一步了解争议发生的详细原因。此外，通过当事人建立的对调解员的信任，调解员可以开始试探当事人基于多"强"的假设来确定所要采取的行动，这一重要过程被称为"现实检验"。此时调解员用技巧引导当事人进入令人不快的现实检验情境，同时仍需要当事人的尊重和信任，这也是为什么调解能成功而当事人对当事人的谈判常常失败的主要原因。一般来说，调解员越有经验，他或她就越愿意进行现实检验，因为这能使当事人开始意识到他们之间各自能妥协到什么程度。同样，这一程序也可以确认当事人完全不能让步的地方，这与找出潜在妥协区域一样有用，而这是"强迫性"和解几乎完全不能维系的。

为了防止当事人在立场上划清界限，调解员通常不允许当事人在程序的早些时候就对其"底线"作出声明，也不会鼓励他们在讨论关键性争议后向对方要求和解出价。相反，调解员会基于与各方当事人的保密性谈话，在适当的时机到来时，评估是否进行更加直接的谈判。

2.3.4.5 谈判阶段

鉴于调解员已经建立了足够的信任关系，并且对争议已经有了充分的了解后，他或她会与各方当事人就他们能预见的和解因素进行私下会谈。如下面第 5.1.4 节中将讨论到的，有许多可供考虑的选择，但如果当事人诉讼或仲裁的话，就完全不可行，而调解不仅能获得多种选择，还能解决争议中情绪方面的问题，这对许多经济协议中的当事人十分重要。

与双方当事人都能进行私下会谈是调解的特权地位，因此调解最能引导当事人在可达成协议的空间（ZOPA）内提出实际的初始提议，也会在引导当事人沟通的过程中受到影响。⓳

最有效的调解员并不是简单地像邮差那样传话，而是积极谋求推动谈判，例如包括，在复杂问题上通过对律师或其他顾问分配各自的任务而使当事人的主要负责人可以空出来自由、直接的谈判。有技巧的调解员可能承认某个人对谈判提出的"障碍"后可以通过更直接的方式进行调整。总之，调解员的重要作用就是引导谈判向着和解的方向进行，当事人的主张和可接受的妥协十分

⓲ 如果调解员有助理在场，那么该助理也可以成为与另一方（其他各方）沟通的有用渠道，以便在特定会话持续时间超过最初预期的情况下向各方更新情况。

⓳ 例如，当事人可以要求调解员将消息传达给另一方；调解员可能会作出回应，建议最好是通过调解双方会议直接从一方收到消息。或者，调解员可以建议，现在应向另一方公开私下向他或她透露的机密信息，以打破僵局；或建议尚且不向另一方披露某些信息，因为在目前的谈判阶段，这些信息不会得到最好的反馈。

接近时就不会愿意在关键时刻离开调解,而这就是获得最终和解解决最优越的基础。

2.3.4.6 和解阶段

一般而言,主要负责人越愿意持续进行直接谈判,争议就越有可能解决。一旦建立起和解的势头,当事人的律师就会开始起草和解协议框架。[50] 在此阶段,调解员通常会提醒当事人,只有落实在字面上,条款才有约束力,这有助于当事人保证"挤干"可能提出要价中的水分,保证只对会明文同意的提出主张。[51] 还要注意,在大多数调解中,在这一阶段会有个"低谷",随着参与者的热情渐渐衰退,调解员要向谈话注入新的能量。

达成解决方案,起草了和解协议后,当事人就可以见面签署最终的和解协议。调解可能包含艰难、紧张且常常情绪化的谈判,调解员会趁此机会提醒当事人一路走来所付出的努力;在这个意义上,虽然任何人都不喜欢争议,但在没有外部强制性结论的作用下就能在当事人之间达成妥协,这反映了调解在争议解决领域中所扮演的重要地位。

2.3.4.7 未和解的结果

在笔者的经验中,有70%的调解是在当天就和解的。[52] 根据WIPO中心的数据,截至目前,总共有73%的WIPO调解得到和解。[53] 而且,即使没有立即和解,以笔者的经验,绝大多数采用调解的案件也倾向于通过当事人的主要负责人在调解环境外持续协商,在3个月内得以和解,而不是走向听证会方向。最后,可能由于诉讼和仲裁是正式的争议解决程序,因此正式诉状倾向于把立场极端化,而调解的当事人常常会发现只有一个或两个争议中的关键问题导致了利益侵占并使争议升级。即使争议确实走到法院或仲裁程序了,调解也依然能确保当事人及早认识到他们之间的首要问题,因此缩小由法官或仲裁庭来解决的问题范围,由此使费用最小化。在这个基础上,即使调解没有立即达成和解的结果,将其称为失败也是不准确的,因为当事人对自己和对方要提出的立场更加了解而提升了地位。

2.3.5 调解手段:促进型还是评价型?

由于调解员不应当试图把和解强加给当事人(当事人也不会接受),或者

---

[50] 但是,任何的和解必须由当事各方"拥有",而不是由他们的顾问决定,因为人们普遍认为,当事各方自愿达成的和解往往比强加的或以其他方式施加压力的决议更一致地得到遵守。

[51] 参见以下第4.2.6节。

[52] 由于调解中保密性至关重要,虽然许多调解员会公布自己的成功率,但无法获得关于成功率的准确统计数字,而且这些数字往往反映了当天解决的调解争议比例非常高。

[53] 参见WIPO Center's caseload page at www.wipo.int/amc/en/center/caseload.html, 21 May 2010.

迫使当事人接受和解出价，因此除了通常的促进性作用，调解员还可以扮演其他可能的角色。

对纯促进型的调解员来说——也是调解的通常类型——他或她不会对争议的主张提出观点，只会以谈判促进者的身份行事。[54] 该调解员的注意力只放在为达成和解创造适当的条件上，当然这也是评价型调解员的功能之一。相反，评价型的模式，[55] 可以在调解协议中提起和载入，如在以下第4.2.2节中所述，调解员有权提出完全无约束力（但可能有特权）的观点，特别针对的是争议日后可能的进程、法庭或仲裁庭对某问题可能采取的措施或解释、各方当事人相应的实质性理由，及其他当事人可能认为有帮助的方面。[56] 这些观点可以以更为正式的书面方式作出，也可以在会议室中口头向各方当事人单独作出。

特别是在知识产权领域，例如，调解员的观点针对的是版税率，如果当事人签订的和解条款中约定了对该版税率进行执行，那么对具体的版权或商标许可而言，该版税率在开放市场上是可付的。如果当事人之间对这种价值没法达成一致，针对"基准"市场税率的合理但完全没有约束力的技术性观点（但不保证）允许当事人在客观的基础上推进其谈判。

2.3.6 使用调解员的全部潜能

在可能的范围内，将调解员的能力用到极致对各方负责人及其律师都是非常重要的。调解员游走于与双方建立信任关系和保持受尊重和中立的试探者之间的细线上。好的调解员既要意识到全体会议室和独立会议室中的动态，又要确保所有参与者在谈判的整个过程中都能各司其职，并且在程序中维持参与者和当事人之间的尊重基础。例如，调解员会忽略主要负责人的律师，因为这些律师往往为主要负责人提供咨询数年之久，因此如果没有特别好的理由，主要负责人会难以听取对方当事人的建议。[57]

要鼓励调解员尽可能多地参与到调解程序中。有技巧的调解员会努力与当

---

[54] 如前所述，例如，在前 n. 49 中。

[55] 也可参见 WIPO 调解指南中的定义，WIPO Publication No. 449（E），January 2009，5（available at www.wipo.int/freepublications/en/arbitration/449/wipo_pub_449.pdf）.

[56] 可以说，不可能将每位调解员的标准方法定性为单纯的促进性或评价性，因此，应利用预选面试和对每位拟议调解员候选人的反馈来探索该候选人通常采用的两种方法之间的细微差别，以确保他或她适合所参与的争议，如在下文第6.1.4节进一步讨论。如下文第4.2.2节所述，提交意见的程度也应通过调解协议加以控制。

[57] 如果一方当事人由一名主要负责人代表，而这位主要负责人迄今为止不参与争议的日常处理，并且因此能够更冷静地接受和评估律师的建议，那么律师的影响程度将会降低。为了避免被边缘化，这些律师可能更愿意让他们的日常指导客户成为谈判的主要负责人，尽管如上所述，客户可能还会受到情绪的影响。

事人建立信任关系，这样当事人就会愿意调解员参与其针对商业问题而进行的更机密的谈话，如果调解员能获得所有参与者的这种信任，那么他或她就能更好地抓住达成和解的好机会。相反，如果没能建立起信任，当事人在对另一方的提议进行评估时会要求调解员离开，这样一来，调解员的作用就有可能沦为奔走于当事人独立会议室之间的传话筒。在这种情况下，调解员的独立性和中立性也就丧失了。

3. 调解规定和规则

调解规定数量众多，通常每个都有其自己的一套调解规则。

3.1 调解规定

许多调解规定特别将行业领域和法律领域具体化了。大型国际调解组织，例如世界知识产权组织仲裁和调解中心（WIPO 中心）[58]、有效争议解决中心（CEDR）[59]和司法仲裁和调解服务中心（JAMS）[60]，以及更加地区性的（同样有能力处理国际性和复杂性争议）机构，例如法国的巴黎调解和仲裁中心（CMAP）[61]或者比利时的布鲁塞尔商业调解中心（BBMC）[62]，这些机构的专家组都拥有大量有经验的调解员。调解的当事人既可以从专家组中选择调解员，也可以约定由其认为对具体争议能胜任的组织指派一名调解员。

而且，商会或律师协会也常常可以提供国内调解服务，例如芬兰律师协会、意大利的米兰商会，以及瑞典的斯德哥尔摩商会的仲裁机构。

许多调解员是独立从业者，独立地为自己的服务打广告，例如，在一些司法管辖区，前法官或退休律师就提供这种服务。

一些拥有在编调解员的大型调解组织会配备处理知识产权问题的专家。而且，还有一些组织专门提供涉及知识产权争议的调解服务。国际性的组织包括 WIPO 仲裁和调解中心，其拥有来自 70 个国家超过 1500 名调解员和仲裁员，其中包括知识产权专家，而且这个数字还在不断增加，[63]还有国际商标协会（INTA），其针对商标争议提供量身定制的调解服务。

---

[58] 关于更多的信息，可参见：www.wipo.int/amc，21 May 2010.
[59] 关于更多的信息，可参见：www.cedr.com/CEDR_Solve/services/mediation.php，21 May 2010.
[60] 关于更多的信息，可参见：www.jamsadr.com/adr-mediation，21 May 2010.
[61] 关于更多的信息，可参见：www.mediationetarbitrage.com，21 May 2010.
[62] 关于更多的信息，可参见：www.bbmc-mediation.be，21 May 2010.
[63] 参见 WIPO 中心网站 at www.wipo.int/amc/neutrals，21 May 2010.

最后，在一些像英国这样的司法管辖区，知识产权特别调解服务是由相关知识产权局提供的。在英国，知识产权局与其他提供调解服务的机构相比价格相对较低，而且拥有由 CEDR 委派的调解员。

3.2 调解规则

虽然大多数调解机构制定了用于规范调解的一系列规则，但实际上，这些规则之间的差别很小。所有的规则都毫无疑问地包含调解的基本原则，即调解员应当保持中立和独立以及调解应当保密。大多数规则规定仲裁员应当根据当事人签订的协议指定，不过也有一些规定，一旦当事人达成一致意见进行调解，就由调解机构指派调解员。各个规则之间可能在如何具体进行调解上有些许差别，但基本上覆盖了相同的基本程序，其中当事人是带着与调解员单独进行会谈的可能会面。调解程序与仲裁相比不那么正式。因此，用于管辖调解程序的规则（如果有的话）也一定比典型的调解规则要短，并且主要关注的是以下方面：调解员的选择（是当事人选择还是调解机构选择）；调解员的行为（包括保持中立的义务）；调解的进行（调解的结构以及当事人的义务）；和解；保密性；结束；费用以及对诽谤的免责（这确保在调解程序中说的任何内容都不会导致诽谤诉讼程序）。

保密性规则对知识产权领域的争议尤为重要。保密性能保证商业秘密和敏感信息不会像在诉讼程序中那样被披露。WIPO[64]和 INTA[65]的调解规则中都有非常详细的保密性条款。这些条款中规定，调解中不允许录音；任何与调解相关的记录都要在调解结束后销毁；在调解中提交的任何证据都不能在后续的诉讼或仲裁程序中提出，而且调解员和当事人都不允许在调解结束后披露任何与调解相关的信息。还要求当事人在根据这些规则参与调解之前签订一份保密承诺书。与之不同的是，其他不专门针对知识产权争议的调解机构就没有这么严格的保密性条款了。虽然美国仲裁协会[66]、伦敦国际仲裁院（LCIA）[67]和国际冲突预防与解决协会[68]在其调解规则中并没有要求签订保密承诺书，但是它们也可以随时对此提出要求。

---

[64] 参见上文第 21 条脚注，包括 WIPO 调解规则的第 14~17 条。
[65] Article 11 of the International Trademark Association Mediation Rules (European Version) (2005).
[66] 关于更多的信息，可参见：www. adr. org, date of access: 21 May 2010.
[67] 关于更多的信息，可参见：www. lcia. org/ADR_folder/mediation_main. htm, 21 May 2010.
[68] 关于更多的信息，可参见：www. cpradr. org, 21 May 2010.

4. 法律框架

4.1 ADR 自动升级条款

一旦当事人之间存在如许可协议的已有合同，就需要就此进行仔细商议确定当事人之间是否预先安排了处理争议的方式。因此，自动升级条款的核心作用是在合约性争议上附加了一个升级框架，如此一来，争议一开始就可以通过最便宜的非对抗方式进行解决，如果这些方式失败了，当事人最后再将争议提交仲裁或诉讼。这种条款也被称为"多层"条款，这是争议发生后最普遍的控制措施，虽然在一些司法管辖区的商事实践中倾向于将直接仲裁作为第一个常规阶段的争议处理方式。[69] 这些条款也可以根据不同具体类型的争议以不同方式适用，比如不适合对完整争议进行解决的时候，使用更改控制程序。

自动升级条款的有效性主要体现在其能激励当事人在第一时间就采用非对抗性方法，而且确保当事人能在严格的时间限制内进行。迅速的反应对于保持商业关系是很重要的，特别是所争议的知识产权对于各方的商业行动都是必不可少的时候，要不计代价地保住之前的许可设置。基于此，大多数自动升级条款都赋予了当事人尽可能大的自由度，让他们能自己确定最初选择哪种形式的ADR。

4.1.1 自动升级条款的一般方面

4.1.1.1 对 ADR 进行具体限定吗？

大多数自动升级条款的标准格式包括正式谈判，将其作为一种形式的ADR，但是这种分类会导致条款在某些司法管辖区无法执行。[70] 因此，要对合同中适用的"管辖法律和司法管辖区"条款给予足够的重视，这有可能决定自动升级条款是否有可执行性。

4.1.1.2 强制的还是可选的？

自动升级条款可以强制当事人在采取正式的对抗性行动前尝试ADR，也可以仅提供选择，当事人如果愿意的话，可以自由选择将争议升级到仲裁或诉讼。

4.1.1.3 后 ADR 条款

自动升级条款——如其名字所显示的——必须规定各方在 ADR 失败时应

---

[69] 例如，在芬兰的商业合同中，除其他外，争议通常直接提交给由芬兰中央商会管理的仲裁机构进行仲裁。

[70] 例如，在英国法律下，这样的条款可以被定义为同意的协议，参见对该原则的讨论 in Cable & Wireless plc v. IBM United Kingdom Ltd.［2002］EWHC 2059（Comm），per Coleman J.

提交处理的程序。这通常是一种将具有约束力的决定强加给当事人的机制——仲裁或诉讼。在这两种情况下，需要明确以下程序细节：

（a）ADR 尝试已视为失败，需要进一步采取行动之前应当留出的时间段；

（b）争议适用的仲裁地或管辖法院；

（c）管辖合同或争议的实体法；以及

（d）如果进行仲裁，仲裁员的人数、任何用于仲裁进行的特别规则或指南等（可参见本书第 6 章）。❼

4.1.2 自动升级条款的例子

许多国际组织都会出版先前的自动升级条款，以下将再现一些例子。

4.1.2.1 WIPO

调解，并在调解不成的情况下，进行（快速）仲裁：❼❷

凡因本合同以及本合同随后的任何修正案所引起、致使或与之相关的争议、纠纷或权利主张，包括但不限于合同的签订、效力、约束力、解释、执行、违反或终止以及非契约性权利主张，均应服从根据 WIPO 调解规则进行的调解。调解地为【写明地点】。调解所用语言为【写明语言】。

如果，以及一旦达至某程度以致任何此种争议、纠纷或权利主张在调解开始后【60】【90】天之内调解不成，应根据任何一方当事人提出的仲裁申请，交由并最终服从根据 WIPO 快速仲裁规则进行的仲裁。另外，如果在所述【60】【90】天期限届满前，任何一方当事人未能参加或继续参加调解，则争议、纠纷或权利主张应根据另一方当事人提出的仲裁申请，交由并最终服从根据 WIPO 快速仲裁规则进行的仲裁。仲裁庭应由【1 名独任仲裁员】【3 名仲裁员】组成。❼❸ 仲裁地为【写明地点】。仲裁程序所使用的语言为【写明语言】。交由仲裁的争议、纠纷或权利主张应根据【写明管辖区】的法律裁决。

4.1.2.2 LCIA

如果争议源于本合同或与本合同相关，包括任何关于其存在、有效性或终止的问题，当事人应首先根据 LCIA 调解程序通过调解对争议进行和解，上述程序应当引用到本条款中。

如果争议在指定调解员后的【____】天内未能和解，延续期应予书面约定而未约定的，争议应当根据 LCIA 规则提交仲裁并得到最终解决，上述规则

---

❼ 应当指出的是，一些制定仲裁规则的机构也制定了与仲裁规则特别有关的先例升级条款，其样本见下文第 4.1.2 节。

❼❷ 本条款转载自 WIPO 推荐的合同条款和提交协议，这些协议以不同语言提供在 www.wipo.int/amc/en/clauses, 21 May 2010。

❼❸ WIPO 快速仲裁规则第 14（a）条规定仲裁庭应由独任仲裁员组成。

应当引用至本条款中。

用于调解和仲裁的语言为【＿＿】。

合同的管辖法律为【＿＿】的实体法。

所有依据本条款开始的仲裁中：

(1) 仲裁员的人数为【＿＿】；以及

(2) 仲裁地，或法律地为【＿＿】。

4.2　调解协议

调解协议是当事人一致同意将已经发生或者还未发生的争议提交调解处理的合同。[⑭] 根据具体的机构规则进行调解时，很可能该组织也有可用的调解协议模板。同样，许多业务成熟的调解员也会保存自己的标准调解合同。

特别在临时调解中，调解协议的功能是确定调解的范围，以及调解是基于何种基础进行的。推荐调解协议至少要覆盖以下问题（这些通常在机构仲裁规则中已经作出规定）。

4.2.1　保密性

正如在前面的第2.2.3节和下面的第5.1.7节中所述的，契约性保密至关重要，其能让调解员获得当事人信任并使当事人对其披露足够的信息使其能帮助当事人获得商业可行的解决方案。

保密性条款应当禁止披露调解过程中所有信息，并且不仅约束参与的当事人，还约束调解员。

此外，保密性条款应当单独对调解员和一方当事人之间的秘密会议作出规定，这样调解员就有义务不将秘密会议中获得的信息披露给调解的另一方当事人，除非该当事人明文授权。

保密性义务几乎都适用于所有当事人收到的文件或调解员在调解前收到的文件，以及所有在调解过程中告知的信息（如上文中描述的），并且根据适用的法律服从例外，[⑮] 这种保密性必须在调解结束后——也可能是无限期的——

[⑭] 见上文第21条，第1条将"调解协议"定义为："当事人之间发生或者可能发生的全部或者部分争议，应当调解的协议；调解协议可以是合同中的调解条款，也可以是单独的合同。"

[⑮] 英国法院准备好，在必要的情况下，为了司法公正或法律另有规定的情况下，推翻这一合同义务（参见 Farm Assist Ltd. (in liquidation) v. The Secretary of State for the Environment, Food & Rural Affairs (No. 2) [2009] EWHC 1102 (TCC)，案中 Ramsey J. 命令调解员就调解过程中讨论的问题提供证据，以确定最终的解决是否受到经济胁迫。在发现调解员没有从保护当事人之间的和解交换的无偏见特权中受益时，合同保密条款也因"正义利益"而被取代。Brown v. Rice 案也处理了类似的情况；参见下文第78条）。

得到满足。调解员是否能依靠相关特权拒绝公开仅与一方当事人在秘密会议上的谈话内容根据不同管辖区而有显著差别❼⓿，在有的情况下，这也是个未得到解决的问题。❼❼ 此外欧盟调解指南中规定的完全不同类型的特权中，其可能的解释也存在不确定性。

4.2.2 调解员：指定及作用

调解协议中应当明文规定调解员的功能，例如区分评估型和促进型调解，在前者的情况下让调解员有权对各方当事人的实体理由作出无约束力的（以及可能有特权的）观点（要具体区分促进型和评估型，参见上文第2.3.5节）。也应当概括所处的具体环节，这样调解员只用解决双方当事人都要求的问题就可以了，这通常只会发生在谈判停止的时候。

4.2.3 披露义务

由于中立性对调解员有效发挥作用有着重要的意义，对于在指定调解员时或后续程序中发生的情况，调解员一般有义务立即披露。调解是否不受这些披露影响而能继续进行则是当事人来考虑的。如果一方当事人被告知有潜在冲突，但仍然同意指定该调解员，那么该当事人就放弃了在后续阶段对此进行主张的权利，例如要对最后的和解协议提出有效性异议的时候。

4.2.4 期　　限

调解协议一般都会对调解的时间作出规定——通常有单独的一天来保证当事人可以集中处理谈判的遗留问题——如与当事人约定不同，则依当事人的约定（参见上文的第2.3.1.3节）。

4.2.5 自愿终止

调解协议应当反映依当事人约定的事实，任何一方撤回同意将终止其对调解的参与。在多方调解中，如果只有一方当事人撤回同意，很有可能调解协议会规定调解员对剩下的当事人进行调解。或者，也可约定一方撤出就全部终止。

在任何情况下，这种终止不会影响调解协议剩余条款的有效性，比如调解员费用、支出或者保密性义务的责任条款。

4.2.6 和解协议

为避免出现疑问，并防止有关和解条款的可执行性或确切性等任何问题的

---

❼⓿ 有关调解保密的一般详细讨论，参见第2.2.3节。

❼❼ 但是，英格兰和威尔士没有承认这种独特的特权存在司法权威。例如参见Sir Michael Briggs QC的讨论（Briggs J. of the High Court of England & Wales），Mediation Privilege, New Law Journal 159 (2009)：506–507。

发生，[78] 调解协议可以明文规定，只有协议条文在可适当执行的和解协议中得到记录后，调解过程中达成的和解才能约束各方当事人。[79]

关于和解协议的执行，可以加入第二条款，当就和解条款发生争议时，该条款能保证任何一方当事人都有权引用调解中达成一致意见的和解证据，建议在遵从保密性义务和所有与和解商议相关的适用性特权的情况下起草该条款。[80]

4.2.7 调解协议中的其他方面

调解协议中还可包括以下条款，不过其内容取决于指定机构和/或调解员使用的标准条款，特别对于下文第4.2.7.3节中的方面要遵从当事人的特殊要求。

4.2.7.1 协议可以规定当事人共同承担调解费用。费用通常包括调解员的准备时间加上一整天的费用，并限于某个具体期限内（例如，费用可以收至19：00，如果调解超出该时间，就以小时计费）。

4.2.7.2 调解员在调解过程中要求书面陈词或提案的权力（只有调解员能看到或者可以披露给对方当事人）也要在协议中体现，当然这些条款的具体范围根据调解员以及（通常）该调解员行使的管辖权不同而有所差异。

4.2.7.3 要求当事人由具有足够资历的人（例如高级主管）代理，在可接受的范围内对争议进行和解。当事人不由律师代表时，上述协议将指出当事人陈词的内容的作出并未要求调解员或其助手/工作人员的法律建议，也并非根据这些法律建议作出的。

4.3 和解协议

虽然根据调解当事人的动机，调解的成功通常是用和解成果衡量的。而制订和解条文对当事人才是最重要的，当事人要考虑这些条文是否遵守了适用的法律，特别对于其有效性和可执行性而言。

如果仲裁或诉讼程序已经开始了，首先需要考虑的是和解协议应当包括不继续进行上述程序的条款。[81] 这种情况的步骤根据相关程序的规范性框架而各

---

[78] 在 Brown v. Rice [2007] EWHC 625 (Ch.) 案中可以看出，在没有签署这样一份正式协议的情况下，和解条款可能存在含糊不清的情况，在这种情况下，调解员被迫提供违反商定保密规定的证据，以使法院能够确定调解期间达成的和解的事实和条件。

[79] 除其他外，参见 the ADR Group Mediation Procedure & Rules (Version 1, 2009) 的第8.1段。

[80] 关于更多的细节，特别是关于调解员通过保密义务和任何适用特权而不披露其因调解而知晓的任何事项的能力，请参阅第2.2.3节。

[81] 例如，如果诉讼程序已经在英国法院开始，当事人可以提出临时申请，要求法院作出同意令，该同意令一直在诉讼程序中，如果没有遵守特定的结算条款（例如，到期日之前支付款项），则可以继续使用（进一步信息请参见 Rule 40.6 of the Civil Procedure Rules 1998）。

有不同。

4.3.1 有效性

下文第5.1.4节将要谈到,调解最大的贡献之一就是当事人在对可能的和解机会进行谈判时不再受争议中的某些问题的限制了。不过,谈判中被放到桌面上讨论的每一次可能的互动或者新的商业行为都应仔细考虑,确保其真的能付诸实施。这需要对管辖区的适用法进行全面细致的检审,确保国家法律不会危害到和解条文的有效性。

在此给出一个实际操作性建议,为了将有效性问题引起的拖延控制在最小范围内,当事人的律师应当确保相关专家时刻准备好辅助其当事人。调解员的职责范围并不包括对和解协议有效性的可能结果发表意见——主要是为了保证其公正性。但这并不妨碍调解员提醒当事人注意可执行性等相关问题,也不妨碍建议他们寻求法律建议等。

由于每个司法体系都会对协议条文提出自己的有效性异议,因此以下非穷举地列出了通常会引起有效性问题的因素,当然永远都要仔细考虑相关问题的适用法,这能够避免一些和解协议的可执行性问题。

4.3.1.1 竞争法和反不正当竞争问题

如果知识产权争议的和解协议是以大量商业行为或涉及跨境问题为结果作出的,那么该协议很大一部分要服从竞争法以及相关反不正当竞争法规定的限制,而且同时基于国家[12]和可能的国际层面。要注意的是,用于涉及知识产权和解协议的条款常常都很负责,任何可能要达成调解和解协议的当事人都应该寻求专家的帮助来确定适用的竞争法和反不正当竞争规定适用于和解条文的范围,以及适用这些法规后对这些条文有效性可能造成什么样的影响。

在此简单提一下欧盟竞争法的相关禁令,[13]当事人应当对TFEU第10条[14]进行考虑,该条款适用于涉及知识产权的开发、许可或其他转移,以及其他可能影响到成员国贸易的协议。同样,如果和解协议的一方当事人已经开始遵守该协议,或要利用该协议,其在相关产品或区域性市场上的优势地位将受到威胁,因为这种和解协议的条文如果影响到了成员国之间的贸易,就会依据欧盟

---

[12] 例如,在美国,无论是在州一级还是联邦一级,州检察长和美国司法部反垄断部门都在其管辖范围内执行适用的反垄断禁令和控制。有关反垄断部门的进一步资料和高级别摘要,参见www.justice.gov/atr/laws.htm, 21 May 2010。

[13] 关于由欧洲委员会竞争总司提供的关于适用欧盟竞争法的进一步资料,参见ec.europa.eu/dgs/competition/index_en.htm(date of access:21 May 2010)。

[14] 参见TFEU第101(1)条(原EC第81条),规定"企业之间的所有协议、企业协会的决定和可能影响成员国之间的贸易的协同做法,其目的或效果是在内部市场内预防、限制或扭曲竞争"。

法律被禁止而可能对该当事人的地位造成危害。[65] 不过这些禁令的适用也有一些例外和限制，主要包括欧盟委员会发布通告的小微协议、横向协议、纵向协议，以及各种集体豁免，例如针对某类技术的转移协议，要强调的是，当事人及其律师应当对这些问题仔细考量。

4.3.1.2 犯罪行为

在所有司法管辖区或者不论任何管辖的法律，所有对当事人过往犯罪行为不起诉进行的调解均无效。当事人不能影响公诉判决。

4.3.1.3 法律的基本要求

正如上文第 4.2.6 节中讲过的，调解协议通常包含当事人签订的承诺书，承诺和解条款只有落实到书面形式才具有法律约束力。这对于保证不出现歧义、不同管辖区关于合同成立的具体法律要求都可得到满足是至关重要的。[66] 而且，每一方当事人都会满意另一方的代表名义上或实际上有权执行和解，不过事先是否有必要对该权利确认，根据不同适用法而不同。[67]

如果交易或和解涉及货物或者服务在新的管辖区或地区的分配，就需要认真研究其国家法律是否对这种分配或者条款作出限制，或者和解协议中规定的行为在具体管辖区是否合法。

同样，国家法律允许涉及注册或未注册知识产权交易的范围根据所处管辖区而不同。

4.3.1.4 错误和误解

如果当事人认为其受到重大错误的影响，并造成对合约可执行性的损害时，和解条文只有书面记载后才能生效这一不可动摇的主张就体现出证据性价值。

可能会对合同有效性造成损害的因素之一，是和解当事人的误解。在实践中，当事人应当对普通合约谈判提高警惕，从而保证作为协议一部分的承诺书是现实可行的。[68] 同样，谈判过程中的误解是否会影响和解协议的有效性或可

---

[65] 参见 TFEU 第 102 条（原 EC 第 82 条），它禁止 "一个或多个在内部市场或相当大一部分市场中具有主导地位的企业的任何滥用行为"，但这可能影响成员国之间的贸易。

[66] 这些条件可能包括，例如，证明双方都提供了有价值的对价，这是大陆法管辖下的法律制度的一项要求。

[67] 例如，2006 年英国公司法第 40 条允许一方与英国的注册公司进行诚信交易，以假设其董事会在合同的价值或主题方面不受该实体的章程限制。它可以执行该合同，但有例外。但是，在调解之前，一方当事人应审慎调查其他当事人代表的职位和权限，以及当事人的章程，以确认任何和解协议是否超出个别董事的权力范围。

[68] 最近，Ramsey J. 在 BSkyB Ltd. 诉 HP Enterprise Services UK Ltd. 案中重申了这一原则在英国商业合同中的重要性。(formerly t/a Electronic Data Systems Ltd.) [2010] EWHC 86 (TCC) 与欺诈性虚假陈述有关（通常被称为 the BSkyB 诉 EDS'案）。

执行性取决于适用法。在任何情况下，当事人都应当保证所有作出的承诺都以条文的形式写入最后的书面协议中。

4.3.2 执 行

和解只是当事人之间的约定，而执行是对调解所依据合同法的适用问题，或者是对当事人对所达成协议约定的管辖法律的适用问题。因此任何后续违背协议条款的行为都依据相关法律，通过普通合同救济进行处理。

不过，当事人也可以约定对所有源自和解协议的争议最初通过 ADR 进行解决。在协议中要求对可能发生的争议进行调解是可行的，调解员通常会与当事人保持联系以防和解协议出现问题。当事人还可以结合费用和节省时间需要的具体情况，基于解决争议所需的具体技巧和能力，要求在以后的调解员选择上保留自主权。

欧盟成员国（除丹麦以外）[89] 受到欧盟调解指令（2008/52/EC）的约束，其处理的是跨境争议的执行问题。[90] 该指令尤其致力于平衡源于来自不同商业合同的调解和解条款的执行，手段是责成成员国根据当事人的要求执行这些条款，依照国家法律条款非法或无效的除外（第 6（1）条）。如前文所述，这些条文的转移应在 2011 年 5 月 21 日以前完成，[91] 因此成员国采取什么具体法律行动来补足该指令还不清楚。（译者注：截至目前，对该指令的应用还很有限。）

4.3.3 保密性

当事人选择调解的动机包括保证秘密性，防止争议被周知，这种保密性要求也延伸至和解协议的存在和条款上。除了与调解谈判相关的保密性（在第 2.2.3 节中讨论过），调解协议还要确保其本身条款的保密性，同时保护所有可能交换的敏感商业信息不向第三方非法披露。这种保密性还延伸至和解本身的存在；避免负面宣传自然对 ADR 也是至关重要的。

5. 用调解来解决知识产权争议

近年来，调解因其适用性和可操作性得到了更多的适用，不仅对商事，而且对知识产权争议而言，其也体现出作为有效争议解决机制的优势。虽然仲裁

---

[89] EU Mediation Directive（2008/52/EC），at n. 33，supra，Art. 1（3）.

[90] 第 2（1）条中定义了"跨境争议"，出处同上，如其中一方与另一参加方（各方）在另一会员国"定居或惯常居住"。具体条款也适用于其他类别的跨境争端，与后续仲裁或司法程序相关。

[91] 参见欧盟调解指令（2008/52/EC），at n. 33，supra，Art. 12（1）.

也有一些缺陷,致使其不适于某些具体情况,但这种现象在过去被夸大了,特别对可能有一系列诉讼或仲裁程序的知识产权争议而言。在以下小节中,将把知识产权调解的优缺点直接与仲裁和诉讼进行对比,分析哪些争议尤其适用于这种方法,哪些不适于这种方法。

5.1 用调解来解决知识产权争议的优势

5.1.1 效　　率

用国际仲裁或诉讼的方式解决争议常常要考虑时间和支出。

国际仲裁庭从程序开始到作出最终裁决的时间依具体案件而差异巨大。虽然一些知识产权仲裁在几个月内就作出裁决了,但对大多数案件来说,最终裁决是在程序开始后的一年到两年之内才作出的。

虽然诉讼的时间表依不同管辖区而不同,但不考虑其他因素,基于争议的负责性和法庭能保证的时间,可以说大多数的知识产权争议需要数年才能得到最终判决(即用尽所有上诉机制后)。

不同的是,从开始到结束的整个调解程序通常在一到三个月就能完成,其中包括一天到两天的调解会议(当事人也可以向调解员预约更多天来进行会议)。⑫

5.1.2 费　　用

成功的调解可以大幅降低所有参与方需要付出的费用(包括执行费)。面对调解的建议,人们的反应往往是,如果谈判或通信之前未能居间解决争议,那么引入一个中立的第三方的代价就是以不必要的费用不可避免地将争议升级到诉讼阶段。

但是调解并不能归为别的争议解决机制的"便宜"替代品,因为引进调解的专业人士以及全面准备程序的费用可能会很高昂。

以笔者的经验,复杂案件的调解的通常费用是诉讼或仲裁总费用的10%左右。不过有必要强调一下,无论调解失败后是否提起诉讼或仲裁,大多数用于调解意见的必要准备性工作也要服从于起草陈述理由、上诉意见及其他可用于诉讼程序的文件的目的而进行。

调解并不能完全避免执行费用的风险,因为总是存在当事人不想履行和解协议中规定义务的可能,而此时受害方就需要采取行动进行救济。⑬ 但是由于

---

⑫ 一般来说,WIPO 的调解案件需要一到五个月的时间。

⑬ 例如,根据英国法律,可以对违约方提起诉讼,或者,如果通过附带和解协议的 Tomlin 令中止诉讼,则可以向法院申请执行该命令的条款。

协议当事人在没有司法机关或仲裁庭强迫的情况下就已经根据自己的意愿实施协议了，因此他们对自己"讨价还价"得来的结果违约的可能性远远小于对自己完全没有控制而得到的解决方案违约的可能性。以笔者的经验，绝大多数的案件中，当事人会自愿遵守调解的和解协议。

5.1.3 对程序和结果进行控制

如上文第2.3节说过的，调解允许当事人对程序拥有控制权，最重要的是能完全控制结果。由于调解从头到尾是纯粹的合约性设置，因此当事人不仅可以对形式和调解进行的规则作出指示，还可以对和解条款作出指示。自然，与诉讼和仲裁相比，这种层面的控制使调解成为一种低风险的争议解决机制。

虽然调解员可以向当事人推荐其认为适当的调解形式，但决定完全取决于当事人自己的意愿，调解员无权强迫实施这些规则，如在第2.3.3节中详细介绍过的。[94] 当事人也能在调解中对商业敏感性保密信息的披露进行控制，这与对抗性的诉讼（如在英美法管辖区进行的诉讼）过程中，或者在国际仲裁的某些情况下，当事人必须服从披露义务而无任何控制能力的情况形成鲜明对比。鉴于调解员的保密性义务，中立调停人的出现也十分有利。当事人会更乐于仅将保密信息披露给调解员，因为指导调解员会根据这些信息利用或给出建议（如果适用的话）而不会向另一方实际披露这些信息。所有参与者的忧虑可以这种方式得以化解，尽管这并不需要对调解员的正直、公平和判断的信任达到多高的水平。

正如我们强调过的，调解不是一种有约束力的程序，调解协议也不能对任何结束调解程序的参与者作出惩罚或禁令。调解程序通常可以由参与者或调解员终止，在后者终止的情况下，调解员可以作出这样的结论，当事人的立场过于极端，以至于无法人为引导调解，调解已经没有和解可能了。在任何情况下，程序的终止都不会导致当事人的直接损失，[95] 除了要付调解员的费用和相关的律师或专家费，而且调解员无论如何也没有权力作出调解的指令。

5.1.4 创造性的和解可能性

调解程序最大的优势可能在于完全不限制以谈判为目的而"放到桌面上"

---

[94] 除非调解协议中规定了这些规则，否则当事人有义务适用这些规则，但大多数起草此类协议通常会使调解的规则和行为——持续时间——在双方同意下加以改变。

[95] 虽然有可能提前终止调解，理由是法院认为这些调解没有得到客观证明，或者表明当事人没有花费足够的努力来实现调解，但可能会使任何"有罪"的一方受到谴责。如果案件在审判中得到解决，则会产生费用。例如，参见英格兰和威尔士，Carleton (Earl of Malmesbury) & Ors v. Strutt & Parker (A Partnership) [2008] EWHC 424 (QB)，其中，Jack J. 认为在本身调解中采取不合理的立场"与无理拒绝进行调解的效果并不相同"，因此，原则上，没有任何一项措施禁止以无理拒绝最初参加相同的方式在费用方面施加惩罚（第72段）。有关费用惩罚的更多信息，请参见以上第2.2.2节和第20条。

第11章　知识产权调解

的东西。而对于仲裁或常规的诉讼,仲裁庭或法庭所要考虑的内容限于当事人提出的请求。举个例子,如果国际仲裁的申请人对非法使用版权提出损害赔偿请求,仲裁庭就不可能要求权利人向被申请人授予基于版权使用费的今后的版权使用许可,如果这样做了的话,其作出的裁决就有可能因超诉愿而被撤销或不被认可。申请人的救济只能是当事人明文提出并且根据适用法能够做出的一种或多种救济。在这种类型的案件中,这些救济限于宣告式救济、损害赔偿或者禁令性救济,然而,通过谈判得到某种形式的许可也许对申请人才是更加有利的结果,这样可以在还没有市场的地区用收费的方式将版权传播到更广阔的地区。在合适的时机下,这种结果可以通过调解轻松达到,既保留了所有权,又扩大了分布。比如一家欧洲航空公司和一家美国软件公司进行的WIPO调解案件,涉及对一个世界范围的售票管理系统的开发,调解的成果是当事人之间签订了新的许可协议。[16]

所有参与者,包括调解员常常可以创造性地想出一些替代性结果来解决争议。[17]由于仲裁员不会被认为是任何一方当事人的专家或顾问,因此当事人会迫切希望调解员从自己的角度给出建议以推进和解谈判。不过调解员的这种角色大多数时候是在单独的秘密会谈中发挥作用的,而不是在全体会议中给出建议。

如前文所述,虽然一些参与者同意进行调解的基础是他们能谈判得到对方的承认或让对方正式撤回请求,但是当事人往往看不到获得某些商业利益、权利或他们并未得到的许可的可能。以下就是这些实际商业利益的几个例子。

5.1.4.1　新领域的许可

如果侵权方在知识产权持有者还没有开发市场的管辖区、地区或市场对商标进行利用,那么将收费许可授权给侵权方可以使他们的活动合法化。而这能使双方都得利,因为知识产权持有者实际并不想在其没有市场的地方停止使用商标,但是也不想在没有任何形式的商业赔偿的情况下就允许这种使用或者无法享受到商标逐渐累积的商誉带来的利益。如果有经销商加入侵权产品的售卖中,那么这就意味着经销商有可能利用已有的经销网络来售卖权利人的真货。达成这样的许可协议也有设定基准许可费率的叠加好处,这样权利人就可以将该费率用于今后的其他许可中。

---

[16] Case example cited at WIPO Center's caseload page under M. 6, at www.wipo.int/amc/en/mediation/case-example.html.

[17] 参见A. W. Kowalchyk, Resolving Intellectual Property Disputes Outside of Court: Using ADR to Take Control of Your Case, Dispute Resolution Journal 61, no. 2 (May–July 2006) 28-37, at 31.

5.1.4.2 技术或相关知识产权的交叉许可

在专利侵权争议的情况下，调解为权利人提供了一个能最大化利用其专利组合的机会。比如，侵权方正在从事的行为落入了专利权利要求的保护范围内，而此时权利人还没有进行这种具体的活动，这种情况就为许可该技术提供了绝佳的机会。权利人既可以创设一个新的收入来源，同时又能恢复其专利的完整性。

为了避免侵权诉讼和法院可能作出的巨额赔偿金，侵权方也会愿意同意将自己知识产权组合中的某些他自己还未开发的内容许可给权利人。除非明文规定双方应付的许可费对双方都是相同的，否则双方当事人都有机会建立其许可权利的基准许可费率，在后续谈判中可以使用这些费率。

5.1.4.3 赞助协议

参与的当事人有可能对另一方的产品或服务提供某些赞助，不过主要还是取决于争议的具体情况，比如调解要解决的争议涉及的是体育转播权时就可能发生这种情况。

5.1.4.4 信息来源

大多数进行调解案件的第二动机是权利人意识到其知识产权被非法开发或者被其他实体以其他方式侵权，调解可以对这些侵权行为提供有用的信息来源。这可以通过调解中的信息交换实现。

5.1.4.5 同意对专利注册和其他注册知识产权进行宣告

有一种可能，与争议的权利或商业无关，各方当事人在争议时都在开发想要提交申请的发明。由于调解双方是竞争对手，未来的专利权人有可能促成承诺书，让另一方当事人不能反对、异议或以其他方式阻碍新专利的授权。不过正如前文讲过的，这是一种横向解决方式，只有在某些严格限定的情况下才有可能，而且这种行为也需要考量竞争法的问题（参见上文第4.3.1.1节）。

同样，在一些情况下，撤销、取消知识产权注册也是可以谈判的。

5.1.4.6 避免因故终止导致的不利后果，造成僵局

涉及知识产权问题的争议与外包安排相关时，仲裁程序能使当事人避免与这些外包安排相关的"因故终止"的不利后果。可以通过谈判程序来结束他们的合同关系——为了便利而有效终止。这种方法有助于所有当事人同意通过制定条款将已有义务转移给第三人的方式，加上积极合作的承包商提供的过渡性支持以及对外包费用达成的协议而使他们的关系逐渐转移。

5.1.4.7 增进与竞争者的商业关系

知识产权争议聚焦于专属权，意味着争议当事人通常为竞争者，因此有效谈判往往会受到阻碍，建设性的解决建议也会被激烈的对抗损害。但是调解提

供了一个架起沟通桥梁的机会,比如权利人可以在其没有拓展市场的管辖区或地区将竞争者用作分销渠道。

5.1.5 用一个平台解决交叉管辖问题

知识产权是受到区域性限制的,但是其要保护的技术、产品或设计常常在世界范围内被开发或被侵权。当争议涉及侵权或有效性时,如果没有仲裁协议,就需要在许多不同的管辖区开始司法诉讼,而每个国内法院通常只能针对在自己管辖区内注册或存在的权利作出判决。[98]

但是调解并不受地域的限制。只要条件允许,而且参加者能够对推动争议解决的条款达成一致,一次调解就能在省去所有当事人大量费用和时间的情况下解决国际争议。[99] 同样,要对另一个管辖区的国内法院作出的判决进行执行,所需费用和法律复杂性通常也是相当可观的,而调节能确保当事人通过合同解决机制绕开所有这些困难。[100] 而且,调解员也能弥补争议方之间的文化差异。比如,权利人的商业文化是强调与版权相关的"人格权"的重要性,这样侵权者为其侵权行为支付损害赔偿也许不能构成足够的救济。权利人也许认为侵权者的道歉与经济赔偿同样重要,调解员就应该认识到这种情绪并以此为基础推动谈判。常常,当事人即使签订了保密的和解协议,也会达成一致进行公开声明或者公开举行媒体发布会。

5.1.6 关系的延续

如果之前已经有对知识产权进行许可或其他形式的使用的合同框架,一般当事人就不太会选择正式的争议解决方式了,如仲裁或诉讼。比如这种情况,经销商超出了已有的许可范围,将标有许可商标的商品销往未经许可的地区,如果这种关系在商业上有利可图,那么商标持有者可能会谨慎采取措施,而经销商也愿意保持与商标持有者的良好关系。如果还有正在进行中的与发展合作关系相关的谈判,或者商标持有者正需要对经销商发展其新产品的供应链,那么就需要特别小心谨慎。同样,经销商也会断定其与商标持有者的关系是最重要的,但其又不愿意放弃新开发地区的收入来源。

用正式程序不可能达到上面任何一个目的——这些目的还会被直接破坏,在正式程序中,争议会具体化,同时,当事人的立场会变得极端,相比之下,

---

[98] 见第3章2.4.3节和第67条,进一步讨论这个问题。

[99] 欧洲委员会一般提到ADR的这些优点,特别是在调解、调停和仲裁方面,正在发展一个共同体(现为欧盟)的统一专利管辖权的范围内,并通过ADR程序来简化争议的解决。参见COM(2007)165 Final: Communication from the Commission to the European Parliament and the Council – Enhancing the patent system in Europe (European Commission, Brussels, 3 Apr. 2007), at 14.

[100] 在仲裁和调解方面都注意到了这种优势,例如见上文第9段,第6页。

维系他们的商业联系显得十分脆弱。但是即使之前未考虑到当事人之间紧密的利益关系而导致解决争议的谈判失败，调解也能达成他们的目的。正如前文反复强调的，调解最基本的原则是不会作出约束性判决或者裁决。虽然在评估型模式中，中立者会被要求给出对实体问题的意见，这也不会对当事人产生任何约束性影响。这能够降低争议"情绪性"升级的可能，因为参与方在谈判过程中能看到整个过程，而不是简单地一方要求另一方严格执行权利。我们并不是说当事人在全体会议上或者在和解协议中就一定能"解决争议"，而是调解至少能避免因愤怒而导致一方当事人所谓的"失败"，这才是最得不偿失的。

5.1.7 保密性

在大多数国家，法律诉讼多多少少是公开的。一些知识产权拥有者在开始诉讼程序寻求对其知识产权的侵权救济时，会面对负面宣传和消费者信心受到打击的威胁。[101] 例如，未经合同授权就使用的商标被披露的事实如果被投资者得知，该商标所要保护的品牌市场就会被稀释，因此商标持有者就有了秘密解决争议的动机。[102] 同样，"偶然侵权者"也不想因法律诉讼或不正当交易行为而破坏自己的声誉，所以也有强烈的动机在不被公众得知的情况下就解决争议。

正如仲裁中的情况，调解也可以签订保密性条款，这样在调解中交换的信息以及争议的发生都可以得到控制不被披露。

5.2 特别适合调解的情况

大多数一开始就适合调解的争议情况在前面（参见第 5.1 节）就已经简要介绍过了。下面提出的是一些特殊情况。在这些情况下，当事人应当对调解员的指示给予特别的重视。

（a）仲裁或诉讼程序的结果是不确定的，因此从风险管理角度看，及早和解争议是必要的。通过实践经验我们知道，这种不确定性会导致仲裁庭的裁决很大程度上要取决于证据听证会上事实证人的可信度，或者会导致没有固定的法律解决某些重要问题。

（b）一方当事人——通常但不限于被请求方或败诉方——的不利决定会

---

[101] 有关诉讼背景下机密信息披露风险的说明，请参阅美国仲裁协会转录的圆桌会讨论，Intellectual Property Roundtable: A Discussion of IP and ADR (10 November 2004), Dispute Resolution Journal 60, no. 1 (February – April 2005): 68 – 81, at 76 – 78.

[102] 此外，有人指出，了解一套关于某一特定许可证的诉讼程序对其他许可证安排的"价值"产生不利影响的危险，也被认为是维护争议保密性的强烈动机。参见 M. D. Wegener, IP Arbitration, The Arbitration Review of the Americas 2007, at 2.

导致极其严重的商业后果，因此要对争议达成和解。

（c）虽然争议由来已久，但侵权行为在当前争议之前停止了。通常，如下文第5.3.3节中将要介绍的，进行调解的首要抑制因素是急于获得临时禁止救济来阻止正在进行的非法使用IP行为。但是，侵权是在以前发生的，并且IP拥有者的目的是寻求经济赔偿，那么调解就可以为权利方省去"执行费"而成为有效的解决方式。同样，有可能的被诉方或败诉方可获得和解赔偿额度的可信值（但对仲裁裁决作出的损害赔偿不确定）。

（d）如果权利人认为可能的被诉方或败诉方能带来一些"增值"选择，与仲裁庭或法院仅能作出有限的救济相比，调解具备更多的可持续益处，这在上文第5.1.4节中介绍过。

（e）虽然有悖于调解的目的，但调解程序可以战略性地用于获得一些信息，从而了解对方在争议中的立场。例如，程序已经开始，可以通过请求方提出的陈词、主张或答辩意见，以及对所主张的侵权披露的不足信息推测出其潜在倾向，调解为获得这种附加信息提供了平台。不过只有在对方当事人同意将其动向通知调解员的时候这种策略才能成功。以笔者的经验，如果发生这种情况，即使对最难缠的当事人，争议也往往能够解决。

（f）如在第2.2.3节中详细介绍过的，调解与诉讼的区别在于其存在、进行和内容均完全保密，因此对公开披露会当事人利益严重损害的所有争议，都应该考虑进行调解。正如在本书第9章中说过的，在某些情况下，国际仲裁只提供一定程度的保密性。

（g）如果争议在早期就足够具体，那么当事人的事实、理由和各自的答辩意见都已经准备得当，此时参与方会认为其他进一步的信息并不会改变其立场。通常，阻止当事人在早期进行调解的主要因素是相关事实或其他信息会在程序中被披露，而这会打破争议的平衡，像这种情况——程序开始并交换答辩意见后，根据适用法⑩要求或可能行使披露或公开文件的权利。因此对"过早"进入调解需要谨慎对待，以防出现"确凿证据"，不过如果当事人之中没有这方面的风险，仍然推荐使用调解解决争议。

（h）如果特别希望能够保持当事人之间的关系，通常是源于疏忽大意或误解导致的争议。那么从权利人的角度一般不会愿意采用仲裁或诉讼程序，此

---

⑩ 在民法司法管辖区，发现或披露可能不是一个相关问题，因为它通常不构成正常诉讼程序的一部分（或仅以非常有限的形式），这可能与其他司法管辖区，包括英格兰和威尔士以及美国，对该程序的重要性形成对比。请参阅第8章第5.2.6.4.3节，以了解在知识产权环境中发现或披露特权的特殊方面。

时通过调解既可以保持其知识产权组合的完整性，又能避免公共执行行为。

5.3 调解的局限性

在许多情况下，涉及知识产权主题的争议与常规商事合同争议并没有本质的不同。但是在某些情况下——如这种商事主题的案件——调解程序并不是最合适的选择，而当事人选择更正式的争议解决机制的主要原因将在下文中一一介绍。

5.3.1 通过调解不易解决的问题

历史上，基本上不用调解的方式解决涉及某些类型知识产权（主要是专利）的争议，首要原因是这些争议中往往要考虑涉案权利的有效性。在这种情况下，争议可能的商事或经济结果只有通过法院或仲裁庭作出的约束性判决或裁决才能决定。（参见第4章中所述知识产权争议的可仲裁性，对于知识产权有效性问题，仲裁庭的判决一般只有当事人内部效力而不是对世效力）。比如，竞争者在制造过程中使用了相同的技术，而权利人并没有积极使用涉嫌侵权的专利，因此没有太大的余地对有效性或侵权行为进行妥协，此时当事人并不想进行调解。不过，即使在这种情况下，如果意识到在诉讼中发现授权专利是无效的，或者侵权不成立，那么调节可以为各方当事人提供更实际的评估，从而引导达成既反映当事人期望，又保持专利有效性的和解。特别是还有其他潜在竞争者时，这些竞争者并不想自己去挑战专利的有效性，只希望当法院判决专利无效时占一些便宜。[104]

5.3.2 法律程序的需要

同样，专利领域的权利人也会特别想要得到法院对其知识产权作出具有约束性且具有对世效力的有效性宣告。这种形式的宣告通常仅来自有管辖权的法院，或者其他正式的审判机构，例如国家专利局。[105] 有一个或多个正在侵权的行为时，对知识产权拥有者而言，这种"救济"尤为重要。此时，确认有效性的宣告对权利人来说，对以后针对侵权而实施的执行行为特别有价值。即使当事人在调解的时候对有效性作出了承认或让步，并在和解协议中写入了相关声明，但是这种声明只对协议签署方有效。换句话说，合约性共识只约束和解协议的当事人，对于"整个世界"没有价值。

---

[104] 因此，如上文第99条所述，已经就拟议的欧盟专利管辖权进行了调解，与仲裁服务"并行"运作，以及在欧盟主席委员会的工作文件中：Towards an EU Patent Jurisdiction – Points for discussion (Brussels, 10 Oct. 2007) at para. 13。

[105] 在特殊情况下，正如第4章关于可仲裁性所讨论的那样，仲裁庭对在比利时（专利）和瑞士（所有形式的知识产权）注册的知识产权的决定具有普遍效力。

5.3.3 调解中无法获得的救济要求

如前文第5.2（c）节中曾讨论过的，调解最适合只涉及赔偿性问题的争议，也就是说侵权行为已经停止了。但是权利人首先考虑的是阻止侵权方继续实施侵权行为，因此，最适当的救济似乎是临时禁止性救济。比如，一家消费电子制造商意识到一个经销商正在公开发售并已经成功销售了大量伪造商品，这些伪造商品侵犯了其外观设计和商标，为了保护品牌价值和防止收入进一步下降，制造商的首要任务是阻止侵权者的进一步行为。虽然调解能通过和解来达到这个目的，但是既不能保证调解能达成这种合意，也不能保证能达成这种一致结果。使用有管辖权的法院作出的禁令可以最快的速度停止侵权行为，还能严厉惩罚[106]侵害行为。[107]

不过，临时禁令只能在程序前或程序刚开始的时候获得，程序并没有禁止后续对相同的争议用调解的方式解决。在以上消费电子的例子中，一旦经销商的行为停止，任何一方当事人就会失去继续诉讼的动力。相反，侵权方在先行为导致的损害可以在调解中得以解决，还可以谈判让侵权者以后经销合法商品，这在上面的第5.1.4.1节中详细介绍过。

5.3.4 犯罪行为

根据适用管辖权的刑法，一些知识产权侵权会受到罚款和徒刑的惩罚。一旦涉及刑法，就不能进行调解了。

5.3.5 "赌注过高"时省钱就不太重要了

虽然调解可能比仲裁或诉讼更省钱而具有吸引力，但如果知识产权对于权利人的商业运营极其关键和重要的话（"孤注一掷的情况"），调解的吸引力就没那么大了。在这些情况下，用较少的花费来解决争议并不是专利权人的首要考虑。相反，如果知识产权目前有被无效的风险，或者没有被侵权就会增加使用调解的机会，提高权利人对潜在侵权者的竞争性地位。

6. 调解员

无论调解是评估型还是推进型的，都是为了成功获得某种形式的和解，因此，当事人足够信任所指定调解员的能力、公正和独立是最重要的。

---

[106] 在英格兰和威尔士，如同在许多其他普通法管辖区一样，收件人违反禁制令的条款，不论是强制性的或禁止的，均构成藐视法庭罪，可招致严厉的刑罚。

[107] 权利人还可以申请这种临时救济，以约束若干实体，例如一家利用知识产权生产侵权材料的制造商，以及一家确保其在有关地区提供服务的分销商。

除非当事人没有对候选人达成一致，并提交机构调解，在大多数情况下，调解员是双方一致同意选出来的。❶⓿ 双方当事人都会提出特定的调解人选，各方都要提前对所需调解员的特质进行考虑。当事人的法律代表通常是选择程序的主要控制者，❶❶ 争议的具体情况会影响到选择标准。

6.1 选择调解员需要考虑的因素

指定调解员是一个协作程序，当事人既不能独立地以自己的目的来选择调解员候选人，也不能对上文第3节中提过的指定机构发出指令。在每个案件中各方当事人均要结合争议提出自己的标准来适当地对潜在候选人进行评估。然而一旦当事人倾向于过度控制指定程序，那么当事人之间的关系以及后续的调解程序都会被这种一开始就过于有进攻性的立场破坏。❶❷

作为普遍规则，当事人选择调解员最基本的特点应当是"值得信赖"——当事人能够对调解员披露任何保密或商业敏感信息而不用担心这些信息会被不当使用或被披露。大多数对调解员的信任来自个人之间"口口相传"的推荐，或者通过与候选人进行业内普遍的预选面试获得的。

以下非穷举列表包括了当事人在建议或同意对知识产权争议进行调解的调解员之前应该考虑的标准。

6.1.1 法律经验

调解员可以来自不同的职业背景，如果争议中有大量的法律问题，那么拥有法律实践经验的调解员可能更加适合。例如，一些当事人要求"律师调解员"是因为他们认为这能确保他们更容易地进行最坏替代方案（WATNA）和最好替代方案（BATNA）测试，这是考虑到律师更能评估争议到达听证会时法官或仲裁员的反应。不过在商事争议的调解中，花费在分析当事人协议中的法律权利或义务的时间要比花费在解决商业关系以及分析继续争议或进行和解的后果上的时间少得多。基于此，律师调解员所拥有的聚焦于评估权利和义务

---

❶⓿ 例如，WIPO调解规则第6（a）条（译者注：应为第7（a）条，上述第21条规定："除非双方就调解人的人选或另一指定调解人的程序达成一致，否则调解人应经双方协商后由本中心任命。"

❶❶ 虽然客户联系人通常是类似法律服务的常规"买家"，并且在争议解决领域具有丰富的从业经验，他/她可能在较早阶段为潜在的调解员提供建议。无论如何，选择调解员的最终决定权自然取决于当事人自己。

❶❷ 同样，尽管不是一个选择问题，但当事任何一方或其法定代表对调解的基本行政细节采取一种过于"战术"的方式，都可能破坏双方之间的关系，同样会破坏和解的可能性。然而，一些看似无关痛痒的事情可能对参与者的气氛和积极态度非常重要，例如场地的选择；见上文第2.3.1.1节。

第 11 章　知识产权调解

的能力得不到发挥，反而会对调解的方法论产生不好的作用。⑪

同样，绝大多数涉及知识产权的调解很少涉及大量的法律问题（原因在上文已经说过了），而且所有当事人都特别不愿意在其法律权利或者对相关法律的解释上作出让步，在这种争议中，律师调解员就不是那么重要了。但这并不是说调解员之前的法律经验没有帮助。

6.1.2　在争议知识产权的具体领域或一般领域的技术专家或者技术背景

在前面章节提到过，相关知识产权的有效性或保护范围很少构成知识产权争议调解的组成部分。因此，调解员拥有相关知识产权或涉嫌侵权的技术知识与其商业技巧和个人能力相比可能不是那么重要。但是正如之前我们说过的，选择调解员的首要目的是确保当事人和被任命者能建立信任关系，而在知识产权争议的背景下，调解员能够在当事人的领域与其建立信任是很关键的。因此技术或产业专家⑫作为调解员能让当事人放心，其可以就当事人提出的任何议题作出回应，而不用当事人努力"培训调解员"，⑬更重要的是，能确保调解员理解当事人表达的所有忧虑的重要性。⑭当事人如果采取的是评估型调解，一般需要调解员理解相关问题，从而评估当事人各自的立场，而在推动型调解中，技术能力和知识产权法律知识可能更重要些。

在此需要重申，当事人可以选择任何人参加调解。因此，如果当事人认为争议的法律背景和技术复杂性要求多于一名中立者，可以指定副调解员。⑮当事人纯粹为了便利的目的而引入多中立者时是最有效的，因为当给出评估性意见时，两人之间如果明显意见不合将会削弱和解的动力。还有一种选择，即要求独立调解员得到独立专家的支持，由该专家提供所需的技术专长。不过当事人是不是放弃指定专家的责任完全取决于当事人自己，他们也可以坚持保留对指定的控制。

6.1.3　商业和调解专长

调解的目的主要在于达到商业目的——对法律争议进行和解可同时满足当

---

⑪　技术专家也是如此，他们通常的角色是在法庭控制的环境下为当事一方或另一方采取倾向性的观点；相反，在调解中，专家不能以这种方式行事，而让当事双方进行商业谈判。

⑫　例如，在 WIPO 调解案中，当事双方已要求 WIPO 中心任命一名律师，该律师曾在制药行业工作多年，并拥有相当多的许可经验。WIPO 中心的 caseload page 在 M. 8 下引用了案例，at www.wipo.int/amc/en/mediation/case-example.html。

⑬　调解员对这些领域知识的任何不足可以通过事先提供的文件中的解释来解决，或者如果当事各方认为适当，可以通过调解前的预备电话来解决。

⑭　所有形式的 ADR 都强调了第三方中立者的技术专长；除其他外，请参见为支持强制性专利争议仲裁而进行的讨论，W. Kingston, The Case for Compulsory Arbitration: Empirical Evidence, European Intellectual Property Review 4 (2000): 154, 154, 156-157.

⑮　有关此方法的进一步讨论，请参见以上的第 97 条。

事人的商业和法律目的——而不是纯粹的法律解决方式。基于这个原因，可能的被任命者要拥有调解技术和技巧的训练和经验。调解员的推动性作用取决于能快速定位双方当事人潜在"价值附加区"的能力，而这对缺乏商事经验的个人或者仅仅认为自己是个优秀的谈判者是无法达到的。

为了能成功调解，调解员不能让当事人执着于法律和技术的细节，因为这样会损害到正在讨论的合理商事和解。具有优秀技术或法律背景的调解员可能会有兴趣让当事人的专家顾问详细介绍这种无助于达成商业和解的细节。相反，最好的调解员对当事人通过可行而实际的妥协达成和解的基础有着清晰的商业认知。因此当事人应当看一看调解员过往的记录，倾听指定过该调解员的人的反馈，以及了解其调解的频率，确保其商业技巧能不断地得到锤炼。

6.1.4 对角色和个性的考虑

对调解员的选择必须与要求其扮演的角色对应，是纯粹为了推动和解谈话，还是需要评估仲裁或诉讼程序的结果。但不论哪种角色，对所有调解员来说，"人格标准"才是推动和解决当事人之间交流最重要的因素，如果调解员性格太强势，可能会让当事人觉得还有一个对抗的第三方存在而不是中立者，导致当事人之间的距离被拉开。总之，当事人必须能感觉到能够和调解员"共事"，当事人的法律代表进行的预选面试就是评判候选人能力的有效方法。

口口相传的推荐以及潜在调解员候选人之前客户的反馈也是十分重要的。要认真考虑这种反馈和推荐，确保调解员的个性和行事方式能够契合当事人的期望，评估和推进两种方式的平衡是一种主观感觉，因此，对调解员来说也是因人而异。例如，敏感的企业家提出的要求可能就与具有大量调解和其他争议解决经验的国际企业提出的要求大相径庭。后者可能更欣赏立场直接而严厉的调解员，但接受不了完全被动的调解员，同时前者更可能青睐较少采取干涉措施的调解员，这样可以让当事人在调解过程中找到适合自己的处理方式。通常，如果一方当事人在法律事实上理由不足，但认为自己"占据了道德制高点"，向对方当事人提出的是信誉和企业治理原则的要求，如果调解员固执己见将注意力都放在法律的技术性细节上，那么这个调解员对调解没有任何帮助。

当然，这些评价都太宽泛和概括了，因此在最后决选调解员时，对选择调解员提出建议的律师只要把其客户的个性和争议主体的具体特点牢牢印在脑海里即可。在此，以前用过该调解员的其他客户的反馈是很重要的，如果没有太多反馈，要考虑候选调解员的背景以及学术或职业证书。

6.1.5 确保中立性

由于调解员最大的优势就是其公平性，因此要对调解员在先行为中可能的利益冲突进行充分的调查。实践中最显著的例子就是他或她之前已经被某方当

第11章 知识产权调解

事人指定过了,当然在面试或调解员简历中也要披露所有其他需要考虑的商业或关系利益。

6.1.6 建立信任关系的可能性

只有调解员与当事人之间建立充分的信任才能成功达成调解目的。特别是在秘密会议中,为了达成最终和解,调解员要对当事人的情况有一定的了解,往往要求得知当事人的商业敏感或保密信息。只有当事人与调解员之间建立了充分的信任关系,才能确保其披露的所有信息都不会由于疏忽而被对方得知,一旦发生这种情况,调解的有效性将受到严重损害。调解员除了在自己的认知或各方当事人"底线"的基础上推动和解谈话,还要利用其获得的这些信息作出"价值附加"的和解建议。

6.1.7 时间可行

虽然与调解员的第一次接触是纯事务性的,但调解员能否保证时间也是在程序的最初就要调查清楚的。随着调解以可观的速度不断增加,专业领域的候选人范围仍然相对较小,因此要在较早的时候就将时间安排通知到调解员。

6.2 质量标准和培训

当事人选择候选调解员的时候,通常是基于其对第三方的在先经验,或者通过口口相传的推荐。但当事人也需要以一种独立的方式来确认候选人的职业经验和资格认证。

但是,在大多数司法管辖区中,律师界会对其成员的行为提出直接的、强制性的要求,[16]许多国际和国家调解员指定机构也通过认证和培训体系发展出自己的自我规范结构。[17]虽然调解行业没有对单独统一的资格认证或注册作出要求(有例外[18]),但这种各自独立的"标准"也可以让调解服务使用者确定

---

[16] 一些不同行业的国家监管机构将确定具有调解和谈判资格的成员,以及哪些成员组成积极调解小组。

[17] 这种具有国际影响力的任命和培训机构包括 IMI、ADR Group、CEDR、WIPO、JAMS(美国)、AAA(美国)、LEADR(澳大利亚)、the HKMC(南亚)、Civil Mediation Council(CMC)(英国;参见之后第 119 条),和 Mediation & Training Alternatives(MATA)。有些机构向已完成调解培训的人颁发指定函;例如,英国专家学会出版合格争议解决者登记册,并将指定信函"QDR"颁发给那些通过完成该学会举办的培训项目,并达到其认可标准的人。

[18] 虽然有些法律体系确实有单一的实体,被国家当局认可为调解培训的认证来源,如荷兰调解研究所,而根据 2004 年奥地利民事调解法(Zivilrechts Mediationsgesetz),已采用了另一种模式,根据该法律,奥地利联邦司法部既保留了符合某些培训和专业能力要求的合格调解员名册,又有一份经认可的调解培训机构名单(另见其中第 8 条)。有关申请调解员适用的注册规定的进一步讨论,请参阅 B. Knötzl, E. Zach. Taking the Best from Mediation Regulations – The EC Mediation Directive and the Austrian Mediation Act [J]. Arbitration International, 2007, 23 (4): 663, 674–676.

潜在受任者已得到具有最低标准组织的认证。[19]

需要注意的是，调解职业没有全球性的认证标准。因此，目前当事人在指定调解员时只根据自己的需要来要求调解员应具有哪家机构作出的认证要求。但国际调解组织（IMI）[20]努力改变这一现状。IMI 是成立于 2007 年的非营利性机构，致力于提供透明、高标准的全球调解实务。IMI 为高标准的调解提供综合认证，并期望这种认证最终能成为衡量调解员能力的世界性标准。

而且，目前通过整理对调解员的反馈意见的方式对认证理念的合理应用进行持续、积极的引导，同时使用这些评价作为持续认证或列出这些具体机构的基础。[21]

而自我规范方式似乎受到欧盟调解指南（2008/52/EC）的认可，在其第 4（1）条中规定，成员国有义务"用所有其认为适当的方式鼓励"发展执业守则和其他"质量控制机制"。指南还用相似的语言要求对培训进行支持——成员国可自由采取其认为适当的措施促进调解员的培训（第 4（2）条）。指南说明第 17 条指明所有成员国对此制定的规则都应当保留当事人自治和调解程序的灵活性。鉴于此，规范性培训措施也不可能违反指南的规定而实施。

在准备撰写指南的阶段，欧洲委员会签发了一个自愿性的调解员行为守则。[22]许多调解组织，包括 CEDR，[23]均认可该守则的规定，从另一方面也反映出职业调解员中已经建立起完善的惯例了。不过该守则仅提出一些普遍性原则，培训部分的第 1.1 节中仅要求调解员"在调解过程中能胜任、有见地"，并且将培训和持续的职业发展列为最后的"相关因素"，尽管如此，调解员主动遵守守则的行为能表明其克于自我的标准。

---

[19] 例如，在英格兰和威尔士，CMC 已经制订了一项计划，通过该计划，任命和培训机构可以获得培训调解员的认证，从而制定统一的最低标准。CMC 适用的标准处于不断发展的状态，尽管在 2010～2011 年，任何调解供应机构都需要确保其所有在册调解员，在其 CMC 认证续期之前的直接管辖范围内，曾进行或观察过两次或多次调解。（更多细节请参见 Sir Henry Brooke's 在 CMC 学术研讨会上的演讲，Mediation in the UK today（London, 20 Jan. 2010），available at www. cedr. com/index. php? location/library/articles/20110202_275. htm，21 May 2010.）

[20] 更多信息请参见 www. imimediation. org，21 May 2010.

[21] 例如，请参见 IMI 认证计划 at www. imimediation. org/suitable‐mediator. html（and associated‐FeedbackDigest）and CEDRSolvefeedback operation at www. cedr. com/CEDR_Solve/track_record/feedback. php，21 May 2010.

[22] European Code of Conduct for Mediators（Justice Directorate of the European Commission, Brussels, 2004），available at ec. europa. eu/civiljustice/adr/adr_ec_code_conduct_en. pdf（date of access：21 May 2010）.

[23] 参见 CEDR Press Release of 21 Jul. 2004.

7. 调解用于辅助仲裁程序

7.1 在适当的时间调解

7.1.1 需要考虑的策略

正如一些管辖区的诉讼，[12] 仲裁庭可以对拒绝进行调解的当事人处以费用上的处罚。但除非当事人受使用调解的义务的约束，一般当事人可以自由选择是否在用仲裁解决争议前引入调解。不过根据许多仲裁制度，仲裁的费用是由仲裁庭自由裁量的。在一些情况下，国家法律明确规定了除特殊情况外，费用应当跟事件一致。[125] 如果适用的话，仲裁庭[126]不能以特殊情况为由对不愿进行调解的当事人作出费用处罚。

使用调解的义务可能来自合同或适用法。最典型的例子就是当事人受自动升级条款的约束，该条款规定当事人应当在提交仲裁前尝试用调解的方法解决争议（参见上文第4.1节）。

根据各个案件的具体情况，进行调解最适当和最有利的时机也不相同。而且在程序阶段对策略性和费用性问题的考量不仅会影响当事人各自的立场，也会影响和解时机。因此，一方当事人可能会邀请对手在仲裁程序的某一阶段对全部或部分争议进行调解。要求当事人提交证明其立场的理由也同样会影响调解的时机。比如，当事人可能只有在文件披露程序进行后才会同意进行调解。

最后，有证据证明即使没有争议，调解也可能是有用的。调解员的协助能够促成达成协议的谈判，比如关于许可协议中的许可费率，或者关于项目的合作和/或管理。例如瑞典的特别版权争议调解法案，[127] 其适用于文学艺术作品及法条列明的各种附属协议，其规定，如果在法案范围内对达成协议进行谈判但未得到结果的，当事人可以要求调解，调解员由瑞典政府指派。

---

[124] 英格兰和威尔士，请尤其参见 Rule 44.3 of the Civil Procedure Rules 1998；case law on cost sanctions as referred to in s. 2.2.2 and n. 20 above; court – sanctioned schemes（cf. The access to justice concerns detailed at s. 2.2.2 above）; and Solicitors Code of Conduct Rule 2.02（Costs, Client Care）.

[125] 例如，1996 年英国仲裁法第 61 条规定："(1) 仲裁庭可根据当事各方的协议作出裁决，将仲裁费用分配给当事双方；(2) 除非当事人另有约定，否则仲裁庭应根据费用遵循事件的一般原则裁决费用，除非仲裁庭认为在这种情况下与全部或部分费用不相符。"

[126] 这通常是通过制作信函来完成的，在英格兰和威尔士，信函应该被标记为"不损害通信，节约成本"。

[127] Act 1980: 612（as amended to 1 Jul. 1995），Art. 2.

7.1.2 仲裁前

正如前文所述,如果当事人受涉及调解的自动升级条款约束,他们就会求助于调解。在这种情况下,不成功的调解程序是开始仲裁程序的先决条件。而且,即使相关争议解决条款中没有写明,当事人也可以就使用调解达成一致。

无论在争议解决条款中是否有规定,还是当事人约定争议出现后进行调解,调解和仲裁程序都各自保持独立,除非当事人选择进行被称为"调解－仲裁"的程序(参见上文第2.1.2节)。为了确保调解的有效性,所有陈述、提交的意见以及和解出价一般都是保密的,如果调解失败,当事人不能将这些内容用于后续的仲裁程序中。由于原理一致,普通调解特权在国际ADR和仲裁实践中得到一致承认(参见第9章保密性的内容)。[129]

如果在仲裁程序开始前使用调解,调解可能的结果是得到用仲裁解决某些具体问题的协议。同样,当事人也可以——在调解员的协助下——缩小争议或者只是将要仲裁的问题进行简单澄清(例如,当事人是否同意对涉案专利权利要求的解释)。比如,为了限制仲裁员作出裁决的不可预测性,当事人可能会希望签订基于结果的不同方案,这些不同的方案取决于仲裁庭的裁决或者损害赔偿的计算方法。最后,当事人还可以对涉及仲裁程序的问题进行调解,比如时间表或者公开范围。

7.1.3 仲裁过程中

当事人可以在争议整个持续过程中考虑进行调解,包括仲裁程序开始后。案件推进的成果以及某些关键阶段可能让案件发生变化,进而提供和解机会。举例来说,仲裁庭作出披露或特权指示时、作出证人证言和/或专家报告时都有可能让当事人意识到其不足之处,反之亦然,律师也有对参与仲裁当事人提出建议的作用,并且在通过调解能解决争议的情况下确保当事人抓住机会。最理想的状态是,应该根据具体时机采取并实施适当的、有利于当事人的策略。

调解可以作为仲裁的并行程序,为解决相关问题,与调解员召开的一次或多次会议可以在仲裁过程中进行,并且可以涉及争议的所有问题,包括程序问题。在这种情况下,两种程序同时进行且相互独立,不会相互产生影响。除此之外,当事人还可以在等待仲裁庭裁决时利用调解员的服务处理临时情况。比如,知识产权许可争议涉及的问题包括被许可方继续使用许可方技术的能力,调解员可以辅助当事人找到临时性解决措施来确保被许可方的义务可以继续进行。

---

[129] K. P. Berger. The Settlement Privilege – A General Principle of International ADR Law [J]. Arbitration International, 2008, 24 (2): 265–276, 266.

还有一种做法，在进行调解时可以暂停仲裁。在这种情况下，仲裁庭可以下令中止程序，如果调解失败——至少部分失败——后再继续。在被称为"调解窗口"的程序中——可以由仲裁庭自行建议——调解员可以是仲裁中的第三方或者仲裁庭成员。虽然这种选择会引起对仲裁程序公正性的担忧（下文阐述），但这一做法已经用于 IBM Fujitsu 仲裁案中了。在这个案件中，作为解决软件版权争议而设计的临时仲裁程序，其中包括经当事人同意，仲裁庭的两名成员同时也是调解员。[129] 这样调解的结果就是调解员能在双方当事人的立场上确定各自的利益，因此当事人达成了一份长期协议，仲裁庭的裁决对一些遗留问题进行了补充，如已付费许可的价格。[130] 想用这个案件说明的是，调解和仲裁的合意属性所能达到的灵活性是极其强大的。为了避免程序混乱而对程序结果造成损害（特别是裁决的可执行性），还是建议每个程序都要保持透明。[131]

7.1.4 仲裁后

调解还可用于对裁决提出撤销或拒绝承认或执行的阶段。有许多原因都会导致败诉方未能自愿遵守仲裁裁决。如果确实事出有因（例如裁决作出了太沉重或者不清楚的禁令），胜诉方可以与对方进行谈判。调解能够促进执行协议，这样就不需要后仲裁程序了。

Intel/AMD 争议就是一个例子，其中，在进行仲裁和在加利福尼亚法院进行异议程序的5年多后，对技术交换协议又有争议，而该争议最终通过调解达成了和解。[132]

7.2 调解员和仲裁员的角色是否可以互换？

有仲裁员成功地调解了争议（参见上文提到的 IBM/Fujitsu 案）。为了确保调解和仲裁程序的效率，一般不推荐担任调解员的人员在中止或后续程序中同时担任仲裁员；而为了辅助当事人达成和解，仲裁员也不要以调解员的方式行事，否则会损害裁决的公正性和可执行性。国际商事调停 UNCITRAL 示范法的

---

[129] R. H. Mnookin. Creating Value through Process Design [J]. Journal of International Arbitration, 1994, 11 (1): 125 - 132.

[130] 出处同上。

[131] K. P. Berger. Integration of Mediation Elements into Arbitration, Hybrid Procedures and "Intuitive" Mediation by International Arbitrators [J]. Arbitration International, 2003 (19): 387, 395.

[132] J. Pooley. Successful Mediation of Intellectual Property Disputes (28 Dec. 2005) at para. 7, available at http://www.ipfrontline.com/depts/article.asp?id8171&deptid=4, 25 May 2010.

第 12 条[133]和 CEDR 委员会在涉及国际仲裁的国际仲裁裁决和解中对此进行了特别规定。[134]

不过，这个问题一直存有争议，在不同司法管辖权也有不同的发展趋势，[135]但法律传统比较久的国家通常认为同一人可以同时进行调解和担任仲裁员。

争论主要涉及的问题在于保密性和程序合法。所有当事人之间以及当事人和调解员之间的沟通均需保密，当事人可能会认为，有权对一个问题作出最终裁决并且又要对同一个问题进行调解的人不应与当事人进行这种沟通。比如，调解员通常能获得争议的内部信息，比如当事人各自的优势和劣势，以及当事人的经济和策略性考量。而且调解员为促成和解的工具之一就是能和当事人单独会谈。在仲裁程序中，这种私人会议通常被认为是秘密会议而属于单方沟通的范畴，这在仲裁中是禁止的。

这些只是作为调解员或调解人可能影响潜在或实际仲裁员的公正性并因此影响担任或继续担任仲裁员的能力的原因的示例。[136]（参见第 2.1 节不同 ADR 程序，以及第 2.1.2 节调解仲裁）。

在实践中，在仲裁程序后进行调解的 WIPO 案例中，仲裁员与调解员由不同的人担任，除非当事人明确要求使用同一人。[137]

7.3 合意裁决和仲裁的终止

在调解之前指定了仲裁庭的情况下，无论调解解决了部分问题，还是全部问题，当事人都可以选择坚持其调解得到的和解协议或者要求仲裁庭将和解内容归纳到仲裁裁决中。根据许多仲裁制度，[138]这种合意裁决与其他仲裁裁决相同，都是可执行的，在自愿遵守和解协议有困难的情况下，这种结果无疑有相当的吸引力（参见第 10 章仲裁裁决的第 2.1.5 节合意裁决，以及上文的第

---

[133] 第 12 条规定："除非双方另有约定，调解员不得就调解程序所涉及的争议、同一合同或法律关系、任何有关合同或法律关系引起的另一争议担任仲裁员"（2002 年 6 月 24 日生效）。

[134] 上文第 2.4.3 段，脚注 13。

[135] 参见荷兰民事诉讼法第 1043 条、中国仲裁法第 51 条和日本仲裁法第 38（4）~（5）条，作为仲裁制度的例子，根据有关的国家法律，仲裁员可担任调解员。

[136] 参见国际律师协会国际仲裁员职业道德准则第 8 条，明确指出在其他当事方缺席的情况下，与一方进行和解讨论的不足之处。

[137] 据 WIPO 中心称，迄今为止，只有一个 WIPO 调解的案例是当事双方决定调解员也担任仲裁员的。在其他所有的案件中，调解员和仲裁员都是不同的人。

[138] 尤其可参见 1996 年英国仲裁法第 51 条、1999 年瑞典仲裁法第 27 条、德国仲裁法第 1053 条、中国仲裁法第 49 条和第 51 条、芬兰仲裁法第 33 条和日本仲裁法第 38（1）条。

4.3 节和解协议）。如果调解得到和解协议没有写入合意裁决，那么当事人通常会签订终止仲裁程序的协议。

7.4 时效期限

仲裁程序应当在法定（以及有时合约性）时效期限内开始。想要在仲裁开始前对争议进行调解的当事人应当确认适用法的相关规定，如果调解还未结束，该时效期限是否会在等待调解结果的时间内暂停计算。如果根据适用法不能保证时效期限暂停计算，当事人就应当在期限内开始仲裁。[139]

比如在欧盟，欧盟调解指南（2008/52/EC）对这种情况在成员国中的适用作出了澄清，在调解程序中争议的时效期已过的，不能阻止进行调解的当事人开始诉讼或仲裁程序。[140]

在法国，指南第8条是以法国民法典第2238条的形式实现的，[141] 其规定时效期限从争议发生后、当事人同意进行调解之日起开始暂停，或者没有书面调解协议时，从进行第一次调解会议之日开始暂停。法国民法典第2238条还进一步具体规定了调解程序不少于6个月时，时效期限从任——方当事人或双方当事人，或调解员声明调解结束之日起开始继续起算。

---

[139] 参见 UNCITRAL 调解规则第16条（1980年7月23日生效），其中规定如下："在调解过程中，当事方承诺不得就调解程序所涉及的争议发起任何仲裁或司法程序，但在其认为维护自身权利所必需的情况下，一方当事人可以发起仲裁或司法程序。"

[140] 上文第33条注释，第8条。

[141] 根据2008年6月17日的规约 n°2008-561，新的第2238条被纳入法国新民法典，NOR：JUSX0711031L, J.O. of 18 Jun. 2008。

附 录

附录1 《承认及执行外国仲裁裁决公约》（1958年《纽约公约》）

（1958年6月10日订于纽约）

第Ⅰ条

（1）由于自然人或法人间的争议而引起的仲裁裁决，在一个国家的领土内作出，而在另一个国家请求承认和执行时，适用本公约。在一个国家请求承认和执行这个国家不认为是本国裁决的仲裁裁决时，也适用本公约。

（2）"仲裁裁决"一词不仅包括由为每一案件选定的仲裁员所作出的裁决，而且包括由常设仲裁机构经当事人的提请而作出的裁决。

（3）任何国家在签署、批准或者加入本公约时，或者根据本公约第Ⅹ条通知扩展的时候，可以在互惠的基础上声明，本国只对另一缔约国领土内所作成的仲裁裁决的承认和执行，适用本公约。任何国家也可以声明，本国只对根据本国法律属于商事的法律关系，不论是不是合同关系，所引起的争议适用本公约。

第Ⅱ条

（1）如果双方当事人书面协议涉及某个可以仲裁解决事项的确定法律关系，不论是不是合同关系，所产生或可能产生的全部或任何争议提交仲裁，各缔约国应该承认这种协议。

（2）"书面协议"包括当事人所签署的来往书信、电报中所含合同中的仲裁条款和仲裁协议。

（3）如果当事人就诉讼所涉事项订有本条所称的协议，缔约国的法院受理诉讼时应该依一方当事人的请求，令当事人提交仲裁，但该协议经法院认定无效、未生效或不能实行的除外。

第Ⅲ条

在以下各条所规定的条件下，各缔约国应该承认仲裁裁决具有约束力，并且依照援引裁决所在地的程序规则予以执行。承认或执行本公约所适用的仲裁裁决时，不应比承认或执行本国的仲裁裁决附加实质更苛刻的条件或征收更高的费用。

第Ⅳ条

（1）为了获得前条所提到的承认和执行，申请承认和执行裁决的当事人应该在申请时提供：

（a）经正式认证的裁决正本或经正式核证的副本。

（b）第Ⅱ条所提到的协议正本或经正式核证的副本。

（2）如果上述裁决或协议不是用援引裁决地所在国家的正式语言作出，申请承认和执行裁决的当事人应该提交这些文件的该语言译本。译本应该由一官方或宣誓的译员或一外交或领事代理人核证。

第Ⅴ条

（1）被请求承认或执行裁决的管辖当局，只有在作为裁决执行对象的当事人提出有关下列情况的证明时，才可根据该当事人的要求，拒绝承认和执行该裁决：

（a）第Ⅱ条所述协议的双方当事人，根据对他们适用的法律处于某种无行为能力的情况；或者根据双方当事人选定适用的法律，或在没有这种选定的时候，根据作出裁决的国家的法律，下述协议是无效的；或者

（b）作为裁决执行对象的当事人，没有被给予指定仲裁员或者进行仲裁程序的适当通知，或者由于其他情况而不能对案件提出意见，或者

（c）裁决所处理的争议没有在仲裁协议中提及，或不包含在其条款之内，或者裁决中含有关于仲裁协议范围以外事项的决定；但提交仲裁事项的决定可与未提交仲裁的事项分开时，裁决中关于提交仲裁事项的这部分决定仍然可予以承认和执行；或者

（d）仲裁机构的组成或仲裁程序与当事人间的协议不符，或者当事人间没有这种协议，同仲裁地所在国家的法律不符；或者

（e）裁决对当事人还没有约束力，或者已经由裁决地所在国家或依据其法律作出裁决的国家管辖当局撤销或停止执行。

（2）被请求承认和执行仲裁裁决的国家的管辖当局如果查明有下列情况，也可以拒绝承认和执行：

（a）争议的事项，依照这个国家的法律，不可以用仲裁方式解决；或者

（b）承认或执行该项裁决将和这个国家的公共秩序相抵触。

第Ⅵ条

如果已经向第Ⅴ（1）e条所提到的管辖当局提出了撤销或停止执行仲裁裁决的申请，被请求承认或执行该项裁决的当局如果认为适当，可以延期作出关于执行裁决的决定，也可以依请求执行裁决的当事人的申请，命令对方当事人提供适当的担保。

第Ⅶ条

（1）本公约的规定不影响缔约国参加的有关承认和执行仲裁裁决的多边或双边协定的效力，也不剥夺任何利益相关方依据援引裁决地所在国家法律或条约所许可的方式，在其许可范围内，援用该仲裁裁决的任何权利。

（2）1923年关于仲裁条款的日内瓦议定书和1927年关于执行外国仲裁裁决的日内瓦公约，对本公约的缔约国，在它们受本公约约束后，在其受约束的范围内不再生效。在缔约国间，受本公约拘束后，在其受拘束之范围内不再生效。

第Ⅷ条

（1）本公约在1958年12月31日以前开放供联合国任何会员国，以及现在或今后成为联合国专门机构成员国或国际法院规章缔约国的任何其他国家，或者经联合国大会邀请的任何其他国家签署。

（2）本公约须经批准，批准书应当交存联合国秘书长。

第Ⅸ条

（1）第Ⅷ条所提到的任何国家都可以加入本公约。

（2）加入本公约应当将加入书交存联合国秘书长。

第Ⅹ条

（1）任何国家在签署、批准或加入本公约时，均应声明：本公约将扩展到由该国负责国际关系的一切或任何领土。这种声明在本公约对该国生效时生效。

（2）在签署、批准或加入本公约之后，要作这种扩展，应该通知联合国秘书长，并从联合国秘书长接到通知之后90日起，或从本公约对该国生效之日起，这两个日期取在后者生效。

（3）关于在签署、批准或加入时未经将本公约扩展到的领土，各相关国家应考虑采取必要步骤的可能性，以便将本公约推广适用于这类领土，但有宪法上的必要时，须取得这些领土地区的政府同意。

第Ⅺ条

对于联邦制或者非单一制国家应当适用下列规定：

（1）关于本公约内属于联邦当局立法权限内的条款，联邦政府的义务在此范围内与非联邦制缔约国政府的义务相同。

（2）关于本公约内属于联邦各州或各省立法权限内的条款，如果各州或各省根据联邦宪法制度并没有采取立法行动的义务，联邦政府应当尽早将这些条款提请各州或各省相应机关的注意，并附以有利的建议。

（3）参加本公约的联邦缔约国，遇任何其他缔约国经由联合国秘书长转达请求时，应当提供叙述该联邦及其构成单位关于本公约任何特定规定的法律和惯例情报，以表明采取立法或其他行动实施该项规定的程度。

第XII条

（1）本公约从第三个国家交存批准书或加入书之日后第90日起生效。

（2）对于第三个国家交存批准书或加入书后批准或加入本公约的国家，本公约应从各国交存批准书或加入书后第90日起对该国生效。

第XIII条

（1）任何缔约国可以用书面通知联合国秘书长宣告退出本公约。退约自秘书长接到通知之日起1年后生效。

（2）依照第X条规定提出声明或者通知的任何国家，之后随时都可以通知联合国秘书长，声明自秘书长接到通知之日起1年后，本公约停止扩展适用于有关领土。

（3）对于在退约生效前已经进入承认或执行程序的仲裁裁决，本公约应继续适用。

第XIV条

缔约国除了在本国有义务适用本公约的情况外，无权对其他缔约国援用本公约。

第XV条

联合国秘书长应当将下列事项通知第VIII条中所提到的国家：

（a）依第VIII条的规定签署和批准本公约；

（b）依照第IX条的规定加入本公约；

（c）依照第I条、第X条和第XI条规定的声明和通知；

（d）依照第XII条所规定的本公约的生效日期；

（e）依照第XIII条所规定的退约和通知。

第XVI条

（1）本公约的中、英、法、俄和西班牙各文本具有同等效力，由联合国档案处保存。

（2）联合国秘书长应当将本公约核证副本送达第VIII条所提到的国家。

附录 2　WIPO 仲裁规则（2002）*

（2002 年 10 月 1 日起生效）

第一章　总　则

缩略语

第 1 条

在本规则中：

"仲裁协议"是指当事人同意将其之间已经发生或可能发生的全部或某些争议交付仲裁的协议；仲裁协议可以是合同中的仲裁条款形式，也可以是单独的合同形式；

"申请人"是指发起仲裁的当事人；

"被申请人"是指仲裁请求书中写明的仲裁对方当事人；

"仲裁庭"是指包括一名独任仲裁员，或者指定多名仲裁员的，指全体仲裁员；

"WIPO"是指世界知识产权组织；

"中心"是指 WIPO 仲裁与调解中心。

根据上下文的需要，单数形式使用的单词也可能包括复数，反之亦然。

规则的适用范围

第 2 条

如仲裁协议约定按照 WIPO 仲裁规则进行仲裁的，除非当事人另有约定，本规则应被视为组成仲裁协议的一部分，争议应当按照在仲裁开始之日生效的本规则解决。

第 3 条

（a）本规则应适用于仲裁，但如果本规则任何条款与适用于仲裁的法律中任何一项当事人不能减损的规定相抵触时，则应优先适用法律的规定。

---

* 本书中对 WIPO 仲裁规则、WIPO 快速仲裁规则以及 WIPO 调解规则的所有引用均为 2002 年版本。而 WIPO 仲裁规则及 WIPO 快速仲裁规则的目前版本均为 2014 年 6 月 1 日生效的修订版；WIPO 调解规则的目前版本为 2016 年 1 月 1 日生效的修订版。——译者注

（b）仲裁适用的法律应根据第 59（b）条确定。

通知和期限

第 4 条

（a）根据本规则可以或必须提交的任何通知或其他通信，均应当采用书面形式，并应以加急邮递或快递服务送达，或通过传真、电子邮件或者能提供送达记录的其他通信手段送达。

（b）在一方当事人未发出变更通知的情况下，其最后一个为人所知的住所或营业地点应是送达任何通知或其他通信的有效地址。在任何情况下，均可按照约定的方式向一方当事人送交通信，如无约定的，则可按照当事双方交往中所遵循的惯例送交当事一方。

（c）为确定期限的开始日期，在运用电子通信手段的情况下，通知或其他通信应被视为在按照本条第（a）款和第（b）款送达之日收到。

（d）为确定是否符合时限，通知或其他通信如按照本条第（a）款和第（b）款的规定在期限届满之日以前或当天发送的，应视为已经发出、发出或发送。

（e）为计算本规则规定的期间，该期间应自收到通知或其他通信之日的次日起计算。如果该期间的最后一日在收信人住所或营业地是法定假日或非营业日，则该期间延长至其后的第一个营业日。期间内的法定假日或非营业日在计算期间时包括在内。

（f）当事人可以约定缩短或延长第 11 条、第 15（b）条、第 16（b）条、第 17（b）条、第 17（c）条、第 18（b）条、第 19（b）（iii）条、第 41（a）条和第 42（a）条所规定的期限。

（g）本中心可以根据当事人的申请或者也可以自行延长第 11 条、第 15（b）条、第 16（b）条、第 17（b）条、第 17（c）条、第 18（b）条、第 19（b）（iii）条、第 67（d）条、第 68（e）条和第 70（e）条所规定的期限。

要求提交给本中心的文件

第 5 条

（a）在中心通知仲裁庭成立之前，一方当事人应当向中心提交依本规则规定必须提交或允许提交的任何书面陈述、通知或其他通信，并同时将一份副本发送给对方当事人。

（b）向本中心发送的任何书面声明、通知或其他通信，均应发送数份副本，其数量应与向拟指定的仲裁员每人提供一份和向本中心提供一份。

（c）本中心通知仲裁庭成立后，任何书面陈述、通知或其他通信均应由一方当事人直接向仲裁庭提交，同时向另一方当事人提供一份副本。

（d）仲裁庭应当向本中心发送其作出的任何命令或其他决定的副本。

第二章　仲裁的开始

仲裁申请书

第 6 条

申请人应将仲裁申请书发送给本中心和被申请人。

第 7 条

仲裁开始的日期应为中心收到仲裁申请书之日。

第 8 条

仲裁中心收到仲裁申请书，应当将仲裁开始的日期通知申请人和被申请人。

第 9 条

仲裁申请书应当包含：

（i）根据 WIPO 仲裁规则将争议提交仲裁；

（ii）当事各方和申请人代表的名称、地址和电话、电传、电子邮件或其他通信信息；

（iii）仲裁协议的一份副本，以及（如适用）任意单独的法律选择条款的一份副本；

（iv）争议性质和情况的简要说明，包括说明所涉的权利和财产以及所涉任何技术的性质；

（v）请求的救济说明，并在可能的情况下尽量说明所请求的金额；以及

（vi）依据第 14 条至第 20 条要求作出的任何提名，或申请人认为第 14 条至第 20 条相关的意见。

第 10 条

仲裁申请书也可随附第 41 条所述的请求书。

答复书

第 11 条

被申请人自收到申请人的仲裁申请书之日起 30 日内，应向仲裁中心和申请人发出答复书，答复书应包括对仲裁申请书中任何项的意见，并可一并提出任何的反请求或主张抵消。

第 12 条

如果申请人依照第 10 条的规定在提交仲裁申请书时已提交了请求书，答复书也可附具第 42 条所述的答辩书。

代理人

第 13 条

（a）当事人可由其选择的代理人代表，不限其国籍或专业资格如何。代

理人的姓名、地址和电话、传真、电子邮件或其他通信方式应通知中心和对方当事人，并在仲裁庭成立后通知该庭。

(b) 当事人确保其代理人有足够的时间使仲裁能够迅速进行。

(c) 当事人也可由其选择的人员提供协助。

第三章 仲裁庭的组成与成立

仲裁员的人数

第 14 条

(a) 仲裁庭组成的仲裁员人数应由双方当事人约定。

(b) 当事人对仲裁员人数没有约定的，仲裁庭由一名独任仲裁员组成，但中心酌情决定，考虑全面案情，仲裁庭应由三名成员组成为合适。

按照当事人商定的程序指定仲裁员

第 15 条

(a) 如果各方当事人已就不同于第 16 条至第 20 条所设想的仲裁员指定程序达成了协议，则应遵循该程序。

(b) 如果仲裁庭未按照当事人约定的程序在约定的时间内成立，或者在仲裁开始后的 45 天内，没有约定的时间期限，仲裁庭则应当依据第 19 条，视情况成立或者完成。

指定独任仲裁员

第 16 条

(a) 如果指定独任仲裁员且当事人未就指定程序达成协议，则独任仲裁员应由各方当事人共同提名。

(b) 如果独任仲裁员未在当事人约定的期限内指定，或者没有约定时间期限，未在仲裁开始后的 30 天内提名，则独任仲裁员应根据第 19 条的规定指定。

指定三名仲裁员

第 17 条

(a) 如果要指定三名仲裁员，并且当事人未就指定程序达成协议，仲裁员应依据本条的规定指定。

(b) 申请人应在其仲裁申请书中提名一名仲裁员。被申请人应在收到仲裁申请书之日起 30 天内提名一名仲裁员。如此指定的两名仲裁员应在指定第二名仲裁员后的 20 天内提名第三名仲裁员，该第三名仲裁员应为首席仲裁员。

(c) 尽管有第（b）款的规定，如果根据第 14（b）条规定行使中心的裁量权指定三名仲裁员，则申请人应在收到中心关于仲裁庭由三名仲裁员组成的通知后15天内，在其中指定一名仲裁员，并通知中心和被申请人。被申请人应在收到该通知后30天内指定一名仲裁员。如此指定的两名仲裁员应在指定第二名仲裁员后的20天内指定第三名仲裁员，该仲裁员应为首席仲裁员。

（d）如果在上述各款规定的适用期限内未指定仲裁员的，则该仲裁员应当依照第19条的规定指定。

在有多名申请人或被申请人时指定三名仲裁员

第18条

（a）符合以下情况的：

（i）指定三名仲裁员的；

（ii）当事人未约定指定程序的；以及

（iii）仲裁申请书有一名以上申请人署名的；

多名申请人应当在仲裁申请书中共同指定一名仲裁员。除本条第（b）款另有规定之外，第二仲裁员和首席仲裁员的指定应根据第17（b）条、第17（c）条或第17（d）条的规定（视情况而定）。

（b）符合以下情况的：

（i）指定三名仲裁员的；

（ii）当事人未约定指定程序的；以及

（iii）仲裁申请书有一名以上被申请人署名的；

多名被申请人应当共同指定一名仲裁员。如果出于任何原因，被申请人在收到仲裁申请书后30天内未共同提名仲裁员的，则先前申请人对仲裁员的指定将视为无效，两名仲裁员由中心指定。如此指定的两名仲裁员应在指定第二名仲裁员后30天内指定第三名仲裁员，该第三名仲裁员应为首席仲裁员。

（c）符合以下情况的：

（i）指定三名仲裁员的；

（ii）当事人已约定指定程序的；以及

（iii）仲裁申请书有一名以上申请人和（或）一名以上被申请人署名的；

尽管有第15（a）条的规定，无论仲裁协议中有关指定程序的任何合同条款如何，本条第（a）款和（b）款均适用，除非这些条款明确排除了本条的适用范围。

未予指定

第19条

（a）如果一方当事人未按照第15条、第17条或第18条的规定提名仲裁员的，中心应当代替当事人立即作出指定。

（b）如果未按照第15条、第16条、第17条或第18条的规定指定独任仲

裁员或首席仲裁员的,则应依照下列程序指定:

(i) 本中心应向各方当事人发送一份相同的候选人名单。名单应包括按字母顺序排列的至少三名候选人的姓名。名单应包括或随附各候选人资格的简要说明。当事人就任何特定条件达成协议的,名单应当包含符合条件的候选人姓名。

(ii) 各当事方均有权删除其反对指定的任何候选人或候选人的姓名,并按优先次序对任何剩余的候选人用数字编号。

(iii) 各方应在收到名单之日起20天内将标记名单交还中心。任何一方当事人未在该期限内送还标记的名单,均视为已同意列入名单的所有候选人。

(iv) 中心在收到各方当事人交还的清单后,或在其未收到名单,在前一项规定的期限届满后,应尽快考虑当事人提出的优选顺序和反对意见,从名单中邀请一人担任独任或首席仲裁员。

(v) 如果已交还的名单中没有双方当事人均可接受的仲裁员人选,则中心有权指定独任或首席仲裁员。如果人选不能或不愿接受中心担任独任或首席仲裁员的邀请,或者似乎有其他理由使该人选不能担任独任或首席仲裁员,并且名单上已没有双方当事人均可接受的仲裁员人选,则中心同样有权指定独任或首席仲裁员。

(c) 尽管有第(b)款的规定,如果中心自行认定案件不适合该款所述的程序,则中心有权指定独任或首席仲裁员。

仲裁员的国籍
第20条
(a) 各方当事人应遵守关于仲裁员国籍的协议。
(b) 如果当事人未就独任或首席仲裁员的国籍达成协议,在没有例如需要指定具有特殊资格的人选的特定情形,则该独任或首席仲裁员应为除当事人所属国家之外国家的国民。

当事人与仲裁员候选人之间的联系
第21条
任何一方当事人或代表其行事的任何人不得与任何被指定为仲裁员的候选人进行任何单方面联系,除非是为讨论候选人资格、能否担任或与当事人相关的独立性而进行的联系。

公正性与独立性
第22条
(a) 每名仲裁员应当公正和独立。
(b) 每名准仲裁员在接受指定前,应向当事人、中心和任何其他已被指定的仲裁员披露可能对仲裁员的公正性或独立性产生合理怀疑的任何情况，或以书面形式确认不存在这种情况。

（c）如果在仲裁期间的任何阶段出现可能对仲裁员的公正性或独立性产生合理怀疑的新情况，仲裁员应立即向当事人、中心和其他仲裁员披露此类情况。

时间保证、接受指定和通知

第 23 条

（a）每名仲裁员接受指定时，应被视为已承诺安排足够时间，使仲裁能够迅速进行和完成。

（b）每名准仲裁员应以书面形式接受指定，并将书面接受函交送中心。

（c）中心应将仲裁庭的成立通知各方当事人。

仲裁员的回避

第 24 条

（a）如果存在对仲裁员的公正性或独立性产生合理怀疑的情况，任何当事人均可要求仲裁员回避。

（b）当事方对其提名或同意提名的仲裁员，只能在作出该提名后得知的理由要求其回避。

第 25 条

当事人要求仲裁员回避的，应在获知该仲裁员的指定后 15 天内，或者在得知其认为对该仲裁员的公正性或独立性产生合理怀疑的情况后 15 天内，向中心、仲裁庭和对方当事人发出通知，说明要求回避的理由。

第 26 条

当一方当事人要求仲裁员回避时，对方当事人有权对回避要求作出回应，如果行使此权利，则对方当事人应在收到第 25 条所述的通知后 15 天内将其意见的副本发送给中心、提出回避要求的当事人和已指定的仲裁员。

第 27 条

仲裁庭可酌情自行决定在回避要求的未决期间中止或继续仲裁程序。

第 28 条

对方当事人可以同意回避要求，或仲裁员也可以自愿回避。任何一种情况下，都应更换仲裁员，但更换并不表示回避的理由成立。

第 29 条

如果对方当事人不同意回避要求，并且被要求回避的仲裁员也未退出，则中心应根据其内部程序决定是否回避。该决定具有行政性质，并且是终局决定。中心无须说明其决定的理由。

解任

第 30 条

根据仲裁员本人的请求，经各方当事人或者中心同意，可以将仲裁员解任。

第 31 条

无论仲裁员提出何种请求，当事人均可共同将仲裁员解任。各方当事人应立即将该解任消息通知中心。

第 32 条

应当事人的请求或者自行动议，如果仲裁员在法律上或者事实上不能履行或者不能履行仲裁员的职责，中心可以将其解职。在这种情况下，应让各方当事人就此发表意见的机会，第 26 条至第 29 条的规定也应比照适用。

替换仲裁员

第 33 条

(a) 必要时，应根据第 15 条至第 19 条规定的程序指定替换的仲裁员，该程序适用于被替换的仲裁员。

(b) 如果一方当事人指定的仲裁员在提名时因该当事人已知或应当知道的理由而被要求回避，或者已根据第 32 条的规定解任，则中心有权不允许该方当事人提出新的提名。如果选择行使这种自由裁量权，中心应作出替代指定。

(c) 在作出替换指定之前，仲裁程序应暂停，当事人另有约定的除外。

第 34 条

替代的仲裁员一经指定，仲裁庭应当考虑当事人的任何意见，依其独立裁量权决定以前进行过的全部或部分审理是否重新进行。

仲裁庭人数不足

第 35 条

(a) 如果三人仲裁庭中的一名仲裁员，虽然经正式通知并且无正当理由未能参加仲裁庭的工作，除一方当事人已依照第 32 条的规定提出申请之外，另外两名仲裁员有权依其独立裁量权决定在第三名仲裁员不参加的情况下继续进行仲裁和作出任何裁决、命令或其他决定。在决定是否在缺少一名仲裁员参加的情况下继续进行仲裁或作出任何裁决、命令或其他决定时，另外两名仲裁员应当考虑仲裁的进度、第三名仲裁员对不参加提出的任何理由以及他们认为根据案情应予考虑的其他事项。

(b) 如果另外两名仲裁员在没有第三名仲裁员参加的情况下决定不继续进行仲裁，除非当事人另有约定，中心在认为第三名仲裁员未参加仲裁庭工作的证据充分情况下，应当宣布其职位空缺，并根据第 33 条规定的裁量权指定一名替换的仲裁员。

关于仲裁庭管辖权的抗辩

第 36 条

（a）仲裁庭有权审理并确定关于仲裁庭管辖权的异议，包括依照第 59 （b）条的规定提出的关于仲裁协议的形式、存在、效力或范围的任何异议。

（b）仲裁庭有权决定仲裁协议所构成的或与仲裁协议有关的任何合同的存在或效力。

（c）仲裁庭无管辖权的抗辩应当不迟于在答辩书中提出，对反请求或抵消提出的仲裁庭无管辖权抗辩，至迟应当在对反请求或抵消的答辩书中提出；逾期不得在随后的仲裁程序中提出此种抗辩，也不得向任何法院提出。仲裁庭超越权限的抗辩应当在仲裁程序中被指超越权限的事项被提出后立即提出。在以上任何一种情况下，如果仲裁庭认为逾期合理，可以准许逾期提出抗辩。

（d）仲裁庭可以将第（c）款所述的抗辩作为先决问题作出裁定，也可以依其独立裁量权在最终裁决中作出裁定。

（e）仲裁庭无管辖权的抗辩不应妨碍中心管理仲裁。

第四章　仲裁的进行

将文件传送给仲裁员

第 37 条

指定仲裁员后，中心应立即将文件传送给每位仲裁员。

仲裁庭的一般权力

第 38 条

（a）在符合第 3 条规定的情况下，仲裁庭可以其认为适当的方式进行仲裁。

（b）在所有情形下，仲裁庭均应确保各方当事人得到平等对待，确保每一方当事人都有陈述主张的公平机会。

（c）仲裁庭应当确保仲裁程序适当快速进行。在特殊情况下，仲裁庭可以应当事人的请求或自行动议，将本规则规定、仲裁庭确定或当事人约定的期间延长。在紧急情况下，首席仲裁员可以单独决定延期。

仲裁地

第 39 条

（a）除非当事人另有约定，仲裁地应由中心决定，并考虑当事人的意见和仲裁情况。

（b）仲裁庭经与各方当事人协商后，可在其认为适当的任何地点开庭。仲裁庭可以在其认为适当的任何地点进行评议。

（c）裁决应视为已在仲裁地作出。

仲裁语言
第 40 条

（a）除非各方当事人另有约定，仲裁语言应为仲裁协议的语言，但在考虑当事人的意见和仲裁的情形后，仲裁庭有权作出其他决定。

（b）仲裁庭可以命令以仲裁语言以外的其他语言提交的任何文件附具仲裁语言的全文译本或节选译本。

请求书
第 41 条

（a）除非请求书附有仲裁申请书，否则申请人应当在收到中心的仲裁庭成立通知后的 30 日内，将其请求书送交被申请人和仲裁庭。

（b）请求书应包含有支持仲裁请求的全面事实和法律理由，包括说明所请求的救济。

（c）请求书应当尽可能大范围地附具申请人所依据的书面证据以及该证据的目录。如果证据数量特别大，申请人可以附注说明准备提交的其他证据文件。

答辩书
第 42 条

（a）被申请人应当在收到请求书后 30 天内或者在收到中心成立仲裁庭的通知后 30 天内（期限以较晚者为准），将答辩书送交申请人和仲裁庭。

（b）答辩书应当根据第 41（b）条规定的请求书应当写明的各项内容作出答复。答辩书应当附具第 41（c）条所规定的相应文件证据。

（c）被申请人的任何反请求或主张抵消，应当在答辩书中提出，或者在特殊情况下，也可经仲裁庭决定在随后的仲裁程序中提出。反请求或抵消应当包含第 41（b）和（c）条规定的各项内容。

进一步书面陈述
第 43 条

（a）如已提出反请求或抵消主张，申请人应当对其内容详情作出答复。第 42（a）和（b）条的规定应比照适用于此答复。

（b）仲裁庭可以依其裁量权决定是否接受或要求提供进一步书面陈述。

对请求或答辩的变更
第 44 条

除非当事人有相反约定，当事人可以在仲裁程序中变更或补充其请求、反请求、答辩或抵消主张,但仲裁庭在考虑更改的性质或更改的迟延和第 38 (b) 和 (c) 条的规定后,认为不应接受的除外。

当事人与仲裁庭的联络

第 45 条

除本规则另有规定或仲裁庭允许之外,任何一方当事人或代表其行事的任何人均不得就与仲裁有关的任何实体事项与仲裁员进行任何单方联络,但本条规定不禁止涉及纯粹组织事项的单方联络,例如开庭设施、地点、日期或时间等。

临时保护措施和请求与费用的担保

第 46 条

(a) 应一方当事人的请求,仲裁庭可以发布任何临时命令或者采取其认为必要的其他临时措施,包括保全争议标的货物的命令和措施,例如将货物交第三方保管或将易腐货物出售的命令等。仲裁庭可以要求提出申请的当事人提供适当担保,作为准许上述措施的条件。

(b) 应一方当事人的请求,如果仲裁庭认为在特殊情况下有必要,可以命令另一方当事人按仲裁庭确定的形式,为请求或反请求以及第 72 条所述的费用提供担保。

(c) 根据本条所述的措施和命令可采取临时裁决的形式。

(d) 一方当事人向司法当局提出的要求采取临时措施的请求,或者要求为请求或反请求提供担保,或者要求执行仲裁庭准许的任何此种措施或发布的任何此种命令,不应视为与仲裁协议不符,或视为放弃仲裁协议。

预备会议

第 47 条

在提交答辩书之后,仲裁庭一般应与当事人举行预备会议,以便组织和安排后续程序。

证据

第 48 条

(a) 仲裁庭确定证据的可采性、关联性、实质性和重要性。

(b) 在仲裁期间的任何时间,仲裁庭可应当事人的申请或自行决定,命令当事人出示仲裁庭认为必要或适当的文件或其他证据,并可命令当事人向仲裁庭或仲裁庭指定的专家或另一方当事人公开其占有或控制的任何财产进行检查或检验。

实验

第 49 条

(a) 在开庭前的任何合理时间,当事人可以向仲裁庭和对方当事人发出通知，已经进行了通知中写明的实验并准备将这些实验作为依据。通知应当写明实验目的、实验概要、使用的方法、结果和结论。对方当事人可以通知仲裁庭，要求其在场的情况下重复其中部分实验或全部实验。如果仲裁庭认为该要求合理的，则应当确定重复实验的时间表。

（b）本条所称的"实验"，应包括测试或其他验证程序。

现场调查

第 50 条

仲裁庭可以应当事人的申请或自行决定，检查或要求检查其认为合适的任何场所、财产、机械、设施、生产线、模型、影片、材料、产品或工艺。当事人可以在开庭前的任何合理时间要求进行检查，仲裁庭如果准许，应当确定检查的时间和安排。

约定的基础读物和模型

第 51 条

如果各方当事人同意，仲裁庭可以决定当事人应共同提供：

（i）技术性背景读物，其列出充分理解争议事项所需的科学、技术或其他专业信息的背景。

（ii）仲裁庭或当事人需要在开庭时参考的模型、图纸或其他资料。

商业秘密和其他机密信息的披露

第 52 条

（a）就本条而言，机密信息是指不限载体的符合下列情形的任何信息：

（i）为一方当事人占有；

（ii）不向公众开放；

（iii）具有商业、财务或工业意义；并且

（iv）被占有该信息的当事人视为机密。

（b）在仲裁中希望提交或被要求提交的任何信息（包括提交给仲裁庭指定专家的信息）的一方当事人，如需申请将信息归为保密的，应当通知仲裁庭，通知副本应抄送对方当事人。当事人应当在通知中说明其认为该信息属于机密的理由，但无须披露信息的实质内容。

（c）仲裁庭应认定该信息是否应归为机密，以及在程序中缺少特别保护措施是否可能对提出保密的一方当事人造成严重损害。如果仲裁庭认定应予保密的，应当决定可以将该机密信息作部分或全部披露的条件与对象，并要求披露该机密信息的任何人签署适当的保密保证书。

（d）在特殊情况下，信息是否应列为机密，程序中缺少特别保护措施是否可能对提出保密的当事人造成严重损害，仲裁庭可以应当事人的申请或自行

决定，并与各方当事人协商后指定一名保密顾问，由保密顾问认定该信息是否应列为机密，如果认定应予保密，则由保密顾问决定在何种条件下可将该信息作部分或全部披露的条件和对象。任何指定的保密顾问均应当签署适当的保密保证书。

（e）仲裁庭也可以应当事人的申请或自行决定，依照第55条的规定指定保密顾问为专家，以便根据保密信息就仲裁庭指定的具体问题向仲裁庭提出报告，而不向提供机密信息的当事人以外的当事人和仲裁庭披露机密信息。

开庭

第53条

（a）如果任何一方当事人申请开庭的，仲裁庭应当开庭，以便让证人（包括专家证人）作证，或者进行辩论，或者证人作证和辩论都进行。当事人未申请的情况，仲裁庭应决定是否开庭。不开庭的，程序应仅依据文件和其他资料进行。

（b）如果开庭，仲裁庭应当提前通知各方当事人开庭的日期、时间和地点。

（c）除非当事人另有约定，所有开庭均应是不公开进行。

（d）仲裁庭应决定开庭是否制作记录，以及应采取何种形式记录。

证人

第54条

（a）开庭前，仲裁庭可以要求任何一方当事人报告其希望传唤的证人的身份，以及证人证言的主题以及证人证言与各项问题的关联性。

（b）不论是事实证人还是专家证人，仲裁庭认为多余或无关的，有权限制或拒绝任何证人出庭。

（c）在仲裁庭的主持下，任何一方当事人可以向出庭作证的证人发问。仲裁庭可以在询问证人的任何阶段提问。

（d）证人的证词无论是按当事人的选择或者仲裁庭的指令，均可以书面提交，无论是采取签名陈述、宣誓证言还是其他形式，仲裁庭可以将证人出庭作证作为采纳书面证人证词的条件。

（e）当事人应当对其所传唤的任何证人的实际安排、费用和能否出庭负责。

（f）仲裁庭应决定审理期间任何证人在开庭的任何期间是否退庭，特别是在其他证人作证期间是否退庭。

仲裁庭指定的专家

第55条

（a）仲裁庭经与当事人协商后，可以指定一名或多名独立专家就仲裁庭指定的具体问题向仲裁庭提出报告。仲裁庭考虑当事人意见后制定的专家职责范围书副本应发送给各方当事人。任何上述指定的专家必须签署适当的保密保证书。

（b）在符合第52条规定的情况下，在收到专家的报告后，仲裁庭应当将报告的副本发给各方当事人，并给当事人对报告提出书面意见的机会。根据第52条的规定，当事人可以查阅专家在其报告中作为依据的任何文件。

（c）应一方当事人的申请，双方当事人应有在庭上向专家发问的机会。开庭时，当事人可以提出专家证人就争议要点作证。

（d）任何专家就向其提交的问题提出的意见，不影响仲裁庭根据所有情况对这些问题进行评估的权力，除非双方当事人已约定专家对具体问题的鉴定是决定性的。

不履行责任
第 56 条

（a）如果申请人无正当理由未依照第41条的规定提交请求书的，仲裁庭应终止程序。

（b）如果被申请人无正当理由未依照第42条的规定提交答辩书的，仲裁庭仍可以继续进行仲裁并作出裁决。

（c）如果当事人无正当理由未在仲裁庭规定的期间内利用机会陈述主张的，仲裁庭仍可以继续进行仲裁并作出裁决。

（d）如果一方当事人在无正当理由的情况下，不遵守本规则的规定、要求或者仲裁庭发出的指令，仲裁庭可以据此作出其认为适当的推断。

程序结束
第 57 条

（a）当认为当事人已有充分机会提出意见和证据时，仲裁庭应当宣布程序结束。

（b）如果认为情况特殊、确有必要的，在裁决作出前的任何时间，仲裁庭可以自行或应一方当事人的申请，决定恢复进行已宣布结束的程序。

放弃异议
第 58 条

一方当事人知道本规则的任何规定、仲裁协议的任何要求或者仲裁庭发出的任何指令未被遵守，但仍参加仲裁程序而未对不遵守的情况立即提出异议的，视为放弃其提出异议的权利。

第五章　裁决和其他决定

适用于争议实体、仲裁和仲裁协议的法律
第59条

（a）仲裁庭应当依照当事人选择的法律或法律规则对争议实体进行裁决。除另有说明外，任何指定某一国的法律应当解释为直接指该国的实体法而不是指该国的法律冲突规则。当事人未进行选择的，仲裁庭应当适用其认为适当的法律或法律规则。在任何情形下，仲裁庭应当适当考虑任何相关合同的条款并考虑可适用的交易习惯进行裁决。只有在当事人明确授权的情况下，仲裁庭才可以作为友好调解人或根据公正和善良的原则作出裁决。

（b）适用于仲裁的法律应是仲裁地的仲裁法，但当事人对适用其他仲裁法有明确约定，且此种约定受仲裁地法律允许的除外。

（c）仲裁协议符合第（a）款规定可适用的法律、法律规则或者依据第（b）款规定可适用的法律中有关形式、存在、效力和范围的要求的，视为有效。

货币和利息
第60条

（a）裁决书中的金额可以以任何货币为单位。

（b）仲裁庭可就当事人为其被裁定支付的金额裁定支付单利或复利。在确定利息时，仲裁庭可以采用其认为适当的利率，而不受法定利率的约束，并有权确定应计利息的期限。

决定
第61条

除非当事人另有约定，如果仲裁员人数在一名以上的，仲裁庭的任何裁决、命令或其他决定应当由多数作出。未形成多数的情况下，由首席仲裁员作为独任仲裁员作出裁决、命令或其他决定。

裁决的形式和通知
第62条

（a）仲裁庭可作出初步、临时、中间、部分或最终裁决。

（b）裁决应为书面形式，并应写明裁决的日期以及依照第39（a）条确定的仲裁地。

（c）裁决应当写明所依据的理由，除非各方当事人约定不写明任何理由和法律。

（d）裁决应当由仲裁员或多名仲裁员签署。裁决由多数仲裁员署名，或者在第 61 条第二句所述情形下，由首席仲裁员署名即可。如果仲裁员未署名的，应当说明未署名的理由。

（e）仲裁庭可以就形式问题与中心协商，特别是确保裁决的可执行性。

（f）裁决书应当由仲裁庭以正本形式提供给中心，其份数应当足以发给当事人每方一份、仲裁员每人一份和中心一份。中心应当向每一方当事人和每名仲裁员正式发出一份裁决书正本。

（g）应一方当事人的要求，中心应以收费形式向其出具一份经中心证明的裁决书副本。经中心证明的副本，视为符合 1958 年 6 月 10 日订于纽约的《承认及执行外国仲裁裁决公约》第Ⅳ（1）（a）条的要求。

作出最终裁决的期限

第 63 条

（a）在合理可能的情况下，仲裁应当尽可能在递交答辩书或仲裁庭成立后最长 9 个月内完成审理和宣布程序结束，以较晚者为准。如有可能，最终裁决应尽可能在其后 3 个月内作出。

（b）如果程序未在第（a）款规定的期间内宣布结束，仲裁庭应当向中心发出仲裁情况报告，并将副本抄送各方当事人。此后在程序未宣布结束的期间，仲裁庭应当每经过 3 个月再向中心发出一份情况报告，并将副本抄送各方当事人。

（c）如果最终裁决未在程序结束后 3 个月内作出的，仲裁庭应当向中心提出书面逾期说明，并将副本抄送各方当事人。此后每经过一个月，仲裁庭应当在最终裁决作出前再向各方当事人发出一份进一步说明，并抄送副本。

裁决的效力

第 64 条

（a）双方当事人同意按照本规则进行仲裁，即承诺将立即履行裁决，并放弃其根据适用的法律可合法作出的范围内向法院或其他司法当局提出任何形式的上诉或起诉的权利。

（b）自中心依照第 62（f）条第二句发出通知之日起生效，裁决对双方当事人均具有约束力。

和解或终止仲裁的其他理由

第 65 条

（a）仲裁庭可以在其认为适当的时候提议当事人和解。

（b）如果在裁决作出前当事人就争议达成和解的，仲裁庭应当终止仲裁，并在当事人共同提出申请时以和解裁决的形式将和解作成记录。仲裁庭无须对和解裁决说明理由。

（c）如果在裁决作出前，仲裁由于第（b）款中未提及的任何原因无需或不能继续进行的，仲裁庭应当通知当事人准备终止仲裁。仲裁庭有权发出终止仲裁的命令，除非当事人在仲裁庭规定的期间内提出合理的反对理由。

（d）和解裁决或终止仲裁的命令应当由仲裁员依照第62（d）条的规定署名，并由仲裁庭将正本发给中心，份数应当足以发给当事人每方、仲裁员每人和中心各一份。中心应当向每方当事人和每名仲裁员正式发出一份和解裁决书或终止仲裁的命令的正本。

裁决书的更正和补充裁决
第66条

（a）在收到裁决书后30日内，一方当事人可以通知仲裁庭裁决书中的书写、打印或计算错误，申请仲裁庭作出更正，通知副本应抄送中心和对方当事人。仲裁庭认为申请有正当理由的，应当在收到申请后30日内作出更正。任何更正应当采取另行出具备忘录的形式，并由仲裁庭依照第62（d）条的规定署名，此类更正构成裁决书的一部分。

（b）仲裁庭可以在裁决日期后30日内自行更正第（a）款所述类型的任何错误。

（c）一方当事人可以在收到裁决书后30内，通知仲裁庭并将通知副本抄送中心和对方当事人，就仲裁程序中提出而裁决书中漏裁的仲裁请求，申请仲裁庭作出补充裁决。仲裁庭在对申请作出决定前，应当给各方当事人发表意见的机会。仲裁庭认为申请有正当理由的，则应尽可能在收到申请60日内作出补充裁决。

第六章　费　用

中心的收费
第67条

（a）提交仲裁申请书应当向中心缴纳不可退还的立案费。立案费的数额应在中心收到仲裁申请书之日适用的费用表中规定。

（b）被申请人提出的任何反请求，应当向中心缴纳不可退还的立案费。立案费的数额应在中心收到仲裁申请书之日适用的费用表中规定。

（c）在缴纳立案费前，中心不得对仲裁申请书或反请求采取行动。

（d）如果申请人或被申请人在中心第二次书面催款通知后15日内未缴纳立案费的，视具体情况，视为撤回仲裁申请书或反请求。

第68条

（a）申请人应当在收到中心的付款数额通知后30日内，向中心缴纳管理费。

（b）如果提出反请求的，被申请人也应当在收到中心的付款数额通知后 30 日内向中心缴纳管理费。

（c）管理费的数额依照仲裁开始之日适用的费用表计算。

（d）如果增加请求或反请求，管理费的数额可以依照第（c）款规定适用的费用表增加，增加的数额视具体情况由申请人或被申请人缴纳。

（e）如果一方当事人在中心第二次书面催款通知后 15 日内未缴纳应付的管理费，视具体情况，视为撤回请求或反请求，或者撤回增加的请求或反请求。

（f）仲裁庭应当及时通知中心请求和反请求的金额以及请求和反请求的增加金额。

仲裁员费用

第 69 条

仲裁员费用的数额和币种以及支付方式和时间应由中心在与仲裁员和当事人协商后，依照中心收到仲裁申请书之日适用的费用表确定。

预缴款

第 70 条

（a）在收到中心成立仲裁庭的通知后，申请人和被申请人应当交存相等数额的款项，作为第 71 条所述的仲裁费用的预缴款。预缴款数额由中心确定。

（b）在仲裁过程中，中心可以要求当事人提供补充预缴款。

（c）如果在收到相应通知后 30 日内未足额缴纳所需预缴款，中心应当通知各方当事人，以便一方当事人可以缴纳要求支付的款项。

（d）如果反请求的金额远远高于请求的金额，或者涉及需审查的事项存在显著不同，或者在表面看来适当的其他情形下，中心可以依其裁量权为请求和反请求分设两项预缴款。如果分设预缴款的，则与请求有关的预缴款由申请人全额缴纳，与反请求有关的预缴款由被申请人全额缴纳。

（e）如果一方当事人在中心第二次书面催款通知后 15 日内未按要求缴纳预缴款的，则视为撤回有关的请求或反请求。

（f）裁决作出后，中心应当依照裁决书，为当事人开列收到的预缴款账目，并将未用余款退还给当事人，或者要求当事人补足应付的任何欠款。

仲裁费用的承担

第 71 条

（a）仲裁庭应在裁决书中确定仲裁费用，包括：

（i）仲裁员费用；

（ii）合理发生的仲裁员差旅费、通信费和其他费用；

（iii）根据本规则要求的专家咨询费和仲裁庭其他此种协助的费用；以及

（iv）进行仲裁程序所需的其他费用，如会议和开庭设施的费用。

（b）上述费用应尽可能从第 70 条规定的预缴款中支出。

（c）根据双方当事人的任何约定，仲裁庭应当根据所有情形和仲裁结果，在当事人之间分摊仲裁费用和中心的立案费与管理费。

当事人费用的承担

第 72 条

在裁决书中，仲裁庭可以根据所有情形和仲裁结果，命令一方当事人支付另一方当事人因陈述主张而发生的全部或部分合理支出，其中包括为法律代理人和证人发生的支出，但当事人有相反约定的除外。

第七章 保 密

仲裁存在的保密

第 73 条

（a）除了在法院针对仲裁提起的诉讼或执行裁决的诉讼所需的限度内，当事人不得单方面向任何第三方披露关于仲裁存在的任何信息，但司法或主管机构要求披露而且只以下列方式披露的除外：

（i）披露不超过法律上规定的要求；并且

（ii）如果披露是在仲裁期间发生的，向仲裁庭和对方当事人提供所作披露的具体情况和披露的理由说明，披露在仲裁终止后发生的，只向对方当事人提供。

（b）尽管有第（a）款的规定，当事人为向第三方尽诚信或说明义务，可以向其披露仲裁当事人的名称和请求的救济。

仲裁期间所作披露的保密

第 74 条

（a）除第 52 条规定可用的具体措施外，当事人或证人在仲裁中提供的任何书面证据或其他证据应当视为机密；并且，只要此种证据所说明的信息不属于公共领域，则不经各方当事人同意或有管辖权的法院下令，仅因参加仲裁才获取该信息的当事人，不得为任何目的对此种证据进行使用或向任何第三方披露。

（b）就本条而言，当事人传唤的证人不视为第三方。如果为准备证人证言而让证人获取在仲裁中取得的证据或其他信息的，传唤证人的当事人负责让证人保密，证人的保密义务与其相同。

裁决的保密

第 75 条

裁决应当被当事人视为机密，并且只有在符合下列情形并不得超过下列各项的限度时才可以向第三方披露：

（i）各方当事人同意；或者

（ii）由于在法院或其他主管机构进行的裁决程序，而属于公有领域；或者

（iii）为了遵守当事人承担的法律要求，或为了确立或保护针对第三方当事人的法律权利，裁决必须披露。

中心和仲裁员的保密

第 76 条

（a）除非各方当事人另有约定，中心和仲裁员应当为仲裁和裁决保密，以及在仲裁期间披露的不属于公有领域的书面证据或其他证据所描述的信息，除非涉及与裁决有关的法院诉讼或法律另有规定需要披露，否则也应当在所需的限度内为任何此种证据保密。

（b）尽管有第（a）款的规定，中心可以在其发布的有关其活动的任何综合统计数据中使用有关仲裁的信息，但该信息不得使争议的当事人或具体案情得以识别。

第八章　杂　项

免责

第 77 条

除恶意行为外，仲裁员、世界知识产权组织和中心无须对一方当事人就与仲裁有关的任何作为或不作为承担责任。

放弃诽谤诉权

第 78 条

当事人以及接受指定的仲裁员同意，各方当事人、仲裁员或他们的代理人在准备仲裁时或在仲裁过程中发表或使用的任何陈述与意见，无论是书面的还是口头的，均不得作为提起或支持任何诽谤之诉或其他相关诉讼的依据，并同意本条可作为请求驳回任何此种起诉的依据。

附录3　WIPO快速仲裁规则（2002）

（2002年10月1日起生效）

第一章　总　则

缩略语

第1条

在本规则中：

"仲裁协议"指各方当事人就他们之间已经发生或可能发生的全部或某些争议交付仲裁的协议；仲裁协议的形式可以是合同中的仲裁条款，也可以是单独的合同；

"申请人"指发起仲裁的当事人；

"被申请人"指仲裁申请书中写明的仲裁对方当事人；

"仲裁庭"指独任仲裁员；

"WIPO"指世界知识产权组织；

"中心"指WIPO仲裁与调解中心。

根据上下文需要，使用单数形式的词也可能包括复数，反之亦然。

规则的适用范围

第2条

如果仲裁协议约定根据WIPO快速仲裁规则进行仲裁的，则本规则即视为该仲裁协议的一部分，而且争议的解决应当按照在仲裁开始之日有效的本规则进行，但当事人另有约定的除外。

第3条

（a）本规则应适用于仲裁，但如果本规则的任何条款与适用于仲裁的法律中当事人不能减损的规定相抵触时，则应以本规定为准。

（b）仲裁适用的法律应根据第53（b）条确定。

通知和时间

第4条

（a）根据本规则可以或必须提交的任何通知或其他通信应当采取书面形式，并通过邮政速递或快递服务、电子邮件或者能提供送达记录的其他通信手段。

（b）在一方当事人未作出任何变更通知的情况下，该当事人最后一个为人所知的住所或营业地是送达任何通知或其他通信的有效地址。在任何情形下，通信均可采取约定的方式向当事人递送，如果无约定的，也可依照双方当事人交往中的惯例送交一方当事人。

（c）在确定期限的开始日期时，通知或其他通信应视为在依照本条第（a）款和第（b）款的规定送达之日收到。

（d）在确定是否符合期限时，通知或其他通信在期限届满之日以前或期限届满之日依照本条第（a）款和第（b）款的规定发递的，视为已发出、作出或发送。

（e）为计算本规则规定的时间，该时间应自收到通知或其他通信的第二天起计算。如果该段时间的最后一日在收信人的住所或营业地是法定假日或非营业日，则时间延至其后的第一个营业日。该时间内的法定假日或非营业日在计算时间时包括在内。

（f）当事人可以同意缩短或延长第 11 条、第 14（b）条、第 37（a）条、第 47（b）条和第 49（a）条所述的时间。

（g）中心可以应一方当事人的申请或自行动议，延长第 11 条、第 14（b）条、第 37（a）条、第 47（b）条、第 49（a）条、第 60（d）条、第 61（e）条和第 63（e）条所述的时间。

（h）中心也可以与当事人协商，缩短第 11 条所述的时间。

要求提交给中心的文件
第 5 条

（a）在中心通知成立仲裁庭之前，当事人应当向中心提交本规则规定的必须提交或允许提交的任何书面陈述、通知或其他通信，并同时将一份副本发送给对方当事人。

（b）如此向中心发送的任何书面陈述、通知或其他通信，数量应当为仲裁庭和中心各一份副本。

（c）在中心通知成立仲裁庭之后，任何一方当事人应当直接向仲裁庭提交任何书面陈述、通知或其他通信，并同时将一份副本交给对方当事人。

（d）仲裁庭应当将其作出的任何命令或其他决定发送给中心一份副本。

第二章　仲裁的开始

仲裁申请书
第 6 条

申请人应当将仲裁申请书发送给中心和被申请人。

第 7 条

仲裁开始的日期应为中心收到仲裁申请书以及根据第 10 条规定的一并提交请求书之日。

第 8 条

中心应当将收到仲裁申请书、请求书以及仲裁开始的日期通知申请人和被申请人。

第 9 条

仲裁申请书应当包含：

（i）根据 WIPO 快速仲裁规则将争议提交仲裁的要求；

（ii）各方当事人和申请人代理人的名称、地址和电话、电子邮件或其他通信方式；

（iii）一份仲裁协议的副本，以及（如适用）任何一条法律选择条款的副本；以及

（iv）申请人认为与第 14 条和第 15 条有关的任何意见。

第 10 条

仲裁申请书应附具符合第 35（a）和（b）条规定的请求书。

答复书和答辩书

第 11 条

在收到申请人的仲裁申请书和请求书之日起 20 日内，被申请人应向中心和申请人发出答复书，答复书应当写明对仲裁申请书中任何项目的意见。

第 12 条

对申请书的答复书应当附具符合第 36（a）和（b）条规定的答辩书。

代理人

第 13 条

（a）各方当事人均可以委托其选择的代理人代表，代理人的国籍或职业资格等不限。代理人的姓名、地址和电话、电子邮件或其他通信方式应当通知中心和对方当事人，并在仲裁庭成立后通知仲裁庭。

（b）每一方当事人应确保其代理人有充分的时间能使仲裁可以迅速进行。

（c）当事人也可以由其选择的人员提供协助。

第三章 仲裁庭的组成与成立

仲裁员的人数

第 14 条

（a）仲裁庭应由各方当事人提名的一名独任仲裁员组成。

（b）如果仲裁员的制定未在仲裁开始之后 15 日内作出，仲裁员应由中心批准指定。

仲裁员的国籍

第 15 条

（a）各方当事人应遵守关于仲裁员国籍的规定。

（b）如果各方当事人对仲裁员的国籍没有约定的，在没有特殊情况的情形下，如需要指定具有特定资格的人选，则仲裁员应当为当事人所属国以外国家的国民。

当事人与仲裁员候选人的联系

第 16 条

任何一方当事人或代表其行事的任何人均不得与任何仲裁员候选人进行任何单方面的联系，除非是为了讨论候选人资格、候选人能否出任或候选人相对于当事人的独立性。

公正与独立性

第 17 条

（a）仲裁员应当公正和独立。

（b）可能的准仲裁员应当在接受指定前，向各方当事人和中心披露任何可能对其公正性或独立性产生合理怀疑的情况，或者书面确认不存在此种情况。

（c）在仲裁的任何阶段，如果出现可能引起对仲裁员的公正性或独立性产生合理怀疑的新情况，仲裁员应当立即向当事人和中心披露。

可出任性、接受指定和通知

第 18 条

（a）仲裁员接受指定时，应视为已承诺将安排充分时间，使仲裁可以迅速进行和完成。

（b）可能出任的准仲裁员应当以书面形式接受指定，并将接受函发送给中心。

（c）中心应当通知当事人成立仲裁庭。

仲裁员的回避

第 19 条

（a）如果存在引起对仲裁员的公正性或独立性产生合理怀疑的情况，则当事人可以要求仲裁员回避。

（b）一方当事人可以要求其提名的仲裁员回避，但仅限于基于提名后得知的事由。

第 20 条

要求仲裁员回避的一方当事人，应当在得知指定仲裁员后 7 日内，或者在得知其认为引起对仲裁员的公正性或独立性产生合理怀疑的情况后 7 日内，向中心、仲裁庭和对方当事人发出通知，说明要求回避的理由。

第 21 条

当仲裁员被一方当事人要求回避时，对方当事人有权对回避要求作出回应；如果对方当事人行使该权利，应当在收到第 20 条所述的通知后 7 日内将其回应意见副本发给中心、提出回避要求的当事人和仲裁员。

第 22 条

在回避要求待决期间，仲裁庭可以依其裁量权决定中止或继续进行仲裁程序。

第 23 条

对方当事人可以同意回避要求，或者仲裁员也可以自动退出。两种情况下均应替换仲裁员，但并不表示回避的理由是成立的。

第 24 条

如果对方当事人不同意回避要求，仲裁员也未退出的，则由中心依照内部程序决定是否回避。此种决定属于行政性质，是终局决定。无须中心说明其决定理由。

解任

第 25 条

根据仲裁员本人的要求，并经各方当事人或中心同意，可以将仲裁员解任。

第 26 条

不论仲裁员提出任何要求，当事人可以联合将仲裁员解任。双方当事人应当立即将该解任消息通知中心。

第 27 条

如果仲裁员在法律上或事实上不能履行或未能履行仲裁员职责的，中心可根据当事人的申请或自行决定将其解任。在这种情况下，应当让各方当事人有机会对此发表意见，并比照适用第 21 条至第 24 条的规定。

替换仲裁员

第 28 条

（a）必要时，应当按照第 14 条中规定的适用于指定被替换的仲裁员程序，指定一名替换的仲裁员。

（b）除非各方当事人另有约定，在作出替换指定前，应当暂停仲裁程序。

第 29 条

无论合适指定了替换的仲裁员,仲裁庭应当在考虑当事人的任何意见后,依其独立裁量权自行决定是否重新进行之前的全部或部分审理。

关于仲裁庭管辖权的抗辩

第 30 条

(a) 仲裁庭应有权审理并决定关于仲裁庭自身管辖权的异议,包括依照第 53(b) 条提出的关于仲裁协议的形式、存在、效力或范围的任何异议。

(b) 仲裁庭有权决定对仲裁协议所属的或与之有关的任何合同的存在或效力。

(c) 仲裁庭无管辖权的抗辩应在不迟于答辩书中提出,对反请求或抵消提出的仲裁庭无管辖权抗辩,应在不迟于对反请求或抵消的答辩书中提出;逾期不得在随后的仲裁程序中或者向任何法院提出此种抗辩。仲裁庭超越权限的抗辩应当在仲裁程序中被指超越权限的事项被提出后立即提出。在这两种情况下,如果仲裁庭认为逾期有正当理由的,则可以接受逾期提出的抗辩。

(d) 仲裁庭可将第 (c) 款所述的抗辩作为先决问题作出裁决,或者依其独立裁量权自行决定在最终裁决中作出裁决。

(e) 仲裁庭无管辖权的抗辩不应妨碍中心管理仲裁。

第四章 仲裁的进行

将文件传送给仲裁庭

第 31 条

中心应在仲裁庭被任命后尽快将文件传送给仲裁庭。

仲裁庭的一般权力

第 32 条

(a) 在符合第 3 条规定的情况下,仲裁庭可以其认为适当的方式进行仲裁。

(b) 在任何情形下,仲裁庭均应确保各方当事人得到平等对待,并确保各方当事人得到公平的机会陈述主张。

(c) 仲裁庭应当确保仲裁程序适当地快速进行。在特殊情况下,仲裁庭可以应当事人的申请或自行动议,将本规则规定、仲裁庭确定或当事人约定的时间延长。

仲裁地

第 33 条

(a) 除非各方当事人另有约定,仲裁地应由中心在考虑当事人的意见和仲裁的情形后决定。

（b）仲裁庭与当事人协商后，可以在其认为适当的任何地点开庭。仲裁庭可以在其认为适当的任何地点进行审议。

（c）裁决应视为已在仲裁地作出。

仲裁语言

第 34 条

（a）除非各方当事人另有约定，仲裁语言应为仲裁协议的语言，但在考虑当事人的意见和仲裁的情形后，仲裁庭有权另行决定。

（b）仲裁庭可以命令要求以仲裁语言以外的其他语言提交的任何文件，应当附具仲裁语言的全文或节选译本。

请求书

第 35 条

（a）请求书应当包含说明仲裁请求所依据的事实和法律的全面理由，包括请求救济的说明。

（b）请求书应尽可能附具申请人所依据的书面证据以及该证据的目录。如果证据数量特别大的，申请人可以附注说明准备提交的其他证据。

答辩书

第 36 条

（a）答辩书应当对第 35（a）条规定的请求书应写明的各项内容作出答复。答辩书应当附具第 35（b）条规定的相关书面证据。

（b）被申请人的任何反请求或主张抵消应当在答辩书中提出，在特殊情况下，如果经仲裁庭决定，也可以在后续仲裁程序中提出主张。任何此类反请求或抵消均应当包含第 35（a）和（b）条规定的各项内容。

进一步书面陈述

第 37 条

（a）如提出反请求或抵消主张，申请人应在收到反请求或抵消主张之日起 20 天内就详情作出答复。答复应当比照适用于第 36（a）条的规定。

（b）仲裁庭可以酌情决定是否接受或要求提供进一步的书面陈述。

对请求或答辩的变更

第 38 条

除非当事人有相反约定，一方当事人可以在仲裁程序中变更或补充其请求、反请求、答辩或抵消主张，但仲裁庭在考虑更改的性质或更改的迟延和第 32（b）和（c）条的规定后，认为不应接受的除外。

当事人与仲裁庭的联系

第 39 条

任何一方当事人或代表其行事的任何人不得与仲裁庭就有关任何仲裁实体事项进行任何单方面联系，除非本规则另有规定或仲裁庭允许，但本条规定不禁止有关开庭设施、地点、日期或时间等纯粹组织事项的单方面联系。

临时保护措施和请求与费用的担保

第 40 条

（a）应一方当事人的申请，仲裁庭可以发布任何临时命令或者采取其认为必要的其他临时措施，包括将货物交第三方保管或将易腐货物出售的命令等保全争议标的货物的命令和措施。仲裁庭可以在申请的当事人提供适当担保的条件下批准上述措施。

（b）应一方当事人的申请，仲裁庭可以命令另一方当事人按仲裁庭确定的形式，为请求或反请求以及第 65 条所述的费用提供担保。

（c）本条所述的措施和命令可以采取临时裁决的形式。

（d）一方当事人向司法当局提出要求采取临时措施的申请，或者要求为请求或反请求提供担保，或者要求执行仲裁庭准许的任何此种措施或发布的任何此种命令，不视为与仲裁协议不符，也不视为放弃仲裁协议。

预备会议

第 41 条

仲裁庭通常在提交答辩书后可与当事人举行一次预备会议，以便组织和安排后续程序。

证据

第 42 条

（a）仲裁庭应决定证据的可采性、关联性、实质性和重要性。

（b）在仲裁过程中的任何时间，仲裁庭可以应当事人的申请或自行决定，命令当事人出示仲裁庭认为必要或适当的文件或其他证据，并可命令当事人向仲裁庭或仲裁庭指定的专家或另一方当事人公开其占有或控制的任何财产进行检查或检验。

实验

第 43 条

（a）一方当事人可以在开庭前的任何合理时间向仲裁庭和对方当事人发出通知，已经进行了实验并准备将这些实验作为依据。通知应当说明实验目的、实验概要、使用的方法、结果和结论。另一方当事人可以通知仲裁庭，要求其在场的情况下重复其中任何或全部实验。如果仲裁庭认为该要求合理，则应当确定重复实验的时间表。

（b）就本条而言，"实验"应包括试验和其他验证程序。

现场调查
第 44 条

仲裁庭可以应当事人的申请或自行决定，检查或要求检查其认为适当的任何场所、财产、机械、设施、生产线、模型、影片、材料、产品或工艺。当事人可以在开庭前的任何合理时间申请进行此类检查，如果仲裁庭批准，应当确定检查的时间和安排。

约定的基础读物和模型
第 45 条

如果各方当事人同意，仲裁庭可以决定当事人应共同提供：

（i）技术性背景读物，其列出充分理解争议事项所需的科学、技术或其他专业信息的背景。以及

（ii）仲裁庭或当事人需要在开庭时参考的模型、图纸或其他资料。

商业秘密和其他机密信息的披露
第 46 条

（a）就本条而言，无论其所附的是何种载体，机密信息是指符合下列情形的任何信息：

（i）一方当事人占有；

（ii）不向公众开放；

（iii）具有商业、财务或工业意义的；并且

（iv）被占有该信息的当事人视为机密的。

（b）在仲裁中希望提交或被要求提交的任何信息（包括提交给仲裁庭指定专家的信息）的一方当事人，如需申请将信息归为保密的，应当通知仲裁庭，通知副本应抄送对方当事人。当事人应当在通知中说明其认为该信息属于机密的理由，但无须披露信息的实质内容。

（c）仲裁庭应认定该信息是否应归为机密，以及在程序中缺少特别保护措施是否可能对提出保密的一方当事人造成严重损害。如果仲裁庭认定应予保密的，应当决定可以将该机密信息作部分或全部披露的条件与对象，并要求披露该机密信息的任何人签署适当的保密保证书。

（d）在特殊情况下，信息是否应列为机密，程序中缺少特别保护措施是否可能对提出保密的当事人造成严重损害，仲裁庭可以应当事人的申请或自行决定，并与各方当事人协商后指定一名保密顾问，由保密顾问认定该信息是否

应列为机密，如果认定应予保密，则由保密顾问决定在何种条件下可将该信息作部分或全部披露的条件和对象。任何指定的保密顾问均应当签署适当的保密保证书。

（e）仲裁庭也可以应当事人的申请或自行决定，依照第49条的规定指定保密顾问为专家，以便根据保密信息就仲裁庭指定的具体问题向仲裁庭提出报告，而不向提供机密信息的当事人以外的当事人和仲裁庭披露机密信息。

开庭

第47条

（a）如果任何一方当事人申请开庭的，仲裁庭应当开庭，以便让证人（包括专家证人）作证，或者进行辩论，或者证人作证和辩论都进行。当事人未申请的情况，仲裁庭应决定是否开庭。不开庭的，程序应仅依据文件和其他资料进行。

（b）开庭应当在申请人收到答复书和答辩书后30天内进行。仲裁庭应当将开庭的日期、时间和地点适当提前通知各方当事人。除特殊情况外，开庭不应超过3日。当事人应当争取让仲裁庭充分理解争议所需的人员在开庭时一并到场。

（c）除非当事人另有约定，所有开庭均应是不公开进行。

（d）仲裁庭应决定开庭是否制作记录，以及应采取何种形式记录。

（e）开庭后，当事人可以在当事人约定的短暂期间内向仲裁庭和对方当事人发出庭后意见书；当事人未约定期间的，期间由仲裁庭决定。

证人

第48条

（a）开庭前，仲裁庭可以要求任何一方当事人报告其希望传唤的证人的身份，以及证人证言的主题以及证人证言与各项问题的关联性。

（b）不论是事实证人还是专家证人，仲裁庭认为多余或无关的，有权限制或拒绝任何证人出庭。

（c）在仲裁庭的主持下，任何一方当事人可以向出庭作证的证人发问。仲裁庭可以在询问证人的任何阶段提问。

（d）证人的证词无论是按当事人的选择或者仲裁庭的指令，均可以书面提交，无论是采取签名陈述、宣誓证言还是其他形式，仲裁庭可以将证人出庭作证作为采纳书面证人证词的条件。

（e）当事人应当对其所传唤的任何证人的实际安排、费用和能否出庭负责。

（f）仲裁庭应决定审理期间任何证人在开庭的任何期间是否退庭，特别是在其他证人作证期间是否退庭。

仲裁庭指定的专家
第 49 条

（a）仲裁庭经与当事人协商，可以在预备会议上或者以后的阶段指定一名或多名独立专家，就仲裁庭指定的具体问题向仲裁庭提出报告。仲裁庭应当在考虑当事人的意见后制定专家的职责范围书，并将副本发送给当事人。指定的专家应当签署适当的保密保证书。职责范围书应当要求专家在收到职责范围书 30 日内向仲裁庭提出报告。

（b）在符合第 46 条规定的情况下，在收到专家的报告后，仲裁庭应当将报告的副本发给各方当事人，并给当事人对报告提出书面意见的机会。在符合第 46 条规定的情况下，当事人可以查阅专家在其报告中作为依据的任何文件。

（c）应一方当事人的申请，双方当事人应有在庭上向专家发问的机会。开庭时，当事人可以提出专家证人就争议要点作证。

（d）任何专家就向其提交的问题提出的意见，不影响仲裁庭根据所有情况对这些问题进行评估的权力，除非双方当事人已约定专家对具体问题的鉴定是决定性的。

不履行责任
第 50 条

（a）申请人无正当理由未依照第 10 条和第 35 条的规定提交请求书的，中心无须采取第 8 条规定的行动。

（b）被申请人无正当理由未依照第 11 条、第 12 条和第 36 条的规定提交答辩书的，仲裁庭仍可以继续进行仲裁并作出裁决。

（c）如果当事人无正当理由未在仲裁庭规定的期间内利用机会陈述主张的，仲裁庭仍可以继续进行仲裁并作出裁决。

（d）如果一方当事人在无正当理由的情况下，不遵守本规则的规定、要求或者仲裁庭发出的指令，仲裁庭可以据此作出其认为适当的推断。

程序结束
第 51 条

（a）当认为当事人已有充分机会提出意见和证据时，仲裁庭应当宣布程序结束。

（b）如果认为情况特殊、确有必要的，在裁决作出前的任何时间，仲裁庭可以自行或应一方当事人的申请，决定恢复进行已宣布结束的程序。

放弃异议
第 52 条

一方当事人知道本规则的任何规定、仲裁协议的任何要求或者仲裁庭发出的任何指令未被遵守，但仍参加仲裁程序而未对不遵守的情况立即提出异议的，视为放弃其提出异议的权利。

第五章 裁决和其他决定

适用于争议实体、仲裁和仲裁协议的法律
第53条
（a）仲裁庭应当依照当事人选择的法律或法律规则对争议实体进行裁决。除另有说明外，任何指定某一国的法律应当解释为直接指该国的实体法而不是指该国的法律冲突规则。当事人未进行选择的，仲裁庭应当适用其认为适当的法律或法律规则。在任何情形下，仲裁庭应当适当考虑任何相关合同的条款并考虑可适用的交易习惯进行裁决。只有在当事人明确授权的情况下，仲裁庭才可以作为友好调解人或根据公正和善良的原则作出裁决。

（b）适用于仲裁的法律应是仲裁地的仲裁法，但当事人对适用其他仲裁法有明确约定，且此种约定受仲裁地法律允许的除外。

（c）仲裁协议符合第（a）款规定可适用的法律、法律规则或者依据第（b）款规定可适用的法律中有关形式、存在、效力和范围的要求的，视为有效。

货币和利息
第54条
（a）裁决书中的金额可以以任何货币为单位。

（b）仲裁庭可就当事人为其被裁定支付的金额裁定支付单利或复利。在确定利息时，仲裁庭可以采用其认为适当的利率，而不受法定利率的约束，并有权确定应计利息的期限。

裁决的形式和通知
第55条
（a）仲裁庭可作出初步、临时、中间、部分或最终裁决。

（b）裁决应为书面形式，并应写明裁决的日期以及依照第33（a）条确定的仲裁地。

（c）裁决应当写明所依据的理由，除非各方当事人约定不写明任何理由和法律。

（d）裁决应当由仲裁员署名。如果仲裁员未署名的，裁决应当说明未署名的理由。

（e）仲裁庭可以就形式问题与中心协商，特别是确保裁决的可执行性。

（f）裁决书应当由仲裁庭以正本形式提供给中心，其份数应当足以发给当事人每方一份、仲裁员每人一份和中心一份。中心应当向每一方当事人和每名仲裁员正式发出一份裁决书正本。

（g）应一方当事人的要求，中心应以收费形式向其出具一份经中心证明的裁决书副本。经中心证明的副本，视为符合1958年6月10日订于纽约的《承认及执行外国仲裁裁决公约》第Ⅳ（1）（a）条的要求。

作出最终裁决的期限

第56条

（a）在合理可能的情况下，仲裁应当尽可能在递交答辩书或仲裁庭成立后最长3个月内完成审理和宣布程序结束，以较晚者为准。如有可能，最终裁决应尽可能在其后1个月内作出。

（b）如果程序未在第（a）款规定的期间内宣布结束，仲裁庭应当向中心发出仲裁情况报告，并将副本抄送各方当事人。此后在程序未宣布结束的期间，仲裁庭应当每经过一个月再向中心发出一份情况报告，并将副本抄送各方当事人。

（c）如果最终裁决未在程序结束后一个月内作出的，仲裁庭应当向中心提出书面逾期说明，并将副本抄送各方当事人。此后每经过一个月，仲裁庭应当在最终裁决作出前再向各方当事人发出一份进一步说明，并抄送副本。

裁决的效力

第57条

（a）双方当事人同意按照本规则进行仲裁，即承诺将立即履行裁决，并放弃其根据适用的法律可合法作出的范围内向法院或其他司法当局提出任何形式的上诉或起诉的权利。

（b）自中心依照第55（f）条第二句发出通知之日起生效，裁决对双方当事人均具有约束力。

和解或终止仲裁的其他理由

第58条

（a）仲裁庭可以在其认为适当的时候提议当事人和解。

（b）如果在裁决作出前当事人就争议达成和解的，仲裁庭应当终止仲裁，并在当事人共同提出申请时以和解裁决的形式将和解作成记录。仲裁庭无须对和解裁决说明理由。

（c）如果在裁决作出前，仲裁由于第（b）款中未提及的任何原因无需或不能继续进行的，仲裁庭应当通知当事人准备终止仲裁。仲裁庭有权发出终止仲裁的命令，除非当事人在仲裁庭规定的期间内提出合理的反对理由。

（d）和解裁决或终止仲裁的命令应当由仲裁员依照第55（d）条的规定

署名，并由仲裁庭将正本发给中心，份数应当足以发给当事人每方、仲裁员每人和中心各一份。中心应当向每方当事人和每名仲裁员正式发出一份和解裁决书或终止仲裁的命令的正本。

裁决书的更正和补充裁决
第 59 条

（a）在收到裁决书后 30 日内，一方当事人可以通知仲裁庭裁决书中的书写、打印或计算错误，申请仲裁庭作出更正，通知副本应抄送中心和对方当事人。仲裁庭认为申请有正当理由的，应当在收到申请后 30 日内作出更正。任何更正应当采取另行出具备忘录的形式，并由仲裁庭依照第 55（d）条的规定署名，此类更正构成裁决书的一部分。

（b）仲裁庭可以在裁决日期后 30 日内自行更正第（a）款所述类型的任何错误。

（c）一方当事人可以在收到裁决书后 30 内，通知仲裁庭并将通知副本抄送中心和对方当事人，就仲裁程序中提出而裁决书中漏裁的仲裁请求，申请仲裁庭作出补充裁决。仲裁庭在对申请作出决定前，应当给各方当事人发表意见的机会。仲裁庭认为申请有正当理由的，则应尽可能在收到申请 30 日内作出补充裁决。

第六章　费　用

中心的收费
第 60 条

（a）提交仲裁申请书应当向中心缴纳不可退还的立案费。立案费的数额应在中心收到仲裁申请书之日适用的费用表中规定。

（b）被申请人提出的任何反请求，应当向中心缴纳不可退还的立案费。立案费的数额应在中心收到仲裁申请书之日适用的费用表中规定。

（c）在缴纳立案费前，中心不得对仲裁申请书或反请求采取行动。

（d）如果申请人或被申请人在中心第二次书面催款通知后 15 日内未缴纳立案费的，视具体情况，视为撤回仲裁申请书或反请求。

第 61 条

（a）申请人应当在收到中心的付款数额通知后 30 日内，向中心缴纳管理费。

（b）如果提出反请求的，被申请人也应当在收到中心的付款数额通知后 30 日内向中心缴纳管理费。

（c）管理费的数额依照仲裁开始之日适用的费用表计算。

（d）如果增加请求或反请求，管理费的数额可以依照第（c）款规定适用的费用表增加，增加的数额视具体情况由申请人或被申请人缴纳。

（e）如果一方当事人在中心第二次书面催款通知后 15 日内未缴纳应付的管理费，视具体情况，视为撤回请求或反请求，或者撤回增加的请求或反请求。

（f）仲裁庭应当及时通知中心请求和反请求的金额以及请求和反请求的增加金额。

仲裁员费用
第 62 条
仲裁员费用的数额和币种以及支付方式和时间应由中心在与仲裁员和当事人协商后，依照中心收到仲裁申请书之日适用的费用表确定。

预缴款
第 63 条
（a）在收到中心成立仲裁庭的通知后，申请人和被申请人应当交存相等数额的款项，作为第 64 条所述的仲裁费用的预缴款。预缴款数额由中心确定。

（b）在仲裁过程中，中心可以要求当事人提供补充预缴款。

（c）如果在收到相应通知后 20 日内未足额缴纳所需预缴款，中心应当通知各方当事人，以便一方当事人可以缴纳要求支付的款项。

（d）如果反请求的金额远远高于请求的金额，或者涉及需审查的事项存在显著不同，或者在表面看来适当的其他情形下，中心可以依其裁量权为请求和反请求分设两项预缴款。如果分设预缴款的，则与请求有关的预缴款由申请人全额缴纳，与反请求有关的预缴款由被申请人全额缴纳。

（e）如果一方当事人在中心第二次书面催款通知后 15 日内未按要求缴纳预缴款的，则视为撤回有关的请求或反请求。

（f）裁决作出后，中心应当依照裁决书，为当事人开列收到的预缴款账目，并将未用余款退还给当事人，或者要求当事人补足应付的任何欠款。

仲裁费用的承担
第 64 条
（a）仲裁庭应在裁决书中确定仲裁费用，包括：
（i）仲裁员费用；
（ii）合理发生的仲裁员差旅费、通信费和其他费用；
（iii）根据本规则要求的专家咨询费和仲裁庭其他此种协助的费用；以及
（iv）进行仲裁程序所需的其他费用，如会议和开庭设施的费用。

（b）上述费用应尽可能从第 63 条规定的预缴款中支出。

(c) 根据双方当事人的任何约定，仲裁庭应当根据所有情形和仲裁结果，在当事人之间分摊仲裁费用和中心的立案费与管理费。

当事人费用的承担
第 65 条

在裁决书中，仲裁庭可以根据所有情形和仲裁结果，命令一方当事人支付另一方当事人因陈述主张而发生的全部或部分合理支出，其中包括为法律代理人和证人发生的支出，但当事人有相反约定的除外。

第七章 保　密

仲裁存在的保密
第 66 条

（a）除了在法院针对仲裁提起的诉讼或执行裁决的诉讼所需的限度内，当事人不得单方面向任何第三方披露关于仲裁存在的任何信息，但司法或主管机构要求披露而且只以下列方式披露的除外：

（i）披露不超过法律上规定的要求；并且

（ii）如果披露是在仲裁期间发生的，向仲裁庭和对方当事人提供所作披露的具体情况和披露的理由说明，披露在仲裁终止后发生的，只向对方当事人提供。

（b）尽管有第（a）款的规定，当事人为向第三方尽诚信或说明义务，可以向其披露仲裁当事人的名称和请求的救济。

仲裁期间所作披露的保密
第 67 条

（a）除第 46 条规定可用的具体措施外，当事人或证人在仲裁中提供的任何书面证据或其他证据应当视为机密；并且，只要此种证据所说明的信息不属于公共领域，则不经各方当事人同意或有管辖权的法院下令，仅因参加仲裁才获取该信息的当事人，不得为任何目的对此种证据进行使用或向任何第三方披露。

（b）就本条而言，当事人传唤的证人不视为第三方。如果为准备证人证言而让证人获取在仲裁中取得的证据或其他信息的，传唤证人的当事人负责让证人保密，证人的保密义务与其相同。

裁决的保密
第 68 条

裁决应当被当事人视为机密，并且只有在符合下列情形并不得超过下列各项的限度时才可以向第三方披露：

（i）各方当事人同意；或者

（ii）由于在法院或其他主管机构进行的裁决程序，而属于公有领域；或者

（iii）为了遵守当事人承担的法律要求，或为了确立或保护针对第三方当事人的法律权利，裁决必须披露。

中心和仲裁员的保密

第 69 条

（a）除非各方当事人另有约定，中心和仲裁员应当为仲裁和裁决保密，以及在仲裁期间披露的不属于公有领域的书面证据或其他证据所描述的信息，除非涉及与裁决有关的法院诉讼或法律另有规定需要披露，否则也应当在所需的限度内为任何此种证据保密。

（b）尽管有第（a）款的规定，中心可以在其发布的有关其活动的任何综合统计数据中使用有关仲裁的信息，但该信息不得使争议的当事人或具体案情得以识别。

第八章 杂 项

免责

第 70 条

除恶意行为外，仲裁员、世界知识产权组织和中心无须对一方当事人就与仲裁有关的任何作为或不作为承担责任。

放弃诽谤诉权

第 71 条

当事人以及接受指定的仲裁员同意，各方当事人、仲裁员或他们的代理人在准备仲裁时或在仲裁过程中发表或使用的任何陈述与意见，无论是书面的还是口头的，均不得作为提起或支持任何诽谤之诉或其他相关诉讼的依据，并同意本条可作为请求驳回任何此种起诉的依据。

附录4 WIPO 调解规则（2002）

（2002年10月1日起生效）

缩略语
第1条
在本规则中：

"调解协议"指当事人同意将他们之间已经发生或可能发生的全部或某些争议交付调解的协议；调解协议的形式可以是合同中的调解条款，也可以是单独的合同；

"调解员"包括一名独任调解员，或者指定的一名以上的全体调解员的；

"WIPO"指世界知识产权组织；

"中心"指 WIPO 仲裁与调解中心。

视上下文需要，使用单数形式的词也可能包括复数，反之亦然。

规则的适用范围
第2条
如果调解协议约定按照 WIPO 调解规则进行调解的，则本规则即应视为该调解协议的一部分。除非当事人另有约定，调解应适用在调解开始之日有效的本规则。

调解的开始
第3条
（a）调解协议中的一方当事人希望开始调解的，应当向中心提交调解申请书，同时将调解申请书的副本发送给对方当事人。

（b）调解申请书应当包含或附具：

（i）争议各方当事人和提交调解申请书的当事人代理人的名称、地址和电话、电子邮件或其他通信方式；

（ii）一份调解协议的副本；以及

（iii）对争议性质的简要说明。

第4条
调解开始的日期应为中心收到调解申请书之日。

第 5 条

中心收到调解申请书后,应当立即书面通知各方当事人,并告知调解开始的日期。

调解员的指定

第 6 条

(a) 除非各方当事人已经自行约定调解员人选或者指定调解员的其他程序,调解员应由中心与各方当事人协商后指定。

(b) 可能出任的准调解员接受指定,即被视为已保证将安排充分时间,以使调解可迅速进行。

第 7 条

调解员应当中立、公正和独立。

当事人的代理人和会议的参加人

第 8 条

(a) 当事人在与调解员的会议中,可以委托代理人或者邀请人员提供协助。

(b) 在指定调解员后,授权作为其代理人的人员的姓名和地址以及代表当事人参加当事人与调解员会议的人员的姓名和职务,应当立即由一方当事人通知对方当事人、调解员和中心。

调解的进行

第 9 条

调解应按各方当事人约定的方式进行。如果当事人尚无约定的,调解员应当依照本规则的规定决定进行调解的方式。

第 10 条

每一方当事人应当与调解员诚信合作,使调解尽可能迅速地进行。

第 11 条

调解员可以与一方当事人自由进行单独会见和联系,但不经提供信息的当事人明确授权,单独会见和联络中得到的信息不得向另一方当事人披露。

第 12 条

(a) 一旦被指定,调解员应当尽快与当事人协商制定时间表,让当事人按期向调解员和对方当事人提交意见书,简要说明争议的背景、当事人与争议有关的利益和主张以及争议的现状,并一并提交当事人认为进行调解所需的其他信息和资料,尤其是有助于查明争议的问题。

(b) 在调解过程中的任意时间,调解员可以随时建议当事人提供调解员认为有用的补充信息和资料。

（c）任何当事人均可随时向调解员提交仅供调解员查阅的其认为保密的书面信息和资料。未经该当事人书面授权，调解员不得向另一方当事人披露此种信息和资料。

调解员的作用
第 13 条
（a）调解员可以其认为适当的任何方式促进当事人之间争议问题的解决，但无权强迫当事人和解。

（b）如果调解员认为当事人之间的任何争议问题难以通过调解解决，可以提出其认为最有利于以最高的效率、最低的费用和最好的结果解决这些问题的程序或办法，根据争议的情形和当事人之间的任何商业关系，供当事人考虑。调解员尤其可以提出：

（i）对一个或多个特定具体问题进行专家鉴定；

（ii）仲裁；

（iii）由各方当事人提出最后的解决方案，并在无法通过调解解决时，以这些最后方案为基础进行仲裁，其中仲裁庭的任务限于采用哪一种最后方案；

（iv）仲裁中经双方当事人明确同意，调解员将充当独任仲裁员，据了解，调解员可在仲裁程序中考虑调解期间收到的资料。

保密
第 14 条
各方当事人与调解员的任何会议均不得做任何形式的记录。

第 15 条
参加调解的每个人，包括尤其是调解员、当事人及其代表与顾问、任何独立专家和出席当事人与调解员会议的其他任何人，均应当为调解保密，除非当事人和调解员另有约定外，否则，不得使用或向外部披露与调解有关的或者在调解过程中取得的任何信息。上述每个人员在参加调解前应当签署适当的保密保证书。

第 16 条
除非当事人另有约定，参加调解的任何人应在调解终止时向该当事人返还另一方当事人提供的任何意见书、文件或其他资料，而不得保留任何副本。任何有关当事人与调解员会议的笔记，应当在调解终止时销毁。

第 17 条
除非当事人另有约定，调解员和当事人不得在任何司法程序或仲裁程序中作为证据或以其他任何方式提出下列各项：

（i）一方当事人就可能解决争议发表的任何意见或提出的任何建议；

（ii）一方当事人在调解过程中所作的任何承认；

（iii）调解员提出的任何建议或意见；

（iv）当事人已经或未表示愿意接受调解员或对方当事人提出的任何解决建议。

调解的终止

第 18 条

有下列情形之一的，应当终止调解：

（i）当事人就他们之间的任何或全部争议问题签署和解协议；

（ii）调解员认为进一步努力调解不可能解决争议时决定终止；或者

（iii）一方当事人在参加当事人与调解员的第一次讨论后的书面声明终止。

第 19 条

（a）调解终止后，调解员应当立即向中心发出调解终止的书面通知，说明调解终止的日期，通过调解是否已解决争议，已解决的，是部分解决还是全部解决。调解员应当将发给中心的调解终止通知抄送各方当事人。

（b）中心应当为调解员的调解终止通知保密，不经各方当事人书面授权，不得向任何人披露调解的存在或者调解的结果。

（c）但是，中心可以在中心出版的有关其活动的任何综合统计数据中使用有关调解的信息，但使用的信息不得泄露当事人的身份或者使争议的具体案情可以被识别。

第 20 条

除非法院要求或各方当事人书面授权，调解员不得在正在进行或者以后进行的与争议标的有关的任何司法程序、仲裁程序或其他程序中以调解员以外的任何身份行事。

管理费

第 21 条

（a）申请人提交调解申请书，应当向中心缴纳管理费，数额为调解申请书日期当日适用的费用表中规定的数额。

（b）管理费不退。

（c）管理费缴纳前，中心不对调解申请书采取行动。

（d）提交调解申请书的当事人在中心书面催款通知后 15 日内未缴纳管理费的，视为撤回调解申请书。

调解员费

第 22 条

（a）调解员费的数额和币种及其支付方式和时间由中心与调解员和当事

人协商后确定。

（b）除非当事人和调解员另有约定，调解员费的数额应当依照调解申请书日期当日适用的费用表中规定的参考性小时费率或日费率，结合争议金额、争议标的的复杂程度和任何其他相关案情计算。

预缴款

第 23 条

（a）中心可以在指定调解员时，要求每一方当事人交存相等数额的款项，作为调解费用尤其是估计的调解员费和其他调解支出的预付金。预缴款数额由中心确定。

（b）中心可以要求当事人追加预缴款。

（c）一方当事人在中心书面催款通知后 15 日内未按要求缴纳预缴款的，调解视为终止。中心应当书面通知各方当事人和调解员，说明终止的日期。

（d）有预缴款的，调解终止后，中心应当为当事人开列预缴款的账目，并向当事人返还未用余款，或者要求当事人补足欠款。

费用

第 24 条

除非当事人另有约定，管理费、调解员费和其他所有的调解费用，应在各方当事人之间平等分摊，尤其是调解员必要的差旅费和与取得专家咨询意见有关的任何费用。

免责

第 25 条

除恶意行为外，调解员、WIPO 和中心无须对任何一方与依照本规则进行的任何调解有关的任何作为或不作为承担负责。

放弃诽谤诉权

第 26 条

当事人和接受指定的调解员同意，各方当事人、调解员或他们的代理人在为调解作准备时或在调解过程中发表或使用的任何陈述与意见，不论是书面的还是口头的，不得作为提起或支持任何诽谤之诉或其他相关告诉的依据，并且本条可作为请求驳回任何此种起诉的依据。

根据诉讼失效暂停诉讼时效的期限

第 27 条

双方当事人同意，在适用法律允许的范围内，对于从调解开始之日起至终止之日止提交调解的争议，法律规定的任何适用的诉讼时效暂停计算。

索 引

说明：本索引的编制格式为原版词汇＋中译文＋原版页码。

A

Alternative dispute resolution（ADR）替代性争议解决方式
  Arb – Med，仲裁 – 调解 334
  confidentiality，保密性 337 – 339
  early neutral evaluation，早期中立评估 332 – 333
  escalation clauses，自动升级条款
  formal adversarial action，正式发起诉讼 353
  formal negotiations，正式谈判 352
  LCIA，伦敦国际仲裁院 354
  post – ADR provision，后 ADR 条款 353
  WIPO，世界知识产权组织 353 – 354
  Med – Arb，调解 – 仲裁 333
  mediation agreement，调解协议
    confidentiality，保密性 355 – 356
    duration，期限 356
    duty to disclose，披露义务 356
    facilitative and evaluative techniques，促进型和评估型技巧 356
    mediator fees and expenses，调解员费用及开支 357
    settlement agreements，和解协议 357
    voluntary termination，自愿终止 356 – 357
    written statements/proposals，书面陈词/提案 357
  neutrality and independence，中立性和独立性 334 – 335
  settlement agreement 和解协议
    competition law and antitrust issues，竞争法和反垄断问题 359
    confidentiality，保密性 361 – 362
    criminal conduct，犯罪行为 360
    enforcement，执行 361
    legal requirements，法律要求 360
    mistake and misrepresentation，错误和失实陈述 360 – 361
  voluntary，自愿 335 – 337
Arbitrability of IP disputes 知识产权争议的可仲裁性
  issues of，问题
    domestic arbitration，国内仲裁问题 52
    incidence and scope，发生率和范围 49 – 52
    objective arbitrability，可仲裁性 49
    party autonomy，当事人意思自治 51 – 52
    public policy，公共政策 50 – 51
  potential public policy arguments，潜在的公共政策争论
    creation of IPR, State involvement，创造知识产权，国家参与 63 – 64
    exclusive jurisdiction，专属管辖权 65 – 66

grant of monopolies, protection of interests, 授权垄断，保护利益 64-65
rights of exclusivity, 排他性权利 64
rebuttal of public policy arguments, 反驳公共政策理由
exclusive jurisdiction, 专属管辖权 73-75
insufficiency of public policy arguments, 公共政策不足理由 66-67
monopolies, 垄断 68-71
monopolies and policy interest rationales, 垄断和公共利益基本原理 71-73
restrictive and international public policy, 限制性国际公共政策 75-76
state involvement and sovereign acts, 国家参与和主权行为 68-71
resolving issues of objective inarbitrability, 解决客观的不可仲裁问题 54-57
parallel proceedings, national courts, 平行诉讼，国家法院 57-58
public policy arguments, 公共政策论 62
recognition and enforcement of awards, 裁决承认与执行 59-62
setting aside action context, 撤销判决内容 58-59
Arbitral awards 仲裁裁决
accession, 加入 390
adjudicative process, 裁决过程 274
agreement in writing, 书面协议 388
annulment/setting aside of, 取消
appeal mechanisms, 上诉机制 303
arbitration agreement, 仲裁协议 305
consequences of, 后果 310
inarbitrability, 不可仲裁性 309
jurisdictional issues, 管辖权问题 305-307
procedural issues, 程序问题 307-309
public policy, 公共政策 309-310
time limits, 期限 304

application, 适用 390
arbitration proceedings, 仲裁程序 389
case law, 案例法 273
competent authority, 主管机构 389
Contracting State, 缔约国 388
2005 Convention on Choice of Court Agreements, 2005年选择法院协议公约 24
date, 日期 392
denunciation, 退约 391
federal Government, 联邦政府 391
Geneva Convention, 日内瓦公约 25, 390
Geneva Protocol, 日内瓦议定书 390
international arbitration, 国际仲裁 273
judicial review, 司法复核 40
defined legal relationships, 确定的法律关系 387
legislative jurisdiction, 立法权限 391
multilateral/bilateral agreements, 多边/双边协议 389
New York Convention, 纽约公约 25
notification, 通知 390
official language, 官方语言 388
principle of finality, 终局性原则 38
vs. procedural orders, 与程序性指令 273
ratification, 批准 390
recognition and enforcement of, 承认与执行 387
arbitral tribunal/procedure, composition of, 仲裁庭/的程序和组成 318
astreintes, 制裁 324
binding award, 具约束性的裁决 319
commercial matters, 商务 313
compelled compliance, 强制遵守 321
court decisions, 法院判决 320
criminal and civil contempt, 刑事和民事藐视法庭罪 322
criminal nature of sanctions, 制裁的刑事性

质 325
domestic court judgment, 国内法院判决 312
French legal tradition, 法国法律传统 323
Germanic civil law systems, 日耳曼大陆法系 323
host country's jurisdiction, 东道国管辖权 314
inarbitrability, 不可仲裁性 320 – 321
injunctive relief/specific performance, 禁令救济/实际履行 326
invalid arbitration agreement, 仲裁协议无效 315 – 316
jurisdictional issues, 管辖问题 317 – 318
legal systems, 法律体系 322
multi – jurisdictional scenario, 跨司法管辖区的情况 328
New York Convention, 纽约公约 311
permanent injunctions/specific performance, 永久禁令/具体履行 327
procedural fairness issues, 程序公平问题 316 – 317
public policy, 公共政策 321
required documentation, 所需文件 314
seat of the proceedings, 仲裁地 320
standby arbitral tribunal, 备用仲裁庭 327
setting aside/suspension, 撤销/暂停 389
signature, 签名 390
United Nations, 联合国 390
Arbitral proceedings 仲裁程序
conduct of, 进行
award（s）, 裁决 214
case management meeting, 案件组织会议 196
closing of the proceedings, 程序的结束 214
consolidation of parallel proceedings, 相同程序的合并 219 – 220
determination of the seat, 仲裁地的确定 195
different stages, 不同的阶段 192
establishment of the arbitral tribunal, 仲裁庭的成立 195 – 196
evidentiary hearings, 证据听证会 212 – 213
joinder and third – party intervention, 并案审理及第三方当事人参与 219 – 220
oral submissions, 口头陈词 198
post – termination issues, 程序结束后的问题 215
procedural order, 程序性指令 196
representation, 代理人 219
request for arbitration, 仲裁请求书 193 – 195
terms of reference, 职权范围 196
written submissions, 书面意见 197 – 198
confidential information, 保密信息 230
cost – controlling measures, 成本控制方法 191
default proceedings, 缺席程序 215 – 217
fast – track arbitrations, 快速仲裁 217 – 219
national courts, 国家法院 227 – 228
organization of, 组织
awards on costs, 裁决费用的组成 183 – 184
bifurcation, 分步 178 – 179
confidentiality, 保密性 183
deposits and advance payments, 保证金和预付款 184
determination of language, 语言的确定 182
evidentiary hearing, 证据听证会 185 – 191
potential issues, 可能的问题 185
production of evidence, 证据的提供 181 – 182
scope and construction, IPR, 范围和解释, 知识产权 183
secretary to the tribunal, 仲裁庭秘书 184 – 185
standby arbitral tribunals, 备用仲裁庭 183
timeline and structure, 时间轴和架构 177 – 178

索 引

written submissions，书面意见 179-181
patent infringement，专利侵权 229
proprietary information，专有信息 229
taking of evidence，取证
    admissibility and probative value，可信度和证明力 200-201
    burden of proof，举证责任 199-200
    document disclosure，文件公开 201-202
    experiments，实验 212
    experts appointed by the tribunal，仲裁庭指定的专家 210
    expert tutorials for arbitrators，对仲裁员的专家指导 210-211
    inspections and site visits，视察和现场调查 211-212
    IP disputes，知识产权争议 212
    party-appointed experts，当事人指定专家 208-210
    primers, models and demonstrative evidence，基础读物、模型和演示性证据 211
    privilege，特权 202-205
    Redfern Schedules，雷德芬明细表 205
    standard of proof，证明标准 199-200
    witnesses，证人 205-208
Arbitral tribunal 仲裁庭
    cancellation fees，取消费用 166
    capacity，能力 150
    challenges to arbitrators，对仲裁员的异议
    institutional rules，机构规则 157-158
    national legislation，国家法律 158-160
    pre-challenge disclosures and objections，异议前的披露及异议的拒绝 156-157
    competence-competence doctrine，仲裁庭自裁管辖原则 170-172
    deposits，预付款 167
    expenses，费用 166-167
    independence and impartiality，独立性和公正性
    Article 7（1）of ICC Rules，ICC 规则第 7（1）条 153
    disclosure obligations，披露义务 154-156
    international arbitration，国际仲裁 152
    standard of proof，证明标准 154
    WIPO arbitration，WIPO 仲裁 153-154
    interim relief，临时救济
    enforceability of the award，裁决的可执行性 223-224
    enforcement，执行 226-227
    forms of decision，决定的形式 225
    interim payments，临时付款 224-225
    normative framework，规范框架 221-222
    prerequisites to order，指令的先决条件 225
    preservation or inspection of property，财产的保全或检查 224
    security for costs，费用担保 224
    status quo，现状 222-223
    lack of bias，公正性 151
    legal qualification，法律资格 150
    liability and immunity，责任和豁免权 169-170
    methods of appointment，任命的方式
    authority，官方机构 145-146
    co-arbitrators，共同仲裁员 146
    institutional arbitration，机构仲裁 144-145
    national courts，国家法院 146
    nomination of party-appointed arbitrators，当事人指定仲裁员的提名 148-149
    parties，各当事方 144
    selection of party-appointed arbitrators，当事人指定仲裁员的选择 147-148
    nationality，国籍 150-151
    natural person，自然人 150
    number of arbitrators，仲裁员的数量 141-142

obligations of arbitrators，仲裁员的义务 167 – 169

one or three arbitrators，一个或三个仲裁员 142 – 143

removal of arbitrators，仲裁员的除名 160 – 161

replacement of arbitrators，仲裁员的更换

consequences，后果 162 – 163

procedure，程序 161 – 162

requirements，要求 151

resolution of jurisdictional challenges，管辖权异议的解决 172 – 173

right to remuneration，取得报酬权 165 – 166

stages in arbitration，仲裁的阶段 142

truncated tribunals，缺员仲裁庭 163 – 164

Arbitration agreements，仲裁协议

ad hoc arbitration，临时仲裁 123 – 124

combination of procedures，程序组合 133

institutional arbitration，机构仲裁 124 – 126

IP disputes，知识产权争议

appeal mechanisms，上诉机制 136 – 1138

arbitrability，可仲裁性 136

confidentiality，保密性 135 – 136

standby arbitral tribunals，备用仲裁庭 138 – 139

language，语言 132 – 133

multiparty issues，多方当事人问题 134

national law，国家法律

arbitrability，可仲裁性 116 – 117

assignments，转让 118 – 119

capacity，能力 113

equity and good faith issues，公平和诚信问题 118

formal validity，形式有效性 114 – 115

formation，订立 113 – 114

group of companies doctrine，公司集团原则 117

piercing the corporate veil，刺破公司面纱 118

substantive validity，实质有效性 115 – 116

New York Convention，纽约公约

arbitrability，可仲裁性 112

exchange of letters，往来书信 111

existing or future disputes，现有的或未来的争议 112

defined legal relationship，确定的法律关系 112

writing and signature，书面和签名 111

number of arbitrators，仲裁员的数量

English Arbitration Act，英国仲裁法案 131 – 132

UNCITRAL Model Law，联合国国际贸易法委员会国际商事仲裁示范法 131

place of arbitration，仲裁地 128 – 129

requirements，要求 132

scope of arbitration clause，仲裁条款的范围

contractual and non – contractual issues，合同和非合同问题 126，127

WIPO Rules，WIPO 规则 128

separability doctrine，独立性原则 119 – 120

streamlining institutional rules，优化机构规则 133 – 134

substantive law，实体法 129 – 130

B

Berne Convention，伯尔尼公约 5，8，18

Brussels Business Mediation Centre（BBMC），布鲁塞尔商业调解中心（BBMC）350

C

Centre for Effective Dispute Resolution（CEDR），英国有效争议解决中心 350

Challenges to arbitrators，arbitral tribunal，对仲裁员的异议，仲裁庭

索 引

institutional rules，机构规则 157－158
national legislation，国家立法 158－160
pre－challenge disclosures and objections，异议前的披露及异议的拒绝 156－157
Competence－competence doctrine，仲裁庭自裁管辖原则 170－172
Conduct of arbitral proceedings，仲裁程序的进行
　award（s），裁决 214
　case management meeting，案件组织会议 196
　closing of the proceedings，程序的结束 214
　commencement of proceedings，程序开始
　determination of the seat，确定仲裁地 195
　request for arbitration，要求仲裁 193－195
　consolidation of parallel proceedings，相同程序的合并 219－220
　different stages，不同的阶段 192
　establishment of the arbitral tribunal，仲裁庭的设立 195－196
　evidentiary hearings，证据听证会 212－213
　joinder and third－party intervention，并案审理及第三方当事人参与 219－220
　oral submissions，口头陈词 198
　post－termination issues，程序结束后的问题 215
　procedural order，程序性指令 196
　representation，代理人 219
　taking of evidence，取证
　　admissibility and probative value，可信度和证明力 200－201
　　burden of proof，举证责任 199－200
　　documentary evidence，书面证明 201－205
　　experiments，实验 212
　　experts appointed by the tribunal，仲裁庭指定的专家 210
　　expert tutorials for arbitrators，对仲裁员的专家指导 210－211
　　inspections and site visits，视察和现场调查 211－212
　　IP disputes，知识产权争议 212
　　party－appointed experts，当事人指定专家 208－210
　　primers, models and demonstrative evidence，基础读物、模型和示意证据 211
　　standard of proof，证明标准 199－200
　　witnesses，证人 205－208
　terms of reference，职权范围 196
　written submissions，书面意见
　　post－hearing submissions，审后意见 198
　　pre－hearing submissions，审前意见 197－198
Confidential arbitrations，保密仲裁
　arbitral hearings，仲裁庭审 231
　dispute resolution，争议解决 230
　express agreements，明示协议 232
　institutional rules，机构规则 232－233
　　AAA/ICDR Rules，美国仲裁协会/争议解决国际中心（AAA/ICDR）规则 237
　　CIETAC arbitration rules，中国国际经济贸易仲裁委员会（CIETAC）仲裁规则 233
　　German Institution of Arbitration（DIS），德国仲裁协会（DIS）233
　　HKIAC Administered Arbitration Rules，香港国际仲裁中心管理的仲裁规则 233－234
　　ICC Rules，国际商会规则 237－238
　　LCIA Rules，伦敦国际仲裁院规则 234
　　SCC Rules，斯德哥尔摩商会规则 238－239
　　SIAC Rules，新加坡国际仲裁中心规则 239
　　Swiss Chambers of Commerce，瑞士商会 235
　　WIPO Expedited Arbitration Rules，WIPO 快速仲裁规则 235－236
　limitations，限制
　　confidentiality agreement，保密性协议 252－

253
England,英格兰 255 – 256
France,法国 256
LCIA Rules,伦敦国际仲裁院规则 254 – 255
New Zealand,新西兰 256 – 257
protecting sensitive information,保护敏感信息 258 – 259
Scotland,苏格兰 257 – 258
Singapore,新加坡 258
WIPO Rules,WIPO 规则 254
national law,国家法律
approaches,考虑 239 – 240
Australia,澳大利亚 245
England,英格兰 240 – 241
France,法国 241 – 243
New Zealand,新西兰 243
Scotland,苏格兰 243 – 244
Singapore,新加坡 244
Spain,西班牙 244
Sweden,瑞典 245 – 247
United States,美国 247
non – confidential arbitrations,非保密仲裁 251 – 252
practical issues,实际问题
corporate disputants,企业争议方 251
ethical/implied duties,道德/默示义务 248 – 249
ethical rules and privileges,道德规则和各种特权 249 – 250
express agreements,明示协议 251
secrecy binding professionals,约束专业人员的保密 250
secrecy obligations,保密责任 231
Confidential information,保密信息
arbitral tribunals,仲裁庭 260
express provisions,明确的规定
IBA Rules,国际律师协会规则 262 – 263

ICC Rules,国际商会规则 262
WIPO Rules,WIPO 规则 260 – 261
vis – à – vis opposing parties,相对于双方当事人
confidentiality advisor,保密顾问 264
confidentiality agreements and confidentiality clubs,保密协议和保密俱乐部 265
ex parte disclosures,单方当事人披露 263 – 264
external lawyers,外部律师 265 – 266
protective orders,保护性指令 264 – 265
redactions,修订 264
Confidentiality obligations,保密责任
breach analysis,违约分析
applicable law,适用法律 267 – 268
information disclosed,公开的信息 268
scope of the duty,职责范围 267
type of,种类 268 – 269
interim relief,临时救济 269 – 270
jurisdiction,司法管辖 269
remedies,救济
arbitration agreement, avoidance of,仲裁协议,规避 271 – 272
damages,损害赔偿 270
permanent injunction,永久禁令 270 – 271

D

Damages,赔偿金 14,37,61,139,178,208,229,241,242,262,264,270,279,286,289,291,292,365,368,370,373,381
Deadlock,僵局 40,131,142,367
Debate, public policy,辩论,公共政策 50,51,62 – 76,309
Default awards,缺席裁决 274,276
Default proceedings,缺席程序 215 – 217
Dépecage,分割原则 110

索 引

Deposits，保证金 167，184，416 – 417，441，451

Designs，外观设计 6 – 9，19 – 20，52，92，372

Disclosed information，公开信息 136，229，245，248，250，254，258，264，265，268，283，355

Disclosure/discovery，披露/发现 176，180，201 – 202，259，370

Disclosure obligations，披露义务 156，364

Dispute resolution，争议解决 2 – 4，23，29，32，38，44，76，109，119，126，133，217，230，240，308，334，348，352，377，381

Disputes under Patent Licenses，专利许可中的争议 15 – 17

Disqualify arbitrators，免职仲裁员 154

Document，文件 155，193，194，196，201，205，264，274，341，342，411，435，449

Documentary evidence，书面证据 176，181 – 182，201 – 205，405，430

Domain name disputes，域名争议 2

Domain name disputes, arbitration，域名争议，仲裁 2

Domestic arbitration，国内仲裁 41，76

Due expedition，适当的快速进行 168，404，429

Due process，正当程序 30，38，152，167，208，289，384

E

English Arbitration Act 1996，1996 年英国仲裁法，84，131 – 132

Escalation clauses，升级条款
alternative dispute resolution，替代性争议解决方式

definition，定义 352 – 353
LCIA，伦敦国际仲裁院 354
mandatory or optional，强制性的或可选的 353
post – ADR provision，后 ADR 条款 353
WIPO，世界知识产权组织 353 – 354
combination of procedures，程序组合 133

EU Regulation (EC) No. 864/2007，第 864/2007 条欧盟条例 92

European Patent Convention (EPC)，欧洲专利条约（EPC）10，14，96

European Patent Office (EPO)，欧洲专利局（EPO）14，15

Evidence，证据
admissibility，可采性 200 – 201
demonstrative evidence，示意证据 211
document disclosure，文件公开 181 – 182，201 – 202
expert，专家 182
International Commercial Arbitration，国际商事仲裁 262 – 263
IP disputes，知识产权争议 212
privileges，特权 202 – 205
Redfern Schedules，雷德芬明细表 205
time and form，时间和形式 181
WIPO Arbitration Rules，2002，2002 年版世界知识产权仲裁规则 407 – 408
witness，证人 182
written submissions，书面陈词 180

Evidentiary hearings，证据听证会
conduct of arbitral proceedings，仲裁程序的进行 212 – 213
organization of arbitral proceedings，仲裁程序的组织 185 – 191

Expert determination, IP，专家确定，知识产权 3

Expertise，专家意见

commercial and mediation，商业和调解 376
legal，法律的 144
technical，技术的 375 – 376
Experts，专家
　appointed by the tribunal，由仲裁庭指定的 410 – 411，435
　determination，确定 3
　evidence，证据 182
　examination，审查 188 – 189
　oath or affirmation，宣誓或直接作证 189
　party – appointed experts，当事人指定的专家 208 – 210
　video – link，视频 189

F

Fact of witnesses，证人的事实 188，369
Food and Drug Administration（FDA），（美）食品及药品管理局 291
French Civil Code，法国民法典 50，59

G

Good faith，诚信 2，118，418，442，447

I

Intellectual Property（IP），agreements and disputes，知识产权，协议和争议
　confidential information，保密信息 20 – 21
　copyright and related rights，版权及邻接权 18
　definition，定义 5 – 6
　designs，外观设计 19 – 20
　international aspects of，国际方面 8 – 9
　IPR response，知识产权对策 7
　IPRs relation，知识产权相关性 10 – 11
　Patents，专利
　　application and jurisdiction，申请和管辖 13
　　claim，权利要求 14 – 15
　　disputes under patent licenses，专利许可纠纷 15 – 18
　　fees，费用 14
　　meaning，含义 12
　　nature and scope，性质和范围 12 – 13
　registered IPRs，注册的知识产权 7 – 8
　trademarks，商标 19
　unfair competition，不公平竞争 6
International arbitral awards，国际仲裁裁决
　administering institution，管理机构 296 – 297
　consent awards，合意裁决 276 – 277
　content and structure of，内容与结构 284
　decision – making process，决策过程
　　applicable law/rules of law，适用的法律/法律规则 277
　　deliberations，审议 278
　　invalidity defence/counterclaim，无效答辩/反诉 279
　　issue – approach，问题导向方法 280
　　mandatory provisions，强制规定 278
　　presiding arbitrator，首席仲裁员 279
　　separate and dissenting opinions，独立意见和不同意见 280 – 281
　　unanimous awards，一致的裁决 279
　default awards，缺席裁决 276
　final awards，终局裁决 274 – 275
　formal requirements，形式要件
　　date of the award，裁决的日期 282
　　reasons，理由 283
　　seat of the proceedings，程序所在地 282 – 283
　　signature，签名 284
　　UNCITRAL Model Law，联合国国际贸易法委员会国际商事仲裁示范法 282
　　WIPO Arbitration Rules，WIPO 仲裁规则 282
　interlocutory awards，中间裁决 276
　notification of，通知 297 – 298

索 引

partial awards，部分裁决 275－276
preclusive effect，排除效力 301－302
remedies，救济
　arbitration practice，仲裁实践 288－292
　common law and civil law，英美法系和大陆法系 287－288
　contractual and tortious claims，合同请求和侵权请求 285
　costs award，费用裁决 293－295
　declaratory relief，宣告性救济 292
　interest，利息 286
　monetary compensation，经济赔偿 285－286
　punitive damages，惩罚性赔偿 292
　statutory damages，法定损害赔偿 292
　time limits，期限 295－296
　tribunal's jurisdiction, termination of, additional/supplementary awards，仲裁庭的管辖权，终止，附加/补充裁决 299－300
correction of award，裁决的修正 300
functus officio doctrine，履行职责原则 298
interpretation of award，裁决的解释 300
International arbitration，国际仲裁
arbitral awards，仲裁裁决书
2005 Convention on Choice of Court Agreements，2005 年选择法院协议公约 24
Geneva Convention，日内瓦公约 25
judicial review，司法复核 40
New York Convention，纽约公约 25
principle of finality，终局性原则 38
confidentiality，保密性 46－47
costs，费用 42－44
fundamental principle，基本原则 152
length of arbitral proceedings，仲裁程序的期限 41－42
litigation of IP disputes，知识产权争议诉讼 48
multi-jurisdictional IP cases，跨司法管辖区知识产权案件 44－46
party autonomy，当事人意思自治
　conduct of the proceedings，程序的进行 31－32
　decision-makers，决策者 29－30
　detailed procedural framework，详细的程序框架 36－37
　incentive for settlements，解决的动机 33－34
　lack of powers，缺少权力 34－36
　neutral proceedings，中立程序 27－29
　special mechanisms for dispute resolution，争议解决的特殊机制 32
split the baby，所罗门的审判 37－38
International Centre for Settlement of Investment Disputes（ICSID），国际投资争议解决中心 4
International Chamber of Commerce（ICC），国际商会 125
International Investment Agreements（IIAs）disputes，国际投资协议纠纷 4
International Mediation Institute（IMI），国际调解组织 379
International public policy，国际公共政策 55，67，75－76，91
International Trademark Association（INTA），国际商标协会 350

L

Legal and regulatory framework，法律及法规框架
　absence of choice of seat，未对仲裁地作出选择 83－85
　choice of law agreement，选择法律协议
　closest connection，最密切联系 106－107
　principles of international law，国际法原则 107
　Swedish Arbitration Act，瑞典仲裁法 105－106
　underlying contract，基础合同 104－105

different applicable laws, 不同的适用法律 103

doctrine of equivalents, 等同原则 86

lex arbitri 仲裁地法

foreign law, 外国法律 82 – 83

institutional rules, 机构规则 78 – 79

interrelated issues, 相关问题 79 – 80

WIPO Arbitration Rules, WIPO 仲裁规则 81 – 82

national law 国家法律

dépeçage, 分割原则 96

tronc common approach, "共同法律"方法 96, 97

non – contractual IP issues, 非合同知识产权问题

Brussels I Regulation, 布鲁塞尔第一条例 92, 93

EU Regulation (EC) No. 864/2007, 第 864/2007 号欧盟条例 92

ultra petita, 超越诉愿 95

non – national law, 非国家法

lex mercatoria, 商人法 97

UNIDROIT, 国际统一私法协会 98

party autonomy, 当事人意思自治

arbitration clause, 仲裁条款 87 – 88

express agreement, 明示协议 87

foreign IP law, 外国知识产权法律 88 – 89

mandatory rules, 强制规则 89 – 91

substantive issues, 实质问题

cumulative method, 累积法 100

direct application, 直接适用 101 – 102

private international law, 国际私法 100 – 101

rules of the seat, 仲裁地规则 98 – 99

Swiss Law on International Private Law, 瑞士国际私法法 99

Swiss Chambers Rules, 瑞士商会规则 102

UNCITRAL Rules, 联合国国际贸易法委员会国际商事仲裁示范法 102

validation principle, 有效性原则 107 – 108

Lex arbitri, 仲裁地法

absence of choice of seat, 未对仲裁地作出选择 83 – 85

institutional rules, 机构规则 78 – 79

seat and, 仲裁地及 79 – 83

License agreement, 许可协议 53, 59, 223, 290

Licensee estoppel, 被许可人禁止反言 53

London Court of International Arbitration (LCIA), 伦敦国际仲裁院 278, 351 – 352

M

Mandatory rules, party autonomy, 强制性规制, 当事人意思自治

Article 18 of the Model Law, 示范法第 18 条 90

English Arbitration Act 1996, 1996 年英国仲裁法 90

international public policy, 国际公共秩序 91

parties' relationship, 当事人关系 89 – 90

Mediation, Intellectual property, 调解, 知识产权

arbitral proceedings, 仲裁程序

consent award, 合意裁决 384 – 385

dispute resolution clause, 争议解决条款 381

legal traditions, 法律传统 384

licensee's business, 被许可方业务 382

limitation period, 诉讼时效 385

post – arbitration proceedings, 仲裁后程序 383

strategic considerations, 战略性考量 380 – 381

attendance, 出席 342 – 344

facilitative/evaluative model, 便捷/评估模式 348 – 349

IP disputes, 知识产权争议

adverse consequences, 不利后果 367

commercial relationships，商业关系 367
confidentiality，保密性 369
continuity of relationship，关系持续性 368 – 369
cost，费用 363
cross – jurisdiction resolution，跨管辖权解决 367 – 368
information sources，消息来源 366
neutral intermediary，中立居间人 364
new territories, licensing of，新领域，许可 365
patents registration，专利登记 366 – 367
speed，速度 362
sponsorship agreements，发起协议 366
suitable first instance mechanism，一审中的适当机制 369
technology, cross – licensing of，技术，交叉许可 366
limitations，时效
binding resolution，一致决议 371
cost – saving，节省费用 373
criminal behaviour，犯罪行为 373
infringing activities，侵权活动 372
legal precedent，判例 372
mediator，调解员
approaches，方法 376 – 377
availability，可用性 378
commercial and mediation expertise，商业及调解专家 376
legal experience，法律经验 374 – 375
neutrality assurance，确保中立性 377
quality standards and training，质量标准及培训 378 – 380
rapport and trust，和谐和信任 377 – 378
skills，技巧 349
technical/industry expertise，技术/行业专家 375 – 376
parties attitudes，当事人态度 342

phases and procedure，阶段和程序
exploration phase，试探阶段 346
initial formalities，初始的手续 344
negotiation phase，谈判阶段 346 – 347
no settlement outcome，未达成和解结果 348
plenary session，全体会议 345
pre – mediation contact，调解前接触 344
settlement phase，和解阶段 347 – 348
preparation，准备
documentation，文件 341 – 342
duration，期限 341
role of lawyers，律师的角色 340 – 341
venue，地点 340
providers，供应方 350 – 351
rules，条款 351 – 352

N

National law，国家法
arbitration agreements，仲裁协议
arbitrability，可仲裁性 116 – 117
assignments，评估 118 – 119
capacity，身份 113
equity and good faith issues，公平和诚实信用 118
formal validity，形式有效性 114 – 115
formation，订立协议 113 – 114
group of companies doctrine，公司集团原则 117
pierce the corporate veil，刺破公司面纱 118
substantive validity，实质有效性 115 – 116
legal and regulatory framework，法律法规框架
dépecage，分割原则 96
tronc common approach，"共同法律"方法 96，97
New York Convention，纽约公约 55，58，61，75

Arbitrability, 可仲裁性 112
exchange of letters, 互换函件 111
existing or future disputes, 现有或可能存在的争议 112
defined legal relationship, 确定的法律关系 112
writing and signature, 撰写和签署 111
North American Free Trade Agreement (NAFTA), 北美自由贸易协定 4

O

Organization of arbitral proceedings, 仲裁程序的组织
awards on costs, 关于费用的裁决 183－184
bifurcation, 分叉 178－179
confidentiality, 保密性 183
deposits and advance payments, 保证金和预付款 184
determination of language, 语言的确定 182
evidentiary hearing, 证据听证
interpreters, 译员 190
issuance of procedural order, 程序规则的确保 190－191
objections to questions, 对询问提出异议 188
opening and closing statements, 开庭陈述和总结陈述 186
record of contents, 内容记录 187
sets of documents, 完整文件 187
sitting hours and time allocation, 开庭时间和时间分配 186
tribunal's cancellation policy, 庭审的取消制度 190
use of documents for crossexamination, 交叉质询使用的文件 190
venue, 地点 190
witnesses and experts, 证人和专家 188－189
potential issues, 潜在问题 185

production of evidence, 证据开示
document disclosure, 文件开示 181－182
expert, 专家 182
time and form, 时间和表格 181
witness, 证人 182
scope and construction, IPR, 范围和解释, 知识产权 183
secretary to the tribunal, 庭审秘书 184－185
standby arbitral tribunals, 备用仲裁庭 183
timeline and structure, 时间表和架构 177－178
written submissions, 书面报告
evidence in support, 支持性证据 180
number and sequence, 编号和顺序 179－180
party's case, 当事人情况 181

P

Paris Convention, 巴黎公约 5, 13
Party autonomy, international arbitration, 当事人意思自治, 国际仲裁
arbitration clause, 仲裁条款 87－88
conduct of the proceedings, 程序的引导 31－32
decision-makers, 决策者 29－30
detailed procedural framework, 详细的程序性框架 36－37
express agreement, 明示协议 87
foreign IP law, 外国知识产权法 88－89
incentive for settlements, 和解的动机 33－34
lack of powers, 无职权 34－36
mandatory rules, 强制性规制
Article 18 of the Model Law, 示范法第18条 90
English Arbitration Act 1996, 1996年英国仲裁法 90
international public policy, 国际公共秩序 91
jurisdictions, 管辖 90
parties' relationship, 当事人关系 89－90
neutral proceedings, 中立程序 27－29

索 引 IP

special mechanisms for dispute resolution,解决争议的特别机制 32
split the baby,"所罗门的审判" 37-38
Patent Cooperation Treaty (PCT),专利合作条约(PCT) 13,14
Patentee's monopoly,专利权人的垄断权 13
Patents,专利
application and jurisdiction,申请和管辖 13
claim,权利 14-15
disputes under patent licenses,基于专利许可产生的争议 15-18
fees,费用 14
meaning,含义 12
nature and scope,种类和范围 12-13
Pierce the corporate veil,刺破公司面纱 118
Public policy debate,公共秩序之争
IP disputes vs. arbitrability of IPR,知识产权争议与知识产权的可仲裁性
exclusive jurisdiction,专属管辖 73-75
insufficiency of public policy,公共秩序不当arguments,论证 66-67
monopolies and policy interest rationales,垄断和公共利益基本原理 71-73
restrictive and international public policy,限制性和国际公共政策 76
State involvement and sovereign acts,国家介入和主权行为 68-71
support of inarbitrability (potential),对(可能的)不可仲裁性的支持
creation of IPR, state involvement,知识产权的创造,国家介入 63-64
grant of monopolies, protection of interests,专有权的许可,利益保护 64-65
jurisdiction on validity issues,确权管辖 65-66
rights of exclusivity,独占权 64

R

Resolving issues of arbitrability in IP disputes,IP争议中对可仲裁性的解决
Objections,异议
applicable law,准据法 54-56
arbitral tribunal,仲裁庭 57
inarbitrability and jurisdiction,不可仲裁性和管辖 54
in issue subsist,存在的问题 56
registration of IPR,知识产权登记 56-57
parallel proceedings, national courts,平行诉讼,国家法院
arbitral tribunal,仲裁庭 57-58
setting aside action,搁置行动 58-59
recognition and enforcement of awards,裁决的承认和执行
fourth bite of apple,咬苹果的第四口 59
invalidity effects of award,裁决的无效性影响 59-61
place of,地位 61-62
public policy arguments,公共秩序之争 62

S

Swiss Law on International Private Law,瑞士国际私法法 99,108

T

TRIPs Agreement of 1994,1994年TRIPS 6,7,10,12,19-21

U

Unfair competition,不正当竞争 6
United Nations Commission on International Trade Law (UNCITRAL),联合国国际贸易法委员会 274

V

Voie directe, 直接选择 101-102

W

WIPO Arbitration Rules 2002, 2002年WIPO 仲裁规则

awards and decisions, 裁决和决定

arbitration agreement, 仲裁协议 412

correction, 修正 415

currency and interest, 货币和利息 412

decision-making, 做决定 412-413

effect, 影响 414

form and notification, 表格和通知 413

settlement, 和解 414-415

time period, 时限 413-414

commencement, 程序启动

answer to request, 对要求的答复 396-397

representation, 代理 397

request for arbitration, 提出仲裁要求 395-396

composition and establishment of tribunal, 仲裁庭的组成和成立

appointment pursuant to procedure, 依程序指定 397

availability, acceptance and notification, 可用性、接收和通知 401

challenge of arbitrators, 对仲裁员提出异议 401-402

communication, 通信 400

default appointment, 缺席指定 399-400

impartiality and independence, 公正和独立 401

multiple claimants or respondents, 多个原告或被告 398-399

nationality of arbitrators, 仲裁员的国籍 400

number of arbitrators, 仲裁员人数 397

pleas as to the jurisdiction of the tribunal, 对仲裁庭管辖权的抗辩 404

release from appointment, 解除任命 402

replacement of arbitrator, 重新任命仲裁员 403

sole arbitrator, 独任仲裁员 398

three arbitrators, 三名仲裁员 398

truncated tribunal, 缺员仲裁庭 403

conduct, 引导

agreed primers and models, 约定的基础读物和模型 408

amendments to claims or defense, 对请求或答辩的变更 406

closure of proceedings, 程序结束 411

communication, 通信 406-407

default, 不履行责任 411

evidence, 证据 407-408

experiments, 实验 408

experts appointed by tribunal, 仲裁庭指定的专家 410-411

general powers of tribunal, 仲裁庭的一般权力 404-405

hearings, 开庭 409-410

language, 语言 405

place, 地点 405

preparatory conference, 预备会议 407

protection and security, 保护与担保 407

site visits, 现场调查 408

statement of claim, 请求书 405

statement of defense, 答辩书 406

trade secrets and confidential information, 商业秘密和机密信息 408-409

transmission of the file to the tribunal, 将文件送给仲裁员 404

waiver, 放弃异议 411-412

witnesses, 证人 410

written statements, 书面陈述 406

confidentiality, 保密

索 引

award，裁决 419
disclosures，公开 418–419
existence of arbitration，仲裁存在 418
maintenance，维持 419
exclusion of liability，免责 419
fees and costs，费用和成本
arbitrators，仲裁员 416
award of costs incurred by party，当事人费用的承担 418
award of costs of arbitration，仲裁费用的承担 417
Center，中心 415–416
deposits，预缴款 416–417
general provisions，一般条款
documents，文件 395
notices and periods of time，通知和期限 394–395
scope of application of rules，规则的适用范围 394
waiver of defamation，放弃诽谤诉权 420
WIPO Expedited Arbitration Rules, 2002，WIPO 快速仲裁规则（2002）
awards and decisions，裁决和决定
correction of，更正 439
currency and interest，货币和利息 437
effect of，效力 438
from and notification of，形式和通知 437–438
settlement of，和解 438–439
substance of dispute and agreement，争议实体和协议 436–437
time period of final award，最终裁决的期限 438
commencement of arbitration，仲裁开始
answer to request and statement of defense，答复书和答辩书 424
representation，代理人 425

request for arbitration，仲裁申请书 423–424
composition and establishment of tribunal，仲裁庭的组成与成立
arbitrator appointment，仲裁员的任命 425
arbitrator replacement，替换仲裁员 428
availability, acceptance and notification，可出任性、接受指定和通知 426
challenge of arbitrator，仲裁员的回避 426–427
impartiality and independence，公正和独立性 426
nationality of arbitrator，仲裁员的国籍 425
number of arbitrators，仲裁员的数量 425
pleas as jurisdiction of tribunal，关于仲裁庭管辖权的抗辩 428
release from appointment，解任 427
conduct of arbitration，仲裁行为
agree primers and model，约定的基础读物和模型 433
amendments，变更 431
claim statement，请求书 430
closure of proceedings，436
communication vs. parties and Tribunal，当事人与仲裁庭的联系 431
default，不履行责任 435–436
defense statement，答辩书 430
evidence，证据 432
experiments，实验 432
experts appoint by tribunal，仲裁庭指定的专家 435
hearings，听证会 434
interim measures，临时措施 431
language，语言 429–430
place，仲裁地 429
powers of tribunal，仲裁庭的权力 429
preparatory conference，预备会议 432
site visits，现场调查 432

— 393 —

trade secrets and confidential information，商业秘密和机密信息 433－434
transmit the file to Tribunal，将文件送给仲裁庭 429
waiver，放弃异议 436
witnesses，证人 434－435
written statement，书面陈述 430
confidentiality，保密
 award，裁决 443
 center and arbitrator maintenance of，中心和仲裁员的保密 443
 disclosures during arbitration，仲裁期间披露 442－443
 existence of arbitration，仲裁存在 442
 exclusion of liability，免责 443
fees and costs，费用和成本
 arbitrator fees，仲裁费用 440
 award of costs incurred by party，当事人费用的承担 442
 －cost of arbitration，仲裁费用 441－442
 general provisions，一般规定
 documents submission，提交文件 423
 meaning of abbreviations，缩略词含义 421－422
 notices and periods of time，通知和期限 422－423
 scope of application，适用范围 422
waiver of defamation，放弃诽谤诉权 444
World Intellectual Property Organization (WIPO)，世界知识产权组织 13
 arbitration clause，仲裁条款 121－122
 concept of 'venue'，仲裁场所的概念 82
 lex arbitri，仲裁地法 81－82

party's lack of cooperation，当事人不合作 34
validation principle，有效性原则 107
World Intellectual Property Organization Arbitration and Mediation Center (WIPO Center)，WIPO 仲裁和调解中心 350
World Intellectual Property Organization Mediation Rules, 2002，WIPO 调解规则（2002）
 administration fee，管理费 450
 application of rules，适用范围 446
 confidentiality，保密 448－449
 costs，费用 451
 deposits，预缴款 451
 exclusion of liability，免责 451
 limitation period，期限 452
 mediation，调解
 commencement of，……开始 446
 conduction of，……进行 447－448
 termination of，……终止 449－450
 mediator，调解员
 appointment，任命 446－447
 fees，费用 450－451
 role of，……作用 448
 parties representation，当事人代理 447
 waiver of defamation，放弃诽谤诉权 451－452
World Trade Organization (WTO)，世界贸易组织 6, 8

Z

Zone of Possible Agreement (ZOPA)，可达成协议的空间 347